D1731665

Ein Buch über die Vielfalt der Kulturgeschichte.
Einerseits über ihre grundlegenden Fragen: Zu ihrem Ursprung, ihrer Funktion als soziales Gedächtnis, ihren Begriff der Mentalität.
Andererseits über Beispielhaftes: Rittertum am falschen Ort, heftige Gesten, kollektive Träume, neureiches Verhalten feiner Leute, alte Stadtpläne in modernen Städten.
Exemplarische und unterhaltsame Studien darüber, welche Wege die Kultur- und Mentalitätsgeschichte künftig gehen wird.

»Peter Burke: Den Namen soll man sich ruhig merken.«
Ulrich Raulff

Peter Burke

Eleganz und Haltung

Aus dem Englischen von Matthias Wolf

Verlag Klaus Wagenbach Berlin

Inhalt

Vorwort

Mit den zwölf Essays dieses Buches möchte ich die wichtigsten Aspekte der Kulturgeschichte erörtern und vorstellen – Aspekte, die der Auseinandersetzung um das klassische Modell zu verdanken sind, wie es von Jacob Burckhardt und Johan Huizinga beispielhaft entwickelt wurde. Obwohl es wichtige, von der Ethnosoziologie und von der Kulturanthropologie inspirierte Ansätze gibt, ist die klassische Form der Kulturgeschichtsschreibung bislang noch von keiner neuen Orthodoxie abgelöst worden.

Das einleitende Kapitel der Sammlung beschäftigt sich mit den Ursprüngen der Kulturgeschichte und wirft allgemeine Fragen auf, die mit der Eigenart des Themas zu tun haben. Die folgenden Kapitel über Träume und Gedächtnis behandeln konkrete Themen, sind aber auch komparativ angelegt und setzen sich ebenfalls mit allgemeinen Problemen der kulturgeschichtlichen Praxis auseinander.

Es folgen fünf Fallstudien aus dem Italien der Frühen Neuzeit, ein Gebiet, auf dem ich vor allem von Mitte der sechziger bis Mitte der achtziger Jahre wissenschaftlich gearbeitet habe. Es sind gewissermaßen ›Grenz‹-Studien, und zwar in einem doppelten Sinne: Sie bewegen sich an den Grenzen der Kulturgeschichte (im Sinne eines erst kürzlich erforschten Gebiets) und zugleich an kulturellen Grenzen – zwischen Elite- und Volkskultur, zwischen der öffentlichen und der privaten Sphäre, zwischen dem Ernsthaften und dem Komischen.

Dann kommen zwei Essays über die Neue Welt, vor allem Brasilien (eine neue Welt, die ich selbst erst vor einem Jahrzehnt entdeckt habe). Sie untersuchen den Ritterroman und den Karneval, aber ihr eigentliches Thema ist die kulturelle ›Übertragung‹ in der etymologischen, wörtlichen und metaphorischen Bedeutung des Begriffs. Besonderer Nachdruck wird dabei auf die Folgen von kulturellen Begegnungen gelegt, egal ob man sie mit Begriffen wie ›Mixing‹, Synkretismus oder Synthese bezeichnen will.

Den Abschluß des Bandes bilden zwei theoretische Texte: ein Essay über Mentalitäten, der sich einerseits kritisch mit dem Begriff auseinandersetzt, andererseits aber den Mentalitätenansatz gegen seine neueren Kritiker in Schutz nimmt, und schließlich eine allgemeine Diskussion über die Vielfalt der Kulturgeschichte, die den klassischen Stil mit dem ›neuen‹ beziehungsweise ›ethnologischen‹ kontrastierend vergleicht und die Frage zu beantworten sucht, ob es eine einheitliche (im Gegensatz zu einer fragmentierten) sogenannte ›neue‹ Kulturgeschichte geben kann.

Die hier entwickelten Gedankengänge resultieren aus einer Art Dialog zwischen Quellen des 16. und 17. Jahrhunderts, älteren Historikern (Jacob Burckhardt, Aby Warburg, Marc Bloch, Johan Huizinga) und modernen Kulturtheoretikern von Sigmund Freud, Norbert Elias und Michail Bachtin bis zu Michel Foucault, Michel de Certeau und Pierre Bourdieu. In den folgenden Essays werde ich mich darum bemühen, Extreme zu vermeiden und weder dem neumodischen ›Konstruktivismus‹ (der Vorstellung, Realität ließe sich auf kulturellem oder diskursivem Wege herstellen) zu erliegen, noch dem altmodischen ›Positivismus‹ (im Sinne eines Empirismus, der darauf vertraut, daß ›die Fakten‹ durch ›die Dokumente‹ zutage gefördert werden).

Dieses Buch ist meiner geliebten Frau und Kollegin Maria Lúcia Garcia Pallares-Burke gewidmet.

KAPITEL I

Ursprünge der Kulturgeschichte

Was ist Kulturgeschichte? Auf diese Frage gibt es ebenso vielfältige Antworten wie auf die Frage: Was ist Kultur? Vor gut vierzig Jahren machten sich zwei amerikanische Wissenschaftler daran, die diversen Anwendungen des Begriffs im Englischen aufzulisten. Sie kamen dabei auf über zweihundert unterschiedliche Definitionen.[1] Nähme man weitere Sprachen und die Entwicklung der letzten vier Jahrzehnte hinzu, so wäre es ein leichtes, noch sehr viel mehr zusammenzutragen. Für die Untersuchung unseres Gegenstandes ist es deshalb vielleicht zweckmäßig, die existentialistische Definition des Menschen zu übernehmen und zu sagen, daß die Kulturgeschichte kein Eigenleben hat – sie läßt sich nur über ihre eigene Geschichte definieren.

Wie soll man eine Geschichte über etwas schreiben, das keine klar umrissene Identität besitzt? Genauso könnte man versuchen, eine Wolke im Schmetterlingsnetz einzufangen. Dabei sind alle Historiker mit diesem Problem konfrontiert, wie Herbert Butterfield und Michel Foucault – wenn auch auf sehr unterschiedliche Weise – gezeigt haben. Butterfield kritisierte die ›Whig-Interpretation von Geschichte‹, die die Gegenwart mit der Vergangenheit rechtfertigt, während für Foucault die erkenntnistheoretischen ›Brüche‹ im Vordergrund standen. Wenn wir die anachronistische Übertragung unserer eigenen Absichten, Interessen und Werte auf die Toten vermeiden wollen, so können wir keine fortlaufende Geschichte von irgend etwas schreiben.[2] Einerseits laufen wir Gefahr, nur aus der Gegenwart heraus zu argumentieren, aber andererseits gehen wir das Risiko ein, überhaupt nicht schreiben zu können.

Vielleicht gibt es einen Mittelweg, eine Annäherung an die Vergangenheit, die gegenwartsorientierte Fragen stellt, aber auf gegenwartsorientierte Antworten verzichtet; die sich mit Traditionen befaßt, aber zugleich bereit ist, sie einer permanenten Neudeutung zu unterziehen; und die die Bedeutung unbeabsichtigter Konsequenzen in der Geschichte der Geschichtsschreibung und in der Geschichte der politischen Ereignisse berücksichtigt. Diesem Weg folgt das vorliegende Kapitel: Es befaßt sich mit der Geschichte der Kultur vor der ›klassischen‹ Periode, die im Schlußkapitel erörtert wird, also mit einer Zeit, die den Begriff ›Kultur‹ noch nicht verwendete.[3]

Die gegenwartsorientierten Fragen lauten in diesem Falle folgendermaßen: Wie alt ist die Kulturgeschichte, und inwieweit haben sich die Vorstellungen von Kulturgeschichte im Laufe der Zeit gewandelt? Allerdings darf man nicht den Fehler begehen, auf diese Fragen entsprechend gegenwartsorientierte Antworten geben zu wollen – ein heikles Problem. Wir sind keineswegs die ersten, die feststellen, daß das, was wir heute als Kultur bezeichnen, eine Geschichte hat. Der Ausdruck ›Kulturgeschichte‹ geht – zumindest in Deutschland – auf das späte 18. Jahrhundert zurück. 1782 veröffentlichte Johann Christoph Adelung seinen *Versuch einer Geschichte der Kultur des menschlichen Geschlechts*, und Johann Gottfried Eichhorn legte mit seiner *Allgemeinen Geschichte der Kultur* (1796–99) eine Einführung in die ›Spezialgeschichte‹ der verschiedenen Künste und Wissenschaften vor.

Die Vorstellung, daß Literatur, Philosophie und Kunst ihre eigene Geschichte haben, ist freilich viel älter. An diese Tradition sollte man sich durchaus erinnern, nur darf man dabei nicht der irrtümlichen Annahme verfallen, das, was wir als ›Themengebiet‹ oder ›Subdisziplin‹ definiert (und bisweilen sogar institutionalisiert) haben, hätte in der Vergangenheit in dieser Form existiert.

Der vielleicht ›historischste‹ Ansatz bestünde darin, die Geschichte von heute aus rückwärts zu erzählen und dabei zu zeigen, wo die Unterschiede zwischen Huizingas Begriff von Kulturgeschichte und demjenigen unserer Tage liegen, wie sich Burckhardt von Huizinga unterscheidet und so weiter. Eine solche rückwärts gerichtete Darstellung würde uns zwar von der Annahme einer Kontinuität befreien, sie würde aber kaschieren, in welcher Weise praktische, partielle und kurzfristige Ziele und Motive (etwa bürgerliches Selbstbewußtsein und die Suche nach Präzedenzfällen) zur langfristigen Entwicklung einer allgemeineren Untersuchung beigetragen haben, die um ihrer selbst willen angestellt wurde. Das beste, was der Autor tun kann, ist vielleicht, den Leser im Verlauf der Darstellung an den Schwierigkeiten teilhaben zu lassen. Mit anderen Worten, so wie manche zeitgenössischen Romanciers und Literaturwissenschaftler werde ich versuchen, eine Geschichte zu erzählen und gleichzeitig über sie zu reflektieren und sie vielleicht sogar zu unterlaufen.

Zu welchem Zeitpunkt man eine Geschichte auch beginnen läßt – es gäbe immer einen guten Grund, früher mit ihr anzufangen. Dieses Kapitel setzt – beginnend mit Petrarca – bei den Humanisten der italienischen Renaissance ein, deren Versuche, das von ihnen erstmals so bezeichnete ›Mittelalter‹ rückgängig zu machen und die Literatur und das Wissen der klassischen Antike neu zu beleben, eine Vorstellung von drei Zeitaltern der Kultur offenbarten: Antike, Mittelalter und Moderne. Wie den Humanisten sehr wohl bekannt war, hatten bereits einige Autoren der griechischen und römischen Antike behauptet, die Sprache, die Philosophie und die literarischen Gattungen hätten ihre eigene Geschichte, und das menschliche Leben hätte sich im Verlaufe eines Prozesses von Erfindungen gewandelt. Derlei Ideen finden sich beispielsweise in Aristoteles' *Poetik*, in Varros Abhandlung über die lateinische Sprache, in Ciceros Erörterungen über Blüte und Niedergang der Redekunst und im Bericht über die Frühgeschichte des Menschen, wie ihn Lukrez in seinem Lehrgedicht von der Natur der Dinge mitteilt (der für Vico und andere Autoren des 17. und 18. Jahrhunderts so große Bedeutung hatte).[4]

Die Geschichte, die die Humanisten über Sprache und Literatur zu erzählen hatten, war freilich dramatischer als die ihrer antiken Vorbilder: eine Geschichte von Barbareneinfällen, die zum Niedergang und zur Zerstörung des klassischen Latein führten, mit einem nachfolgenden Bericht über seine Wiederbelebung – eben das Werk der Humanisten. Mit anderen Worten, ein Zeitalter des Lichts wurde vom ›dunklen Zeitalter‹ abgelöst, dem wiederum der Anbruch eines neuen Zeitalters des Lichts folgte. Diese Art von Geschichtsbild zeichnet sich in bestimmten italienischen Texten des frühen 15. Jahrhunderts ab, etwa in den Viten Dantes und Petrarcas von Leonardo Bruni, in der Geschichte der lateinischen Literatur von Sicco Polentone oder in der historischen Einführung zu Lorenzo Vallas lateinischer Grammatik, den *Elegantiarum linguae latinae libri.*[5] Diese Interpretation der Literaturgeschichte gehörte zur Rechtfertigung der humanistischen Bewegung.

Die Debatten des 15. und 16. Jahrhunderts über die jeweiligen Vorzüge des Lateinischen und Italienischen als literarische Sprache und darüber, welche Form des Italienischen am besten zu verwenden sei, regten Leonardo Bruni, Flavio Biondo und andere zu Untersuchungen über die Sprachgeschichte an. So erörterten sie etwa die Frage, welche Sprache die alten Römer tatsächlich gesprochen hätten, Latein oder Italienisch.[6] Im frühen 16. Jahrhundert veröffentlichte der humanistische Kardinal Adriano Castellesi eine Geschichte des Lateinischen, *De sermone latino* (1516), die er in vier Perioden unterteilte – ›sehr alt‹, ›alt‹, ›vollkommen‹ (das Zeitalter Ciceros) und ›unvollkommen‹ (alles, was danach kam). Pietro Bembo, ein weiterer humanistischer Gelehrter, der entscheidend dazu beitrug, das Italienische an einem bestimmten Punkt seiner Entwicklung zu bewahren, legte in den *Prose della volgar lingua* (1525), seinen berühmten Gesprächen über die Volkssprache, einem der Redner die Worte in den Mund, »ebenso wie Kleidermoden, Arten der Kriegsführung und alle anderen Sitten und Gebräuche« sei auch die Sprache der Veränderung unterworfen (Buch I, Kapitel 17).

Humanisten aus nördlicheren Gefilden, die ihre italienischen Vorgänger nachahmten und zugleich mit ihnen rivalisierten, gingen in ihrer Geschichtsschreibung sogar noch weiter, indem sie literarische wie sprachliche Entwicklungen in ihren eigenen Ländern herausarbeiteten. In Frankreich etwa zeichneten zwei humanistische Juristen – Étienne Pasquier in seinen *Recherches de la France* (1566) und Claude Fauchet in *Origine de la langue et poésie françoise* (1581) – die Leistungen französischer Autoren vom 13. Jahrhundert bis zum Zeitalter Franz' I. und der Pléiade auf.[7] In England findet sich eine Erörterung der englischen Dichtkunst ab Chaucer in der 1589 veröffentlichten und George Puttenham zugeschriebenen Abhandlung *The Arte of English Poesie.* 1606 veröffentlichte Bernardo Aldrete eine Geschichte des Spanischen, *Del origen y principio de la lengua castellana*, und im selben Jahr brachte der Anwalt Duarte Nunes de Leão eine vergleichbare Untersuchung über das Portugiesische unter dem Titel *Origem da língua portuguesa* heraus. Die Deutschen mußten sich bis zum späten 17. Jahrhundert gedulden, ehe eine entsprechende Geschichte veröffentlicht wurde, ebenso wie sie das 17. Jahrhundert abwarten mußten, bis sie ein Gegenstück zu den Dichtern der Pléiade bekamen, dann aber war ihre Geschichte ausführlicher und eher komparativ angelegt. Mit seinem *Unterricht von der Teutschen Sprache und Poesie* (1682) ordnete der Universalgelehrte Daniel Morhof die Geschichte der deutschen Sprache und Dichtung in einen komparativen europäischen Kontext ein.[8]

Auf dieser Grundlage verfaßten verschiedene Gelehrte des 18. Jahrhunderts mehrbändige Geschichten der nationalen Literaturen, namentlich der französischen (sie wurde von einer Forschergruppe unter der Leitung von Rivet de la Grange erarbeitet) und der italienischen (die Girolamo Tiraboschi ganz allein zusammenstellte). Bemerkenswert ist im übrigen, mit welch weitgefaßtem Begriff von ›Literatur‹ Tiraboschi arbeitete.[9] Ähnliche Pläne zeichneten sich auch in Großbritannien ab. Alexander Pope legte einen ›Entwurf für die Geschichte der englischen Dichtkunst‹ vor, der von Thomas Gray ergänzt wurde. Inzwischen hatte sich Thomas Warton der englischen Literaturgeschichte angenommen. Warton ging nie über das frühe 17. Jahrhundert hinaus, aber seine unvollendete *History of English Poetry* (4 Bände, 1774–78) bleibt dennoch beeindruckend.[10]

Auch die Geschichte bestimmter literarischer Gattungen wurde in diversen Monographien behandelt. 1605 veröffentlichte der französische Protestant Isaac Casaubon eine gelehrte Abhandlung über die griechische Satire, und John Dryden folgte seinem Beispiel mit dem *Discourse concerning the Original and Progress of Satire* (1693), in dem er die Entwicklung von der »rohen, unbehauenen« Stegreif-Satire des alten Rom bis zu den verfeinerten Erzeugnissen einer Epoche nachzeichnete, als die Römer »allmählich etwas kultivierter wurden und sich, wenn ich so sagen darf, die Grundlagen einer gepflegten Konversation anzueignen begannen«. Auch wurde die Entstehung des Romans im 17. und 18. Jahrhundert von verschiedenen Untersuchungen über seine orientalischen und mittelalterlichen Ursprünge begleitet: So veröffentlichte der Bischof und Universalgelehrte Pierre-Daniel Huet 1669 seine *Lettre sur l'origine des romans*, und auch Thomas Warton ergänzte seine Geschichte der Dichtkunst um einen Exkurs ›Über den Ursprung der Romandichtung in Europa‹.

Geschichte der Künstler, der Kunst und der Musik

Daß die Gebildeten sich der Geschichte der Literatur widmeten, liegt ziemlich nahe. Die Kunst hingegen war für einen Historiker, selbst in der Renaissance, ein Thema von sehr viel geringerem Interesse. Die Gelehrten nahmen die Künstler nicht immer ernst, und andererseits fehlten den Künstlern im allgemeinen die Grundvoraussetzungen historischer Forschung. Als der Florentiner Bildhauer des Quattrocento Lorenzo Ghiberti in seinen autobiographischen *I Commentarii* zugleich den literarischen Entwurf einer Kunstgeschichte vorlegte, tat er damit etwas ziemlich Ungewöhnliches.[11]

Auch Vasari liefert in diesem Zusammenhang keinen Gegenbeweis. Zu seiner Zeit stellte er insofern eine Ausnahme dar, als er eine doppelte Ausbildung besaß: Er hatte nicht nur in einer Künstlerwerkstatt gelernt, sondern dank der Unterstützung durch Kardinal Passerini verfügte er auch über eine humanistische Bildung.[12] Seine 1550 erstmals veröffentlichten *Vite de' più eccellenti architetti, pittori et scultori italiani* wurden nach Aussage ihres Autors verfaßt, damit junge Künstler vom Beispiel ihrer großen Vorgänger lernen konnten, und auch (wie man wohl vermuten darf), um den Ruhm seiner Wahlheimat und seiner Auftraggeber, der Medici, zu verewigen (nicht von ungefähr wurden die *vite* von der großherzoglichen Druckerei verlegt).[13]

Vasaris Buch ist freilich sehr viel mehr als eine Propagandaschrift und natürlich auch einiges mehr als eine Sammlung von Biographien. Die Vorworte zu den drei Teilen, in die sich das Werk gliedert, enthalten einen Überblick über die Entstehung der Kunst in der Antike, ihren Niedergang im Mittelalter und ihre Wiederbelebung in Italien, die sich in drei Etappen vollzieht und ihren Höhepunkt mit Vasaris großem Vorbild Michelangelo erreicht. Wie Ernst Gombrich nachgewiesen hat, übernahm Vasari sein Entwicklungsschema von Ciceros Schrift über die Geschichte der Redekunst. Ohne Vasaris doppelte Ausbildung wäre eine solche Bearbeitung des Stoffes völlig unvorstellbar gewesen, auch wenn wir in Rechnung stellen können, daß Vasari bei der Abfassung von einem Kreis von Gelehrten unterstützt wurde, darunter Gianbattista Adriani, Cosimo Bartoli, Vincenzo Borghini und Paolo Giovio.[14] Daß Vasari sich eher für die Kunst als für Künstler interessierte, kommt in der zweiten Auflage seiner *Vite* (1568) noch deutlicher zum Ausdruck.

Auf Vasaris Zeitgenossen wirkte sein Buch wie eine Herausforderung. Künstler und Gelehrte aus anderen Teilen Italiens kompilierten Lebensbeschreibungen lokaler Künstler, um zu demonstrieren, daß Rom, Venedig, Genua und Bologna es allemal mit Florenz aufnehmen konnten. Allerdings widmeten sie den allgemeinen Entwicklungen in der Kunst sehr viel weniger Aufmerksamkeit, als Vasari es getan hatte. Dasselbe gilt auch für außeritalienische Reaktionen auf Vasaris Buch, etwa in den Niederlanden, wo Karel van Mander sein *Schilderboek* (1604) vorlegte, oder in Deutschland, wo Joachim von Sandrart in seiner *Teutschen Akademie* (1675–79) die Behauptung aufstellte, mit dem Zeitalter Albrecht Dürers hätte sich die kulturelle Führerschaft von Südeuropa zum Norden hin verlagert. Erst die um die Mitte des 18. Jahrhunderts veröffentlichten *Anecdotes of Painting* von Horace Walpole, die als eine Art Vasari für England gedacht waren (Walpole sprach scherzhaft von seiner ›Vasarihood‹), gingen über das rein Biographische hinaus und enthielten Kapitel über den ›Zustand der Malerei‹ in verschiedenen Epochen, was den Kapiteln über Wirtschafts-, Sozial- und Literaturgeschichte entsprach, wie sie in der zeitgenössischen *History of England* von David Hume zu finden sind.[15]

Die Entwicklung dessen, was sich aus heutiger Sicht als eigentliche Kunstgeschichte – im Gegensatz zu Künstlerbiographien – bezeichnen läßt, setzte bereits früher – und aus nachvollziehbaren Gründen – mit den Studien über die klassische Antike ein. Zwar gab es die (auch von Vasari bearbeiteten) berühmten Anekdoten des Plinius über griechische Künstler, doch über Apelles, Phidias und den Rest wußte man nur wenig, weshalb es schwierig war, die Kunst der Antike anhand von Biographien darzustellen. Der Florentiner Gelehrte Gianbattista Adriani, der eine kurze Geschichte der antiken Kunst in Form eines Briefes an Vasari verfaßte (1567), um ihn mit Material für die zweite Auflage der *Vite* zu versorgen, legte ihr die Vorstellung des künstlerischen Fortschritts zugrunde. Weitere kunstgeschichtliche Studien über die Antike veröffentlichten der niederländische Humanist Franciscus Junius mit seinem Werk *De pictura veterum* (1637) und André Félibien (als Bauhistoriker unter Ludwig XIV. bekleidete er vermutlich das erste innerhalb der Kunst geschaffene offizielle Amt) mit seiner Monographie *Origine de la peinture* (1660).[16]

Die Tatsache, daß Félibiens Studie über den Ursprung der Malerei und diejenige Huets über die Anfänge der Romandichtung in Frankreich etwa um dieselbe Zeit, nämlich in den 1660er Jahren, verfaßt wurden, ist wohl kein Zufall und läßt auf einen allgemeinen Wandel des historiographischen Interesses schließen. Ganz in der Tradition Félibiens stand auch die *Histoire des arts* (1698) des Hofmalers Monier, eine Zusammenfassung seiner Vorlesungen für Studenten der königlichen Kunstakademie. Monier ließ seine zyklisch angelegte Interpretation mit der Entstehung der Kunst in der Antike beginnen, um dann ihren Niedergang im Mittelalter und ihre anschließende Wiederbelebung zwischen 1000 und 1600 zu behandeln – eine relativ frühe Datierung, die Monier die Möglichkeit gab, den Franzosen eine bedeutende Rolle zuzuweisen, so wie es Pasquier und Fauchet für die Literatur getan hatten.

Die überragende Leistung auf diesem Gebiet stellte Winckelmanns *Geschichte der Kunst des Alterthums* (1764) dar. Sie sollte allerdings nicht so sehr als ein radikal neuer Ansatz betrachtet werden, sondern eher als der Höhepunkt einer Entwicklung, die nicht nur durch das Erscheinen von Literaturgeschichten gefördert wurde, sondern auch durch verschiedene neue kulturelle Praktiken wie etwa das Aufkommen des Kunstsammelns, des Kunstmarktes und des künstlerischen Sachverstandes.[17]

Dagegen war die Geschichte der Musik praktisch eine Erfindung des 18. Jahrhunderts. Einige Gelehrte des Cinquecento und des Seicento, unter ihnen Vincenzo Galilei (der Vater des Physikers) und Girolamo Mei, waren sich sehr wohl bewußt, daß es langfristige Stilveränderungen gab, die sie denn auch in ihren vergleichenden Studien über antike und moderne Musik (1581 beziehungsweise 1602) erörterten, wobei es ihnen freilich ausschließlich darum ging, bestimmte Stile zu kritisieren oder zu verteidigen. Im 18. Jahrhundert kam es dann zu einer wahren Explosion des musikgeschichtlichen Interesses. In Frankreich brachte die Familie Bonnet-Bourdelot mit ihrer *Histoire de la musique* (1715) eine großangelegte Studie heraus; eine weitere – allerdings unveröffentlichte – wurde von dem Benediktinermönch P. J. Caffiaux verfaßt, der für die Musik Vergleichbares leistete wie sein Kollege Rivet für die Literatur. In Italien legte Gianbattista Martini mit seiner *Storia della musica* (1757) eine bedeutende Untersuchung über die Musik der Antike vor. In der Schweiz lieferte Martin Gerbert, ebenfalls Benediktinermönch, mit seinem Werk *De cantu et musica sacra* (1774) einen wichtigen Beitrag zur Geschichte der Kirchenmusik. In England machten sich zwei Zeitgenossen mit ihren musikgeschichtlichen Werken gegenseitig Konkurrenz, John Hawkins mit seiner *General History of the Science and Practice of Music* (1766) und Charles Burney mit *A General History of Music* (1776–89). In Deutschland faßte J. N. Forkel von der Universität Göttingen das musikalische Schaffen des Jahrhunderts in seiner *Allgemeinen Geschichte der Musik* (1788–1801) zusammen.[18]

Geschichte der Doktrin

Die Sprach-, Literatur- und Kunstgeschichte dürfte in ihren Anfängen ein Nebeneffekt der Renaissance gewesen sein. Auch die Reformation entwickelte ihre eigenen historischen Kategorien. Ähnlich wie die Humanisten, die ihren Platz in der Geschichte dadurch definierten, daß sie die Vergangenheit in Antike, Mittelalter und Moderne unterteilten, machten es die Reformatoren, die ihrem Selbstverständnis zufolge hinter das Mittelalter zurückgingen und das christliche Altertum beziehungsweise die von ihnen so genannte ›Urkirche‹ neu belebten. Die Geschichtsschreibung der Reformation setzt mit der Reformation selbst ein. Zu den berühmtesten Werken gehörten die *Commentarii* des Johannes Sleidanus (1555) und die *Acts and Monuments* von John Foxe (1563). Sie behandelten hauptsächlich die Geschichte von Ereignissen oder von Institutionen, aber einige von ihnen widmeten sich – ganz nach dem Vorbild der *Kirchengeschichte* des Frühchristen Eusebius von Caesarea – auch der Geschichte der Doktrinen.[19]

Noch deutlicher zeichnet sich das Interesse für den Wandel der Doktrin im 17. Jahrhundert ab. Auf der protestantischen Seite plädierte Heinrich Altings *Theologia historica* (1664) für eine ›historische Theologie‹, denn schließlich sei die Kirchengeschichte nicht nur eine Geschichte von Ereignissen, sondern auch der Dogmen *(dogmatum narratio)*, ihrer Verfälschung *(depravatio)* und Wiederherstellung *(reparatio, restitutio, reformatio)*. Auf der katholischen Seite war die Vorstellung einer Veränderung der Kirchendoktrinen schwer zu akzeptieren, auch wenn es hier das Beispiel des spanischen Jesuiten Rodriguez de Arriaga (gest. 1667) gab, der – so W. Owen Chadwick – »eine der extremsten Entwicklungstheorien« vertrat, »die je von einem seriösen katholischen Denker aufgestellt wurden«. Arriaga, Professor an der Prager Universität, lehrte, daß mit der Verkündigung der Doktrin durch die Kirche »explizit gemacht wird, was nicht explizit war und zuvor nicht zwangsläufig implizit gewesen ist«.[20]

Leichter war es schon, einen Wandel in der Geschichte der Ketzerei zu akzeptieren, wie es manche katholische Reformationshistoriker des 17. Jahrhunderts taten: etwa Florimond de Raemond in seiner *Histoire de la naissance, progrès et décadence de l'hérésie de ce siècle* (1623); Louis Maimbourg in seiner *Histoire du Calvinisme* (1682); und der berühmteste von allen, Jacques-Bénigne Bossuet in seiner *Histoire des variations des églises protestantes* (1688).[21]

Diese drei Werke waren nicht unbedingt Beispiele für die Erforschung der Vergangenheit um ihrer selbst willen – sie waren in höchstem Maße polemisch. Maimbourg und Bossuet hatten ihre Bücher zu politischen Zwecken verfaßt, um die antiprotestantische Politik Ludwigs XIV. zur Zeit der Aufhebung des Edikts von Nantes zu unterstützen. Doch ihr zentraler Gedanke, daß nämlich Doktrinen (zumindest falsche Doktrinen) eine Geschichte haben – ein Gedanke, den Bossuet am ausführlichsten, brillantesten und mit vernichtender Schärfe entwickelte –, sollte auch außerhalb seines ursprünglichen polemischen Kontextes eine beträchtliche Wirkung entfalten. Beispielsweise wurde er von Gottfried Arnold, einem Apologeten der unorthodoxen Lehre, in seiner *Unpartheyischen Kirchen- und Ketzer-Historie* (1699–1700) weiterverfolgt. Für Arnold war die Kirchengeschichte kaum mehr als eine Geschichte der Ketzerei, von der einiges offizielle Doktrin wurde (wie etwa diejenige Luthers), nur um von späteren Generationen wieder in Frage gestellt zu werden.[22]

Von der Geschichte der religiösen Doktrin scheint es nur ein kleiner Schritt zu ihren weltlichen Entsprechungen zu sein. Freilich hat es auf diesem Gebiet (anders als in der Kunstgeschichte oder in der Geschichte der Sprache und Literatur) vor 1600 offenbar kaum bedeutende Entwicklungen gegeben. Vielleicht war das Bedürfnis, Errungenschaften der Vergangenheit richtig einzuordnen, ein Nebenprodukt der wissenschaftlichen Revolution des 17. Jahrhunderts, in dem die ›neue‹ mechanische Philosophie, wie man sie häufig bezeichnete, zu einem Diskussionsgegenstand wurde. Auf jeden Fall erschienen im 17. Jahrhundert eine ganze Reihe von Philosophiegeschichten, darunter Georg Horns *Historia philosophiae* und Thomas Stanleys *History of Philosophy* (beide 1655). Mit der *Histoire critique de la philosophie* (1735) von A. F. Boureau-Deslande und Jacob Bruckers *Historia critica philosophiae* (1767) setzte sich der Trend im 18. Jahrhundert fort.[23] Ein gewisser Johannes Jonsonius verfaßte sogar eine Geschichte der Geschichte der Philosophie, die 1716 veröffentlicht wurde.

Das klassische Modell für die Geschichte der Philosophie bildeten die im 3. vorchristlichen Jahrhundert verfaßten *Leben und Meinungen berühmter Philosophen* des Diogenes Laertius, ein Modell, das Eusebius im folgenden Jahrhundert für seinen Bericht über die frühchristlichen Sekten übernahm und das Vasari für seine Lebensbeschreibungen noch radikaler umgestaltete.[24] Dieses biographische Modell erfreute sich auch später großer Beliebtheit. Gleichwohl gab es Versuche, das Sammeln von Biographien mit der Schilderung einer Geschichte zu verbinden, eine, wie Thomas Burnet es (fast drei Jahrhunderte vor Foucault) nannte, ›philosophische Archäologie‹ zu betreiben und nicht allein die intellektuelle Geschichte der Griechen und Römer, sondern auch der ›Barbaren‹ zu schreiben, wie etwa Otto van Heurnes *Barbarica philosophia* (1600) oder Christian Kortholts *Philosophia barbarica* (1660). Man interessierte sich für die Ideen der Chaldäer, Ägypter, Perser, Karthager, Skythen, Inder, Japaner und Chinesen (1727 erschien Jacob Friedrich Reimanns Geschichte der chinesischen Philosophie).

Manche dieser Geschichten wurden um ihrer selbst willen geschrieben, andere in polemischer Absicht, etwa um den Skeptizismus dadurch zu fördern, daß man Widersprüche zwischen dem einen und dem anderen Philosophen herausarbeitete. Sie brachen aus dem traditionellen biographischen Schema aus, indem sie die Entwicklung philosophischer Schulen oder ›Sekten‹ erörterten, wie etwa der holländische Gelehrte Gerard Voss in seiner Schrift *De philosophorum sectis* (1657), oder verschiedene Periodisierungen vornahmen, so wie Horn, der das griechische Denken in ein ›heroisches‹, ›theologisches oder mythisches‹ und ›philosophisches‹ Zeitalter unterteilte.

Nach landläufiger Meinung war es der amerikanische Philosoph Arthur Lovejoy, der den Begriff der ›Ideengeschichte‹ erstmals in Umlauf brachte, als er in den 1920er Jahren den History of Ideas Club an der Johns Hopkins University gründete. Tatsächlich aber war er bereits zweihundert Jahre früher verwendet worden – von Jacob Brucker, der von der *historia de ideis* sprach, und von Gianbattista Vico, der in seiner *Scienza nuova* die Forderung nach einer ›storia dell'umane idee‹ aufstellte.

Geschichte der Disziplinen

Aus der philosophiegeschichtlichen Tradition gingen verschiedene Untersuchungen über spezifische Disziplinen hervor.[25]

Im Bereich der Geisteswissenschaften verdienen die Geschichte der Rhetorik und die Geschichte der Geschichtsschreibung besondere Erwähnung. Der französische Jesuit Louis de Cresolles verfaßte eine bemerkenswerte Rhetorik-Geschichte der antiken Sophisten, das *Theatrum veterum rhetorum* (1620), in dem er unter anderem die Ausbildung der Sophisten, die Konkurrenz zwischen ihnen, ihr Einkommen und die Auszeichnungen, die sie erhielten, erörterte.[26] Die Geschichte des historischen Schrifttums wurde erstmals vom Seigneur de La Popelinière aufgearbeitet, der in seiner *Histoire des histoires* (1599) feststellte, die Historiographie habe vier Stadien durchlaufen – Poesie, Mythos, Annalen und schließlich die ›vollendete Geschichte‹ *(histoire accomplie)*, die gleichermaßen philosophisch und exakt sei.[27]

Erhebliches Interesse bestand auch an der Geschichte der Rechtswissenschaft. Humanisten des Quattrocento wie Lorenzo Valla und Angelo Poliziano behandelten die Geschichte des römischen Rechts als Bestandteil der antiken römischen Welt, die sie wiederbeleben wollten, und warfen den Juristen ihrer Zeit vor, sie mißdeuteten die klassischen Texte. Valla und Poliziano waren Laien auf diesem Gebiet, doch im 16. Jahrhundert folgten ihnen Gelehrte wie Andrea Alciato und Guillaume Budé, die sowohl rechts- als auch geisteswissenschaftlich ausgebildet waren. Einer dieser humanistischen Juristen, François Baudoin, regte sogar an, »die Historiker sollten lieber die Entwicklung der Gesetze und Institutionen studieren, anstatt Armeen zu untersuchen, Kriegslager zu beschreiben, Schlachten nachzuerzählen und Leichen zu zählen«, eine Kritik der sogenannten ›Pauken-und-Trompeten-Geschichte‹, wie sie im 18. Jahrhundert allgemein üblich wurde.[28]

Im Falle der Medizin gab es einige Ärzte des Cinquecento (namentlich Vesalius und Fernel), die immerhin genügend historisches Interesse besaßen, um ihre eigene Arbeit als Bestandteil der intellektuellen Wiedergeburt, der Renaissance, zu betrachten, von der sie unmittelbar betroffen waren. Die erste medizingeschichtliche Studie von einiger Substanz wurde allerdings erst sehr viel später, nämlich gegen Ende des 17. Jahrhunderts, veröffentlicht. Die *Histoire de la medecine* von Daniel Leclerc (ein Bruder des großen Gelehrten Jean Leclerc) beginnt mit einem Überblick über frühere Abhandlungen, die Leclerc alle ablehnt, weil sie zu biographisch seien. »Es ist etwas völlig anderes«, bemerkt er in seinem Vorwort, »ob man die Geschichte oder Biographien von Ärzten verfaßt ... oder ob man die Geschichte der Medizin schreibt, die Ursprünge dieser Kunst untersucht und ihre Entwicklung durch die Jahrhunderte sowie die Veränderungen in ihren Systemen und Methoden betrachtet ... so wie ich es getan habe.« Das Titelblatt hebt hervor, daß sich Leclercs Werk mit medizinischen ›Sekten‹ beschäftigte; ein ähnliches Interesse für Sekten findet sich ja auch in der Geschichte der Philosophie, die dem Autor ganz offensichtlich als Vorbild diente.

Leider ging Leclercs Chronik (ebenso wie Martinis Musikgeschichte) nie über das klassische Altertum hinaus. Bis zur Gegenwart fortgeschrieben wurde die Geschichte der Medizin erst, als 1725 der zweite Band von Freinds *History of Physick* erschien, der von den Arabern bis zu Thomas Linacre, dem englischen Mediziner und Gelehrten des frühen 16. Jahrhunderts, reichte (und ganz bewußt vor Paracelsus abbrach). Bereits der Titel seines Werks machte deutlich, daß sich Freind insofern von Leclerc unterschied, als er sich auf die ›Praxis‹ konzentrierte. Sein zweiter Band ist sowohl eine Geschichte der Krankheiten (vor allem Schweißfieber, Geschlechtskrankheiten und Skorbut) als auch eine Geschichte der Medizin – fast könnte man von einer Geschichte des Körpers sprechen.

Für die Historiographie der meisten anderen Disziplinen stellt das 18. Jahrhundert einen Wendepunkt dar. So wurde etwa die Geschichte der Astronomie, deren Entwicklung Johannes Kepler bereits kurz skizziert hatte, von Johann Friedrich Weidler (1740) und von Pierre Estève (1755) stark erweitert.[29] Estève, der die allzu enge Sichtweise seiner Vorgänger kritisierte, wollte nach eigenem Bekunden sowohl eine ›allgemeine Geschichte‹ der Astronomie entwerfen, die mit anderen intellektuellen Veränderungen in Zusammenhang stand, als auch eine ›spezielle‹, die sich mit Detailaspekten der Disziplin beschäftigte. Ganz im Stil Voltaires erklärte er, »die Geschichte der Wissenschaften ist sehr viel nützlicher als diejenige der Revolutionen großer Reiche«.

In der Geschichte der Mathematik wurden die nach dem Vorbild des Diogenes Laertius verfaßten Lebensbeschreibungen von Mathematikern im 18. Jahrhundert von ehrgeizigeren Untersuchungen abgelöst. Pierre Rémond de Montmort beabsichtigte, eine Geschichte der Geometrie zu schreiben, die sich am Modell der bereits vorhandenen Geschichten der Malerei, Musik und so weiter orientieren sollte. Sein Tod im Jahre 1719 verhinderte jedoch die Verwirklichung dieser Pläne. Die *Histoire des mathématiques* (1758) des Enzyklopädisten Jean Étienne Montucla kritisierte den biographischen Ansatz, so wie es

Jean Leclerc bereits für die Medizin getan hatte. Montucla wollte statt dessen einen Beitrag zur Geschichte der Entwicklung des menschlichen Geistes liefern.

Dieselbe Absicht verfolgte auch der Göttinger Universitätsprofessor J. F. Gmelin mit seiner *Geschichte der Chemie* (1797–99), die sich große Mühe gab, die Entwicklung der Disziplin in ihren sozialen, politischen und kulturellen Kontext einzubetten. Die Monographie verstand sich als Beitrag zu einer historischen Enzyklopädie der Künste und Wissenschaften seit ihrer ›Renaissance‹ *(Wiederherstellung)*, ein Projekt, an dem ein Kreis von Gelehrten damals arbeitete. Im akademischen Milieu der gerade gegründeten Universität Göttingen muß die Kulturgeschichte einen besonderen Stellenwert gehabt haben. Forkel schrieb hier an seiner Musikgeschichte zur gleichen Zeit, als auch Gmelin an seiner Geschichte der Chemie arbeitete.[30]

Unter die Geschichte der Disziplinen läßt sich auch die Geschichte der Erfindungen subsumieren, die auf den italienischen Humanisten des frühen Cinquecento Polidoro Vergilio und sein Werk *De inventoribus rerum* (1500) zurückgeht. Vergilio hatte einen – gemessen an heutigen Standards – recht weit gefaßten Begriff von ›Erfindung‹. Beispielsweise betrachtete er das englische Parlament als eine Erfindung König Heinrichs III.[31] Im 17. und 18. Jahrhundert kamen Monographien über zwei für Gelehrte höchst bedeutsame Erfindungen heraus, nämlich über Schrift und Druck. Das Schreiben wurde von Herman Hugo und Bernard Malinckrott (1617 beziehungsweise 1638) untersucht, und Vico bediente sich ihrer Arbeiten für seine berühmten Reflexionen über Mündlichkeit und Schriftlichkeit. Der Gelehrte und Drucker Samuel Palmer legte 1732 seine *General History of Printing* vor.

Aus der Geschichte der Diszplinen ging auch die Geschichte der Denkweisen hervor.[32] Diese Entwicklung weist eine auffällige und keineswegs trügerische Ähnlichkeit mit manchen der ›neuen Richtungen‹ auf, die heute gepredigt und praktiziert werden. Es bedarf eines intellektuellen Drahtseilakts, um den Mentalitätenhistorikern des 18. Jahrhunderts die ihnen gebührende Anerkennung zu zollen, ohne sie mit den französischen *Annales*-Historikern gleichzusetzen.

Bereits im 17. Jahrhundert hatte John Selden den Teilnehmern seiner Tafelgespräche nahegelegt, sie sollten studieren, »was zu allen Zeiten generell geglaubt wurde«; dies, so betonte er, ließe sich feststellen, indem man »die Liturgien konsultiert, nicht aber die Schriften irgendeines Privatmannes«. Mit anderen Worten: Mentalitäten offenbaren sich in Ritualen. John Locke erkannte sehr genau, welche Unterschiede zwischen den Denkweisen in verschiedenen Teilen der Welt bestehen: »Wären du oder ich«, schrieb er in *An Essay concerning Human Understanding*, »in der Bucht von Saldanha geboren worden, wären unsere Gedanken und Vorstellungen möglicherweise genauso tierisch gewesen wie diejenigen der Hottentotten, die dort leben.« Mit einer solch relativistischen Argumentation, die durch Berichte über Afrika noch bekräftigt wurde, ließ sich natürlich auch Lockes Polemik gegen angeborene Ideen untermauern.

Von der Beschäftigung mit räumlich bedingten Abweichungen des Denkens zur Beschäftigung mit unterschiedlichen Epochen ist es nur ein kleiner Schritt. Es mag durchaus mit dem Aufkommen der ›mechanischen Philosophie‹ und der aus ihr resultierenden Revolution des Denkens zusammenhängen, daß sich manche Europäer der intellektuellen »Welt, die sie verloren hatten« bewußt wurden. Erstaunlicherweise verwendet der Gelehrte Richard Hurd im 18. Jahrhundert ein ähnliches Bild, wenn er sich über die Ausbreitung der Vernunft seit Spensers Tagen ausläßt. »Was wir durch diese Revolution gewonnen haben, werdet ihr sagen, ist ein Gutteil an gesundem Menschenverstand. Was wir verloren haben, ist eine Welt der schönen Mythen.«[33] Jedenfalls findet sich diese Erkenntnis bei Fontenelle, Vico, Montesquieu und anderen Autoren des 18. Jahrhunderts, vor allem dort, wo sie versuchen, die Fremdartigkeit früher Literatur und frühen Rechts zu verstehen.

In seinem um 1690 geschriebenen, aber erst 1724 veröffentlichten Essay *De l'origine des fables* (über den Ursprung der ›Mythen‹, wie wir heute sagen würden) behauptete Fontenelle, in unkultivierteren Epochen *(siècles grossiers)* seien die philosophischen Systeme zwangsläufig anthropomorph und magisch gewesen. Zu ähnlichen Schlüssen gelangte seinerseits auch Vico, der freilich der, wie er sie nannte, ›poetischen Logik‹ des frühen Menschen größere Sympathie entgegenbrachte. Ein dänischer Gelehrter namens Jens Kraft veröffentlichte 1760 eine allgemeine Beschreibung der ›Wilden‹ *(de Vilde Folk)* und ihrer ›Denkweise‹ *(Tænke-Maade)*. Eine ähnliche Formulierung hatte Montesquieu in seinem *Esprit des lois* (1744) verwendet, als er versuchte, die Logik des mittelalterlichen Gottesurteils zu rekonstruieren, bei dem der Unschuldsbeweis mit Hilfe diverser Foltermethoden erbracht werden sollte (Buch 28, Kapitel 17). Montesquieu erklärte diesen Brauch mit der ›Denkweise unserer Vorfahren‹ *(la manière de penser de nos pères)*.

Aus demselben Wunsch, eine exotische Mentalität zu verstehen, speiste sich auch das zunehmende Interesse an der Geschichte des Rittertums, die etwa der französische Gelehrte Jean-Baptiste de La Curne de Sainte-Palaye anhand von mittelalterlichen Ritterromanen und anderen Quellen untersuchte.[34] Seine *Mémoires sur l'ancienne chevalerie* (1746–50) erregten die Aufmerksamkeit einiger Denker, von denen in diesem Kapitel bereits die Rede war, unter ihnen Voltaire, Herder, Horace Walpole und William Robertson. In der berühmten ›Ansicht über den Fortschritt der Gesellschaft‹, die er seiner *History of Charles V* (1769) vorausschickte, stellte Robertson fest: »das Rittertum ... das ja gemeinhin als eine wilde Institution gilt, als eine Laune mit extravaganten Auswirkungen, entwickelte sich ganz natürlich aus dem damaligen Gesellschaftszustand und hatte einen nachhaltigen Einfluß auf die Verfeinerung der Sitten der europäischen Völker«. In seinen *Letters of Chivalry* (1762) hatte Richard Hurd bereits zuvor die mittelalterlichen Ritterromane (und sogar die *Faerie Queene*) als Ausdruck des von ihm so bezeichneten »gotischen Systems heroischer Sitten« interpretiert.

Ähnliche Interessen verfolgte der mit Hurd befreundete Thomas Warton. Auch er hatte Sainte-Palaye gelesen. In seinem Essay über das Aufkommen der ›Romandichtung‹ behauptete er, diese sei zu einer

Zeit entstanden, »als eine neue und unnatürliche Denkweise in Europa um sich griff, die durch unsere Verbindung mit dem Osten [also durch die Kreuzzüge] eingeführt wurde«. Eine größere Sympathie gegenüber fremden Mentalitäten, ja sogar Einfühlungsvermögen dokumentierten seine *Observations on the Faerie Queene* (1754). Seine Anmerkungen zur Methode haben bis heute nichts von ihrer Relevanz eingebüßt.

»Wenn wir die Werke eines Autors lesen, der in fernen Zeiten gelebt hat, dann ist es nötig ..., daß wir uns in seine Situation und seine Umstände versetzen; so werden wir eher in der Lage sein zu beurteilen und zu erkennen, wie sein Denken und seine Art des Schreibens gelenkt und beeinflußt wurden und wie sie durch höchst vertraute und vorherrschende Erscheinungen gefärbt wurden, die sich völlig von jenen unterschieden, von denen wir heute umgeben sind.«

Wie im folgenden Abschnitt zu zeigen sein wird, bleibt die Geschichte der unausgesprochenen Annahmen und der Vorstellungen für das Unternehmen ›Kulturgeschichte‹ von zentraler Bedeutung.

Einige Gelehrte begannen sich für die Geschichte der ›Volkskultur‹ zu interessieren, ein Begriff, der erstmals vermutlich von Adelung und Herder gegen Ende des 18. Jahrhunderts verwendet wurde. Bereits zuvor (1757) hatte ein Gremium gelehrter Jesuiten in Zusammenhang mit den Lebensbeschreibungen der Heiligen die Formulierung ›kleine Traditionen des Volkes‹ *(populares traditiunculae)* geprägt, was an jene ›kleine Tradition‹ erinnert, mit der sich der amerikanische Ethnologe Robert Redfield in den 1930er Jahren beschäftigte. Zu Beginn des 19. Jahrhunderts bestand ein derartiges Interesse an Volksliedern und Volksmärchen, daß man wohl zur Recht von der ›Entdeckung‹ der Volkskultur durch die europäischen Intellektuellen sprechen kann.[35]

Angesichts der wachsenden Zahl von Geschichten der Künste und Wissenschaften, die in der Frühen Neuzeit publiziert wurden, überrascht es kaum, daß es immer wieder Versuche gab, sie miteinander zu verbinden. Einen frühen Ansatz dazu unternahm der spanische Humanist Juan Luis Vives: In seinem polemischen Traktat *De causis corruptarum artium* (1531) stellte er die – mehr oder weniger an Vallas Geschichte der Sprache angelehnte – Geschichte der Wissenschaft ganz in den Dienst einer Kampagne zur Reform der Universitäten. Zu den Gründen für den Niedergang von Kunst und Wissenschaft rechnete dieser Schüler des Erasmus unter anderen ›Arroganz‹ und ›Kriege‹.

Das Hauptmodell einer allgemeinen Kulturgeschichte in der Frühen Neuzeit dürfte aber vielleicht dasjenige der *translatio studii* sein, also die wechselnde Vorherrschaft verschiedener Regionen der Welt beziehungsweise verschiedener Disziplinen. In seinen *Vicissitudes* (1575), einem komparativen geschichtstheoretischen Essay von bemerkenswertem Weitblick, behauptete der französische Humanist Louis Le Roy, »alle freien und mechanischen Künste haben ihre Blüte und ihren Niedergang gemeinsam erlebt« *(tous les arts liberaux et mecaniques ont fleuri ensemble, puis decheu)*, weshalb die verschiedenen Zivilisationen – der Griechen, Araber, Chinesen und so weiter – ihre Höhen und Tiefen hätten. Rainer Reineck, ein in Vergessenheit geratener deutscher Humanist, beschäftigte sich in seiner Schrift *Methodus legendi cognoscendique historiam tam sacram quam profanam* (1583), die nach dem Vorbild der berühmten Studie desselben Titels von Jean Bodin angelegt war, mit der *historia scholastica*, also mit der Geschichte der Literatur, der Künste und der intellektuellen Disziplinen.

Francis Bacon kannte sowohl die Schrift Le Roys als auch die Abhandlung Vives', ging aber noch darüber hinaus – oder plante es zumindest –, als er im zweiten Buch seines Werks *Advancement of Learning* (1605) die berühmte Forderung nach einer »angemessenen Geschichte der Wissenschaft« aufstellte, die »das Altertum, die Ursprünge des Wissens und ihrer Zweige umfaßt, ihre Erfindungen und Traditionen, ihre verschiedenen Administrationen und Ausführungen, ihre Blütezeiten, Widersprüche, Rückfälle und Tiefpunkte, ihr

Vergessen und ihre Absenzen samt allen Ursachen und Anlässen«. Der für die damalige Zeit ungewöhnliche Verweis auf die »Administrationen und Ausführungen« der Wissenschaft verrät natürlich den Mann des öffentlichen Lebens. Staatsgeschäfte waren es denn auch, die Bacon davon abhielten, eine solche Geschichte tatsächlich zu schreiben, aber sein Programm sollte einige Autoren des folgenden Jahrhunderts inspirieren.

Voltaires Geschichtswerk *Le siècle de Louis XIV* (1751) und sein *Essai sur les mœurs* (1756) waren Plädoyers für eine neue Art von Geschichtsschreibung, die sich weniger mit Krieg und Politik und dafür eher mit dem ›Fortschritt des menschlichen Geistes‹ befassen würde. In der Praxis räumte Voltaire den Kriegen Ludwigs XIV. freilich mehr Platz ein als seiner Förderung von Kunst und Wissenschaft, doch tatsächlich teilen seine Geschichten einiges über die Wiederbelebung der Literatur und die Verfeinerung der Sitten mit. Auf ähnliche Weise zeichnete auch d'Alembert in seiner Vorrede zur *Encyclopédie* (1751) den Entwicklungsprozeß des menschlichen Denkens nach, wobei er sich zum Teil auf die Geschichten der Disziplinen berief (etwa auf Montuclas historische Darstellung der Mathematik) und die Auffassung vertrat, die Geschichtsschreibung solle sich ebenso mit der Kultur befassen wie mit der Politik, mit ›großen Genien‹ ebenso wie mit ›großen Völkern‹, mit Männern der Wissenschaft ebenso wie mit Königen, mit Philosophen ebenso wie mit Eroberern.

Das Phänomen des Niedergangs zog nicht weniger Interesse auf sich als der Fortschritt, und es gab ausführliche Diskussionen über die Ursachen für kulturelle Höhen und Tiefen. Manche Gelehrte machten den Despotismus für kulturellen Niedergang verantwortlich – diese Auffassung vertrat der Humanist des frühen Quattrocento Leonardo Bruni ebenso wie drei Jahrhunderte nach ihm der Earl of Shaftesbury. Andere wieder führten eher physikalische denn moralische Ursachen ins Feld, vor allem klimatische, wie es schon Vasari getan hatte, um die künstlerischen Leistungen der Florentiner zu erklären. Noch systematischer setzte sich der Abbé Jean-Baptiste Dubos in seinen *Réflexions critiques sur la poésie et la peinture* (1719) mit den klimatischen Bedingungen auseinander, die für ihn neben anderen Faktoren wie Mäzenatentum, Wohlstand und Sitten eine Rolle spielten. Auch Winckelmann interessierte sich für die Auswirkung des Klimas auf die Kunst.

Es bestand also ein Interesse an den Beziehungen zwischen dem, was wir ›Kultur‹ und ›Gesellschaft‹ nennen. Voltaire stand mit seinem berühmten *Essai sur les mœurs* in dieser Hinsicht keineswegs alleine da. Unter den Intellektuellen des 18. Jahrhunderts galt es allgemein als gesichert, daß ›rohe‹ und ›feine‹ Sitten jeweils unterschiedliche Denkweisen bedingen. Über dieses Thema wurden damals auch eingehendere Untersuchungen verfaßt.

In Deutschland etwa unternahm es Adelung in seinem bereits erwähnten Essay, einen Zusammenhang zwischen ›geistiger Kultur‹ und ›gesellschaftlichem Leben‹ beziehungsweise der ›Verfeinerung der Sitten‹ herzustellen, und vertrat die Auffassung, jeder Stand habe das kulturelle Niveau, das er verdiene.[36] Horace Walpole wiederum sah in seinen *Anecdotes of Painting* (1761) vielfältige Verbindungen zwischen dem ›Zustand der englischen Malerei‹ in bestimmten historischen Augenblicken und dem Zustand der Gesellschaft. Im zweiten Kapitel über das Spätmittelalter spricht er beispielsweise von der Herrschaft eines »stolzen, kriegerischen und ignoranten Adels«, den er für ein Kunstschaffen verantwortlich macht, das »großartig [war] ohne jeden Luxus, pompös ohne jede Eleganz«. David Humes Essay über die ›Verfeinerung in den Künsten‹ behandelte den Zusammenhang zwischen Kunst, Freiheit und Luxus. Vermutlich hätte auch Adam Smith in der Geschichte der Literatur und Philosophie, die er gegen Ende seines Lebens plante, einen ähnlichen Ansatz verfolgt.

Eine Auseinandersetzung mit der Beziehung zwischen ›Verstandesdingen‹ *(cose d'ingegno)* und ›menschlichen Sitten‹ *(umani costumi)* findet sich auch in einem bemerkenswerten Essay des italienischen Jesuiten Saverio Bettinelli aus dem Jahre 1775, in dem es um den *risorgimento*, die ›Wiedergeburt‹ Italiens nach dem Jahr 1000 geht. Bettinelli schlug den Bogen von Kunst, Literatur und Musik zu Rittertum, Handel, Luxus und Festlichkeiten. Noch ehrgeiziger war Robert Henry, der mit seiner sechsbändigen *History of Great Britain* (1771–93) eine ›totale‹ Geschichte Großbritanniens anstrebte, von der Ankunft der Römer bis zum Tod Heinrichs VIII. Sein Werk, das auf Warton, Brucker, Sainte-Palaye und andere zurückgriff, widmete der Religion, der Bildung und den Künsten ebensoviel Aufmerksamkeit wie der Politik, dem Handel und den ›Sitten‹. Zusammenhänge zwischen gesellschaftlichen und künstlerischen Veränderungen stellte auch der

Liverpooler Bankier William Roscoe in den Vordergrund seiner Biographie über Lorenzo de' Medici (1795). Gleiches gilt für den Schweizer Historiker J. C. L. S. de Sismondi. Zentrales Thema seiner *Histoire des républiques italiennes* (1807–18) ist der Aufstieg und Niedergang der Freiheit.[37]

Die Vorstellung von Kultur als Totalität – oder zumindest das Bewußtsein, daß zwischen den verschiedenen Künsten und Disziplinen ganz wesentliche Wechselbeziehungen bestehen – bildete auch die Grundlage für eine der bedeutendsten akademischen Leistungen der Frühen Neuzeit, nämlich die Entwicklung von Techniken, welche die Aufdeckung von Fälschungen ermöglichen. Diese Techniken setzten ein geschärftes Bewußtsein für Anachronismen voraus. Angefangen mit der Entlarvung der sogenannten *Konstantinischen Schenkung* durch Lorenzo Valla um die Mitte des Quattrocento und bis zur Decouvrierung der ›mittelalterlichen‹ Heldengedichte ›Ossians‹ gegen Ende des 18. Jahrhunderts gab es immer wieder Debatten über die Authentizität bestimmter Texte oder gelegentlich auch bestimmter Artefakte, etwa Medaillen oder angebliche Knochenfunde wie im Falle der Kontroverse um den Piltdown-Menschen.[38] Diese Debatten zwangen die Protagonisten, ihre Kriterien immer präziser zu formulieren.

Valla etwa registrierte Anachronismen in Stil *(stilus)* und Ausdrucksweise *(modus loquendi)* der *Schenkung*. Detaillierte Kenntnisse der Geschichte des Griechischen bewies Richard Bentley, als er in seiner *Dissertation upon the Epistles of Phalaris* (1697), jener berühmten Entlarvung eines gefälschten klassischen Texts, feststellte, »Sprache und Stil« der Briefe »verraten aufgrund ihrer ganzen Struktur und Färbung, daß diese um tausend Jahre jünger sind« als der Herrscher, an den sie angeblich gerichtet waren. Noch ausführlicher legte Thomas Warton seine Kriterien dar, als er die ›mittelalterlichen‹ Gedichte entlarvte, die Chatterton an Horace Walpole geschickt hatte: In *An Enquiry into the Authenticity of the Poems attributed to Thomas Rowley* (1782) benutzte Warton seine Kenntnis dessen, was er als »Progression der poetischen Komposition« bezeichnete, um die Texte als Fälschung zu decouvrieren. Anachronismen registrierte er sowohl in der Sprache (zum Beispiel »Optik«) als auch im Stil (voller Abstraktionen und »Intellektualismen«, wie sie im 15. Jahrhundert undenkbar waren).

Die in dieser Art von Beweisführung bereits angelegte Auffassung, daß eine Kultur etwas Ganzes darstellt, kam im Laufe der Zeit immer deutlicher zum Ausdruck. Als einer der ersten wurde der französische Gelehrte Étienne Pasquier in dieser Hinsicht ganz explizit, als er in seinen *Recherches de la France* (1566, Buch 4, Kapitel 1) bemerkte, »jeder intelligente Mensch« sei »praktisch in der Lage, sich anhand der Lektüre alter Gesetzesvorschriften und Verordnungen ein Bild von der Gemütsverfassung eines Volkes zu machen« und umgekehrt die Gesetze eines Volkes aufgrund seiner »Lebensart« *(manière de vivre)* vorauszusagen.

Wie sehr diese Vorstellung um sich griff, läßt sich daran erkennen, daß Begriffe wie ›Genie‹, ›Stimmung‹ oder ›Geist‹ eines Zeitalters oder Volkes zunehmend in Umlauf kamen. In englischen Texten des späten 17. Jahrhunderts finden wir beispielsweise Wendungen wie *the temper and geniuses of times* (Stillingfleet); *the genius of every age* (Dryden); *the general vein and humour of ages* (Temple). Im Frankreich Montesquieus und Voltaires spricht man häufig vom *esprit général, esprit humain* oder *génie.* Dasselbe gilt für die Schotten im Zeitalter Humes und Robertsons: *the spirit of the nation, the spirit of enquiry, the humour of the nation, the reigning genius, the genius of government* und so weiter.

Als im Deutschland der 1780er Jahre der Begriff *Kultur* allgemeine Verbreitung fand, dokumentierte er möglicherweise, ebenso wie der Begriff *Geist*, ein geschärftes Bewußtsein über die Zusammenhänge des Wandels in Sprache, Recht, Religion, Kunst und Wissenschaft, zumindest bei Herder und anderen Schriftstellern (wie Adelung und Eichhorn), die diese Begriffe verwendeten. Dennoch kann man nicht behaupten, daß dieses Bewußtsein etwas völlig Neues gewesen wäre. Immerhin hatte Herder in seinen berühmten *Ideen zur Philosophie der Geschichte der Menschheit* (1784–91) erhebliche Anleihen bei den Arbeiten früherer Ideengeschichtler und Kunsthistoriker wie Sainte-Palaye und Goguet gemacht.[39]

Wo die Deutschen von ›Kultur‹ sprachen, bevorzugten die Franzosen die Wendung *les progrès de l'esprit humain*, eine Wendung, die Fontenelle erstmals verwendete und die sich in den 1750er Jahren bei Voltaire, bei Estève in seiner Geschichte der Astronomie und bei Montucla in seiner Geschichte der Mathematik wiederfindet. Gegen Ende des Jahrhunderts wurde sie zum Leitbegriff für eine Weltgeschichte – Condorcets *Esquisse d'un tableau historique des progrès de l'esprit humain* (1793), eine nach kulturellen wie ökonomischen Gesichtspunkten periodisierte Geschichte der Welt mit den Meilensteinen Schrift, Druck und cartesische Philosophie.

Anders gesagt, es ist nicht ganz korrekt, wenn man – wie Sir Ernst Gombrich in einem berühmten Vortrag – behauptet, die Kulturgeschichte gründe sich auf ›Hegelsche Fundamente‹, so einflußreich Hegels Begriff des *Zeitgeists* für das 19. und 20. Jahrhundert auch gewesen sein mag.[40] Hegel errichtete sein eigenes Denkgebäude auf geistigen Grundlagen, die Generationen deutscher Intellektueller vor ihm, vor allem Herder, geschaffen hatten, die wiederum auf den Franzosen aufgebaut hatten und so weiter. Diese Art von Regression führt uns bis zu Aristoteles zurück, der die Entwicklung der literarischen Gattungen – etwa der Tragödie – in seiner *Poetik* erörterte, während er mit seinen teleologischen Auffassungen möglicherweise zum ersten ›Whig‹-Historiker der Geschichte wurde.

Dennoch scheint es angemessen, dieses Kapitel über die Ursprünge der Kulturgeschichte mit dem Beginn des 19. Jahrhunderts enden zu lassen. Um 1800 hatte sich die Vorstellung einer allgemeinen Gesellschafts- und Kulturgeschichte in gewissen intellektuellen Kreisen – zumindest von Edinburgh bis Florenz, von Paris bis Göttingen – durchgesetzt. In der folgenden Generation des frühen 19. Jahrhunderts wurde dieser Stil der Geschichtsschreibung zu einem Schattendasein verurteilt: Es war die große Zeit Leopold von Rankes und der erzählenden politischen Geschichtsschreibung, die mit ihm und seiner Schule verbunden ist.

Dies heißt nun keineswegs, daß die Kulturgeschichte im 19. Jahrhundert völlig untergegangen wäre. Jules Michelets Geschichtsbegriff etwa erstreckte sich auch auf die Kultur (namentlich in seinem Band über die französische Renaissance); dasselbe galt auch für Ranke. Dessen *Englische Geschichte* (1859–68), die sich vor allem mit dem 17. Jahrhundert befaßte, war immerhin so breit angelegt, daß sie auch die zeitgenössische Literatur mit einbezog. Auch François Guizots Vorlesungen über die *Histoire de la civilisation en Europe* (1828) und seine *Histoire de la civilisation en France* (1829–32), die in Französisch und anderen Sprachen zahlreiche Auflagen erlebte, waren kulturgeschichtliche Studien. Jacob Burckhardts Klassiker *Die Kultur der Renaissance in*

Italien (1860) erfreute sich im späten 19. Jahrhundert großer Wertschätzung, obwohl das Buch zur Zeit seiner Veröffentlichung nur relativ wenig Aufmerksamkeit erregt hatte. In der deutschsprachigen Welt debattierte man immer wieder über den Stellenwert der Kulturgeschichte und die Art und Weise, wie sie zu schreiben sei. Mehrere Autoren vertraten die Ansicht, daß diejenigen, die sich im ausgehenden 19. Jahrhundert zur Tradition der Kulturgeschichte bekannten, auf diesem Wege ihre Opposition gegen das Bismarckreich zum Ausdruck bringen wollten.[41]

Gleichwohl wurde die Kluft zwischen der Kulturgeschichte, die praktisch den Amateuren überlassen blieb, und der professionellen beziehungsweise ›positivistischen‹ Geschichtsschreibung, die sich zunehmend mit Politik, Dokumenten und ›harten Fakten‹ beschäftigte, im 19. Jahrhundert immer größer. Ungeachtet aller Veränderungen, die in den letzten Jahren stattgefunden haben – etwa die schrittweise Anerkennung von ›kulturgeschichtlichen Studien‹ durch das akademische Establishment –, wäre es allerdings verfrüht zu behaupten, diese Kluft sei heute überwunden. Das folgende Kapitel möchte einen Beitrag zu einer solchen Überwindung leisten.

1 Alfred L. Kroeber/Clyde Kluckhohn, *Culture: a Critical Review of Concepts and Definitions*, New York 1952, Nachdruck 1963
2 Herbert Butterfield, *The Whig Interpretation of History*, London 1931; Michel Foucault, *Die Ordnung der Dinge*, Frankfurt a.M. 1971
3 Walter H. Bruford, *Kultur und Gesellschaft im klassischen Weimar 1775–1806*, Göttingen 1980) Kap. 4
4 Leon Edelstein, *The Idea of Progress in Classical Antiquity*, Baltimore 1967
5 Wallace K. Ferguson, *The Renaissance in Historical Thought*, Cambridge, Mass. 1948, S. 20ff.; Martin McLaughlin, »Histories of Literature in the Quattrocento«, in: Peter Hainsworth u.a. (Hrsg.), *The Languages of Literature in Renaissance Italy*, Oxford 1988, S. 63–80
6 Cecil Grayson, *A Renaissance Controversy, Latin or Italian?*, Oxford 1959
7 George Huppert, *The Idea of Perfect History*, Urbana 1970
8 Michael S. Batts, *A History of Histories of German Literature*, New York 1987

9 Robert Escarpit, »Histoire de l'histoire de la littérature«, in: Raymond Queneau (Hrsg.), *Histoire des littératures*, Paris 1958, Bd. 3, S. 1749–1813; Jean-Marie Goulemot, »Histoire littéraire et mémoire nationale«, in: *History and Anthropology* 2, 1986, Teil 2, S. 225–235; Maria Serena Sapegno, »Storia della letteratura italiana di Girolamo Tiraboschi«, in: Alberto Asor Rosa (Hrsg.), *Letteratura Italiana: Le Opere*, Bd. 2, Turin 1993, S. 1161–1195

10 René Wellek, *The Rise of English Literary History*, Chapel Hill 1941; Lawrence Lipking, *The Ordering of the Arts*, Princeton 1970, S. 352 f.; Joan H. Pittock, *The Ascendancy of Taste*, London 1973, Kap. 5

11 Evert van der Grinten, *Enquiries into the History of Art-Historical Writing*, Delft 1952; Giuliano Tanturli, »Le biografie d'artisti prima del Vasari«, in: *Il Vasari storiografo e artista*, Florenz 1976

12 Patricia L. Rubin, *Giogio Vasari: Art and History*, New Haven 1995

13 Vgl. André Chastel, *Art et humanisme à Florence au temps de Laurent le Magnifique*, Paris 1961, S. 21 ff.

14 Ernst H. Gombrich, »Vasari's *Lives* and Cicero's *Brutus*«, in: *Journal of the Warburg and Courtauld Institutes* 23, 1960, S. 309–321

15 Lipking (1970), S. 127 f.

16 Lipking (1970), S. 23 ff.; Grinten (1952)

17 Grinten (1952); Joseph Alsop, *The Rare Art Traditions*, London 1982

18 *Grove's Dictionary of Music and Musicians*, hrsg. v. S. Sadie, 20 Bde., London 1980, Artikel »Caffiaux«; E. Heger, *Die Anfänge der neueren Musikgeschichtsschreibung um 1770 bei Gerbert, Burney und Hawkins*, 1932, Nachdruck Baden-Baden 1974; Lipking (1970), S. 229 ff., 269 ff.

19 John M. Headley, *Luther's View of Church History*, New Haven 1963; A. Geoffrey Dickens/John Tonkin, *The Reformation in Historical Thought*, Cambridge, Mass. 1985. Zu Eusebius siehe Arnaldo D. Momigliano, »Pagan and Christian Historiography in the Fourth Century«, 1963, Nachdruck in: ders., *Essays in Ancient and Modern Historiography*, Oxford 1977, S. 107–126

20 W. Owen Chadwick, *From Bossuet to Newman*, 1957, Cambridge ^{2}1987, S. 20, 45–47

21 Chadwick (1957), S. 6–10

22 Erich Seeberg, *Gottfried Arnold*, Meran 1923; Peter Meinhold, *Geschichte der kirchlichen Historiographie*, Freiburg/München 1967

23 Michele Rak, *La parte istorica: storia della filosofia e libertinismo erudito*, Neapel 1971; Lucien Braun, *Histoire de l'histoire de la philosophie*, Paris 1973; Michelangelo Del Torre, *Le origini moderne della storiografia filosofica*, Florenz 1976

24 Momigliano (1963)

25 Loren Graham/Wolf Lepenies/Peter Weingart, *Functions and Uses of Disciplinary Histories*, Dordrecht 1983; Donald R. Kelley/Richard H. Popkin (Hrsg.), *The Shapes of Knowledge from the Renaissance to the Enlightenment*, Dordrecht 1991

26 Marc Fumaroli, *L'âge de l'éloquence: rhétorique et res literaria de la Renaissance au seuil de l'époque classique*, Genf 1980, S. 299–326

27 Herbert Butterfield, *Man on his Past*, Cambridge 1955, S. 205–206; Donald R. Kelley, *Foundations of Modern Historical Scholarship: Language, Law and History in the French Renaissance*, New York 1970, S. 140–141; Huppert (1970), S. 137–138

28 Kelley (1970)

29 Nicholas Jardine, *The Birth of History and Philosophy of Science*, Cambridge 1984

30 Butterfield (1955), S. 39–50; Georg G. Iggers, »The University of Göttingen 1760–1800 and the Transformation of Historical Scholarship«, in: *Storia della Storiografia* 2, 1982, S. 11–36

31 Denys Hay, *Polydore Vergil*, Oxford 1952; Brian Copenhaver, »The Historiography of Discovery in the Renaissance: the Sources and Composition of Polydore Vergil's *De Inventoribus Rerum*«, in: *Journal of the Warburg and Courtauld Institutes* 41, 1978, S. 192–214

32 Alistair C. Crombie, *Styles of Thinking in the European Tradition*, 3 Bde., London 1994, S. 1587–1633

33 Zitiert in: Pittock (1973), S. 85

34 Lionel Gossman, *Medievalism and the Ideologies of the Enlightenment*, Baltimore 1968

35 Peter Burke, *Helden, Schurken und Narren. Europäische Volkskultur in der frühen Neuzeit*, Stuttgart 1981, S. 17 ff.

36 Jörn Garber, »Von der Menschheitsgeschichte zur Kulturgeschichte«, in: Jutta Held (Hrsg.), *Kultur zwischen Bürgertum und Volk*, Berlin 1983, S. 76–97

37 Francis Haskell, *Die Geschichte und ihre Bilder*, München 1995

38 Joseph M. Levine, *Dr Woodward's Shield*, Berkeley 1977

39 Bruford (1980), Kap. 4

40 Ernst H. Gombrich, »Die Krise der Kulturgeschichte«, 1969, Nachdruck in: ders., *Die Krise der Kulturgeschichte*, Stuttgart, 1983, S. 27–64

41 Eberhard Gothein, *Die Aufgaben der Kulturgeschichte*, Leipzig 1889; Dietrich Schäfer, *Geschichte und Kulturgeschichte*, Jena 1891; vgl. Norbert Elias, *Der Prozeß der Zivilisation*, 2 Bde., Basel 1939, Einleitung u. S. 1 ff.

KAPITEL II

Die Kulturgeschichte der Träume

Viele Bereiche des menschlichen Lebens, die früher als unveränderlich galten, sind in den letzten Jahrzehnten von den Historikern als Forschungsgegenstand entdeckt worden. Der Wahnsinn etwa durch Michel Foucault; die Kindheit durch Philippe Ariès; die Gestik (siehe Kapitel IV); der Humor (Kapitel V); und selbst die Gerüche wurden mit den Untersuchungen Alain Corbins und anderer zum Thema der Geschichtsschreibung.[1] Ein Bereich allerdings blieb von der ›Kolonisierung‹ durch die Historiker – rühmliche Ausnahmen sind Reinhart Koselleck und Jacques Le Goff[2] – bisher weitgehend unberührt, nämlich die Träume. Der folgende Aufsatz will dieses Territorium aus historiographischer Sicht erkunden. Das Material stammt dabei fast ausschließlich aus der englischsprachigen Welt des 17. Jahrhunderts. Eigentlich geht es hier jedoch darum, die Möglichkeiten einer Kulturgeschichte des Träumens aufzuzeigen: keine Geschichte der Traumdeutungen, so interessant diese auch sein mag[3], sondern eine Geschichte der Träume selbst.

Die Idee, daß Träume eine Geschichte haben, wird – zumindest implizit – von der ›klassischen‹ Traumtheorie à la Freud und Jung verworfen.[4] Nach ihrer Auffassung haben Träume zwei Bedeutungsebenen, die individuelle und die universelle. Auf der individuellen Ebene betrachtete Freud die Träume als Äußerung der unbewußten Wünsche des Träumers (eine Ansicht, die er später modifizierte, um die traumatischen Träume der psychisch Geschädigten des Ersten Weltkriegs deuten zu können). Jung wiederum behauptete, Träume erfüllten eine Vielzahl von Funktionen, etwa die, den Träumer vor Gefahren seiner Lebensweise zu warnen oder die ›schiefe Einstellung‹ des Bewußtseins auszugleichen. Auf der universellen Ebene ging es Freud vor allem darum, hinter dem manifesten Inhalt des Traums dessen latenten Inhalt aufzuspüren. So vermutete er beispielsweise, daß in Träumen alle länglichen Gegenstände das männliche Geschlecht darstellen können und alle Gefäße den Uterus; daß Könige und Königinnen meist die Eltern des Träumers symbolisieren und so weiter. Den manifesten Inhalt schrieb er den ›Tagesresten‹ zu, aber dieser Punkt hatte für ihn nur geringe Bedeutung.

Jung interessierte sich eher für den manifesten Inhalt von Träumen als Freud, aber auch er behandelte manche Traumsymbole als etwas Universelles: Der alte Weise etwa oder die Große Mutter waren für ihn ›Archetypen des kollektiven Unbewußten‹. Beide Analytiker wiesen auf die Analogie zwischen Traum und Mythos hin, aber während Freud Mythen eher als Traumphänomene interpretierte, deutete Jung Träume normalerweise mit Kategorien des Mythos. Weder Freud noch Jung behandelten Traumsymbole als eine Konstante, obwohl ihnen gerade dies oft zum Vorwurf gemacht worden ist. Beiden ging es viel zu sehr um die individuelle Ebene, als daß sie Bedeutungen auf diese Weise festgelegt hätten. Was weit eher zur Kritik der klassischen Theorie herausfordert, ist der Umstand, daß sie eine dritte – zwischen dem Individuellen und dem Universellen angesiedelte – Bedeutungsebene vernachlässigt: die kulturelle oder gesellschaftliche Ebene.

Daß Träume soziale oder kulturelle Bedeutungen haben können, wurde erstmals von Anthropologen, vor allem von psychologischen

Anthropologen vertreten, die nicht nur in zwei Fachgebieten ausgebildet waren, sondern auch in zwei verschiedenen Kulturen arbeiteten. In einer bahnbrechenden Studie stellte Jackson S. Lincoln die These auf, daß es in primitiven Kulturen zwei Traumtypen mit jeweils sozialen Bedeutungen gebe. Zum einen den spontanen oder ›individuellen‹ Traum, bei dem der manifeste Inhalt die Kultur reflektiere, während sein latenter Inhalt universell sei. Den zweiten Typ nannte er den ›kulturell bedingten‹ Traum, der einem in der Kultur des jeweiligen Stammes angelegten Stereotyp entspreche. In diesen Fällen sei auch der latente Inhalt des Traums von der Kultur beeinflußt. Kurz gesagt, in einer bestimmten Kultur haben die Leute tendenziell bestimmte Arten von Träumen.[5]

Das sind gewichtige Behauptungen, die sich freilich auch auf gewichtiges Beweismaterial stützen können. Die besten Beispiele für den kulturell bedingten Traum kennen wir von den nordamerikanischen Indianern, vor allem von den Ojibwa, die auf dem Gebiet der heutigen Staaten Michigan und Ontario lebten. Träume spielten in ihrer Kultur – zumindest bis in die Zeit vor 1900 – eine wichtige Rolle. Die Jungen mußten sich, um erwachsen zu werden, einem sogenannten ›Traumfasten‹ unterziehen. Sie wurden für eine Woche oder zehn Tage in die Wildnis geschickt, wo sie auf Träume warten mußten. Die Ojibwa glaubten, übernatürliche Wesen würden sich der fastenden Jungen erbarmen, ihnen mit Ratschlägen zu Hilfe kommen und ihnen zu lebenslangen Schutzgeistern werden. Diese übernatürlichen Wesen erschienen in Form eines Tiers oder Vogels. Das Bemerkenswerte daran ist, daß die entsprechenden Träume sich offenbar wie auf Befehl einstellten, zumindest nach einigen Tagen des Hungerns, also in einem Zustand, der leicht zu Visionen führen kann. Im folgenden sei ein Beispiel zitiert, das der amerikanische Ethnologe Paul Radin aufgezeichnet hat:

»Ich träumte, ich wäre am Ufer eines Sees und hätte seit längerem nichts mehr zu essen gehabt. Ich war schon seit einiger Zeit auf der Suche nach etwas Eßbarem, als ich plötzlich einen großen Vogel sah. Der Vogel kam zu mir herübergeflogen und sprach mich an: Er sagte mir, ich wäre verloren, und es hätten sich Leute aufgemacht, um nach mir zu suchen, in Wirklichkeit wollten sie mich aber erschießen und nicht retten. Dann flog der Vogel auf den See hinaus und brachte mir einen Fisch zum Essen und sagte mir, ich würde beim Jagen und Fischen Glück haben; ich würde sehr lange leben; und ich würde nie durch einen Gewehrschuß verletzt werden. Dieser Vogel, der mir beistand, war von jener Art, die man nur ganz selten erlegen kann. Von da an war der Seetaucher mein Schutzgeist.«

Der Informant war in diesem Fall kein Junge, sondern ein alter Mann, der sich an seine Jugend erinnerte, und vielleicht wurde ihm der Traum aus dem Rückblick klarer, als er ursprünglich gewesen war. Das Element der Wunscherfüllung ist in dem Traum recht offensichtlich. Die Aussage »in Wirklichkeit wollten sie mich aber erschießen« ist insofern interessant, als sie die aggressiven Gefühle eines Jugendlichen gegenüber den Erwachsenen zum Ausdruck bringt, die ihn zum Fasten in die Wildnis geschickt hatten.

Auch wenn man davon ausgeht, daß dieser unmittelbare Bericht über ein Traumfasten einigermaßen akkurat und auch hinreichend typisch ist, so bleibt doch noch immer das Problem zu erklären, wieso der kulturell bedingte Traum überhaupt stattgefunden hat. Fraglos trug das Fasten selbst dazu bei und wohl auch die Erwartung, daß ein Traum dieser Art sich einstellen würde. Ein vager Traum ließ sich ohne weiteres mit dem Stereotyp in Einklang bringen und konnte auf kulturell angemessene Weise nacherzählt und in die Erinnerung zurückgerufen werden. Jungen, die das Pech hatten, keine Träume der richtigen Art zu bekommen, dürften vermutlich irgend etwas erfunden haben. Aus den Berichten der Ethnographen geht allerdings nicht hervor, ob es ihnen überhaupt möglich gewesen wäre, im voraus festzustellen, welche Art von Träumen die Erwachsenen hören wollten. Manchmal stellte sich der ›falsche‹ Traum ein, und der wurde dann zurückgewiesen. In einer anderen Geschichte, die Radin erzählt bekam, »fragte der Vater seinen Jungen, was er denn geträumt habe. Der Junge erzählte es ihm, aber das entsprach nicht den Vorstellungen des Vaters, weshalb er ihn gleich wieder zum Fasten zurückschickte.«[6] Früher oder später tauchte dann der ›richtige‹ Traum auf, was nicht weiter verwunderlich ist: Was die Väter hören wollten, war natürlich ein Traum über die zentralen Symbole der Kultur.

Nur bei wenigen Völkern gehört das Traumfasten zur kulturellen Praxis, aber auch anderswo ist es so, daß die Träume den Stereotypen der einheimischen Kultur entsprechen. In den Träumen der Hopi-

Indianer, die von der Ethnologin Dorothy Eggan erforscht wurden, spielte eine Wasserschlange eine wichtige Rolle, so etwa in folgendem Bericht: »Ich komme zu meinem Heimatdorf. Die Leute sind erschreckt. Kinder rennen auf mich zu und erzählen mir, daß eine riesige Wasserschlange im Teich ist, die über einen Meter aus dem Wasser aufragt und ein schreckliches Geräusch macht.«

Schlangenträume sind auch in anderen Kulturen nichts Ungewöhnliches, und Freud deutete sie als Symbole des männlichen Geschlechts. Die Wasserschlange ist jedoch ein wichtiger Bestandteil von Hopi-Mythen, in denen sie Autorität verkörpert. Hopi-Kinder bekamen diese Mythen erzählt, die sich durch dramatische Rituale leicht visualisieren ließen. Deshalb ist es auch kaum überraschend, daß dieses Bild in Hopi-Träumen auftaucht, obwohl dort von niemandem erwartet wurde, eine bestimmte Art Träume zu haben. Es läßt sich also zu Recht vermuten, daß die Wasserschlange in den Träumen der Hopi dieselbe Bedeutung hat wie in ihren Mythen: Autorität.[7]

Die Hypothese, daß Träume eine kulturelle Bedeutung haben, wurde durch entsprechende Untersuchungen über die Zulu, die Dorfbewohner von Rajastan, über Schwarze in São Paulo und Studenten in Tokyo und Kentucky bestätigt.[8] All diese Studien kommen – ebenso wie J. S. Lincoln in seiner Arbeit – zu dem Ergebnis, daß Träume auf doppelte Weise von der Kultur des Träumers bedingt werden.

Erstens können Traumsymbole in einer bestimmten Kultur eine spezielle Bedeutung haben, wie etwa das Beispiel der Wasserschlange bei den Hopi. Wenn ein Träumer einen Mythos träumt, dürfen wir nicht selbstverständlich davon ausgehen – wie Jung und seine Anhänger es tun –, daß es sich dabei um eine spontane Neu-Schaffung des Mythos handelt, um einen ›Archetyp des kollektiven Unbewußten‹. Als erstes sollten wir vielmehr die Frage stellen, ob der Mythos dem Träumer tatsächlich bekannt ist oder nicht. Dagegen mag man einwenden, daß Variationen im manifesten Inhalt von Träumen unerheblich sind; die Soziologie der Träume wäre oberflächlich, wenn sie lediglich mit der Erkenntnis aufzuwarten hätte, daß dieselben Grundthemen oder -probleme in verschiedenen Gesellschaften auf unterschiedliche Art und Weise symbolisiert werden. Die Frage der relativen Bedeutung des manifesten Inhalts von Träumen wird unter Psychologen kontrovers diskutiert, und die Historiker sollten sich da nicht einmischen. Es sei ihnen jedoch erlaubt, auf folgendes hinzuweisen: Wenn die Menschen in einer bestimmten Kultur die Mythen ebendieser Kultur träumen, dann manifestiert sich umgekehrt in ihrem Träumen auch der Glaube an diese Mythen, vor allem in Kulturen, in denen das Träumen als das ›Sehen‹ einer anderen Welt gedeutet wird. Mythen beeinflussen Träume, aber Träume untermauern ihrerseits auch Mythen – ein Kreislauf, der die kulturelle Reproduktion oder Kontinuität begünstigt.

Zweitens ließe sich behaupten, daß auch der latente Inhalt von Träumen teilweise durch die Kultur des Träumers bedingt wird. Eine kurze Begründung dieser Hypothese, die nicht nur grundlegender, sondern auch kontroverser als die vorangegangene ist, könnte folgendermaßen lauten: Träume haben mit den Belastungen, Ängsten und Konflikten des Träumers zu tun. Typische Belastungen, Ängste und Konflikte variieren von einer Kultur zur anderen. In einer kulturübergreifenden Untersuchung über ›typische Träume‹ wurde nachgewiesen, daß die relative Häufigkeit verschiedener Angstträume sehr unterschiedlich ausfallen kann. Amerikaner etwa träumten häufiger, sie hätten sich bei Verabredungen verspätet oder wären nackt gesehen worden, während Japaner träumten, sie würden angegriffen werden. Der Kontrast legt nahe, was auch durch andere Untersuchungen bestätigt wird, daß nämlich für Amerikaner Pünktlichkeit und ›Körperscham‹ eher eine Rolle spielen, während Japaner größere Angst vor Aggression haben.[9]

Träume in der Geschichte

Was haben diese Erkenntnisse mit Kulturgeschichte zu tun? Die Tatsache, daß Menschen vergangener Zeiten geträumt und manchmal ihre Träume aufgezeichnet haben, ist eine zwar notwendige, aber keineswegs ausreichende Voraussetzung dafür, daß sich Historiker für sie interessieren. Wenn Träume bedeutungslos sind, verdienen sie kein weiteres Interesse. Gäbe es nur eine universelle Bedeutung von Träumen, so könnten Historiker ihre Arbeit darauf beschränken, daß sie festhalten, wie häufig Träume vom Fliegen, von Verfolgung oder Zahnausfall in einer bestimmten Epoche auftreten, und sich ansonsten anderen Themen zuwenden.

Falls Träume jedoch etwas über den individuellen Träumer aussagen, müssen die Historiker ihnen größere Aufmerksamkeit schenken. Dann nämlich werden sie zu potentiellen Quellen, die – wie andere Quellen auch – mit Vorsicht zu behandeln sind, wie Freud selbst bei Gelegenheit bemerkte.[10] Historiker dürfen nie vergessen, daß sie ja keinen Zugang zum Traum selbst haben, sondern bestenfalls zu einer schriftlichen Aufzeichnung, die durch das Vorbewußte oder das Bewußtsein im Prozeß der Rückerinnerung und des Aufschreibens modifiziert wird (zum Problem der ›Erinnerung‹ siehe Kapitel III). Eine ›sekundäre Aufarbeitung‹ dieser Art dürfte den Charakter und die Probleme des Träumers jedoch ebenso deutlich offenbaren wie der Traum selbst.

Historiker müssen sich außerdem darüber im klaren sein, daß sie im Gegensatz zu Psychoanalytikern nichts über die Assoziationen des Träumers mit seinen Traumerlebnissen erfahren, und gerade diese Assoziationen sind es ja, die den Analytiker in die Lage versetzen, eine mechanische Decodierung zu vermeiden, und die ihm helfen, herauszufinden, was Traumsymbole für den Träumer selbst bedeuten. Das Beste, was Historiker tun können, ist, daß sie mit einer Reihe von Träumen ein und desselben Individuums arbeiten und bei ihrer Interpretation einen Zusammenhang zwischen jedem einzelnen Traum und den anderen herstellen. Der schwedische Theologe Emanuel Swedenborg etwa hat in einem einzigen Jahr – 1744 – über einhundertfünfzig Träume aufgezeichnet.[11] In günstigen Fällen wie diesem bieten die Träume dem Biographen eine Fülle von Material, das er auf keinem anderen Wege findet.

Wenn Träume – unserer Behauptung nach – neben einer persönlichen und einer universellen tatsächlich auch eine kulturelle Bedeutungsebene haben, dann allerdings eröffnen sich für Historiker noch faszinierendere Möglichkeiten. Erstens dürfte die Untersuchung der Veränderungen im manifesten Inhalt von Träumen Veränderungen in den Mythen und Bildern offenbaren, die zu der gegebenen Zeit psychologische Relevanz hatten (im Gegensatz zu den Mythen, die lediglich in Umlauf waren). Zweitens drehen sich Träume ebenso wie

Witze (siehe Kapitel v) auf verschlüsselte Weise um das Verdrängte und Unterdrückte, und das variiert von Epoche zu Epoche. Unterdrückte Wünsche, Ängste und Konflikte tauchen irgendwann im latenten Inhalt von Träumen auf, der sich deshalb im Laufe der Zeit ändern muß und damit dem Historiker helfen kann, die Geschichte der Repression zu rekonstruieren.

Dennoch gab es bis vor kurzem kaum einen Historiker, der bereit gewesen wäre, Träume als Forschungsmaterial ernsthaft in Betracht zu ziehen. Man denke zum Beispiel an den Fall des Erzbischofs William Laud, der zwischen 1623 und 1643 etwa dreißig Träume in seinem Tagebuch aufzeichnete. Einer seiner Biographen, W. H. Hutton, sprach 1895 von der »wunderlichen Laune«, die Laud veranlaßt habe, »die merkwürdigen Visionen, die ihn im Schlaf überkamen«, aufzuzeichnen, Visionen, die »nicht ernst zu nehmen sind«. C.V. Wedgwood äußerte sich in ihrem Buch *Strafford* (1935) sogar noch abschätziger. Laud, schrieb sie, »vertraute seinem Tagebuch die albernsten Träume an, als ob sie irgendeine tiefere Bedeutung hätten«. Demgegenüber dienen dem letzten Laud-Biographen die Träume als Beleg für den Geisteszustand des Erzbischofs.[12]

Bahnbrechende historische Forschungen auf diesem Gebiet – wie auch auf anderen – haben wir dem Altertumswissenschaftler E.R. Dodds zu verdanken, der über die Träume der alten Griechen schrieb.[13] Zwar interessierte er sich eher für die griechische Traumdeutung (Artemidorus zum Beispiel) als für die Träume selbst, doch er untersuchte auch Trauminhalte mit kulturellen Stereotypen und die kulturelle Praxis der ›Inkubation‹, die darin bestand, daß man an einem heiligen Ort schlief, bis sich ein Orakeltraum einstellte, der dem Träumer riet, was er zu tun habe, eine dem Traumfasten der Ojibwa nicht unähnliche Praxis. Unter den Mediävisten ist es Jacques Le Goff, der dem Träumen besondere Aufmerksamkeit gewidmet hat.[14] In dieselbe Richtung gehen einige Historiker der Frühen Neuzeit[15] sowie des 19. und 20. Jahrhunderts. Alain Besançon etwa hat die These vertreten, die Träume einer Kultur könnten und sollten wie die Träume eines Individuums gedeutet werden. Er analysierte verschiedene Träume aus der russischen Literatur, wie den Traum des Grinjow in Puschkins historischem Roman *Die Hauptmannstochter* oder denjenigen Raskolnikows in *Schuld und Sühne*.[16]

Im folgenden wollen wir einige Beispiele aus der Frühen Neuzeit untersuchen. Im Europa des 16. und 17. Jahrhunderts galten Träume – ebenso wie in der Antike und im Mittelalter – tatsächlich als Zukunftsoffenbarungen. Handbücher über Traumauslegungen waren weitverbreitet, und es gab der Inkubation vergleichbare Praktiken, vor allem das Schlafen auf Friedhöfen oder das Schlafen mit der Bibel unter dem Kopfkissen.[17] Die folgenden Beispiele sind – entsprechend der von Lincoln vorgenommenen Klassifizierung – in zwei Gruppen unterteilt: in ›individuelle‹ Träume und in ›kulturell bedingte‹ Träume.

Individuelle Träume

Am 11. November 1689 bot die Pariser Zeitung *Gazette* eine Belohnung von 20000 Louis für die Deutung eines Traums Ludwigs XIV. (ob irgendein Joseph seinen gelungenen Auftritt vor dem Pharao absolvierte, ist nicht bekannt). Leider müssen wir darauf verzichten, diesen faszinierenden Fall aufzugreifen, aber die Gefahr, einen vereinzelten Traum fehlzudeuten, ist allzu offensichtlich. Wir wollen uns statt dessen lieber auf Traumserien konzentrieren.

Im 17. Jahrhundert wurden von mindestens drei Engländern (Elias Ashmole, Ralph Josselin und William Laud) und einem Neu-Engländer (Samuel Sewall) Traumserien aufgezeichnet.[18] Insgesamt notierten diese vier Männer einhundertzwanzig Träume (Ashmole 42, Josselin und Laud jeweils 31 und Sewall 16). Für die Analyse einer ganzen Kultur (oder besser gesagt, zweier verwandter Kulturen) ist eine solche Zahl natürlich lächerlich gering, doch sie genügt, um die grundlegenden methodologischen Probleme zu beleuchten. In einer Untersuchung über die kulturellen Bedeutungen von Träumen darf man freilich nicht vergessen, daß es noch andere Ebenen der Analyse gibt und daß die Träume aller vier Männer mit ihrem Privatleben und ihren persönlichen Problemen zusammenhingen. Deshalb sind zunächst einige biographische Details notwendig. Der älteste der Gruppe, William Laud (1573–1645), Erzbischof von Canterbury, zeichnete die meisten seiner Träume zwischen 1623 und 1628 auf, also zu einer Zeit, als er in seinem sechsten Lebensjahrzehnt stand. In zeitgenössischen Äußerungen ist von seinem ›arroganten Stolz‹ die Rede, den er als Amtsinhaber zur Schau trug, von der Beharrlichkeit, mit der er Autorität, Gehorsam und Disziplin in Kirche und Staat einforderte. Da Laud von niedriger Geburt und zudem kleinwüchsig war, wirkt er wie ein klassischer Fall von Minderwertigkeitskomplex. Er war der Sohn eines wohlhabenden Tuchhändlers aus Reading, doch in den Kreisen, zu denen er aufsteigen sollte, galt diese Abstammung als nicht standesgemäß. Sie bot seinen politischen Widersachern immer wieder eine willkommene Gelegenheit, sich über ihn lustig zu machen. Daß Laud sich sogar auf der Höhe seiner Macht unsicher fühlte, legen einige seiner Träume nahe. Seine Gegner hielten ihn für einen Parteigänger Karls I., aber »ich träumte auf wundersame Weise, der König wäre mir gram und wollte mich verstoßen, ohne mir einen Grund dafür zu nennen«. Oder noch anschaulicher: »Ich brachte ihm zu trinken, aber es konvenierte ihm nicht. Ich brachte ihm mehr, aber in einem Silberbecher. Worauf Seine Majestät sagte: ›Ihr wißt doch, daß ich stets aus einem Glas zu trinken pflege.‹« Elias Ashmole (1617–92), ein Berufsastrologe, notierte seine Träume zwischen 1645 und 1650, als er um die Dreißig war. Ab 1647 warb er um die Frau, die 1649 seine zweite Gemahlin werden sollte, und mehrere Träume hatten mit dieser Beziehung zu tun. Ralph Josselin (1617–1683), ein Pfarrer aus Essex, war der einzige unter den vieren, der es beruflich nicht zu besonderem Ansehen brachte. Die meisten seiner Träume zeichnete er in den 1650er Jahren auf, als er um die Vierzig war. Samuel Sewall (1652–1730), der Jüngste der Gruppe und zugleich der einzige Amerikaner, war Richter. Seine insgesamt sechzehn Traumaufzeichnungen verteilen sich auf eine lange Zeitspanne – von 1675 bis 1719 – und setzen unmittelbar vor seiner ersten Eheschließung ein.

Der manifeste Inhalt dieser einhundertzwanzig Träume läßt sich nur anhand von bestimmten Kategorien oder Themen analysieren. Im Idealfall wären diese Kategorien nicht nur auf die analysierten Träume anwendbar, sondern würden auch Vergleiche mit den Träumen anderer Kulturen zulassen. Allerdings müssen derlei Kategorien erst einmal gefunden werden, was keine Selbstverständlichkeit ist. Als Calvin Hall Ende der 1940er Jahre den Inhalt von zehntausend Träumen amerikanischer Bürger analysierte, gruppierte er diese nach folgenden Punkten: 1. Rahmen; 2. Personen; 3. Handlung; 4. Wechselbeziehungen zwischen den Personen; 5. Gefühle des Träumers. Damit läßt sich natürlich hervorragend arbeiten, sofern der Analytiker Fragebögen auswerten kann. Unsere vier Träumer bieten jedoch nur selten Informationen zu allen fünf Punkten.[19]

Dagegen arbeitete Dorothy Eggan in ihrer Analyse von Hopi-Träumen mit sieben konkreteren Kategorien: 1. Sicherheit; 2. Verfolgung und Konflikt; 3. physische Bedrohung; 4. heterosexuelle Elemente; 5. Getreide und Vieh; 6. Wasser; 7. Religion.[20] Für die Untersuchung von Hopi-Träumen mögen diese Kategorien die geeignetsten sein, aber ›Wasser‹ und ›Getreide‹ sind keine Motive, die in den uns interessierenden Träumen wiederholt auftauchen würden. Solange wir noch über keine kulturübergreifenden Kategorien verfügen, scheint es also am sinnvollsten zu sein, mit solchen zu arbeiten, die sich (wie diejenigen von Eggan) zumindest auf die untersuchte Kultur anwenden lassen, auch um den Preis, daß Vergleiche damit natürlich schwieriger werden.

In unseren Fällen aus dem 17. Jahrhundert sind die wichtigsten wiederkehrenden Themen: 1. Tod und Bestattung; 2. die Kirche; 3. Könige; 4. Kriege; 5. Politik; 6. Verletzung des Träumers beziehungsweise Beschädigung von etwas, das mit ihm in Verbindung steht. Diese Themen unterscheiden sich stark von denjenigen, die Hall in amerikanischen Träumen des 20. Jahrhunderts registriert hatte.

Unter den einhundertzwanzig Träumen unserer Fallstudie finden sich neunzehn, die mit Tod und Bestattung zu tun haben, wobei allein neun von Elias Ashmole stammen. In drei Fällen bezieht sich der Traum auf den Tod der Frau des Träumers, in drei Fällen auf den Tod eines anderen nahen Familienangehörigen (Mutter, Vater oder Kinder), und in vier Fällen betrifft der Tod den Träumer selbst. Sowohl Josselin als auch Sewall träumten von ihrem Prozeß und ihrer Verurteilung zum Tode, während Ashmole träumte, er wäre auch tatsächlich enthauptet worden (und bei anderer Gelegenheit vergiftet). Merkwürdigerweise war ausgerechnet der einzige unter den vieren, der keinen Traum dieser Art gehabt hatte, nämlich William Laud, derjenige, der im wirklichen Leben verurteilt und hingerichtet wurde.

Es gibt auch fünf Fälle, in denen ein Grab, eine Gruft, ein Mausoleum oder eine Bestattung vorkommen. Im Gegensatz dazu spielte das

Todes- und Bestattungsmotiv in den 1940er Jahren keine so wichtige Rolle, als daß Hall es in seiner Analyse vermerkt hätte. Engländer des 17. Jahrhunderts hatten also ganz offensichtlich größere Angst vor dem Tod als Amerikaner des 20. Jahrhunderts, eine Angst, die ihre geringere Lebenserwartung widerspiegelte. Wenn Menschen des 17. Jahrhunderts öfter von Bestattungen und Gräbern träumten, als wir es tun, so hängt dies sicherlich damit zusammen, daß sie im Wachzustand den öffentlichen und zeremoniellen Aspekten des Todes eine größere Bedeutung beimaßen.

In unserer zweiten Kategorie (nach der Reihenfolge ihrer Häufigkeit) weist die Erhebung vierzehn Kirchenträume auf; sechs Träume, die entweder in einem Kirchenbau oder einem Kirchhof angesiedelt sind, und acht Träume über Geistliche und kirchliche Angelegenheiten. In Halls Analyse von Träumen des 20. Jahrhunderts taucht die Kirche als Örtlichkeit so selten auf, daß sie (zusammen mit Bars) unter der Kategorie ›Verschiedenes‹ subsumiert wird (ein weiterer offensichtlicher Unterschied zwischen den beiden Jahrhunderten). Man muß freilich bedenken, daß dreizehn der vierzehn Kirchenträume von unseren beiden Klerikern stammen – die Ausnahme bildet hier Ashmole, der träumte, er befände sich in der Kathedrale von Litchfield –, weshalb man nicht ohne weiteres auf allgemeine Einstellungen gegenüber der Kirche schließen kann. Natürlich könnte man Kirchen als den Arbeitsplatz eines Geistlichen betrachten – nur war es in den Vereinigten Staaten der 1940er Jahre eher ungewöhnlich, von seinem Arbeitsplatz zu träumen: Unterschiede zwischen beiden Jahrhunderten bleiben also nach wie vor.

Bei den acht Träumen über die Kirche als Institution ist bemerkenswert, daß sich die beiden anglikanischen Geistlichen im Schlaf mit Rom auseinandersetzten. Laud träumte, er hätte sich »mit der Kirche von Rom ausgesöhnt«, was ihm im Traum selbst Schuldgefühle verursachte, weshalb er die Kirche von England um Vergebung bat. Josselin seinerseits träumte, er hätte »vertraulichen Umgang mit dem Papst«. Natürlich bieten sich beliebig viele Möglichkeiten an, diese Träume zu deuten, von der einfachen Wunscherfüllung, was im Falle Lauds gar nicht einmal so unglaubhaft wäre, bis zur Kompensation einer Feindschaft gegenüber Rom im Wachzustand. Verblüffend ist, daß sowohl Laud als auch Josselin jeweils Versionen eines ›klassischen‹

Klerikertraums aufzeichneten. Laud träumte, beim Abhalten eines Traugottesdienstes »konnte ich den Trauspruch [in seinem Buch] nicht finden«. Ein ähnliches Traumerlebnis hatte Josselin, der während eines Gottesdienstes, den er zelebrierte, »die Psalmen nicht lesen oder singen« oder seine Bibel nicht finden konnte. Laud wiederum träumte, »ich hatte mein Chorhemd bis auf einen Ärmel abgelegt; und als ich es wieder anziehen wollte, konnte ich es nicht mehr finden«. Es wäre vielleicht nicht uninteressant, eine Soziologie solcher Angstträume bei Menschen verschiedener Berufssparten zu entwickeln. Neben den vierzehn Kirchenträumen gab es auch drei mit eher übernatürlichen Aspekten. Laud und Sewall träumten von Christus, und Sewall von seiner eigenen Himmelfahrt.

In der dritten Kategorie finden wir acht Träume von Königen (einmal Jakob I., sechsmal Karl I. und einmal Karl II.). Psychoanalytiker machen sich natürlich gerne die Freudsche Behauptung zu eigen, wonach ein König im Traum den Vater des Träumers symbolisiere. Als buchstabengetreuer Historiker bin ich jedoch davon überzeugt, daß im vorliegenden Beispiel – zumindest auf einer Ebene und bei manchen Gelegenheiten – ›der König‹ tatsächlich der König war. Immerhin hatte Laud, der am häufigsten (viermal) vom König träumte, regelmäßigen Umgang mit Karl I. Ashmole hatte drei Königsträume in den Jahren 1645–46, also auf dem Höhepunkt des Bürgerkriegs, und Josselin träumte von der Absetzung Karls II. Andererseits war Sewall – im fernen Amerika – der einzige unter den vieren, der überhaupt keinen Königstraum hatte.

Anhand des Königsmotivs läßt sich ein allgemeinerer Kontrast zwischen dem 17. und dem 20. Jahrhundert festmachen. Calvin Hall stellte fest, daß nur ein Prozent der von ihm ausgewerteten Träume mit »berühmten oder prominenten Figuren der Öffentlichkeit« zu tun hatte, während siebzehn der hier untersuchten Träume (das entspricht etwa vierzehn Prozent) in diese Kategorie fallen. Auch hier sind Unterschiede zwischen unseren vier Träumern zu berücksichtigen. Laud, auf dessen Konto neun der siebzehn Träume von öffentlichen Figuren gehen, kannte einige unter ihnen sehr gut. Der Herzog von Buckingham etwa war ein persönlicher Freund von ihm, der Bischof von Lincoln ein persönlicher Gegner. Andererseits träumte Josselin, der keine berühmten Freunde oder Bekannten hatte, nicht nur von Karl II., sondern auch vom Papst, von Oliver Cromwell und Mr. Secretary Thurlow. Auch Swedenborg hatte diverse Königsträume: Karl XII. von Schweden, die Könige von Preußen, Frankreich, Polen und der russische Zar tauchten darin auf.[21] Ein ähnlicher Kontrast zwischen dem 17. und dem 20. Jahrhundert ergibt sich aus den acht Träumen der vierten Kategorie – Kriege. Laud notierte keinerlei Träume dieser Art, aber Ashmole träumte vom Auszug Karls II. aus Oxford und seiner Umzingelung; Josselin von der Niederlage der Schotten, von einer englischen Armee in Frankreich und von Bürgerkrieg; Sewall von den Franzosen (zweimal) und einmal von einem »militärischen Feuer«, wie er es nannte.

In weiteren acht Träumen spielte Politik eine Rolle. Laud träumte beispielsweise einmal vom Parlament, Josselin (der kein Parlamentsmitglied war) sogar zweimal. Ashmole träumte, er habe den ›Negative Oath‹ geschworen, und Sewall, er sei zum Lord Mayor gewählt worden. Demgegenüber stellte Hall fest, daß in seinen Fallstudien Träume »nur wenig oder gar keine Bezüge zu tagespolitischen Ereignissen« hatten. Eine Untersuchung über deutsche Träume während der Nazizeit kam allerdings zu gegenteiligen Ergebnissen.[22] Wie läßt sich dieser Gegensatz erklären? Elf der sechzehn Träume des 17. Jahrhunderts, die mit Kriegen und Politik zu tun hatten, stammten aus den Jahren 1642–55, einer Phase von Bürgerkrieg und anderen Konflikten, in der die Menschen sich vermutlich mehr als gewöhnlich Sorgen wegen der politischen Verhältnisse machten. Doch Hall sammelte seine Daten von Amerikanern zur Zeit des Atombombenabwurfs über Japan, ohne daß dieses Ereignis sich auf ihre Träume besonders ausgewirkt hätte. Entsprechend lautete sein Fazit, daß die politische Anteilnahme »weder sehr tief geht noch emotional relevant für uns ist«. Für das 17. Jahrhundert scheint jedoch das genaue Gegenteil zuzutreffen. Die relative Häufigkeit politischer Träume legt den Schluß nahe, daß die politische Anteilnahme sehr wohl tief ging und daß sie auch – um Halls nützlichen Begriff zu verwenden – emotional relevant war.

Wie tief und wie relevant, läßt sich natürlich nicht sagen. Möglicherweise dienten diesen Träumern des 17. Jahrhunderts politische Ereignisse und Figuren lediglich zur Symbolisierung privater Ängste. Hier stellt sich wieder das Problem, den manifesten Trauminhalt von seinem latenten zu unterscheiden, also die Frage, ob mit ›der König‹ in

Lauds Träumen tatsächlich Karl I. gemeint war oder nicht. Falls jedoch Träumer des 17. Jahrhunderts ihre privaten Ängste eher durch politische Bilder symbolisierten, als Träumer des 20. Jahrhunderts dies tun, so verrät uns bereits diese Tatsache etwas über die emotionale Relevanz von Politik im 17. Jahrhundert. Ähnliches ließe sich für die Religion konstatieren. Selbst wenn ein Traum über die Kirche oder über Christus eine latente private Bedeutung hatte, so bleibt die emotionale Relevanz des Christentums doch evident.

Die letzte unserer sechs Kategorien deckt sich teilweise mit der ersten; es geht um die Verletzung des Träumers, die in acht Träumen unseres Beispiels auftaucht. Laud träumte zweimal, ihm wären die Zähne ausgefallen. Daß Träume über den Verlust der Zähne in vielen Kulturen verbreitet sind, wird nicht nur durch Ethnologen bezeugt, sondern auch in Traumbüchern seit Artemidorus immer wieder bestätigt. Die Traumbücher sagen normalerweise, dieser Traum deute auf den Verlust eines Verwandten hin. Freud dagegen sah in den Zähnen Symbole für die Geschlechtsteile, während jüngere Psychoanalytiker diesen Traum als Ausdruck von Wehrlosigkeit gegenüber einer Aggression interpretieren. In beiden Fällen spielt Macht- oder Potenzverlust eine Rolle.

Weitere Träume von Verletzungen finden sich bei Ashmole – ihm würden die Haare ausfallen, die Hand wäre ihm verfault oder der Kopf abgeschlagen – und bei Josselin und Sewall, die, wie bereits erwähnt, davon träumten, sie wären zum Tode verurteilt worden. Laud träumte auch von der Beschädigung des St. John's College in Oxford, an dem er ehemals studiert hatte und an dessen Wiederaufbau er beteiligt gewesen war. In Halls Analyse taucht die Verletzungskategorie überhaupt nicht auf, weshalb der einzige Vergleich, der sich hier anstellen ließe – das Verhältnis von angenehmen und unangenehmen Träumen in beiden Untersuchungen – äußerst vage bleiben muß. Hall behauptete, in 64 Prozent der von ihm analysierten Träume hätten unangenehme Emotionen eine Rolle gespielt, wobei er als vorherrschendste Angst, Ärger und Trauer nannte. In der Fallstudie des 17. Jahrhunderts ließ sich die Hälfte der Träume nur sehr schwer unter die Kategorie ›angenehm‹ beziehungsweise ›unangenehm‹ einordnen. Von den restlichen waren etwa 70 Prozent unangenehm. Angesichts des geringfügigen Materials sollte der Unterschied zwischen 70 und

64 Prozent nicht allzu ernst genommen werden. Mit anderen Worten, die Aussage dieser Träume taugt nicht als Nachweis dafür, daß die Menschen des 17. Jahrhunderts ängstlicher beziehungsweise weniger ängstlich gewesen wären als die des 20. Jahrhunderts, auch wenn die Objekte ihrer Ängste sich sehr wohl von den heutigen unterschieden haben dürften.

Kulturell bedingte Träume

Die einhundertzwanzig oben erörterten Träume gehören zu der von Lincoln aufgestellten Kategorie ›individueller‹ Träume, in die Elemente aus der Kultur des Träumers einflossen. Wahrscheinlich lassen sich im Europa der Frühen Neuzeit auch solche Träume finden, die Lincoln als ›kulturell bedingt‹ bezeichnete und die ebenso wie die Träume der Ojibwa-Jungen mit bestimmten Stereotypen arbeiteten. Es gibt eine ganze Reihe von Träumen, die sich für eine solche Interpretation anbieten. Zum Beispiel:

»Im 1525. Jahr nach dem Pfinxtag zwischen dem Mittwoch und Pfintztag in der Nacht im Schlaf hab ich dies Gesicht gesehen, wie viel große Wasser vom Himmel fielen. Und das erste traf das Erdreich ungefährt vier Meilen von mir mit einer solchen Grausamkeit, mit einem übergroßen Rauschen und Zerspritzen und ertränkte das ganze Land. In solchem erschrack ich gar schwerlich, daß ich daran erwachte, ehe denn die anderen Wasser fielen.«

Albrecht Dürer, denn um ihn handelt es sich, versah seinen Text mit einer Zeichnung der ›großen Wasser‹. Daß ein Traum von Zerstörung sich zur Zeit des deutschen Bauernkriegs einstellt, ist ebensowenig verwunderlich, wie es angesichts der christlichen Tradition überraschen darf, daß ein Träumer die Zerstörung durch eine Flut symbolisiert, zumal in einer Periode heftiger Regenfälle. In Deutschland zirkulierten seinerzeit verschiedene Texte, die Katastrophen dieser Art und zu diesem Zeitpunkt prophezeiten.[23]

Ein weiteres Beispiel für einen kulturell bedingten Traum liefert ein anderer Künstler des 16. Jahrhunderts, nämlich Benvenuto Cellini. Seiner Autobiographie (Teil 1, Abschnitt 89) zufolge träumte Cellini, als er schwer erkrankt war, daß »ein schrecklicher alter Mann an meiner Lagerstatt erschien und mich mit Gewalt in sein riesiges Boot zu zerren versuchte«. Cellini setzte sich zur Wehr und genas von seiner Krankheit. Das Merkwürdige an der Geschichte ist, daß der Erzähler den Namen des alten Mannes verschweigt – der natürlich niemand anderes ist als Charon. Auch ohne auf eine Theorie der Archetypen zurückzugreifen, läßt sich das Auftreten Charons vor einem italienischen Renaissancekünstler erklären, dem nicht nur Dante vertraut war (vielleicht sogar Lukian und seine zeitgenössischen Nachahmer), sondern auch die Figur des Charon aus Michelangelos *Jüngstem Gericht* (das 1550, zur Zeit seiner Aufzeichnungen, bereits existierte, wenn auch noch nicht zum Zeitpunkt der Krankheit, über die er schrieb).

Auch zwei Phänomene, über die, was die Frühe Neuzeit betrifft, reichlich Material vorhanden ist, die aber die Historiker oft vor Rätsel gestellt haben, ließen sich als kulturell bedingte Träume erklären: religiöse Visionen und der Hexensabbat.

Seit der Erstveröffentlichung dieses Aufsatzes haben verschiedene Historiker einige faszinierende Untersuchungen über Visionen vorgelegt.[24] Die für unsere Belange relevanteste unter ihnen stammt von David Blackbourn. Sein Buch behandelt die Marienerscheinung, die einige Kinder in dem Dorf Marpingen zur Bismarckzeit erlebten, und die Wallfahrten zum ›deutschen Lourdes‹, die sich daran anschlossen. Der Autor macht den Vorfall zwar zum zentralen Thema seiner Monographie, doch siedelt er seine Geschichte in einem sehr viel breiteren Kontext an, markiert durch die ›große Welle von Visionen‹ der Jungfrau Maria, die sich nach 1789 ausbreitete. Blackbourn erklärt diese Welle nicht ausschließlich unter religiösen Aspekten (die ›Marianisierung‹ des volkstümlichen Katholizismus), sondern auch durch Krieg und politische Spannungen, unter anderem Bismarcks Kirchenkampf.

Der Zusammenhang, den Blackbourn zwischen Visionen und politischen Spannungen herstellt, wird auch durch eine wahre ›Epidemie‹ von Visionen bestätigt, die in Schlesien (damals Provinz des Königreichs Böhmen) in der ersten Hälfte des 17. Jahrhunderts um sich griff, also zu einer Zeit, als der Dreißigjährige Krieg in der Region wütete und der Glaube an das nahe Ende der Welt ungewöhnlich stark verbreitet war.[25] Zu den zahlreichen Visionären, die damals auftraten, gehörten etwa Mikulas Drabic, Christoph Kotter, Christiana Poniatowska und Stephan Melisch.[26] Die Texte dieser ›Offenbarungen‹ erschienen in mehreren Sprachen, wobei Drabics und Kotters Visionen aufgrund der lateinischen Übersetzungen, die der berühmte tschechische Gelehrte Jan Amos Comenius anfertigte, die stärkste Verbreitung fanden.

Im folgenden konzentrieren wir uns auf Melisch. Ein Beispiel aus seinen Offenbarungen lautet folgendermaßen:

»Ich sah rote Füchse aus dem Osten kommen, jeder von ihnen hatte einen großen Zahn. Und ein gold-gelblicher Löwe stand auf einem grünen Platz und wurde von den Füchsen umsprungen. Gleich darauf kam ein flammenglühender alter Mann mit einem schwarzen Schwert aus Eisen; und gegen ihn ein anderer Mann, hell strahlend wie die Sonne, mit einem Schwert wie ein Blitzstrahl. Zwischen ihnen tobte ein so heftiger Kampf, daß viele Tausende auf dem Platz fielen, und niemand blieb übrig, bis auf einige wenige. Zwischen ihnen stand ein weißer Adler [...]. Ich sah den hell strahlenden Sonnenmann dem weißen Adler den Kopf abschlagen, und diesen Kopf mit der Krone bekam der Norden; den Körper des Adlers aber bekam ein roter Adler und die Flügel der Osten.«[27]

In dieser aus dem Jahre 1656 stammenden Vision geht es, wie sich selbst ohne Erläuterungen unschwer erkennen läßt, um die Invasion und Teilung Polens durch russische, schwedische und preußische Truppen ab 1654, eine Episode, die von den Polen bis heute als ›Sintflut‹ bezeichnet wird. Man könnte die Vision als ›apokalyptisch‹ im Ton beschreiben, und tatsächlich finden sich in vielen der Visionen Melischs Anklänge an die Apokalypse. Sie sprechen beispielsweise vom ›babylonischen Tier‹, vom Lamm, dem Buch und den Siegeln; und von mehreren Zeiten und der Hälfte einer halben Zeit. Die Bilder, die nicht aus der biblischen Offenbarung stammen, sind häufig heraldische Tiere, wie der polnische Adler und der schwedische Löwe. Mit anderen Worten, Melischs Visionen schöpfen sowohl aus literarischen wie aus visuellen Quellen, und dasselbe gilt auch für die anderen oben erwähnten Visionäre. Man könnte in diesem Zusammenhang von einer ›Ikonographie‹ der Visionen sprechen, die freilich noch der weiteren Untersuchung bedarf.[28]

Es böte sich durchaus an, die Visionen insgesamt als bewußte Erfindungen zu betrachten, die einem wohlbekannten literarischen Genre zuzuordnen wären, welches im 17. Jahrhundert mit den *Sueños* von Francisco de Quevedo und dem *Somnium* von Johannes Kepler berühmte Beispiele hervorgebracht hat. Für eine solche Auffassung spricht die Tatsache, daß die Visionen, wenn sie hintereinander gelesen werden, nicht den Eindruck von Träumen hervorrufen – dafür sind sie zu kohärent. Anders als Träume wechseln sie nicht beständig das Thema oder die Szene, und ihre politische oder religiöse Bedeutung ist konsistent und klar. Sie lesen sich wie Allegorien, und einige verwenden sogar den literarischen Kunstgriff, daß der Träumer irgend jemanden fragt, was die Vision zu bedeuten habe, und daraufhin alles erklärt bekommt.

Diese These birgt jedoch eine Dichotomie in sich, gegen die sich Einwände erheben lassen. Die Annahme würde ja lauten, daß es sich bei einem bestimmten Text entweder um die akkurate Aufzeichnung eines Traums handeln muß oder um ein literarisches Produkt, das in die Form eines Traums gekleidet wurde. Die Entdeckung des kulturell bedingten Traums legt jedoch nahe, daß diese Dichotomie falsch ist. Melisch und andere Visionäre hatten ganz offensichtlich die Offenbarung des Johannes sehr sorgfältig studiert. Der französisch-calvinistische Pastor Moïse Amyraut verwendete ihre Studien insofern gegen sie, als er behauptete, die Bilder aus den biblischen Prophezeiungen wären »in ihren Köpfen entstanden« *(peintes dans l'esprit)*, womit er ihnen einredete, daß sie echte Visionen hätten, auch wenn dies nicht der Fall war.[29] Der Kommentar ist höchst scharfsinnig, eine strenge Unterscheidung zwischen einer ›echten‹ und einer falschen Vision läßt sich allerdings nur theologisch begründen.

Man kann davon ausgehen, daß die Lektüre der Apokalypse des Johannes bei manchen Menschen apokalyptische Träume auslöst. Sowohl Ralph Josselin als auch Emanuel Swedenborg zeichneten Träume dieser Art in ihren Tagebüchern auf. Josselin träumte beispielsweise von einer schwarzen Wolke in Form eines Hirschs, auf dem ein Mann ritt. Seine Frau träumte von lodernden Lichtern am Himmel, »äußerst schrecklichen Flammen«, und von »drei Rauchsäulen, die aus der Erde aufstiegen«. Beim Aufwachen dachte sie an die Textstelle in Offenbarung 19,3.[30] Ähnlich erging es auch Swedenborg, der einmal träumte, er hätte einem großen Tier ein Schwert in den Rachen gestoßen; dazu notierte er, er habe »tagsüber an die Frau und den Drachen in der Apokalypse gedacht«.[31] Ein Freudianer würde Swedenborgs Traum zweifellos ganz anders deuten – und vermutlich durchaus zu Recht –, was uns freilich nicht davon abhalten sollte, die kulturelle Komponente des Traums zu sehen. Ebenso wie die Hopi und die Ojibwa träumte Swedenborg einen der zentralen Mythen seiner Kultur.

Diese Analogien legen eine Vermutung nahe, die sich natürlich weder bestätigen noch widerlegen läßt, daß nämlich die ›Offenbarungen‹ Melischs und Anderer Traumerfahrungen waren, die aus literarischen Quellen gespeist, als literarische Modelle interpretiert und schließlich ausgearbeitet und zum Zwecke ihrer Veröffentlichung kohärenter gemacht wurden. Es mag erhellend sein, Parallelen zu einigen Autobiographien des 17. Jahrhunderts zu ziehen, etwa zu John Bunyans *Grace Abounding*. Man hat nachgewiesen, daß sich dieses Buch literarischer Vorlagen bedient – etwa der Apostelgeschichte des Paulus – und daß es einem bestimmten Entwicklungsschema folgt – vom sündhaften Leben zur Bekehrung –, das man in vielen spirituellen Autobiographien der Epoche antreffen kann. Deshalb wäre es unklug, dieses Buch als einen absolut genauen Bericht über Bunyans Leben gelten zu lassen. Ebenso unklug wäre es freilich, den Text als reine Fiktion abzutun. Eher ist es wohl ein Bericht über echte Erfahrungen, die als kulturelle Schemata oder Stereotypen wahrgenommen und eingeordnet wurden (siehe unten S. 71).[32]

Mit Hilfe eines ähnlichen Ansatzes könnte man vielleicht auch eine Reihe weniger orthodoxer Visionen verstehen, nämlich diejenigen des ›Hexensabbats‹. Bekanntlich gab es im Europa der Frühen Neuzeit zahlreiche Prozesse, in denen die Angeklagten gestanden, sie seien zu nächtlichen Gelagen und Tänzen geflogen, bei denen der Teufel den Vorsitz führte. Die Interpretation dieser Geständnisse bot und bietet noch immer Anlaß zu Kontroversen.[33] Traktate über die Hexerei ergingen sich in gelehrter Ausführlichkeit beispielsweise über die Frage, ob die Hexen ›im Körper‹ oder ›im Geist‹ zu ihrem Sabbat aufbrechen würden. Unter anderen wurde die Vermutung geäußert, daß die Hexen nur träumten, sie begäben sich dorthin. Das Problematische an dieser Vermutung war allerdings, wie der italienische Arzt Girolamo Cardano feststellte, daß sie voraussetzte, daß verschiedene Menschen denselben Traum träumten, was der Erfahrung offensichtlich widersprach.[34] Die Anthropologie hat eine Antwort auf Cardanos Einwand gefunden. Der Sabbat-Traum, so es denn ein Traum ist, ist nicht weniger stereotypisiert als der Pubertätstraum bei den Ojibwa. Falls das berüchtigte Elixier, das die Hexen angeblich verwendeten, Drogen enthielt, wie verschiedentlich vermutet wurde, wäre dies eine Erklärung dafür, wieso die sogenannten Hexen vom Fliegen träumten.[35]

Es ist natürlich sehr gut möglich und sogar wahrscheinlich, daß die Angeklagten ihre Träume während des Verhörs ausschmückten oder sie so deuteten, wie sie glaubten, daß die Inquisitoren es hören wollten. Weniger wahrscheinlich ist, daß sie die ganze Sabbat-Geschichte frei erfunden hätten, um die Inquisitoren zufriedenzustellen, denn zumindest in einigen Fällen lief ihre Geschichte den Erwartungen der Verhörenden zuwider. Die besten Beispiele für Geständnisse, die die Inquisitoren aus der Fassung brachten, finden sich in Carlo Ginzburgs bekannter Studie über die sogenannten ›Wohlfahrenden‹ oder *benandanti* in Friaul.[36] Als Piero Gasparutto 1580 im friaulischen Cividale wegen des Verdachts der Hexerei verhört wurde, brach er in Lachen aus. Wie sollte er ein Hexer sein? Schließlich war er doch, so erklärte er, ein *benandante*, was bedeutete, daß er Hexen bekämpfte. Zusammen mit anderen zog er in bestimmten Nächten des Jahres zum Kampf aus, dabei waren sie mit Fenchelzweigen bewaffnet, während ihre Feinde, die Hexen, Hirsestengel trugen. »Und wenn wir Sieger bleiben«, gab ein anderer *benandante* zu Protokoll, »ist es ein Jahr des Überflusses, und wenn wir verlieren, herrscht Notdurft in diesem Jahr.«

Diese imaginierten Nachtkämpfe waren mehr als ein lokaler Brauch. Ginzburg selbst zog eine Parallele zum Phänomen des guten Werwolfs im Livland des 17. Jahrhunderts, während ein ungarischer Historiker den *benandante* mit dem ungarischen *táltos* oder Schamanen verglich.[37] Das schamanische Element wiederum läßt an Vergleiche mit vielen entsprechenden Phänomenen in Asien und Nord- und Südamerika denken. Auch in Ostafrika gibt es eine Parallele zu den *benandanti*. Unter den Nyakyusa des damaligen (1951) Tanganjika »war die Auffassung verbreitet, in jedem Dorf gäbe es Verteidiger *[abamanga]*, denen die Hexen im Traum erscheinen und die sie bekämpfen und vertreiben«.[38]

Ginzburgs Buch gilt seit langem als wichtiger Beitrag zur Erforschung der Hexerei, doch ebensosehr verdient es Aufmerksamkeit als Beitrag zur Untersuchung von Träumen und Visionen. In der Tat muß die Geschichte der Hexerei aus der Perspektive der Geschichte der kollektiven Vorstellungswelt betrachtet werden, wie es in neuerer Zeit auch geschehen ist. Die Aktivitäten der *benandanti* liefern schöne Beispiele für kulturell bedingte Träume. Vor diesem Hintergrund sind auch zwei Aspekte zu bewerten, die in den Erklärungen der *benandanti* gegenüber den Inquisitoren auftauchen. Über ihre Aktivitäten heißt es dort zum einen, daß sie nicht körperlich, sondern ›im Geist‹ auf Fahrt gingen. So sagte Gasparutto aus, daß »wenn er zu diesen Spielen fahre, sein Körper im Bett bleibt und der Geist geht, und wenn einer zum Bette ginge, in dem sein Körper ist, um ihn zu rufen, während er gegangen sei, würde er ihm nie antworten, noch könnte er ihn wegbringen lassen, auch wenn er hundert Jahre verweilte [...] und wenn er etwas tun oder sagen würde, würde der Geist vom Körper getrennt bleiben, und wenn sie ihn dann begraben würden, ist jener Geist ein Vagabund«.[39]

Der zweite Aspekt betrifft die Beeinflußbarkeit der neu Rekrutierten, die aussagten, sie wären zu den nächtlichen Fahrten »gerufen« worden und hätten keine andere Wahl gehabt, als mitzumachen. Bastiano Menos etwa gab zu Protokoll, ein gewisser Michele »rief mich eines Nachts und sagte zu mir: ›Bastiano, du mußt mit mir kommen‹«, was er auch getan habe.[40] Die Parallele zu den – wenn auch indirekteren – Aufforderungen, die die Ojibwa-Jungen während ihres Traumfastens erhielten, ist deutlich genug.

In diesem Aufsatz wurde herausgearbeitet, welche Analogien zwischen Träumen des 17. Jahrhunderts und den Träumen bestimmter Stammesgesellschaften bestehen. Bei den Ojibwa und den Hopi, wie auch im Europa der Frühen Neuzeit, hatten Träume, ebenso wie Mythen, häufig mit Religion zu tun, und die Träumer hatten häufig Kontakt zu übernatürlichen Wesen. Dagegen sind in amerikanischen Träumen des 20. Jahrhunderts übernatürliche Elemente fast völlig inexistent. In seiner Studie über die Pubertätsträume bei den Ojibwa wies der Ethnologe Paul Radin darauf hin, daß die Träume, solange die traditionelle Kultur stark war, mit ihren Mythen zu tun hatten. Als die traditionelle Kultur um 1900 verfiel, tauchten in den Träumen der

Ojibwa persönliche Themen auf.[41] Derselbe Prozeß des Übergangs von öffentlichen zu privaten Symbolen hat im Westen offenbar zwischen dem 17. Jahrhundert und der Gegenwart stattgefunden, wie sich nicht nur in Träumen, sondern auch in den sich verändernden Themen von Stücken und Geschichten zeigt.

Damit scheint, zumindest auf der Ebene des manifesten Inhalts, eine kulturelle Deutung von Träumen möglich zu sein. Auf der interessanteren Ebene des latenten Inhalts ist es natürlich schwieriger, eine zuverlässige Antwort zu geben. Eine attraktive Hypothese, die sich allerdings unmöglich verifizieren läßt, wäre, daß Repression in der Frühen Neuzeit eher mit politischen und religiösen Versuchungen zu tun hatte und weniger mit sexuellen, wie es heute der Fall ist. Das heißt natürlich nicht, daß Sexualität damals keine Bedeutung gehabt hätte oder daß sie für die Träume der damaligen Zeit irrelevant gewesen wäre. In zwei von Ashmoles Träumen tauchen ganz explizit sexuelle Probleme auf (der Wunsch, mit zwei Frauen zu schlafen, und die Angst, zurückgewiesen zu werden). Laud träumte, der Herzog von Buckingham sei zu ihm ins Bett gekommen. Andere Träume, deren manifester Inhalt hier erörtert wurde, ließen sich auch sexuell deuten, etwa der oben erwähnte von Swedenborg.

Viele andere Träume beziehen sich jedoch auf öffentliche Fragen, etwa die unbewußte Faszination, die der Katholizismus auf einige Protestanten ausübte. Der hohe Anteil an öffentlichen Themen in diesen Träumen, ob religiöser oder politischer Natur, sollte die Historiker nachdenklich machen. Mit einigem Recht könnte man behaupten, daß öffentliche Themen die Engländer des 17. Jahrhunderts mehr beschäftigten als die Amerikaner des 20. Jahrhunderts. Der deutsche Altertumswissenschaftler Werner Jaeger sprach einmal vom ›öffentlichen Gewissen‹ der alten Griechen.[42] Diese Charakterisierung dürfte auch für das England des 17. Jahrhunderts zutreffen.

1 Michel Foucault, *Wahnsinn und Gesellschaft*, Frankfurt a.M. 1969; Philippe Ariès, *Geschichte der Kindheit*, München 1975; Alain Corbin, *Pesthauch und Blütenduft. Eine Geschichte des Geruchs*, Berlin 1984

2 Reinhart Koselleck, »Terror und Traum«, in: ders., *Vergangene Zukunft*, Frankfurt a.M. 1979, S. 278–299; Jacques Le Goff, »Der Traum in der Kultur und in der Kollektivpsychologie des Mittelalters«, 1971, in: ders., *Für ein anderes Mittelalter. Zeit, Arbeit und Kultur im Europa des 5.-15. Jahrhunderts*, Berlin 1984, S. 137–146; ders., »Das Christentum und die Träume (2.–7. Jahrhundert)«, 1983, in: ders., *Phantasie und Realität des Mittelalters*, Stuttgart 1990, S. 271–322; ders., »Einige Bemerkungen zu den Träumen von Meier Helmbrecht«, 1984, in: ebenda, S. 323–336

3 Simon R. F. Price, »The Future of Dreams: From Freud to Artemidorus«, in: *Past and Present* 113, 1986, S. 3–37; Richard L. Kagan, *Lucrecia's Dreams: Politics and Prophecy in Sixteenth-Century Spain*, Berkeley 1990, S. 36–43

4 Sigmund Freud, *Die Traumdeutung*, Leipzig/Wien 1900; Carl Gustav Jung, »Allgemeine Gesichtspunkte zur Psychologie des Traumes«, 1928, in: ders., *Gesammelte Werke*, Bd. 8, Zürich/Stuttgart 1967, S. 269–318; ders., »Die praktische Verwendbarkeit der Traumanalyse«, 1931, in: *GW*, Bd. 16, S. 148–171; ders., »Vom Wesen der Träume«, 1945, in: *GW*, Bd. 8, S. 319–338

5 Jackson S. Lincoln, *The Dream in Primitive Cultures*, London 1935; vgl. Roy D'Andrade, »Anthropological Studies of Dreams«, in: Francis L. K. Hsu (Hrsg.), *Psychological Anthropology*, Homewood, Ill. 1961, S. 296–307

6 Paul Radin, »Ojibwa and Ottawa Puberty Dreams«, in: Robert H. Lowie (Hrsg.), *Essays in Anthropology Presented to Alfred L. Kroeber*, Berkeley 1936, S. 233–264; vgl. A. Irving Hallowell, »The Role of Dreams in Ojibwa Culture«, in: Gustav E. von Grunebaum/Roger Caillois (Hrsg.), *The Dream and Human Societies*, Berkeley/Los Angeles 1966

7 Dorothy Eggan, »Hopi Dreams in Cultural Perspective«, in: Grunebaum/Caillois (1966), S. 237–266

8 G. Morris Carstairs, *The Twice-Born*, London 1957, S. 89ff.; Roger Bastide, »The Sociology of the Dream«, in: Grunebaum/Caillois (1966), S. 199–212; Richard Griffith/Otoya Miyagi/Akira Tago, »Typical Dreams«, in: *American Anthropologist* 60, 1958, S. 1173–1179

9 Griffith u.a. (1958)

10 Sigmund Freud, »Brief an Maxim Leroy über einen Traum des Cartesius«, 1929, in: ders., *Gesammelte Werke*, Bd. XIV, Frankfurt a.M. [5]1976, S. 558–560

11 Freud (1929)

12 Charles Carlton, *Archbishop William Laud*, London 1987, S. 56, 144–145, 148–153

13 Eric R. Dodds, *Die Griechen und das Irrationale*, Darmstadt 1970; vgl. ders., *The Age of Anxiety*, Cambridge 1965, sowie Patricia Cox Miller, *Dreams in Late Antiquity*, Princeton 1994

14 Le Goff (1983, 1984); vgl. Paul Dutton, *The Politics of Dreaming in Carolingian Europe*, Lincoln, Nebr. 1994

15 Alan D. Macfarlane, *The Family Life of Ralph Josselin*, Cambridge 1970; Kagan (1990)

16 Alain Besançon, *Histoire et expérience du moi*, Paris 1971, Koselleck (1979); Klaus Theweleit, *Männerphantasien*, 2 Bde., Frankfurt a.M. 1977

17 Girolamo Cardano, *De rerum varietate*, Basel 1557, Kap. 44

18 Elias Ashmole, *Diary*, hrsg. v. C. H. Josten, 5 Bde., Oxford 1966; Ralph Josselin, *Diary*, hrsg. v. Alan D. Macfarlane, London 1976; William Laud, *Works*, 7 Bde., Oxford 1847–60; Samuel Sewall, *Diary*, Boston 1878

19 Calvin S. Hall, »What People Dream About«, in: *Scientific American*, Mai 1951, S. 60–69

20 Dorothy Eggan, »The Manifest Content of Dreams«, in: *American Anthropologist* 54, 1952, S. 469–485

21 Emanuel Swedenborg, *Drömmar* [Traumtagebuch], 1744: 1./2. April, 19./20. April, 24./25. April, 28./29. April, 16./17. Sept., 17./18. Sept., 6./7. Okt., 20./21. Okt.

22 Charlotte Beradt, *Das Dritte Reich des Traums*, München 1966

23 Albrecht Dürer, *Schriftlicher Nachlaß*, Bd. I, hrsg. v. Hans Rupprich, Berlin 1956, S. 214

24 William Christian, *Apparitions in Late Medieval Spain*, Princeton 1981; Peter Dinzelbacher, *Vision und Visionsliteratur im Mittelalter*, Stuttgart 1981; Aaron Y. Gurevich, »Two Peasant Visions«, 1984, Nachdruck in: ders., *Historical Anthropology of the Middle Ages*, Cambridge 1992, S. 50–64; Kagan (1990); Jean-Michel Sallmann (Hrsg.), *Visions indiennes, visions baroques: les métissages de l'inconscient*, Paris 1992; David Blackbourn, *Wenn ihr sie seht, fragt wer sie sei. Marienerscheinungen in Marpingen oder Aufstieg und Niedergang des deutschen Lourdes*, Reinbek 1997

25 Roland Haase, *Das Problem des Chiliasmus und der Dreißigjährige Krieg*, Leipzig 1933

26 Ernst Benz, *Die Vision*, Stuttgart 1969, über Kotter siehe S. 300ff., 460ff. und 501ff., über Poniatowska S. 113ff., 145ff., 171ff., 300ff. und 599ff.

27 Stephan Melisch, *Visiones Nocturnae*, 1659, Nr. XV

28 Vgl. Benz (1969), S. 311–410

29 Moïse Amyraut, *Discours sur les songes divines dont il est parlé dans l'Écriture*, Saumur 1665

30 Josselin (1976)

31 Swedenborg (1744)

32 William Y. Tindall, *John Bunyan, Mechanick Preacher*, New York 1934

33 Carlo Ginzburg, »Deciphering the Sabbath«, in: Bengt Ankarloo/Gustav Henningsen (Hrsg.), *Early Modern European Witchcraft*, Oxford 1990, S. 121–138; Robert Muchembled, »Satanic Myths and Cultural Reality«, in: Ankarloo/Henningsen (1990), S. 139–160

34 Cardano (1557)

35 Alfred J. Clark, Anhang zu Margaret Murray, *The Witch-Cult in Western*

Europe, Oxford 1921; vgl. Carlos Castaneda, *Die andere Realität. Die Lehren des Don Juan. Ein Yaki-Weg*, Frankfurt a.M. 1970, S.43ff., 131

36 Carlo Ginzburg, *Die Benandanti. Feldkulte und Hexenwesen im 16. und 17. Jahrhundert*, Frankfurt a.M. 1980

37 Gábor Klaniczay »Shamanistic Elements in Central European Witchcraft«, 1984, Nachdruck in: ders., *The Uses of Supernatural Power*, Cambridge 1990, S.151–167

38 Monica Hunter Wilson, »Witch-Beliefs and Social Structure«, 1951, Nachdruck in: Max Marwick (Hrsg.), *Witchcraft and Sorcery*, Harmondsworth 1970, S. 252–263

39 Ginzburg (1980), Kap. I, Abschnitt 11, S.39

40 Ginzburg (1980), Kap. IV, Abschnitt 13, S.164

41 Radin (1936)

42 Werner Jaeger, *Paideia*, Bd.1, Berlin 1933

KAPITEL III
Geschichtsschreibung als gesellschaftliches Gedächtnis

Den Zusammenhang zwischen Geschichtsschreibung und Gedächtnis hat man bisher ziemlich einfach interpretiert. Demnach ist es die Aufgabe des Historikers, die Erinnerung an öffentliche Ereignisse schriftlich festzuhalten, zum Ruhme ihrer Verursacher und im Interesse der Nachwelt, die von deren Beispiel lernen soll. Nach einem berühmten und immer wieder angeführten Zitat Ciceros (*De oratore*, II. 36) ist Geschichte »lebendige Erinnerung« *(vita memoriae)*. Die unterschiedlichsten Vertreter der Historikerzunft – ob Herodot, Froissart oder Lord Clarendon – behaupteten allesamt, ihr Schreiben diene dem Zweck, die Erinnerung an große Taten und Ereignisse wachzuhalten.

Besonders anschaulich wird dieser Aspekt in den Vorreden zweier byzantinischer Historiker beschrieben: Sie verwendeten darin die Metaphern von der Zeit als Fluß und von den Handlungen als Texten, die ausgelöscht werden können. Prinzessin Anna Comnena nannte die Geschichtsschreibung ein »Bollwerk« gegen den »Strom der Zeit«, der alles mitreißt in die »Tiefen des Vergessens«; Procopius schrieb die Geschichte der gotischen, persischen und anderer Kriege nach eigener Aussage »zu dem Zwecke, daß Taten von einzigartiger

Bedeutung durch Mangel an Erwähnung nicht dem langen Lauf der Zeit anheimfallen, wodurch sie dem Vergessen ausgeliefert und völlig ausgelöscht würden«. Die Vorstellung von Handlungen als Texten spiegelt sich auch im Begriff des »Buchs der Erinnerung« wider, wie er etwa von Dante oder von Shakespeare (»streicht eure Namen im Gedenkbuch aus«, *Heinrich VI.*, *Teil* 2, 1, 1) verwendet wurde.

Diese traditionelle Darstellung der Beziehung zwischen Gedächtnis und geschriebener Geschichte – das Gedächtnis reflektiert, was tatsächlich passiert ist, und die Geschichtsschreibung reflektiert das Gedächtnis – wirkt heute allzu simpel. Sowohl die Geschichtsschreibung als auch die Erinnerung werden zunehmend problematisch. Sich der Vergangenheit zu erinnern und über sie zu schreiben, ist längst nicht mehr jener unschuldige Akt, als der er einst galt. Weder Erinnerungen noch Geschichten sind heute noch objektiv. In beiden Fällen lernen die Historiker zu berücksichtigen, was bewußt oder unbewußt selektiert, interpretiert und verzerrt wird. In beiden Fällen erkennen sie, daß der Prozeß der Selektion, Interpretation und Verzerrung von gesellschaftlichen Gruppen konditioniert oder zumindest beeinflußt wird. Er entsteht nicht durch Individuen allein.

Der erste, der das »gesellschaftliche System der Erinnerung«, wie er es nannte, ernsthaft erforschte, war natürlich der französische Soziologe und Anthropologe Maurice Halbwachs in den zwanziger Jahren.[1] Erinnerungen, so Halbwachs, werden von gesellschaftlichen Gruppen konstruiert. Es sind zwar Individuen, die sich – im wörtlichen, physischen Sinn – erinnern, aber es sind gesellschaftliche Gruppen, die bestimmen, was »erinnerungswürdig« ist und auf welche Weise es erinnert wird. Individuen machen sich öffentliche Ereignisse zu eigen, die für ihre Gruppe von Bedeutung sind. Sie ›erinnern‹ sich vieler Dinge, die sie nicht unmittelbar erlebt haben. So kann etwa ein Ereignis, über das die Medien berichten, Teil des eigenen Lebens werden. Erinnerung ließe sich also als gesellschaftliche Rekonstruktion der Vergangenheit beschreiben.

Als überzeugter Schüler und Anhänger Émile Durkheims vertrat Halbwachs seine Soziologie der Erinnerung mit markanten, wenn nicht gar extremen Argumenten. Halbwachs behauptete nicht (wie der Cambridge-Psychologe Frederick Bartlett ihm einmal vorwarf), daß gesellschaftliche Gruppen sich im selben wörtlichen Sinn erinnern wie Individuen.[2] Ein ähnliches Mißverständnis der Durkheimschen Position lag auch bei jenen englischen Historikern vor, die behaupteten, die von ihren französischen Kollegen untersuchten ›kollektiven Mentalitäten‹ träfen nicht auf die Individuen zu, sondern wären außerhalb von ihnen angesiedelt (siehe unten, S. 227f.).

Zutreffender und präziser war dagegen die Kritik, die der große französische Historiker Marc Bloch gegenüber Halbwachs formulierte. Bloch wies darauf hin, wie gefährlich es wäre, bestimmte Begriffe aus der Individualpsychologie zu übernehmen und ihnen einfach das Adjektiv ›kollektiv‹ anzuheften (wie im Fall von *représentations collectives, mentalités collectives, conscience collective* oder eben auch *mémoire collective*).[3] Trotz dieser Kritik war Bloch bereit, den interdisziplinären Begriff der *mémoire collective* für die Analyse bäuerlicher Bräuche zu verwenden, wenn er etwa die Bedeutung der Großeltern bei der Übermittlung von Traditionen herausarbeitete (ein späterer Historiker der *Annales*-Schule hat dieses ›Großvater-Gesetz‹ mit der Begründung kritisiert, daß Großeltern – zumindest im 17. Jahrhundert – selten lange genug lebten, um ihren Enkeln Erfahrungen weitergeben zu können, aber auch er ließ keinen Zweifel daran, wie wichtig die gesellschaftliche Übermittlung von Traditionen ist).[4]

Halbwachs unterschied sehr scharf zwischen kollektivem Gedächtnis, das ein gesellschaftliches Konstrukt sei, und geschriebener Geschichte, die er – hierin ganz traditionell – als etwas Objektives betrachtete. Viele neuere Untersuchungen über die Geschichte der Historiographie behandeln sie jedoch so, wie Halbwachs das Gedächtnis behandelte, nämlich als Produkt gesellschaftlicher Gruppen, etwa römische Senatoren, chinesische Mandarine, Benediktinermönche, Universitätsprofessoren und so weiter. Heute ist es selbstverständlich geworden, darauf hinzuweisen, daß die Historiker je nach Ort und Epoche unterschiedliche Aspekte der Vergangenheit (Schlachten, Politik, Religion, Wirtschaft und so weiter) als erinnerungswürdig angesehen und die Vergangenheit auf sehr unterschiedliche Weise dargestellt haben, wobei sie, je nach dem Standpunkt ihrer Gruppe, Ereignisse oder Strukturen, große Männer oder gewöhnliche Leute in den Vordergrund stellten.

Da auch ich mich zu dieser Auffassung über die Geschichte der Geschichtsschreibung bekenne, trägt das vorliegende Kapitel den Titel

»Geschichtsschreibung als gesellschaftliches Gedächtnis«. Der Begriff ›gesellschaftliches Gedächtnis‹, der sich im Laufe des letzten Jahrzehnts durchgesetzt hat, ist eine nützliche Formel, um den komplexen Prozeß der Selektion und Interpretation auf einen einfachen Nenner zu bringen; zugleich betont sie die Übereinstimmung der verschiedenen Möglichkeiten, wie Vergangenheit aufgezeichnet und erinnert wird.[5] Die Formulierung wirft indes Probleme auf, die von Anfang an zu berücksichtigen sind. Die Analogien zwischen individuellem und Gruppendenken sind ebenso schwer faßbar wie faszinierend. Wenn wir Begriffe wie ›gesellschaftliches Gedächtnis‹ verwenden, laufen wir Gefahr, Ideen zu konkretisieren. Verweigern wir uns andererseits solchen Begriffen, so lassen wir unter Umständen die Chance ungenutzt, die verschiedenen Wege zu erkennen, wie die Vorstellungen von Individuen durch die Gruppen, denen sie angehören, beeinflußt werden.

Ein weiteres schwerwiegendes Problem entsteht durch den historischen Relativismus, der darin implizit angelegt ist. Es geht nicht darum, daß jeder Bericht über die Vergangenheit gleichermaßen gut (zuverlässig, plausibel, kenntnisreich und so weiter) ist. Einige Forscher sind fraglos besser informiert und scharfsichtiger als andere. Entscheidend ist vielmehr, daß wir nur über die Kategorien und Schemata – oder die ›kollektiven Vorstellungen‹, wie Durkheim sagen würde – unserer eigenen Kultur Zugang zur Vergangenheit (wie auch zur Gegenwart) haben (siehe hierzu Kapitel XI).

Die Historiker beschäftigen sich mit dem Gedächtnis aus zwei verschiedenen Perspektiven, oder zumindest sollten sie es tun. Zum einen müssen sie das Gedächtnis als historische Quelle untersuchen, um seine Zuverlässigkeit einer Kritik unterziehen zu können, so wie es traditionell auch mit historischen Dokumenten geschieht. Dies ist seit den 1960er Jahren der Fall, als den Historikern des 20. Jahrhunderts die Bedeutung der ›oral history‹ bewußt wurde.[6] Selbst diejenigen unter ihnen, die über frühere Epochen arbeiten, können etwas von der ›oral history‹-Bewegung lernen, da ja auch sie sich der mündlichen Zeugnisse und Überlieferungen bewußt sein müssen, die vielen schriftlichen Aufzeichnungen zugrunde liegen.[7]

Zum anderen befassen sich die Historiker mit dem Gedächtnis als einem historischen Phänomen – mit der ›Sozialgeschichte des Erinnerns‹, wie man es nennen könnte. Da das gesellschaftliche ebenso wie das individuelle Gedächtnis selektiv arbeitet, müssen wir die Prinzipien der Selektion erkennen und feststellen, inwiefern sie räumlich oder je nach Gruppe variieren und wie sie sich im Lauf der Zeit verändern. Erinnerungen sind beeinflußbar, und wir müssen nicht nur begreifen, wie und von wem sie geformt werden, sondern auch, wie weit diese Formbarkeit geht.

Diese Themen wurden aus mancherlei Gründen erst gegen Ende der 1970er Jahre von den Historikern beachtet. Seitdem hat es zahlreiche Bücher, Artikel und Konferenzen darüber gegeben, unter anderem die von Pierre Nora herausgegebene mehrbändige Studie über ›Orte der Erinnerung‹, in der die Erkenntnisse Halbwachs' über die Beziehung zwischen dem Gedächtnis und seinem Raum weiterentwickelt wurden und die einen Überblick über die französische Geschichtsschreibung aus diesem Blickwinkel bietet.[8]

Die Sozialgeschichte des Erinnerns ist ein Versuch, Antworten auf drei wesentliche Fragen zu geben. Auf welche Arten werden öffentliche Erinnerungen übermittelt, und wie haben sich diese Übermittlungsarten im Laufe der Zeit verändert? Welches sind die Funktionen dieser Erinnerungen, die Funktionen der Vergangenheit, und wie haben sich diese Funktionen verändert? Und welches sind, im Gegensatz dazu, die Funktionen des Vergessens? Diese umfassenden Fragen sollen hier aus der relativ beschränkten Sicht eines Historikers des frühneuzeitlichen Europa untersucht werden.

Die Übermittlung der gesellschaftlichen Erinnerung

Erinnerungen werden davon beeinflußt, wie ihre Übermittlung sozial organisiert ist und welche Medien daran beteiligt sind. Betrachten wir zunächst einmal die ganze Vielfalt dieser Medien, von denen besonders fünf hervorzuheben sind.

1. Mündliche Überlieferungen, wie Jan Vansina sie in einer berühmten Studie aus dem Blickwinkel des Historikers untersucht hat. Die Veränderungen, die diese Studie zwischen ihrer Erstveröffentlichung in Frankreich 1961 und der stark überarbeiteten englischen Fassung

von 1985 erfahren hat, geben nützliche Hinweise darauf, wie stark sich die Historiographie in der letzten Generation gewandelt hat; so ist insbesondere die Hoffnung geschwunden, objektive ›Fakten‹ etablieren zu können, während andererseits das Interesse an symbolischen Aspekten der Erzählung stark zugenommen hat.[9]

2. Das traditionelle Arbeitsfeld des Historikers, nämlich Memoiren und andere ›Aufzeichnungen‹ (auch das englische *record* steht mit dem Akt des Erinnerns – *ricordare* im Italienischen – in Zusammenhang). Natürlich dürfen wir nicht übersehen, daß solche Aufzeichnungen alles andere sind als unschuldige Erinnerungsarbeiten, sondern daß sie vielmehr das Gedächtnis anderer beeinflussen und formen wollen. Außerdem müssen wir uns die Warnung eines scharfsinnigen Literaturwissenschaftlers vor Augen halten, die von den Historikern nicht immer beachtet wurde: »Wenn wir die schriftlichen Äußerungen des Gedächtnisses lesen, vergessen wir nur allzu leicht, daß wir nicht das Gedächtnis selbst lesen, sondern seine Transformation durch das Schreiben.«[10] Ähnliches ließe sich freilich auch für die mündliche Überlieferung konstatieren, die ihre eigenen Formen der Stilisierung hat. Eine scharfe Unterscheidung, wie sie Pierre Nora zwischen der spontanen »Erinnerung« traditioneller und der selbstbewußten »Vorstellung« moderner Gesellschaften vornimmt[11], kann man von daher gesehen auch nur schwer begründen.

3. Bilder, seien es gemalte oder photographische, stehende oder bewegte. Von der klassischen Antike bis zur Renaissance haben Praktiker der sogenannten ›Mnemotechnik‹ immer wieder betont, wie hilfreich es sei, beliebige Dinge, an die man sich erinnern wolle, mit markanten Bildern zu assoziieren.[12] Dies waren natürlich immaterielle, nämlich ›imaginäre‹ Bilder. Es wurden freilich immer wieder materielle Bilder geschaffen, die dazu beitragen sollten, Erinnerungen festzuhalten und zu übermitteln – ›Denkmäler‹ wie Grabsteine, Statuen und Medaillen und ›Souvenirs‹ der verschiedensten Art. Vor allem Historiker des 19. und 20. Jahrhunderts haben ihr Interesse in den letzten Jahren zunehmend auf öffentliche Monumente gerichtet, gerade weil diese nicht nur Ausdruck des nationalen Gedächtnisses waren, sondern es auch formten.[13]

4. Handlungen geben sowohl Erinnerungen als auch Fähigkeiten weiter, etwa vom Meister zum Lehrling. Viele von ihnen hinterlassen keine Spuren, die die Historiker später untersuchen könnten, aber zumindest rituelle Handlungen werden häufig aufgezeichnet, darunter auch ›Gedenk‹-Rituale: Remembrance Sunday in Großbritannien [Gedenktag für die Toten beider Weltkriege, 1. oder 2. Sonntag im November], Memorial Day in den USA [Heldengedenktag, 30. Mai], der 14. Juli in Frankreich, der 12. Juli in Nordirland [Battle of the Boyne, 1690], der 7. September in Brasilien [Unabhängigkeitstag, 1822] und so weiter.[14] In diesen Ritualen wird die Vergangenheit wiederbelebt, und insofern leisten sie Erinnerungsarbeit, andererseits stellen sie aber auch Versuche dar, bestimmte Interpretationen der Vergangenheit durchzusetzen, das Gedächtnis zu formen und damit gesellschaftliche Identität zu stiften. Sie sind in jeder Hinsicht kollektive Vorstellungen: ›Re-Präsentationen‹.

5. Eine der interessantesten Beobachtungen, die Halbwachs in seiner Studie über das gesellschaftliche System der Erinnerung machte, betraf ein weiteres wichtiges Medium in der Übermittlung von Erinnerungen: den Raum.[15] Er machte einen Aspekt deutlich, der in der Gedächtniskunst der Antike und der Renaissance implizit angelegt war, nämlich wie hilfreich es sein kann, Bilder, die man sich ins Gedächtnis zurückrufen möchte, in imaginären, eindrucksvollen Räumlichkeiten ›anzusiedeln‹ (etwa in ›Gedächtnispalästen‹ oder ›Gedächtnistheatern‹) und damit die Kraft der Assoziation zu nutzen. In Brasilien gab es eine Gruppe katholischer Missionare, die Salesianer, denen der Zusammenhang zwischen Räumlichkeiten und Erinnerung ganz offensichtlich bewußt gewesen sein muß. Eine ihrer Strategien zur Bekehrung der Bororo-Indianer bestand darin, sie aus ihren traditionellen Dörfern mit ihren kreisförmig angeordneten Häusern in neue umzusiedeln, in denen die Häuser reihenweise angelegt waren. Dank dieser Politik der verbrannten Erde, an die Claude Lévi-Strauss uns erinnert hat, gelang es ihnen, die Indianer für die christliche Botschaft empfänglich zu machen.[16] Wir könnten uns fragen, ob nicht vielleicht auch die europäischen Bodenreformbewegungen ähnliche (wenn auch unbeabsichtigte) Wirkungen gehabt und die Industrialisierung mit Hilfe einer Politik der verbrannten Erde vorangebracht haben,

vor allem in Schweden, wo als Folge des Landeinfriedungsakts von 1803 die traditionellen Dörfer zerstört und ihre Bewohner in alle Winde zerstreut wurden.[17]

Zuweilen gelingt es jedoch einer gesellschaftlichen Gruppe und ihren Erinnerungen, gegen die Zerstörung der Heimat Widerstand zu leisten. Ein extremes Beispiel für Entwurzelung und Verpflanzung ist der Transport der schwarzen Sklaven in die Neue Welt. Trotz dieser Entwurzelung gelang es den Sklaven, sich einige ihrer kulturellen Eigenheiten und Erinnerungen zu bewahren und sie auf amerikanischem Boden zu rekonstruieren. Der französische Soziologe Roger Bastide vertritt die These, daß in den afroamerikanischen Ritualen des *candomblé*, die in Brasilien noch weit verbreitet sind, afrikanischer Raum auf symbolische Weise rekonstruiert wird und sie gewissermaßen eine psychologische Kompensation für den Verlust der Heimat darstellen. Bastide bedient sich somit des Materials, das ihm religiöse Praktiken der Afroamerikaner liefern, um die Ideen Halbwachs' zu kritisieren und zu verfeinern. Der Verlust der einheimischen Wurzeln wurde, zumindest bis zu einem gewissen Grad, durch ein allgemeineres Bewußtsein von Afrikanität kompensiert.[18]

Was die Übermittlung von Erinnerungen betrifft, hat jedes Medium seine eigenen Stärken und Schwächen. Mein vorrangiges Erkenntnisinteresse gilt einem Element, das den verschiedenen Medien gemeinsam ist und das die unterschiedlichsten Forscher – der Sozialpsychologe Frederick Bartlett, der Kulturhistoriker Aby Warburg, der Kunsthistoriker Ernst Gombrich und der Slawist Albert Lord mit seinen Untersuchungen über mündlich überlieferte Poesie in Bosnien – analysiert haben.[19] Dieses gemeinsame Element ist das ›Schema‹, das immer dort in Aktion tritt, wo die Tendenz vorherrscht, bestimmte Ereignisse oder bestimmte Personen anhand von anderen darzustellen und manchmal auch, sich ihrer zu erinnern.

Derlei Schemata beschränken sich nicht auf mündliche Überlieferungen, wie die folgenden Beispiele schriftlicher Zeugnisse zeigen mögen. In seiner hervorragenden Studie *The Great War and Modern Memory* konstatierte der amerikanische Wissenschaftler Paul Fussell, wie sehr »der Zweite Weltkrieg durch den Ersten beherrscht wurde«, und zwar nicht nur auf der Ebene der Generale, die ja bekanntlich immer den letzten Krieg führen, sondern auch auf der Ebene ganz gewöhnlicher Kriegsteilnehmer.[20] Auch die Wahrnehmung des Ersten Weltkriegs folgte ihrerseits bestimmten Schemata; so weist Fussell beispielsweise darauf hin, daß die Beschreibungen des Lebens in den Schützengräben, wie sie in Memoiren und Zeitungsartikeln auftauchen, häufig auf Bilder aus Bunyans *Pilgrim's Progress* zurückgreifen, vor allem auf den Sumpf der Verzweiflung und das Tal des Todesschattens.[21] Auch Bunyans eigene Schriften – darunter seine Autobiographie *Grace Abounding* – bedienten sich verschiedener Schemata (vgl. oben S. 56). Beispielsweise orientiert er sich im Bericht über seine Bekehrung eindeutig – ob bewußt oder unbewußt, läßt sich nur schwer sagen – an der Bekehrung des Paulus, wie sie in der Apostelgeschichte beschrieben wird.[22]

Im Europa der Frühen Neuzeit hatten viele Menschen die Bibel so oft gelesen, daß sie zu einem Teil ihrer selbst geworden war: Ihre Wahrnehmungen, Erinnerungen und sogar ihre Träume (siehe Kapitel 11) orientierten sich weitgehend an den biblischen Geschichten. Es ließen sich ohne weiteres zahlreiche Beispiele für diesen Prozeß anführen. So betrachteten etwa die französischen Protestanten die Religionskriege des 16. Jahrhunderts aus biblischer Perspektive, wozu auch der bethlehemitische Kindermord gehörte. Noch im 19. und 20. Jahrhundert ›gedachten‹ sie der Häuser der Protestanten, die während der Bartholomäusnacht von 1572 den katholischen Schlächtern eigens bezeichnet worden waren.[23] Ein noch früheres Beispiel liefert Johannes Keßler, ein Schweizer protestantischer Pfarrer der ersten Generation. In seinen Erinnerungen berichtet er, wie er »Martin Luther auf dem Weg nach Wittenberg begegnet« sei. In seiner Studentenzeit kehrte er einmal mit einem Gefährten im ›Schwarzen Bären‹ zu Jena ein. Dort saßen sie gemeinsam mit einem Mann am Tische, der, obwohl wie ein Ritter gekleidet, in einem Buch las – ein hebräischer Psalter, wie sich herausstellen sollte – und der sie in eine theologische Diskussion verwickelte. »Wir fragten: ›Mein Herr, wißt ihr uns nicht Bescheid zu geben, ob Dr. Martin Luther jetzt zu Wittenberg oder an welchem Ort er ist [...].‹ Er antwortete: ›Ich habe sichere Kundschaft, daß er jetzt nicht in Wittenberg ist.‹ [...] ›Meine Lieben‹, fragte er uns, ›was hält man im Schweizerland vom Luther?‹« Die Studenten merken noch immer nicht, mit wem sie es zu tun haben, bis der Wirt eine entsprechende Andeutung fallenläßt.[24] Ich vermute jedoch, daß Keßler seine Erzählung, bewußt oder unbewußt, nach einer biblischen Geschichte – hier diejenige von den Emmausjüngern – strukturiert hat.

Die Beispiele ließen sich noch weiter zurückverfolgen, denn die Bibel selbst enthält zahlreiche Schemata. Manche der dort berichteten Ereignisse greifen ältere Versionen wieder auf.[25] Die angeführten Beispiele mögen jedoch ausreichen, um einige Charakteristika jenes Prozesses anzudeuten, durch den sich die erinnerte Vergangenheit zum Mythos wandelt. Der problematische Begriff ›Mythos‹ wird hier nicht – darauf sei ausdrücklich hingewiesen – im positivistischen Sinne von ›ungenauer Geschichte‹ verwendet, sondern im weitgefaßteren, positiveren Sinne einer Geschichte mit symbolischer Bedeutung, in der überlebensgroße Gestalten – ob Helden oder Halunken – eine Rolle spielen.[26] Solche Geschichten bestehen im allgemeinen aus einer Aneinanderreihung stereotypisierter Vorfälle, die bisweilen auch als ›Themen‹ bezeichnet werden.[27]

An dieser Stelle stellt sich dem Historiker eine offenkundige Frage: Warum haften Mythen bestimmten Individuen an (lebenden oder toten), anderen aber nicht? Nur wenige europäische Herrscher sind im Gedächtnis des Volkes zu Helden geworden oder zumindest über einen langen Zeitraum Helden geblieben: etwa Heinrich IV. in Frankreich, Friedrich der Große in Preußen, Sebastian in Portugal, Wilhelm III. in Großbritannien (vor allem in Nordirland) oder Matthias Corvinus in Ungarn, von dem gesagt wurde: »Matthias ist tot, die Gerechtigkeit ist dahin.« Freilich, nicht jeder Fromme wird auch ein Heiliger, sei es offiziell oder inoffiziell. Was also macht den Erfolg aus?

Die Existenz von Schemata erklärt noch nicht, weshalb sie bestimmten Individuen anhaften, weshalb manche Menschen, sagen wir, ›mythenträchtiger‹ sind als andere. Auch ist es keine ausreichende Antwort, die tatsächlichen Leistungen erfolgreicher Herrscher oder Heiliger, mögen sie auch noch so bedeutend sein, einfach zu beschreiben, wie es buchstabengetreue Historiker normalerweise zu tun pflegen, denn der Mythos schreibt ihnen häufig Eigenschaften zu, für die es keinerlei Beweise gibt.[28] Daß der kalte, farblose Wilhelm III. zum populären protestantischen Idol ›King Billy‹ werden konnte, dürfte sich kaum anhand seiner Persönlichkeit erklären lassen.

Entscheidend für die Erklärung dieser Mythenbildung ist meiner Ansicht nach die (bewußte oder unbewußte) Wahrnehmung einer gewissen ›Deckungsgleichheit‹ zwischen einem bestimmten Individuum und einem gängigen Stereotyp eines Helden oder Halunken – Herrscher, Heiliger, Bandit, Hexe oder was auch immer. Diese ›Deckungsgleichheit‹ regt die Phantasie der Menschen an, Geschichten über das betreffende Individuum kommen in Umlauf, zuerst mündlich. Im Verlauf dieser mündlichen Zirkulation setzen die normalen Mechanismen der Verzerrung – ›Nivellierung‹ und ›Konturierung‹ – ein, wie sie von Sozialpsychologen untersucht wurden.[29] Auf einer spekulativeren Ebene könnte man vermuten, daß Prozesse der Verdichtung und Verschiebung, wie Freud sie in seiner *Traumdeutung* beschrieben hat, auch in diesen kollektiven Träumen oder Quasi-Träumen stattfinden. Diese Prozesse tragen dazu bei, daß das Leben eines bestimmten Individuums an ein spezifisches Stereotyp angepaßt wird, das im Repertoire des gesellschaftlichen Gedächtnisses einer gegebenen Kultur vorhanden ist.[30] Es vollzieht sich eine Art ›Kristallisierungs‹-Prozeß, in dem traditionelle, freischwebende Geschichten auf den neuen Helden verlagert werden.

Auf diese Weise werden Banditen (etwa Jesse James) zu Robin Hoods, die die Reichen berauben, um die Armen zu beschenken. Die Wahrnehmung will, daß Herrscher (Harun al-Raschid, Heinrich IV. von Frankreich, Heinrich V. von England und so weiter) unerkannt durchs Land reisen, um etwas über die Lebensbedingungen ihrer Untertanen zu erfahren. Das Leben eines modernen Heiligen wird unter Umständen als Wiederholung des Lebens eines früheren erinnert: So sah man im hl. Carlo Borromeo einen zweiten Ambrosius und in der hl. Rosa von Lima eine zweite Katharina von Siena. Ähnlich wurde auch Kaiser Karl V. als ein zweiter Karl der Große wahrgenommen (wobei die Namensgleichheit sicherlich hilfreich war), Wilhelm III. von England als ein zweiter Wilhelm der Eroberer und Friedrich der Große als ein neuer ›Kaiser Friedrich‹.

Den Prozeß der Heldenerschaffung ausschließlich anhand der Medien erklären zu wollen, ist als solches natürlich unzureichend und würde von politischer Naivität zeugen. Es kommt ebensosehr darauf an, die Funktionen und Anwendungen des gesellschaftlichen Gedächtnisses zu berücksichtigen.

Welche Funktionen hat das gesellschaftliche Gedächtnis? Diese umfassende Frage läßt sich nicht ohne weiteres zufriedenstellend beantworten. Ein Jurist könnte in diesem Zusammenhang natürlich eine ganze Reihe von Aspekten erörtern: Welche Bedeutung haben Brauch und Präzedenz? Inwiefern lassen sich Handlungen in der Gegenwart durch Verweise auf die Vergangenheit legitimieren oder rechtfertigen? Welcher Stellenwert kommt den Erinnerungen von Zeugen in Gerichtsverfahren zu? Was bedeutet der Begriff ›unvordenkliche Zeiten‹, also eine Zeit, ›die sich in der Erinnerung des Menschen ... nicht in ihr Gegenteil verkehrt‹? Und inwiefern haben sich die Einstellungen gegenüber der Beweiskraft des Gedächtnisses gewandelt – seitdem Lese- und Schreibfähigkeiten Allgemeingut wurden und schriftliche Dokumente Verbreitung fanden? Der Brauch wurde in dem bereits erwähnten Artikel von Bloch über die *mémoire collective* thematisiert, und einige wenige Mediävisten haben diese Fragen weiter verfolgt.[31]

Auch die oben angeführten Beispiele von Herrschern als Volkshelden illustrieren die gesellschaftlichen Funktionen kollektiver Erinnerungen. In den Geschichten kommt es nach dem Tod oder dem Verschwinden des Helden regelmäßig zu Katastrophen. Man könnte die Sache jedoch auch umkehren und behaupten, daß ein Souverän, auf dessen Herrschaft Katastrophen folgen – von der Invasion ausländischer Mächte bis zu einem krassen Anstieg der Besteuerung – beste Aussichten hat, zu einem Volkshelden zu werden, da die Menschen voller Sehnsucht auf die gute alte Zeit unter seiner Herrschaft zurückblicken werden.

So haben etwa die osmanische Invasion Ungarns im Jahre 1526, eine Generation nach dem Tod von Matthias, und die Besetzung Portugals durch die Spanier kurz nach dem Tod Sebastians dem posthumen Ansehen dieser beiden Könige nur gut getan. Auch Heinrich IV. dürfte für die Franzosen nicht nur deshalb zum Helden geworden sein, weil er nach den Wirren der Religionskriege auf den Thron kam, sondern weil unter der Herrschaft seines Sohnes und Nachfolgers Ludwig XIII. radikale Steuererhöhungen durchgesetzt wurden. Die Berufung auf diese Art von Erinnerungen stellt, zumindest in traditionellen Gesellschaften, eine der wichtigsten ideologischen Ressourcen für Rebellen dar. So beriefen sich die spanischen Rebellen der 1520er Jahre, die sogenannten *comuneros*, auf das Andenken des verstorbenen Königs Ferdinand, während die Bewohner der Normandie mit ihrer Erhebung gegen Ludwig XIII. im Jahre 1639 auch zum ›goldenen Zeitalter‹ Ludwigs XII. zurückkehren wollten, der angeblich jedesmal, wenn er dem Volk neue Steuern aufzuerlegen hatte, geweint haben soll.[32]

Eine weitere Fragestellung hinsichtlich der Funktionen des gesellschaftlichen Gedächtnisses wäre, wieso es manchen Kulturen offensichtlich wichtiger ist, sich ihrer Vergangenheit zu besinnen, als anderen. So wird beispielsweise immer wieder auf die traditionell starke Auseinandersetzung der Chinesen mit ihrer Vergangenheit hingewiesen, die im Gegensatz steht zur traditionellen Indifferenz der Inder mit der ihren. Auch innerhalb Europas lassen sich derlei Unterschiede konstatieren. Bei aller Traditionsgebundenheit und aller Aufmerksamkeit, die sie dem ›nationalen Erbe‹ widmen, ist das gesellschaftliche Gedächtnis der Engländer relativ kurz. Dasselbe gilt auch für die Amerikaner, wie ein genauer französischer Beobachter, Alexis de Tocqueville, bereits festgestellt hat.[33]

Dagegen haben die Iren und Polen gesellschaftliche Erinnerungen, die relativ weit zurückreichen. In Nordirland etwa ist es durchaus möglich, daß man auf einer Hauswand die Kreidezeichnung eines Reiterbildnisses Wilhelms III. mit der Inschrift ›Remember 1690‹ entdecken kann.[34] Im Süden Irlands empfinden die Menschen das, was ihnen die Engländer zu Cromwells Zeiten angetan haben, noch immer so, als wäre es erst gestern geschehen.[35] Der amerikanische Bischof Fulton Sheen hat es einmal auf folgenden Nenner gebracht: »Die Briten vergessen es immer, die Iren vergessen es nie.«[36] In Polen provozierte Andrzej Wajda mit *Popioly [Legionäre / Zwischen Feuer und Asche]* von 1965, der Verfilmung eines klassischen Romans aus dem Jahre 1904 über die polnische Legion in der napoleonischen Armee, eine landesweite Kontroverse über das sinnlose Heldentum, als das Wajda die Aktivitäten der Legion dargestellt hatte.[37] In England dagegen wurde Tony Richardsons Film *The Charge of the Light Brigade [Der Angriff der leichten Brigade]* von 1967 im Grunde nur als Kostümstreifen rezipiert. Die Engländer scheinen lieber vergessen zu wollen. Sie leiden – beziehungsweise delektieren sich – an einer Art ›struktureller

Amnesie‹.[38] Da strukturelle Amnesie das komplementäre Gegenteil des Begriffs ›gesellschaftliches Gedächtnis‹ ist, werde ich sie im weiteren als ›gesellschaftliche Amnesie‹ bezeichnen.

Wie kommt es, daß die Einstellung gegenüber der Vergangenheit sich von einer Kultur zur anderen so stark unterscheidet? Die Geschichte, so heißt es oft, wird von den Siegern geschrieben. Ebenso könnte man behaupten, daß die Geschichte von den Siegern vergessen wird. Sie können es sich leisten zu vergessen, während die Verlierer unfähig sind, das Geschehene zu akzeptieren, und ihnen nichts anderes übrig bleibt, als darüber nachzusinnen, es immer wieder zu durchleben und sich auszumalen, wieviel anders es hätte sein können. Erklären ließe sich das Phänomen auch anhand der kulturellen Wurzeln. Solange man diese Wurzeln besitzt, kann man es sich leisten, sie als etwas Selbstverständliches zu betrachten, gehen sie aber verloren, spürt man die Notwendigkeit, nach ihnen zu suchen. Die Iren und Polen wurden entwurzelt, ihre Länder aufgeteilt. Kein Wunder, daß sie dermaßen von ihrer Vergangenheit besessen sind. Womit wir wieder beim Lieblingsthema von Halbwachs wären, der Beziehung zwischen Ort und Gedächtnis.

Iren und Polen liefern besonders prägnante Beispiele dafür, wie die Vergangenheit, das gesellschaftliche Gedächtnis und der Mythos zu identitätsstiftenden Zwecken eingesetzt werden. Ob in Irland des Jahres 1690 (auf eine bestimmte Weise) gedacht, ob die Schlacht am Boyne nachgestellt oder – wie 1966 durch die IRA geschehen – die Nelson-Säule in Dublin in die Luft gesprengt wird, oder ob der alte, von den Deutschen zerstörte Stadtkern von Warschau wieder aufgebaut wird, wie es die Polen nach 1945 taten – bei all diesen Akten geht es zweifellos darum zu sagen, wer ›wir‹ sind, und ›uns‹ von den anderen zu unterscheiden. Derlei Beispiele ließen sich beliebig vermehren, insbesondere was das Europa des 19. Jahrhunderts betrifft.

Eric Hobsbawm hat das ausgehende 19. Jahrhundert provokativ als das Zeitalter der ›Erfindung der Tradition‹ beschrieben.[39] Fraglos war es ein Zeitalter der Suche nach nationalen Traditionen. Nationaldenkmäler wurden gebaut und nationale Rituale (wie etwa der 14. Juli in Frankreich) erfunden, die nationale Geschichte erhielt in den europäischen Schulen größeren Stellenwert als je zuvor oder danach. All dies diente im wesentlichen der Rechtfertigung beziehungsweise

›Legitimierung‹ des Nationalstaats – ob im Fall junger Nationen wie Italien und Deutschland oder älterer wie Frankreich, wo die nationale Loyalität erst noch hergestellt werden mußte und Bauern zu Franzosen wurden.[40]

Die Soziologie Émile Durkheims, in der Gemeinschaft, Konsens und Zusammenhalt eine so wichtige Rolle spielen, trägt selbst den Stempel dieser Epoche. Es wäre nicht ratsam, sich in dieser Hinsicht allzusehr an Durkheim und seinem Schüler Halbwachs zu orientieren und die Funktion des gesellschaftlichen Gedächtnisses so zu behandeln, als gäbe es keinen Konflikt und Dissens. Nordirland, das bereits mehrfach erwähnt wurde, bietet ein klassisches Beispiel – wenn auch keineswegs das einzige – für Erinnerungen an Konflikte wie für Konflikte von Erinnerungen. Die Belagerung von Londonderry (›Derry‹) und die Schlacht am Boyne im 17. Jahrhundert werden alljährlich von den Protestanten nachgestellt, die sich mit den Siegern identifizieren und die Parolen der Vergangenheit (›No Surrender‹ zum Beispiel) auf Ereignisse der Gegenwart anwenden.[41] Im Süden Irlands ist die Erinnerung an den Aufstand gegen die Briten von 1798 noch immer sehr lebendig. Eine französische Parallele findet sich vor allem in Anjou: Das Andenken an die Bauernerhebungen der Vendée in den 1790er Jahren ist hier noch so lebendig und kontrovers, daß ein neuerer Historiker in diesem Zusammenhang von einem ›Krieg der Erinnerung‹ gesprochen hat.[42]

Angesichts der Vielfalt gesellschaftlicher Identitäten und der Koexistenz unterschiedlicher, alternativer Erinnerungen (familiäre, lokale, klassenspezifische, nationale und so weiter) bietet es sich an, die Funktionen, die Erinnerungen für unterschiedliche gesellschaftliche Gruppen haben, auf mehreren Ebenen zu betrachten, denn diese Gruppen können ja durchaus unterschiedliche Ansichten darüber haben, was bedeutsam beziehungsweise ›erinnerungswürdig‹ ist.[43] Der amerikanische Literaturwissenschaftler Stanley Fish hat den Begriff ›interpretative Gemeinschaften‹ geprägt, um Konflikte hinsichtlich der Interpretation von Texten analysieren zu können. Entsprechend könnte man auch von unterschiedlichen ›Erinnerungsgemeinschaften‹ innerhalb einer bestimmten Gesellschaft sprechen. Wir müssen die Frage stellen: Wer soll was und aus welchen Gründen erinnern? Wessen Version der Vergangenheit wird dokumentiert und bewahrt?

Divergenzen zwischen Historikern, die mit unterschiedlichen Berichten über die Vergangenheit operieren, spiegeln bisweilen größere und tiefgreifendere gesellschaftliche Konflikte wider. Ein offenkundiges Beispiel dafür ist die aktuelle Debatte über den Stellenwert einer ›Geschichte von unten‹. Diese Auseinandersetzung reicht mindestens bis zu Alexander Puschkin zurück, der gleichermaßen Historiker wie Dichter war. Als er einmal dem Zaren von seiner Absicht erzählte, über den Kosakenführer Pugatschow zu schreiben, bekam er die knappe Antwort: »Ein solcher Mann hat keine Geschichte.«

Offizielle und inoffizielle Erinnerungen an die Vergangenheit können stark voneinander abweichen, und die – bisher nur relativ wenig erforschten – inoffiziellen Erinnerungen werden manchmal zu ganz eigenen historischen Triebkräften: das ›gute alte Recht‹ im deutschen Bauernkrieg von 1525, das ›normannische Joch‹ in der Glorious Revolution und so weiter. Erst mit Hilfe solcher gesellschaftlichen Erinnerungen wird es überhaupt möglich, die Geographie des Dissenses und Protestes zu erklären, etwa die Tatsache, daß manche kalabrische Dörfer sich Jahrhundert um Jahrhundert immer wieder an Protestbewegungen beteiligen, während ihre Nachbarn es nicht tun.

Die systematische Vernichtung von Dokumenten, die so typisch ist für viele Revolten – man denke etwa an die englischen Bauern von 1381, die deutschen Bauern von 1525, die französischen Bauern von 1789 und so weiter –, läßt sich als Ausdruck der Überzeugung deuten, die Aufzeichnungen hätten die Situation verfälscht dargestellt, sie wären zugunsten der herrschenden Klasse abgefaßt worden, während die einfachen Leute sich daran erinnerten, was wirklich geschehen war. Diese Akte der Zerstörung führen uns zum letzten Thema dieses Kapitels, zu den Funktionen des Vergessens beziehungsweise der gesellschaftlichen Amnesie.

Oft ist es erhellend, wenn man Probleme von hinten angeht, wenn man sie von innen nach außen kehrt. Um das Funktionieren des gesellschaftlichen Gedächtnisses zu begreifen, kann es hilfreich sein, die gesellschaftliche Organisation des Vergessens zu erforschen, die Gesetzmäßigkeiten, nach denen ausgeschlossen, vertuscht oder unterdrückt wird, sowie die Frage, wer was und aus welchen Gründen vergessen soll – kurz gesagt, die gesellschaftliche Amnesie. Das Wort Amnesie ist mit ›Amnestie‹ verwandt, mit dem, was früher als ›Akt des Vergessens‹ bezeichnet wurde, das heißt die offizielle Tilgung von Konflikterinnerungen im Interesse des gesellschaftlichen Zusammenhalts.

Aus der Vergangenheit sind uns Beispiele offizieller Zensur nur allzu gut bekannt, und man braucht nicht einmal die verschiedenen Revisionen der Großen Sowjetischen Enzyklopädie zu bemühen, die einmal Trotzki erwähnte und dann wieder nicht. Viele revolutionäre und konterrevolutionäre Regime symbolisieren ihren Bruch mit der Vergangenheit gerne dadurch, daß sie Straßennamen ändern, vor allem dann, wenn diese Namen auf die Daten bedeutsamer Ereignisse verweisen. Als ich Mitte der sechziger Jahre Bulgarien besuchte, hatte ich als Führer lediglich einen Guide Bleu von 1938 dabei. Trotz seiner nützlichen Straßenkarten verlief ich mich manchmal und mußte deshalb Passanten nach der Straße des 12. November fragen oder wie immer sie hieß. Niemand wirkte überrascht, niemand lächelte, sie wiesen mir einfach den Weg, aber als ich ankam, stellte sich heraus, daß die Straße des 12. November die Straße des 1. Mai war und so weiter. Mit anderen Worten, ich hatte, ohne es zu wissen, Daten genannt, die mit dem faschistischen Regime zusammenhingen. Dieser Vorfall mag uns vor Augen führen, wie stark inoffizielle Erinnerungen verwurzelt sind und wie schwer sie sich – selbst in den sogenannten ›totalitären‹ Regimes unserer Tage – auslöschen lassen.

Nebenbei gesagt war das ›Sowjet-Enzyklopädie-Syndrom‹, wie man es nennen könnte, keineswegs eine Erfindung der KPdSU. Auch im Europa der Frühen Neuzeit konnten Ereignisse, zumindest offiziell, zu Nicht-Ereignissen werden. Ludwig XIV. und seine Ratgeber legten großen Wert auf sein öffentliches ›Image‹, um einen heutigen Begriff zu gebrauchen. Zum Gedenken an die wichtigsten Ereignisse seiner Herrschaft wurden Medaillen geprägt. Darunter gab es auch eine mit der Inschrift HEIDELBERGA DELETA, die an die Zerstörung Heidelbergs im Jahre 1693 erinnerte. Als diese Medaillen jedoch zu einer ›Herrschaftsgeschichte in Metall‹ zusammengestellt wurden, verschwand dieses spezielle Exemplar aus der Sammlung. Offensichtlich war Ludwig bewußt geworden, daß die Zerstörung Heidelbergs nicht zu seinem Ansehen und seinem Ruhm beigetragen hatte, weshalb das Ereignis offiziell vertuscht wurde – getilgt aus dem Buch der Erinnerung.[44]

Die offizielle Zensur mißliebiger Erinnerungen – das ›organisierte Vergessen‹, wie es ein Autor genannt hat[45] – ist gut erforscht. Was noch eingehender untersucht werden müßte, ist ihre inoffizielle Vertuschung oder Unterdrückung im Nach-Hitler-Deutschland, im Post-Vichy-Frankreich, im Franco-Spanien und so weiter.[46] Dieses Thema wirft noch einmal die leidige Frage der Analogie zwischen individuellem und kollektivem Gedächtnis auf. Freuds berühmte Metapher des ›Zensors‹ in jedem Individuum leitete sich natürlich von der offiziellen Zensur der Habsburger Monarchie her. Ähnlich hat der Sozialpsychologe Peter Berger die These vertreten, wir alle schrieben unsere Biographien permanent nach Art der Sowjet-Enzyklopädie um.[47] Aber zwischen diesen beiden Zensoren, dem öffentlichen und dem privaten, ist noch Platz für einen dritten, den kollektiven, aber inoffiziellen. Können Gruppen, so wie Individuen, mißliebige Erinnerungen unterdrücken? Und wenn ja, wie gehen sie dabei vor?[48]

In diesem Zusammenhang sei die folgende Geschichte zitiert, die der Ethnologe Jack Goody berichtet hat. Die territoriale Aufteilung des Königreichs Gonja, des heutigen Nord-Ghana, im 17. Jahrhundert wurde angeblich vom Begründer der Dynastie, Jakpa, selbst vorgenommen, als dieser das Reich unter seinen Söhnen aufteilte.

»Als die Einzelheiten dieser Geschichte gegen Anfang des 20. Jahrhunderts – zu einer Zeit, als die Briten ihre Kontrolle über das Gebiet immer weiter ausdehnten – erstmals schriftlich niedergelegt wurden, hieß es, Jakpa hätte sieben Söhne gezeugt, was der Zahl der Teilgebiete entsprach [...] Doch genau zu der Zeit, als die Briten ins Land gekommen waren, verschwanden zwei der sieben Teilgebiete [...] Sechzig Jahre später, als man die Mythen der Staatsgründung erneut aufzeichnete, wurden Jakpa nur noch fünf Söhne zugeschrieben.«[49]

Dies ist ein klassischer Fall, wo die Vergangenheit dazu benutzt wird, die Gegenwart zu legitimieren. Der Anthropologe Bronislaw Malinowski spricht in diesem Zusammenhang vom Mythos, der als ›Charta‹ von Institutionen fungiert (wobei er den Begriff ›Charta‹ von Historikern des Mittelalters übernommen hat).

Ich würde nicht behaupten wollen, daß diese Anpassung der Vergangenheit an die Gegenwart nur in Gesellschaften stattfindet, die keine Schrift kennen. Im Gegenteil, häufig läßt sich ohne weiteres zeigen, daß zwischen dem Bild, das sich die Angehörigen einer bestimmten gesellschaftlichen Gruppe von der Vergangenheit machen, und den schriftlichen Aufzeichnungen über diese Vergangenheit erhebliche Diskrepanzen bestehen. Ein gängiger Mythos (der in vielfältiger Gestalt auch in unserer heutigen westlichen Gesellschaft auftaucht) ist derjenige der ›Gründerväter‹: Martin Luther als Begründer der protestantischen Kirche, Émile Durkheim (oder Max Weber) als Begründer der Soziologie und so weiter. Ganz allgemein kann man sagen, daß im Verlauf dieser Mythenbildung Unterschiede zwischen der Vergangenheit und der Gegenwart ignoriert und unbeabsichtigte Konsequenzen zu bewußten Zielen werden, gerade so, als hätten diese Helden der Vergangenheit nichts anderes im Sinn gehabt, als die Gegenwart herzustellen – unsere Gegenwart.

Schrift und Druck sind nicht mächtig genug, um der Ausbreitung solcher Mythen Einhalt zu gebieten. Eines jedoch vermögen sie, nämlich schriftliche Zeugnisse der Vergangenheit zu bewahren, die den Mythen nicht nur widersprechen, sondern sie auch untergraben – Zeugnisse einer Vergangenheit, die mißliebig und unangenehm geworden ist, einer Vergangenheit, über die die Menschen aus irgendeinem Grund nichts wissen möchten, obwohl es besser für sie wäre, sie wüßten es. Zum Beispiel könnte ihnen dies die gefährliche Illusion nehmen, die Vergangenheit wäre nichts weiter als ein primitiver Kampf zwischen Helden und Halunken, Gut und Böse, Richtig und Falsch. Mythen sollten nicht verachtet werden, aber man sollte sie nicht wortwörtlich nehmen. Schrift und Druck tragen so dazu bei, das Gedächtnis vor Manipulation zu bewahren.[50]

Auch die Historiker haben in diesem Prozeß des Widerstands eine Rolle zu spielen. Herodot betrachtete Historiker als die Hüter der Erinnerung, der Erinnerung an große Taten. Für mich dagegen sind

Historiker eher die Hüter der Leichen im Keller des gesellschaftlichen Gedächtnisses, der ›Anomalien‹, wie der Wissenschaftshistoriker Thomas Kuhn sie nennt, die Schwächen in großen und weniger großen Theorien aufweisen.[51] Früher gab es einen Beamten, der als ›Remembrancer‹ bezeichnet wurde. Tatsächlich war der Titel ein Euphemismus – es handelte sich um einen Schuldeneintreiber. Aufgabe des Beamten war es, die Leute daran zu erinnern, was sie lieber vergessen hätten. Eine der wichtigsten Funktionen des Historikers besteht darin, ein Remembrancer zu sein.

1 Maurice Halbwachs, Das Gedächtnis und seine sozialen Bedingungen, Berlin/Neuwied 1966; vgl. ders., *La topographie légendaire des évangiles en terre sainte: étude de mémoire collective*, Paris 1941; ders., *Das kollektive Gedächtnis*, Frankfurt a.M. 1980; David Lowenthal, *The Past is a Foreign Country*, Cambridge 1985, S. 192 ff.; Patrick H. Hutton, *History as an Art of Memory*, Hanover/London 1993, S. 73–90

2 Frederick C. Bartlett, *Remembering: a Study in Experimental and Social Psychology*, Cambridge 1932, S. 296 ff.; Mary Douglas, »Maurice Halbwachs«, 1980, Nachdruck in: dies., *In the Active Voice*, London 1982, S. 255–271, hier S. 268

3 Marc Bloch, »Mémoire collective, tradition et coutume«, in: *Revue de Synthèse Historique* 40, 1925, S. 73–83; vgl. Paul Connerton, *How Societies Remember*, Cambridge 1989, S. 38

4 Pierre Goubert, *The French Peasantry in the Seventeenth Century*, Cambridge 1986, S. 77

5 Connerton (1989); James Fentress/Chris Wickham, *Social Memory*, Oxford 1992

6 Paul Thompson, *The Voice of the Past*, Oxford 1978

7 Natalie Z. Davis, *Der Kopf in der Schlinge*, Berlin 1988

8 Pierre Nora (Hrsg.), *Les lieux de mémoire*, 7 Bde., Paris 1984–92; vgl. Jacques Le Goff, *Geschichte und Gedächtnis*, Frankfurt a.M. 1992; Hutton (1993), insb. S. 1–26; Raphael Samuel, *Theatres of Memory*, London 1994

9 Jan Vansina, *Oral Tradition*, London 1965

10 Stephen Owen, *Remembrances*, Cambridge, Mass. 1986, S. 114; vgl. Paul Fussell, *The Great War and Modern Memory*, Oxford 1975

11 Nora (1984–92), Bd. 1, S. XVII–XLII

12 Frances Yates, *Gedächtnis und Erinnern*, Weinheim 1990; vgl. Bartlett (1932), Kap. 11

13 Thomas Nipperdey, »Der Kölner Dom als Nationaldenkmal«, 1981, Nachdruck in: ders., *Nachdenken über die deutsche Geschichte*, München 1986, S. 156–171; Mona Ozouf, »Le Panthéon«, in: Nora (1984–92), Bd. 1, S. 139–166

14 W. Lloyd Warner, *The Living and the Dead*, New Haven 1959; Christian Amalvi, »Le 14 Juillet«, in: Nora (1984–92), Bd. 1, S. 421–472; Sidsel S. Larsen, »The Glorious Twelfth: the Politics of Legitimation in Kilbroney«, in: Anthony P. Cohen (Hrsg.), *Belonging*, London 1982, S. 278–291

15 Hutton (1993), S. 75–84

16 Claude Lévi-Strauss, *Traurige Tropen*, Köln 1960, S. 220–221

17 Alan Pred, *Place, Practice and Structure*, Cambridge 1986

18 Roger Bastide, »Mémoire collective et sociologie du bricolage«, in: *Année Sociologique*, 1970, S. 65–108

19 Bartlett (1932), S. 204 ff., 299; Aby Warburg, *Gesammelte Schriften*, 2 Bde., Leipzig/Berlin 1932; Ernst H. Gombrich, *Kunst und Illusion. Zur Psychologie der bildlichen Darstellung*, Köln 1967; Albert B. Lord, *The Singer of Tales*, Cambridge, Mass. 1960

20 Fussell (1975), S. 317 ff.

21 Fussell (1975), S. 137 ff.

22 William Y. Tindall, *John Bunyan, Mechanick Preacher*, New York 1934, S. 22 ff.

23 Philippe Joutard, *La Sainte-Barthélemy: ou les résonances d'un massacre*, Neuchâtel 1976

24 Johannes Keßler, *Sabbata. St. Galler Reformationschronik 1523–1539*, hrsg. v. Traugott Schieß, Leipzig 1911, S. 23 ff.

25 Garry W. Trompf, *The Idea of Historical Recurrence in Western Thought from Antiquity to the Reformation*, Berkeley 1979

26 Peter Burke, »The Myth of 1453: Notes and Reflections«, in: Michael Erbe u.a. (Hrsg.), *Querdenken: Dissens und Toleranz im Wandel der Geschichte: Festschrift Hans Guggisberg*, Mannheim 1996, S. 23–30

27 Lord (1960)

28 Peter Burke, »Le roi comme héros populaire«, in: *History of European Ideas* 3, 1982, S. 267–271; ders., »Wie wird man ein Heiliger der Gegenreformation?«, 1984, in: ders., *Städtische Kultur in Italien zwischen Hochrenaissance und Barock*, Berlin 1986, S. 54–66

29 Gordon W. Allport/L. Postman, »The Basic Psychology of Rumour«, 1945, Nachdruck in: Wilbur Schramm (Hrsg.), *The Process and Effect of Mass Communication*, Urbana 1961, S. 141–155

30 Sigmund Freud, *Die Traumdeutung*, Leipzig/Wien 1900; vgl. Allport/Postman (1945)

31 Bernard Guénée, »Temps de l'histoire et temps de la mémoire au Moyen Âge«, 1976–77, Nachdruck in: ders., *Politique et histoire au Moyen Âge*, Paris 1981, S. 253–263; Michael T. Clanchy, *From Memory to Written Record*, Lon-

don 1979; Chris J. Wickham, »Lawyer's Time: History and Memory in Tenth- and Eleventh-Century Italy«, in: Henry Mayr-Harting / Robert I. Moore (Hrsg.), *Studies in Medieval History Presented to R.H.C. Davis*, London 1985, S. 53–71

32 Madelaine Foisil, *La révolte des nu-pieds*, Paris 1970, S. 188–194; vgl. Fentress / Wickham (1992), S. 109

33 Michael Schudson, *Watergate: How We Remember, Forget and Reconstruct the Past*, 1992, Taschenbuch-Ausgabe New York 1993, S. 60

34 Vgl. Larsen (1982), S. 280

35 Oliver Macdonagh, *States of Mind*, London 1983, Kap. 1

36 Zitiert nach: Leonard L. Levinson, *Bartlett's Unfamiliar Quotations*, London 1972, S. 129; vgl. Anthony Buckley, »We're Trying to Find our Identity: Uses of History among Ulster Protestants«, in: Elizabeth Tonkin u.a. (Hrsg.), *History and Ethnicity*, New York 1989, S. 183–197

37 Boleslaw Michalek, *The Modern Cinema of Poland*, Bloomington 1973, Kap. 11

38 John Barnes, »The Collection of Genealogies«, in: *Rhodes-Livingstone Journal* 5, 1947, S. 48–55, hier S. 52; Ian Watt / Jack Goody, »The Consequences of Literacy«, in: *Comparative Studies in Society and History* 5, 1962–63, S. 304–345

39 Eric J. Hobsbawm / Terence O. Ranger (Hrsg.), *The Invention of Tradition*, Cambridge 1983

40 Eugen Weber, *Peasants into Frenchmen*, London 1976, insb. S. 336 ff.

41 Larsen (1982); Desmond Bell, »The Traitor within the Gates«, in: *New Society* 3, Jan. 1986, S. 15–17; Buckley (1989)

42 Jean-Clément Martin, *La Vendée et la France*, Paris 1987, Kap. 9

43 Wickham (1985); vgl. Fentress/Wickham (1992), S. 87–143

44 Peter Burke, *Ludwig XIV. Die Inszenierung des Sonnenkönigs*, Berlin 1993, S. 137

45 Connerton (1989), S. 14

46 Henry Rousso, *The Vichy Syndrome*, Cambridge, Mass. 1991

47 Vgl. Erik H. Erikson, »In Search of Gandhi«, in: *Daedalus*, 1968, S. 695–729, hier insb. S. 701 ff.

48 Theodor Reik, »Über kollektives Vergessen«, in: *Internationale Zeitschrift für Psychoanalyse* 6, 1920, S. 202–215

49 Watt / Goody (1962–63), S. 310

50 Schudson (1992), S. 206

51 Thomas S. Kuhn, *Die Struktur wissenschaftlicher Revolutionen*, Frankfurt a.M. [2]1976, S. 65 ff.

KAPITEL IV

Die Sprache der Gestik im Italien der Frühen Neuzeit

»Die Kenntnis der Gesten ist für den Historiker unentbehrlich.«
Bonifacio, *L'arte de cenni* (1616)

Dieses Kapitel wird – besonders im Hinblick auf Italien – die Probleme erörtern, die sich beim Schreiben der Geschichte der Gestik, oder besser gesagt, beim Integrieren der Gestik in die Geschichte ergeben. Es wird sich mit dem Problem der Konzeptualisierung beschäftigen, das heißt der Unterscheidung zwischen bewußten und unbewußten, ritualisierten und spontanen Gesten, mit Quellen (visuellen wie literarischen), mit regionalen und gesellschaftlichen Abweichungen, vor allem aber mit zeitlichen Veränderungen, namentlich mit der wachsenden Bedeutung der Körperdisziplin beziehungsweise der Selbstbeherrschung, wie sie so unterschiedliche Autoren wie Baldassare Castiglione und Carlo Borromeo in ihren Traktaten empfahlen. Worin lag die Bedeutung dieser neuen Körperdisziplin? Wie wirkte sie sich auf das Alltagsleben aus? Wer sollte diese Beherrschung zeigen und in welchen Situationen? Welche Formen nahm diese Disziplin an? In welchem Maße bedient sie möglicherweise das von ausländischen Reisenden immer wieder bemühte Stereotyp des wild gestikulierenden Italieners?

In der vorigen Generation hat sich das Arbeitsfeld der Historiker auf viele neue Gegenstände ausgeweitet, wie etwa die Geschichte des

Körpers und auch der Gestik.[1] Jacques Le Goff hat dabei, wie so oft, eine Vorreiterrolle gespielt.[2] Gegner dieser ›neuen Geschichtsschreibung‹, wie sie häufig genannt wird, behaupten, die Historiker dieser Schule trivialisierten die Vergangenheit. Dazu läßt sich dreierlei sagen. Erstens wird man zugeben müssen, daß in der Tat eine ernstzunehmende Gefahr der Trivialisierung besteht, sofern einer dieser Gegenstände um seiner selbst willen behandelt wird und man außer Betracht läßt, in welche Kultur er eingebettet ist. Als Beispiel für einen solchen Ansatz ließe sich das historische Wörterbuch der brasilianischen Gesten von Câmara Cascudo nennen, ein gelehrtes und faszinierendes Werk (und eine gute Grundlage für künftige Arbeiten), das sich freilich darauf beschränkt, Informationen zu sammeln, ohne Fragen aufzuwerfen.[3]

Zweitens könnte man argumentieren, daß der Begriff des ›Trivialen‹ problematisiert und relativiert werden müßte, vor allem angesichts der Tatsache, daß Gesten im Europa der Frühen Neuzeit ja eine nicht geringe Bedeutung zukam. So verweigerten sich etwa die Quäker in England der sogenannten ›Hutehre‹, also der Sitte, den Hut vor gesellschaftlich Höherstehenden zu ziehen. In Rußland entzündete sich an der Frage, ob der Akt des Segnens mit zwei oder drei Fingern auszuführen sei, ein Streit, der unter anderem in der Mitte des 17. Jahrhunderts zum Schisma innerhalb der orthodoxen Kirche führen sollte. Im Italien der Frühen Neuzeit mag es keine derartigen spektakulären Gestik-Debatten gegeben haben. Und dennoch, der Genueser Patrizier Andrea Spinola, ein vehementer Verfechter des schwindenden Ideals republikanischer Gleichheit (siehe unten, S. 161f.), behauptete, er wäre zu Unrecht eingesperrt worden, und zwar aufgrund seiner *gesti del corpo*, wie etwa sein stolzes Eintreten in einen Raum oder seine Weigerung, sich in Gegenwart des Kanzlers zu erheben.[4] Diese Gesten waren in den Augen der Stadtregierung Genuas eine Form von ›dummer Dreistigkeit‹, eine Wendung, die in der britischen Armee als *dumb insolence* nach wie vor gängig ist und die zeigt, daß zumindest in manchen Bereichen der Gesellschaft die Regeln der Gestik noch immer Geltung haben.

Drittens könnte man mit Sherlock Holmes, Sigmund Freud und Giovanni Morelli – ganz zu schweigen von Carlo Ginzburg, der erstmals eine Verbindung zwischen den dreien herstellte – sagen, daß das

Triviale insofern seine Berechtigung hat, als es ja häufig genug Anhaltspunkte für etwas Wichtigeres liefert.[5] Wie Anthropologen und Psychologen, so können auch Historiker die Gestik als ein Subsystem innerhalb eines größeren Systems untersuchen, das wir ›Kultur‹ nennen. Diese Annahme machen sich zahlreiche Sozial- und Kulturhistoriker immer wieder zu eigen. Sie scheint sogar höchst glaubwürdig. Erinnern wir uns in diesem Zusammenhang nur an jene ›universalistische‹ Betrachtungsweise der Gestik, wie sie sich etwa in den einschlägigen Büchern von Desmond Morris manifestiert – auch wenn der Autor die Spannung zwischen verallgemeinernden zoologischen Erklärungen der Gesten des ›nackten Affen‹ und den Versuchen, ihre kulturelle Geographie zu umreißen, in seinem Werk nicht befriedigend lösen kann.[6]

Als Beispiel für eine strengere Analyse, die in die entgegengesetzte Richtung weist, sei hier Ray Birdwhistells berühmter Nachweis zitiert, daß selbst unbewußte Gesten, wie etwa die Art des Gehens, nicht angeboren, sondern erlernt sind und deshalb von einer Kultur zur anderen variieren. Zu einem ähnlichen Ergebnis kam in einem berühmten Essay aus den dreißiger Jahren auch der Anthropologe Marcel Mauss, der behauptete, er könne an der Art, wie eine Französin ihre Hände beim Gehen hält, genau erkennen, ob sie in einer Klosterschule erzogen worden ist oder nicht.[7] Dieser ›kulturalistische‹ Ansatz soll auch hier am Beispiel einer Gesellschaft verfolgt werden, in der – zumindest aus der Sicht ihrer Besucher aus dem Norden – die Sprache der Gestik besonders eloquent war und ist: Italien.

Dazu wäre es zunächst einmal nötig, das gesamte Gestenrepertoire, über das die italienische Kultur verfügt, zu rekonstruieren, also die ›Sprache‹, aus der die Individuen ihre indiviuellen ›Worte‹, ihren Persönlichkeiten und gesellschaftlichen Rollen entsprechend, auswählen. Damit wäre der Weg geebnet für eine allgemeine Diskussion des Verhältnisses zwischen diesem Repertoire und anderen Aspekten der Kultur. Hierzu gehören die regionalen Kontraste zwischen öffentlichem und privatem, religiösem und profanem, angemessenem und unangemessenem, spontanem und beherrschtem Verhalten, zwischen männlichem und weiblichem Anstand und so weiter.

Die vorhandenen Quellen sind für diese Aufgabe zwangsläufig unzureichend, obwohl sie so viel hergeben, wie sich ein Historiker der

Frühen Neuzeit nur erhoffen darf. Sie reichen von zeitgenössischen Enzyklopädien wie *Die Kunst der Gestik* (1616) des Juristen Giovanni Bonifacio bis zu Andrea di Jorios *Die Nachahmung der Alten, untersucht am Beispiel der neapolitanischen Gestik* (1832), die die Evidenz klassischer Vasen und Statuen anhand dessen verglich, was der Autor zu seiner Zeit in den Straßen Neapels sah.[8] Noch anspruchsvoller in dieser Hinsicht ist ein 1625 veröffentlichtes Buch von Scipione Chiaramonti, der die Gestik im Rahmen einer allgemeinen Untersuchung der Zeichen erörterte und in diesem Zusammenhang bereits von ›Semiotik‹ sprach. Chiaramonti beschäftigte sich ansatzweise auch mit den Eigenheiten der Italiener.[9]

Diese systematischen Kompilationen lassen sich um einige – zwar zufällige, aber doch lebhafte und unmittelbare – Beobachtungen ausländischer Reisender ergänzen. Der Katholik Montaigne machte bei einem Besuch in Verona dieselbe überraschende Erfahrung wie der Protestant Philip Skippon bei einem Besuch in Padua. Beide waren gleichermaßen davon beeindruckt, wie sehr die Italiener es in Kirchen an Ehrfurcht mangeln ließen: Sie schwatzten während der Messe, behielten die Hüte auf und standen mit dem Rücken zum Altar oder »unterhielten sich und lachten miteinander«.[10] In Venedig registrierte John Evelyn mindestens eine beleidigende Geste, die den beiden oben genannten Lexikographen offenbar entgangen war, nämlich die, sich in den Finger zu beißen (vermutlich als Symbol für den Penis des Gegners gemeint). Shakespeare war diese Beleidigung bereits geläufig, die er in einen italienischen Kontext stellte: »Ich werd' mir vor ihren Augen in den Daumen beißen, das bringt Schande über sie, so sie's hinnehmen.« (*Romeo und Julia*, Akt 1, Szene 1)

Eine weitere wichtige Quelle stellen italienische Justizarchive dar. Die Gerichte verzeichnen häufig die Gesten, die zu Überfällen und Schlägereien führen, so etwa das Anstarren eines Gegners, *bravando* (auf eine provokative Weise stolzieren) und natürlich solche Beleidigungen wie ›jemandem Hörner aufsetzen‹, seine Genitalien öffentlich zur Schau stellen und so weiter. Unter anderem bestätigen die Archive auch die von Evelyn erwähnte Geste des Fingerbeißens, *mittendosi la dita in bocca.*[11] Besonders wertvoll sind die Archive der Inquisition, da die Verhörenden und ihre Gehilfen gehalten waren, die Gesten des Angeklagten genau zu beobachten und zu registrieren.[12] So vermerkte die Inquisition beispielsweise eine weitere Geste, die weder bei Bonifacio noch bei Jorio vorkommt, nämlich die Leugnung der christlichen Religion, indem man den Zeigefinger der rechten Hand zum Himmel streckt.[13] Auch die Kunst der jeweiligen Epoche kann als Quelle dienen, obwohl es schwierig ist, die Distanz zwischen der gemalten Geste und ihrem Äquivalent im Alltagsleben zu ermessen. Einige Kunsthistoriker haben die Darstellung von Gesten untersucht, die verschiedene Haltungen zum Ausdruck bringen: Respekt, Unterwerfung, Gruß, Gebet, Schweigen, Ermahnung, Verzweiflung, Stolz, Aggression und so weiter.[14]

Das gesamte Repertoire italienischer Gesten rekonstruieren zu wollen, würde den Rahmen eines kurzen Kapitels natürlich sprengen. Deshalb muß man sich sinnvollerweise darauf beschränken, die wichtigsten Veränderungen im System zwischen 1500 und 1800 zu diskutieren. Im Gegensatz zu früheren Arbeiten über das Thema wird sich dieses Kapitel eher auf das Alltagsleben konzentrieren anstatt auf ritualisierte Gesten, z.B. das Küssen der päpstlichen Füße, den Prozessionsgang und so weiter.[15] Hält man sich an die Präferenzen des Quellenmaterials, läuft man Gefahr, die Aufmerksamkeit allzusehr auf die oberen Klassen und auf Männer zu richten, denn zu den Regeln der Kultur gehörte es, daß respektable Frauen nicht gestikulierten – zumindest nicht übermäßig.

Die Veränderungen, die hier herausgearbeitet werden sollen, lassen sich in drei Hypothesen zusammenfassen. Erstens: In der fraglichen Zeit nahm das Interesse für Gesten nicht nur in Italien zu, sondern ganz allgemein in Europa. Zweitens: Diese Selbsterkenntnis wurde durch eine Bewegung zur ›Erneuerung‹ der Gestik gefördert, die sich während der Reformationszeit im katholischen wie im protestantischen Europa bemerkbar machte. Die dritte und letzte Hypothese versucht, diese Erneuerung mit der Entstehung des nördlichen Stereotyps des gestikulierenden Italieners in Verbindung zu bringen.

Der französische Historiker Jean-Claude Schmitt hat ein neues Interesse für Gesten im 12. Jahrhundert konstatiert. Ähnliches läßt sich auch über das Westeuropa der Frühen Neuzeit sagen, namentlich im 17. Jahrhundert, wie Schmitt selbst einräumt.[16] Im Falle Englands kann man dieses Interesse beispielsweise in den Schriften Francis Bacons feststellen, in John Bulwers Führer zur Handgestik, der *Chirologia* (1644), die behauptete, solche Gesten »enthüllten das gegenwärtige Befinden und die Geistes- und Willensverfassung«, und in den Beobachtungen von Auslandsreisenden, wie John Evelyn, Thomas Coryate und Philip Skippon.

Im Falle Frankreichs findet man scharfsinnige Analysen in den Schriften Montaignes, Pascals, La Bruyères, La Rochefoucaulds und Saint-Simons wie auch in der Kunsttheorie Charles Lebruns. Für die Geschichte der Gestik und der Haltung interessierten sich Gelehrte und Künstler wie Nicolas Poussin, dessen *Abendmahl* beweist, daß ihm die antike römische Sitte, sich zum Essen niederzulegen, geläufig war. Eher auf die praktische Anwendung bedacht war Antoine Courtin, der den Lesern seines *Nouveau traité de la civilité* (1671) empfahl, die Beine nicht übereinanderzuschlagen oder beim Sprechen »keine großen Gesten mit den Händen zu machen«. Gekreuzte Beine konnten im übrigen verschiedene Bedeutungen haben. In manchen Situationen drückten sie Macht aus, in anderen wiederum einen Mangel an Würde. Den Frauen war diese Haltung gänzlich verboten, und auch den Männern war sie nicht immer gestattet.[17]

Der Kontrast zwischen spanischer Feierlichkeit und französischer Lebhaftigkeit, wie Baldassare Castiglione ihn in seinem *Hofmann* (Buch 2, Kapitel 37) herausgearbeitet hatte, wurde im 17. Jahrhundert zum Gemeinplatz. So wies etwa Carlos García in seiner Abhandlung von 1617 über die ›Antipathie‹ zwischen Franzosen und Spaniern auf die unterschiedliche Art und Weise hin, wie sie gehen, essen oder ihre Hände gebrauchen. Nach García geht der Franzose mit der Hand am Degenknauf und geschultertem Cape, während der Spanier wie ein Gockel einherstolziert und sich den Schnurrbart zwirbelt. »Wenn Franzosen in einer Gruppe die Straße entlanglaufen, dann lachen sie, hüpfen, unterhalten sich und machen solchen Lärm, daß sie auf eine

Meile zu hören sind; die Spanier dagegen schreiten geradeaus, würdevoll und gelassen, ohne zu sprechen und ohne sich irgendeiner unbescheidenen oder extravaganten Handlung hinzugeben.«[18]

Garcías Buch hat auch Bedeutung für Italien. Tatsächlich erlebte es zwischen 1636 und 1702 nicht weniger als dreizehn italienische Auflagen und wurde darüber hinaus auch ins Englische und Deutsche übersetzt. Zu einer Zeit, als Frankreich und Spanien die führenden Mächte in Europa waren, hatte das Buch natürlich auch eine politische Bedeutung. Wieviel Einfluß García besaß – oder zumindest die Verallgemeinerungen, die er mit ungewöhnlicher Lebendigkeit und Detailbesessenheit artikulierte –, läßt sich an der ›Historisch-politischen Untersuchung‹ ablesen, einem anonymen, handschriftlichen Bericht der Republik Venedig aus dem späten 17. Jahrhundert, der hundert führende Politiker ihrer Zeit nach dem schweren ›spanischen Genius‹ *(genio spagnuolo)* und dem leichteren *genio francese* einordnete.[19] Einen ähnlichen Konflikt zwischen französischem und spanischem Stil gab es um die Mitte des 17. Jahrhunderts in Rom. Der Architekt Francesco Borromini trug beispielsweise spanische Tracht (seine Gesten sind leider nicht überliefert).[20] Kein Wunder also, daß der Engländer Richard Lassels »die italienische Gemütsverfassung« als »eine mittlere Stimmung zwischen zuviel Französisch und zuwenig Spanisch« beschrieb.[21]

Auch in sprachlicher Hinsicht gibt es Zeugnisse, die in dieselbe Richtung weisen: zum einen ein wachsendes Interesse für Gesten, das sich in einer immer reicheren und subtileren Sprache zu ihrer Beschreibung niederschlägt; zum anderen ein stärkerer Einfluß des spanischen Modells, der sich daran erkennen läßt, daß die im Italien der Frühen Neuzeit entwickelte Sprache der Gesten mit Anleihen aus dem Spanischen arbeitete, wie etwa bei *etichetta*, *complimento*, *crianza* (gute Manieren), *disinvoltura* (Lässigkeit) und *sussiego* (Gelassenheit beziehungsweise Ruhe).[22]

Die Vielfalt italienischer Texte über Gesten ab der Renaissance (ein Jahrhundert früher als in anderen Ländern) bestätigt den Eindruck, daß ein zunehmendes Interesse an dem Thema bestand. Das Schrifttum über Anstand und gute Sitten enthält zahlreiche einschlägige Hinweise zu angemessenen Gesten nicht nur für Frauen, sondern auch für Männer. So heißt es etwa in dem anonym verfaßten *Decor puellarum* (1471), einem trotz seines lateinischen Titels volkstümlichen Text, Mädchen hätten den Blick zu Boden zu senken, würdevoll zu essen und zu sprechen, beim Gehen und im Stehen die linke Hand mit der rechten abzudecken und die Füße geschlossen zu halten, um nicht auszusehen wie die Prostituierten von Venedig. Die Geste der zusammengelegten Hände war eine »Formel der Unterwerfung«, wie sie sich beispielsweise bei einigen weiblichen Giotto-Figuren findet.[23] Auch Castigliones *Hofmann* (1528) ergeht sich in Maximen über angemessene Haltung *(lo stare)* und Gesten *(i movimenti)* für Männer und Frauen und betont, wie wichtig bei Frauen nicht nur die ›Anmut‹ ist, sondern auch eine Art von Schüchternheit, die ihre Bescheidenheit offenbart.[24]

Der Dialog *La Rafaella* (1539) von Alessandro Piccolomini lehnt sich an Castiglione an, behandelt jedoch ausschließlich die Erziehung der Frauen, zu der auch die Bewegungen und das ›Auftreten‹ *(portatura)* gehören. Damen sollen langsam gehen, aber auch »Affektiertheit meiden« und »eine gewisse Nachlässigkeit und eine gewisse Unbekümmertheit zur Schau tragen« *(mostrar un certo disprezzo e un certo non molto pensare)*, was der berühmten *sprezzatura* Castigliones ziemlich nahe kommt.[25] Angelo Firenzuola geht es in seinem Dialog *Delle bellezze delle donne* (1541) sowohl um Anmut als auch um Schönheit. Die Sprecher raten zu ›Eleganz‹ *(leggiadria)*, die als Anmut, Bescheidenheit, Würde, Maß und Anstand definiert wird. Auch preisen sie die ›Erscheinung‹ einer schönen Frau und die ›Majestät‹ einer Frau, die »mit einer gewissen Erhabenheit sitzt, mit Würde spricht, mit Bescheidenheit lächelt und sich wie eine Königin benimmt«. Der *Galateo* (1558) Giovanni della Casas und die *Civile conversatione* (1574) Stefano Guazzos geben ebenfalls eine Reihe von Empfehlungen über eine angemessene Gestik und die Eloquenz des Körpers. Gleiches gilt für die Tanzliteratur, namentlich die Abhandlung *Il ballarino* (1581) von Fabrizio Caroso, die sich nicht nur über die verschiedenen Tanzschritte ausläßt, sondern den Männern auch sagt, wie sie mit ihrem Cape und Degen umzugehen, sich ordentlich zu verneigen und die Hand der Dame zu nehmen haben.

Die erste Enzyklopädie der Gestik wurde, wie bereits erwähnt, im 17. Jahrhundert von Giovanni Bonifacio, einem Anwalt aus Verona, herausgebracht. Bonifacio stützte sich dabei weitgehend auf die Bibel und auf klassische Autoren, was ihn als Quelle für italienische Sozialgeschichte weniger nützlich macht, als er es eigentlich hätte sein können. Dennoch ist sein Buch ein beredtes Zeugnis für das zeitgenössische Interesse an dem Thema. Dies gilt auch für die Bücher über das Theater, die um dieselbe Zeit erstmals veröffentlicht werden. Sowohl *Della christiana moderatione del teatro* (Die christliche Mäßigung des Theaters) (1652) von G. D. Ottonelli als auch *Dell' arte rappresentativa premediata ed all' improvviso* (Die Kunst der Darstellung) (1699) von A. Perrucci verbreiten sich über die ›Kunst‹ beziehungsweise die ›Regeln‹ der Gestik. Die Beziehung zwischen Bühne und Parkett ist ja ohnehin nicht einfach, und zumindest ausländische Zuschauer müssen die Gesten der Darsteller, die in ihrer Kultur ganz geläufig sind, als stilisiert und vielleicht sogar übertrieben empfinden.

Die oben zitierten Texte verraten – jeder auf seine Weise – ein beträchtliches Interesse nicht nur für die Psychologie der Gesten als äußere Zeichen verdeckter Emotionen, sondern auch dafür – und das ist das Neue –, was wir ihre ›Soziologie‹ nennen könnten. Häufig wurde behauptet, Gesten bildeten eine universale Sprache, doch gegen diese ›universalistische‹ Position stand eine ›kulturalistische‹. Einige Autoren beschäftigten sich mit der Frage, in welcher Weise Gesten variieren – oder variieren sollten – je nachdem, welcher ›Domäne‹ sie zuzuordnen sind (der Familie, dem Hof, der Kirche und so weiter) oder von welchen Schauspielern sie ausgeführt werden – jung oder alt, männlich oder weiblich, ehrbar oder schamlos, adelig oder bürgerlich, weltlich oder kirchlich. Man könnte also sagen, daß die Texte der Frühen Neuzeit nicht nur von wachsendem Interesse für das *Vokabular* der Gestik zeugen, wie es beispielhaft in Bonifacios Wörterbuch aufscheint, sondern auch für ihre ›Grammatik‹, verstanden als Regelwerk für den korrekten Ausdruck, und schließlich für ihre diversen ›Dialekte‹ (um Jorios Begriff zu verwenden) beziehungsweise ›Soziolekte‹, wie moderne Linguisten sagen würden.[26]

Zwischen diesem Interesse für Gestik und der damaligen Beschäftigung mit gesellschaftlichen Abweichungen in Sprache und Kleidung – oder ganz generell dem Studium von Menschen und Tieren im sogenannten ›Zeitalter der Beobachtung‹ – gibt es Verbindungen, die der näheren Betrachtung lohnen. Ein Beispiel für den praktischen Wert dieses Wissens bietet ein englischer Besucher Italiens namens

Fynes Moryson. Moryson, der Kardinal Bellarmine in Rom aufsuchen wollte, begab sich zu ihm »im Aufzug eines Italieners und sorgfältig darauf bedacht, sich jeder ungewohnten Geste zu enthalten«, die ihn als englischen Protestanten hätte verraten können.[27]

Die Erneuerung der Gestik

Das zunehmende Gestenbewußtsein wurde begleitet von den Versuchen bestimmter Gruppen, die Gesten anderer zu verändern. Die Protestanten beschäftigten sich ebensosehr mit dem Verhalten wie mit Glaubensfragen, und in den katholischen Ländern gehörte die Erneuerung der Gestik zur moralischen Disziplin der Gegenreformation.[28] In den *Constitutiones*, die er für seine Diözese in Verona herausgab, wies beispielsweise der später als Reformbischof angesehene Gianmatteo Giberti seine Geistlichkeit an, »in Gesten, Gang und Körperhaltung« *(in gestu, incessu et habitu corporis)* Würde zu zeigen. Der Begriff *habitus* war in dieser Epoche dank der lateinischen Aristoteles-Übersetzungen natürlich sehr geläufig, lange bevor Marcel Mauss und Pierre Bourdieu ihn übernahmen. Auch San Carlo Borromeo, ein weiterer Reformbischof, empfahl dem Klerus seiner Diözese *gravitas* und Anstand »beim Gehen, Stehen, Sitzen« und »beim Niederschlagen der Augen«. Seine Priester sollten sich »theatralischer« Gesten enthalten, etwa mit den Armen wie ein »Gladiator« zu fuchteln oder unschickliche Fingerbewegungen zu machen.[29] Priester, wie sie von Giraldi in seinen Reden über Komödien beschrieben werden und deren Gesten denjenigen von Komödianten oder Scharlatanen ähneln, hätte ein San Carlo sicherlich nicht gebilligt.

Allerdings fühlte er sich auch für die Laien zuständig, denen er Anstand, Würde und »Mäßigung« *(misura)* empfahl und die er vor Lachen, Schreien, Tanzen und ungebärdigem Verhalten warnte.[30] Zur selben Zeit beschäftigte sich sein Bischofskollege in Tortona mit dem Benehmen in der Kirche. »Niemand soll sich unterstehen, in der Kirche umherzulaufen... oder sich an den Altar, das Weihwasserbecken oder den Taufstein zu lehnen. Oder respektlos mit dem Rücken zum Heiligen Sakrament zu sitzen«, eine Frau mit »unehrenhaften Gebärden« zu belästigen oder über weltliche Angelegenheiten zu reden.[31] Wenig später erging sich die anonym verfaßte *Rede gegen den Karneval* über die Notwendigkeit von Ordnung, Zucht, Besonnenheit und Nüchternheit und unterstrich die Gefahren der *pazzia*, ein Begriff, der in diesem Kontext eher mit ›Verlust der Selbstbeherrschung‹ als mit ›Verrücktheit‹ zu übersetzen wäre.[32]

Die Erneuerung der italienischen Gestik sollte nicht ausschließlich mit der Gegenreformation in Verbindung gebracht werden. Bereits Cicero hatte ja ›theatralische‹ Bewegungen oder zu schnelles (beziehungsweise zu langsames) Gehen mißbilligt, und seit der Renaissance galt seine Autorität im Bereich der Gestik genausoviel wie im Bereich der Rhetorik.[33] Hinsichtlich der Frauen gibt es eine lange Tradition von Texten, die zur Zucht raten. Im 14. Jahrhundert wurde jungen Frauen empfohlen, in ihren Gesten Schüchternheit und Bescheidenheit walten zu lassen. Beim Gehen hatten sie kleine Schritte zu machen. Sie sollten ihren Kopf nicht in die Hände stützen, beim Lächeln nicht ihre Zähne zeigen und nicht laut weinen.[34] In seiner Abhandlung *De res uxoria* (Über die Ehe) (1416) riet der Humanist Francesco Barbaro den Frauen zur Zucht »in den Bewegungen der Augen, beim Gehen und in den Bewegungen des Körpers; denn das Umherschweifen der Augen, ein hastiger Gang und eine übertriebene Bewegung der Hände und anderer Körperteile sind nicht möglich, ohne an Würde zu verlieren, und solche Handlungen deuten immer auf Eitelkeit hin und sind Zeichen von Leichtfertigkeit.«[35] Ähnliche Empfehlungen bot für unverheiratete Mädchen die oben erwähnte Abhandlung *Decor puellarum* aus dem 15. Jahrhundert.

Andererseits kam es vor 1500 relativ selten vor, daß Jungen oder Männern geraten wurde, ihr Verhalten in dieser Weise zu zügeln. Daß der Humanist Matteo Vegio im 15. Jahrhundert Jungen aufforderte (in einer Abhandlung über die Erziehung, *De liberorum educatione*, Buch 5, Kapitel 3), sich um Bescheidenheit in ihren Gesten zu bemühen *(verecundia motuum gestuumque corporis)*, war eher ungewöhnlich. Erst die Erneuerung der Gestik im 16. Jahrhundert dehnte die ursprünglich für Frauen ersonnenen Zuchtideale auf Männer aus, zunächst auf den Klerus, dann auch auf die weltlichen Angehörigen der oberen Klassen.

In seiner Abhandlung *De cardinalatu* (Über das Amt des Kardinals) (1510) warnte der geistliche Humanist Paolo Cortese vor häßlichen Bewegungen der Lippen, häufigen Handbewegungen und schnellem Gehen und empfahl die – wie er sie nannte – ›Feierlichkeit eines Senators‹. Auch Baldassare Castiglione ermahnte seine Leser, sich affektierter Gesten zu enthalten: Ein wahrer Hofmann sollte ›gezügelt‹ *(ritenuto, rimesso)* sein. Obwohl Castiglione Männer und Frauen in seinem Dialog getrennt auftreten läßt – möglicherweise ein Hinweis auf die Entstehung (beziehungsweise Wiederentstehung) von Männlichkeit und Weiblichkeit –, könnte man die Bedeutung, die er der Zucht beimißt, als ein Beispiel dafür interpretieren, daß zu einer Zeit, wo der Adel seine militärische Rolle immer mehr einbüßte, das höfliche Verhalten zunehmend feminisiert wurde.

Die detailliertesten und zugleich bekanntesten Empfehlungen für die Erneuerung der Gestik in Italien finden sich im *Galateo* Giovanni Della Casas. Das Ideal dieses Geistlichen der Gegenreformation ist fast so weltlich wie dasjenige eines Castiglione oder Firenzuola. Es kommt darauf an, »beim Gehen, im Stehen und Sitzen, in den Bewegungen, im Auftreten und in der Kleidung elegant und gesittet« *(leggiadro, costumato)* zu sein (28. Kapitel). Eleganz erreicht man nur dadurch, daß man sich der eigenen Gesten bewußt ist, um sie kontrollieren zu können. Vor allem Hände und Beine bedürfen der Disziplin. So legt der Autor in seiner Version des klassischen Topos adeligen Männern nahe, nicht zu schnell zu gehen (wie ein Diener) oder zu langsam (wie eine Frau), sondern den goldenen Mittelweg anzustreben (6. Kapitel).

In den Chor derjenigen, die zur Zucht raten, stimmen zahlreiche italienische Autoren aus dieser Epoche mit ein. So empfiehlt etwa Giovanni Battista Della Porta, der als Wissenschaftler und Dramatiker eigentlich ein doppeltes Interesse an der Thematik hätte haben müssen, den Lesern seiner Abhandlung *De humana physiognomia* (Über die menschliche Physiognomie) (1586), keine Handbewegungen beim Sprechen zu machen (und das in Italien!). Stefano Guazzo, dessen Buch über Konversation und Körperhaltung bereits zitiert wurde, spricht von der Notwendigkeit, den goldenen Mittelweg zwischen der »Unbeweglichkeit von Statuen« und den übertriebenen Bewegungen von Affen *(l'instabilitá delle simie)* zu finden. Carosos Abhandlung über das Tanzen vertritt, so wurde argumentiert, ein gezügelteres Ideal als seine Vorläufer, was sich wohl aus der Tatsache erklärt, daß in dieser Epoche der höfische Tanz immer stärker vom Bauerntanz abwich.[36] Nach der Lektüre all dieser Texte – ganz zu schweigen von den Beobachtungen, die zeitgenössische Kunstkritiker wie Giorgio Vasari und Ludovico Dolce über die richtige Bewegung anstellten – beginnen viele italienische Portraits aus dieser Zeit wie bildliche Umsetzungen der in den Abhandlungen erteilten Ratschläge zu wirken. Was immer ein bestimmtes Bildnis zum Ausdruck bringen mag – die Ideale des Künstlers, das Selbstbild des Modells oder das Bild des Künstlers vom Selbstbild des Modells –, die portraitierten Gesten, die nachromantischen Augen häufig unerträglich künstlich erscheinen, lassen sich dahin gehend interpretieren, daß hier versucht wurde, neue Haltungen, eine zweite Natur zu erschaffen.

Bewegung wurde als etwas Geschlechtsspezifisches dargestellt: Weibliche Delikatesse ergänzte männliche Lebhaftigkeit.[37] Dem wäre hinzuzufügen, daß das Repertoire weiblicher Gesten in Renaissancebildnissen (eine Hand, die einen Fächer oder ein Buch hält, eine Hand auf der Brust oder die Hände in der unterwürfigen Geste zusammengelegt, die bereits angesprochen wurde) sehr viel enger ist als dasjenige, das den Männern zur Verfügung steht. Zu den Gesten in Männerbildnissen aus dieser Zeit gehören die Hand in der Hüfte oder auf dem Degenknauf, die den Kopf stützende Hand (ein Zeichen für Melancholie), die ans Herz gepreßte Hand und die ausgestreckte Hand in der Rednerpose, wie sie von Cicero und Quintilian empfohlen wird; demgegenüber werden in Portraits von Ganzfiguren diese immer häufiger mit überkreuzten Beinen gezeigt, was jetzt eher ein Zeichen von Zwanglosigkeit als von Würdeverlust ist.[38] Andererseits wurde das Caravaggio-Gemälde des heiligen Matthäus von seinen kirchlichen Auftraggebern zurückgewiesen, weil es den Evangelisten mit überkreuzten Beinen *(le gambe incavalcate)* zeigte – ein Umstand, der uns daran erinnert, daß der Klerus in Fragen der Schicklichkeit fast genauso feinfühlig sein mußte wie die Frauen.[39] Noch im Venedig des 18. Jahrhunderts zirkulierten anonyme Verse, die sich darüber mokierten, daß elegante Frauen beim Sitzen die Beine übereinanderschlugen *(el sentar a la sultana)*.[40] Solche Verse mögen eine Reaktion auf die Lockerung der Sitten sein, wie sie für den europäischen Adel im Zeitalter Rousseaus typisch war, doch die Werte, die sie zum Ausdruck bringen, sind traditionell.

Della Casas Ausführungen sind im wesentlichen negativ. Fast möchte man meinen, daß dieser Inquisitor einen wahren Index an verbotenen Gesten (darunter die Hand in der Hüfte, die er als Zeichen des Stolzes interpretierte) im Kopf – wenn nicht gar in seinem Studierzimmer – hatte. Dennoch wäre es ein Fehler, die Erneuerung der Gestik ausschließlich unter negativen Aspekten zu betrachten, als Bestandteil der Geschichte der Unterdrückung. Man kann sie auch positiver sehen, nämlich als eine Kunst oder als einen Beitrag zur Lebenskunst. So zumindest verstand sie Castiglione – ganz zu schweigen von den Tanzmeistern –, und im 17. Jahrhundert, wenn nicht früher, gehörte der Tanz an einigen italienischen Schulen für Adelige zum Unterrichtsprogramm. Er bot eine Möglichkeit, in festlichem Rahmen Disziplin herzustellen.[41]

Sofern die Erneuerer der Gestik ein positives Ideal im Sinn hatten, welches war es dann? Das Ideal ließe sich als ein spanisches Modell beschreiben (und manchmal wurde es das auch, wie wir gesehen haben), das sowohl in Mitteleuropa als auch in Italien Einfluß hatte und Sprache und Kleidung ebenso betraf wie Gestik. Wollte man dieses Ideal in einem einzigen Wort zusammenfassen, müßte es ›Würde‹ heißen. Der deutsche Humanist Heinrich Agrippa konstatierte 1530, daß die Italiener »ziemlich langsam gehen, mit würdevollen Gesten«.[42] Ein anderer Deutscher, Hieronymus Turler, traf dieselbe Feststellung (ob aus eigener Beobachtung oder in Anlehnung an Agrippa) in den Jahren nach 1570: »Der Italiener hat einen langsamen Gang, eine würdevolle Gestik« *(incessum tardiusculum, gestum gravem)*.[43] Joseph Addison, der aus Frankreich nach Mailand kam (damals noch Teil des spanischen Reiches), fand die Italiener im Gegensatz zu den Franzosen »steif, zeremoniell und reserviert«.[44]

Die Italiener waren dem französischen Stil der Lebhaftigkeit so viel näher (gewesen), daß sie die spanische Gestik bisweilen als nicht existent empfanden. So überraschte etwa Pedro de Toledo, Vizekönig von Neapel um die Mitte des 16. Jahrhunderts, den einheimischen Adel durch den Umstand, daß er bei Audienzen unbeweglich blieb wie eine »Marmorstatue«.[45] Die Wendung war – beziehungsweise wurde – ein Topos. Einer der Nachfolger Toledos wurde von dem politischen

Theoretiker Traiano Boccalini, der ihn 1591 in Neapel erlebte, als so würdevoll und reglos beschrieben, »daß ich nie gewußt hätte, ob er ein Mensch oder eine Holzfigur ist«. Boccalini zufolge zwinkerte der Vizekönig nicht einmal mit den Augen. Der venezianische Gesandte in Turin schilderte 1588 die Gemahlin des Fürsten, eine spanische Infantin, als »im spanischen Stil erzogen ... Sie steht mit großer Gelassenheit *[sussiego]*, sie scheint unbeweglich.« Guazzos oben zitierte Empfehlung, die Unbeweglichkeit von Statuen zu vermeiden, kam also wohl nicht von ungefähr.[46]

Die Verwendung des Begriffs ›Modell‹ soll nicht implizieren, daß die Italiener der damaligen Zeit die Spanier ausnahmslos idealisiert hätten. Im Gegenteil, die Spanier waren höchst verhaßt und wurden häufig verspottet, wobei der Spott gelegentlich auch ihren Gesten galt. Ihr würdevolles Auftreten wurde manchmal als steife Arroganz interpretiert, die auf der italienischen Bühne ihre Verkörperung in der Figur des ›Capitano‹ fand. Diese Figur aus der Commedia dell'arte erhielt häufig spanische Namen, wie etwa ›Matamoros‹, und zeichnete sich durch stilisierte *bravure* aus, das heißt durch aggressives, machohaftes Gebaren, mit dem die Nachbarn herausgefordert oder provoziert werden sollten. In seinen *Massime del governo spagnolo*, einer Beschreibung Neapels unter spanischer Herrschaft aus dem 18. Jahrhundert, ließ sich der Adelige Paolo Matteo Doria (ein Freund Vicos) in äußerst kritischen Kommentaren über die hispanisierten Gesten des Hochadels aus, namentlich über ›affektierte Lässigkeit‹ *(affettata disinvoltura)* und ›entschlossene, herablassende Bewegungen‹ *(movimenti risoluti e disprezzanti)*, die Überlegenheit demonstrieren sollten.

Die Diskussion darüber, wie die Italiener Spanien wahrnahmen, soll nicht besagen, daß die Spanier ihrer Zeit dem gerade beschriebenen Modell unbedingt gefolgt wären. Wahrscheinlich beschränkte es sich auf die männlichen Angehörigen der oberen Klassen – oder zumindest auf einige von ihnen –, und es kam wohl auch nur in bestimmten Situationen zum Tragen, vor allem bei Ritualen – obwohl die notorisch strengen Rituale des Hofes merkwürdigerweise erst in der Mitte des 16. Jahrhunderts aus Burgund nach Spanien gelangt sein dürften.[47] Es wäre jedenfalls zu billig und oberflächlich, wollte man den Wandel in Italien dem spanischen ›Einfluß‹ zuschreiben. Die Faszination des spanischen Modells im 16. und 17. Jahrhundert erklärt sich sicherlich daraus, daß es mit einer bereits vorhandenen Forderung nach strengerer Körperbeherrschung zusammentraf, eben jener Erneuerung der Gestik, die in diesem Abschnitt erörtert wurde.

Die Geschichte dieser Forderung hat der Soziologe Norbert Elias in seiner berühmten Studie über den »Prozeß der Zivilisation« entfaltet (worunter er Selbstbeherrschung im allgemeinen und Tischsitten im besonderen versteht). Obwohl er sich dabei auf Nordeuropa konzentrierte, gibt es doch auch einige Beobachtungen über die Italiener, die bei der Benutzung der Gabel immerhin eine Vorreiterrolle spielten.[48] Eine alternative Geschichte des Körpers lieferte in jüngerer Zeit Michel Foucault, der die negativen Aspekte in seinem Buch *Überwachen und Strafen* untersuchte, die eher positiven in *Sexualität und Wahrheit*, wobei er die Kontrolle über die Körper anderer ebenso hervorhob wie die Kontrolle über das Selbst. Elias und Foucault interessierten sich gleichermaßen für Theorie und Praxis der Gestik und der Körperbeherrschung. Es stellt sich nunmehr die Frage, ob die italienischen Erneuerer der Gestik ihre Ziele erreichten.

Der gestikulierende Italiener

Die oben erörterte Erneuerung war kein italienisches Spezifikum, sondern Bestandteil eines allgemeinen »Prozesses der Zivilisation« in der westlichen Welt (Parallelen gibt es auch in anderen Teilen der Welt, etwa in China und Japan, deren Geschichte freilich noch geschrieben werden muß). Wir gehen hier von der Hypothese aus, daß die Erneuerung der Gestik in den nördlichen protestantischen Teilen Europas – also in England, den Niederlanden und den deutschsprachigen Regionen – wo nicht rigoroser, so doch zumindest erfolgreicher war als im katholischen Süden. Damit aber wurde die Kluft zwischen nördlichem und südlichem Verhalten immer größer, insbesondere verschärfte sich die Kritik der Nordeuropäer an den Italienern. Das Stereotyp des gestikulierenden Italieners dürfte in der Frühen Neuzeit entstanden sein: Es spiegelt den Gegensatz zweier unterschiedlicher Gestik-Kulturen wider, die von zwei verschiedenen rhetorischen

Stilen (lakonisch/wortreich) und anderen Unterschiedlichkeiten geprägt sind.

Der Kontrast besteht nicht etwa zwischen der Existenz beziehungsweise Nicht-Existenz von Gestik, auch wenn er bisweilen als solcher wahrgenommen wurde. Ebensowenig handelt es sich um einen Gegensatz zwischen einem natürlichen und einem artifiziellen Stil, denn jede Körpersprache ist insofern künstlich, als sie erlernt werden muß.[49] Was wir in dieser Epoche – aus zweiter Hand – beobachten können, ist vielmehr der wachsende Gegensatz zwischen zwei Arten von Körpersprachen, die sich als ›überschäumend‹ und ›diszipliniert‹ beschreiben ließen. Wenn die Italiener die Spanier als zu gestenarm wahrnahmen, so erschienen die Südländer den Nordeuropäern zunehmend als zu gestenreich. Ihre Kritik spiegelte – vielleicht in übertriebener Weise – die Kritik jener italienischen Erneuerer wider, die oben beispielhaft zitiert wurden.

In den Niederlanden reicht die Kritik der Gestikulation bis zu Erasmus und seinem »Tugendspiegel für die Jugend« *(De civilitate morum puerilium)* zurück. Ein holländisches Sittenbrevier aus dem 18. Jahrhundert verurteilte die Italiener, »die mit Kopf, Armen, Füßen und dem ganzen Körper sprechen«, und behauptete, Franzosen, Engländer und Holländer hätten sich von derartigen Gestikulationen frei gemacht.[50] Es wäre wohl korrekter zu sagen, daß es in Frankreich einen nördlichen und einen südlichen Stil gab, die der Aufteilung des Landes in Katholiken und Protestanten entsprachen. Interessant in diesem Zusammenhang ist die Kritik, die ein französischer Calvinist, der Drucker Henri Estienne, in einem 1578 veröffentlichten Dialog an den übertriebenene Gesten der Italiener übte; die Franzosen, so Estienne, »n'aiment les gesticulations«.[51] Noch im 19. Jahrhundert warnte ein französisches Etikettenbuch seine Leser: »Gardez-vous de gesticuler comme un Gascon.«[52]

Im Englischen ist der pejorative Ausdruck ›to gesticulate‹ – vom *Oxford English Dictionary* als ›use of much or foolish gestures‹ definiert – seit 1613 belegt.[53] Von etwa dieser Zeit an finden wir englische Beobachter, die mit Erstaunen oder Herablassung die von ihnen als übertrieben empfundenen Gestikulationen der Italiener kommentieren – oder der Griechen oder Franzosen, die in *The English Spy* von 1691 wegen ihrer »äffischen Gesten« oder ihrer »gebärdenreichen Sprache

(Finger-Talk), als unterhielten sie sich mit einem Tauben«, verspottet wurden. So fielen etwa Thomas Coryat 1608 in Venedig die »außergewöhnlichen« Grußsitten der Einheimischen auf, die sich auf die Brust schlagen oder einander abküssen. In der Kirche San Giorgio bemerkte er »eine Art von Gestik, die mir sowohl unziemlich als auch lächerlich erscheint«, nämlich diejenige von Leuten, die »ihre Hände sehr oft nach oben und unten bewegen«.[54]

Die Gesten von Predigern fielen namentlich protestantischen Beobachtern unangenehm auf. William Bedell, der sich zur selben Zeit wie Coryat in Venedig aufhielt, kritisierte die Mönche wegen ihrer »grotesken Gestik in der Art von Komödianten oder Fechtern«. Philip Skippon beschrieb 1663 in Rom einen Jesuiten, der auf der Piazza Navona »mit viel Bewegungen und Gebärden des Körpers« predigte, und Gilbert Burnet, der Italien in den 1680er Jahren bereiste, kommentierte mißbilligend die »vielen komischen Ausdrucksweisen und Gesten« eines Kapuzinerpredigers in Mailand.[55] Burnet wäre sicherlich nicht davon angetan gewesen, hätte man ihm gesagt, daß er damit die Empfehlungen San Carlo Borromeos aufgriff, ebensowenig wie Borromeo es geschätzt haben dürfte, daß der Widerstand gegen seine Erlasse mehr als ein Jahrhundert angedauert hatte.

In Neapel kam die Körpersprache noch sichtbarer zum Ausdruck als anderswo, zumindest aus der Sicht von Reisenden aus England: etwa für John Moore, der 1781 die »starke Gestikulation« eines Geschichtenerzählers registrierte, oder für J. J. Blunt, dem in den 1820er Jahren bei einer Ariost-Rezitation die »unaufhörliche Gestikulation« auffiel.[56] Anfang des 19. Jahrhunderts äußerte sich der amerikanische Schriftsteller Washington Irving noch deutlicher über die Symptome des italienischen Nationalcharakters, als er von seinem Platz in einem Café an der Piazza San Marco aus eine Unterhaltung miterlebte, die »mit italienischer Lebhaftigkeit und Gestikulation« geführt wurde.[57] Auch Stendhal kommentierte die Vorliebe der Südländer für »Pantomime« und das Gestikulieren beim Sprechen.[58]

Die hier zitierten Texte reichen nicht aus, um eine Hypothese zu stützen, doch zumindest können sie einem faszinierenden Problem zu größerer Transparenz verhelfen. Der Gegensatz zwischen Nord und Süd, protestantisch und katholisch muß natürlich noch weiter herausgearbeitet werden. Wo etwa wäre Polen in diesem Kontext anzusiedeln? Inwiefern unterschied sich spanische Gemessenheit von englischer Selbstbeherrschung? In welchem Maße waren diese Stereotype des Nationalcharakters Verallgemeinerungen, die nur eine bestimmte gesellschaftliche Gruppe, nämlich die Adeligen, betrafen?

1 Moshe Barasch, *Giotto and the Language of Gestures*, Cambridge, Mass. 1987; Jean-Claude Schmitt, »Gestus/Gesticulatio«, in: *La lexicographie du latin médiéval*, Paris 1981, S. 377–390; ders., *La raison des gestes dans l'occident médiéval*, Paris 1990; Jan Bremmer/Herman Roodenburg (Hrsg.), *A Cultural History of Gesture*, Cambridge 1991
2 Jacques Le Goff, »Les gestes de St. Louis«, in: *Mélanges Jacques Stiennon*, Paris 1982, S. 445–459; ders., »Die Gesten des Fegefeuers«, 1985, in: ders., *Phantasie und Realität des Mittelalters*, Stuttgart 1990, S. 147–155
3 Luis de Câmara Cascudo, *História dos nossos gestos*, São Paulo ca. 1974
4 Andrea Spinola, *Scritti scelti*, hrsg. v. Carlo Bitossi, Genua 1981, S. 126
5 Carlo Ginzburg, »Deciphering the Sabbath«, in: Bengt Ankarloo/Gustav Henningsen (Hrsg.), *Early Modern European Witchcraft*, Oxford 1990, S. 96–125
6 Desmond Morris, *Der Mensch, mit dem wir leben*, München/Zürich 1978; ders. u.a., *Gestures: Their Origins and Distribution*, London 1979
7 Ray L. Birdwhistell, *Kinesics and Context: Essays on Body-Motion Communication*, Philadelphia 1970; vgl. Marcel Mauss, »Die Techniken des Körpers«, in: ders., *Soziologie und Anthropologie*, Bd. II, München 1974, S. 197–220
8 Giovanni Bonifacio, *L'arte de cenni*, Vicenza 1616; Andrea di Jorio, *La mimica degli antichi investigata nel gestire napoletano*, 1832, Nachdruck Neapel 1964; vgl. James R. Knowlson, »The Idea of Gesture as a Universal Language«, in: *Journal of the History of Ideas* 26, 1965, S. 495–508; André Chastel, »Gesture in Painting: Problems of Semiology«, in: *Renaissance and Reformation* 10, 1986, S. 1–22
9 Scipione Chiaramonti, *De conjectandis cuiusque moribus et latitantibus animi affectibus semiotike moralis, seu de signis*, Venedig 1625, S. 70ff.
10 Michel de Montaigne, *Journal*, hrsg. v. François Rigolot, Paris 1992, S. 64 (dt.: *Tagebuch einer Reise durch Italien, die Schweiz und Deutschland in den Jahren 1580 und 1581*, Frankfurt a.M. 1988); Philip Skippon, »An Account of a Journey«, in: A. und J. Churchill (Hrsg.), *A Collection of Voyages*, 6 Bde., London 1732, Bd. 6, S. 485–694, hier S. 534
11 John Evelyn, *Diary*, hrsg. v. E.S. de Beer, 5 Bde., Oxford 1955, Bd. 2, S. 173;

Rom, Archivio di Stato, Tribunale del Governatore, Processi Criminali, '600, busta 50

12 Eliseo Masini, *Il Sacro Arsenale*, 1621, Nachdruck Rom 1665, S. 157

13 Bartolomé und Lucile Bennassar, *Les chrétiens d'Allah*, Paris 1989, S. 313

14 Michael Baxandall, *Die Wirklichkeit der Bilder. Malerei und Erfahrung im Italien des 15. Jahrhunderts*, Frankfurt a.M. 1977, S. 73 ff.; Günther Heinz, »Realismus und Rhetorik im Werk des Bartolomeo Passarotti«, in: *Jahrbuch Kunsthistorische Sammlung in Wien* 68, 1972, S. 153–169; Chastel (1986); Barasch (1987); Joaneath Spicer, »The Renaissance Elbow«, in: Bremmer/Roodenburg (1991), S. 84–128; Sharon Fermor, »Movement and Gender in Sixteenth-Century Italian Painting«, in: Kathleen Adler/Marcia Pointon, *The Body Imaged*, Cambridge 1993, S. 129–146

15 Richard Trexler, *Public Life in Renaissance Florence*, New York 1980, S. 87–94, 99–111 et passim; Edward Muir, *Civic Ritual in Renaissance Venice*, Princeton 1981

16 Schmitt (1990), S. 362–363

17 Barasch (1987), S. 180–181

18 Carlos García, *La oposición y conjunción de dos grandes luminares de la tierra, o la antipatia de franceses y españoles*, 1617, neu hrsg. v. M. Bareau, Edmonton 1979, Kap. 14

19 Venedig, Biblioteca Marciana, MS Gradenigo 15

20 Rudolf Wittkower, »Francesco Borromini, his Character and Life«, 1967, Wiederabdruck in: *Studies in the Italian Baroque*, London 1975, S. 153–166

21 Richard Lassels, »Description of Italy«, 1654, in: Edward Chaney, *The Grand Tour and the Great Rebellion*, Genf 1985, S. 147–231, hier S. 150

22 Gian Luigi Beccaria, *Spagnolo e spagnoli in Italia*, Turin 1968, S. 161–207

23 Barasch (1987), S. 42, 46

24 Peter Burke, *Die Geschicke des »Hofmann«. Zur Wirkung eines Renaissance-Breviers über angemessenes Verhalten*, Berlin 1996, S. 42–43

25 Alessandro Piccolomini, La Rafaella, 1539, Nachdruck Mailand 1969, S. 56–57 (dt.: *Rafaella. Gespräch über die feine Erziehung der Frauen*, Frankfurt a.M. / Berlin / Wien 1984)

26 Jorio (1832), S. XXII; vgl. Bremmer/Roodenburg (1991), S. 3, 36

27 Zitiert in: Antoni Mączak, *Travel in Early Modern Europe*, Cambridge 1995, S. 191

28 Dilwyn Knox, »Ideas on Gesture and Universal Languages c. 1550–1650«, in: John Henry/Sarah Hutton (Hrsg.), *New Perspectives on Renaissance Thought*, London 1990, S. 101–136, hier S. 113–114

29 Carlo Borromeo, *Instructiones Pastorum*, Augsburg 1758, S. 23, 87, 90

30 Francesco Taviani, *La commedia dell'arte e la società barocca*, Rom 1969, S. 5–43; *San Carlo e il suo tempo*, Rom 1986, S. 911, 926–927

31 Zitiert in: Lorenzo Taccella, *La riforma tridentina nella diocesi di Tortona*, Genua 1966, S. 75–76

32 Taviani (1969), S. 67–81

33 Bremmer/Roodenburg (1991), S. 28–29

34 Sylvie Lazard, »Code de comportement de la jeune femme en Italie au 14e siècle«, in: Alain Montandon (Hrsg.), *Traités de savoir-vivre italien*, Clermont 1993, S. 7–23

35 Benjamin G. Kohl/Ronald G. Witt (Hrsg.), *The Earthly Republic: Italian Humanists on Government and Society*, Philadelphia 1978, S. 202

36 *Dizionario Biografico degli Italiani* (43 Bde. in Arbeit, Rom 1960 ff.), Eintrag »Caroso«

37 Fermor (1993)

38 Heinz (1972); Peter Burke, *Städtische Kultur in Italien zwischen Hochrenaissance und Barock. Eine historische Anthropologie*, Berlin 1987; Spicer (1991)

39 Giovan Pietro Bellori, *Le vite*, 1672, hrsg. v. Evelina Borea, Turin 1976, S. 219

40 Pompeo Molmenti, *Storia della Venezia nella vita privata*, 3 Bde., 1879, Nachdruck Bergamo 1927–29, S. 3, 311–312

41 Gian Paolo Brizzi, *La formazione della classe dirigente nel '600–'700*, Bologna 1976, S. 254–255; vgl. Rudolf zur Lippe, *Naturbeherrschung am Menschen*, Frankfurt a.M. 1974; Rudolf Braun/David Gugerli, *Macht des Tanzes – Tanz der Mächtigen. Hoffeste und Herrschaftszeremoniell, 1550–1914*, München 1993

42 Zitiert in: Dilwyn Knox, »Erasmus' *De Civilitate* and the Religious Origins of Civility in Protestant Europe«, in: *Archiv für Reformationsgeschichte* 86, 1995, S. 7–47, hier S. 33–34

43 Hieronymus Turler, *De arte peregrinandi*, 1574, Nachdruck Nürnberg 1591, Buch 1, Kap. 4

44 Joseph Addison, *Remarks on Several Parts of Italy*, 1705, Nachdruck in: ders., *Works*, 4 Bde., London 1890, Bd. 1, S. 356–538, hier S. 373

45 Ferrante Caraffa, »Memorie«, in: *Archivio Storico per le Provincie Napolesane* 5, 1880, S. 242–261

46 Burke (1987); vgl. Dilwyn Knox, »On Immobility«, in: Mary B. Campbell/Mark Rollins (Hrsg.), *Begetting Images*, New York 1989, S. 71–87

47 Christine Hofmann, *Das Spanische Hofzeremoniell von 1500–1700*, Frankfurt a.M. 1985

48 Norbert Elias, *Der Prozeß der Zivilisation*, 2 Bde., Basel 1939

49 Birdwhistell (1970)

50 Bremmer/Roodenburg (1991), S. 160

51 Zitiert in: Knox (1990), S. 103

52 Alain Montandon (Hrsg.), *Les espaces de la civilité*, Mont-de-Marsan 1995, S. 62

53 Vgl. Schmitt (1981)

54 Thomas Coryat, *Crudities*, 1611, Nachdruck London 1978, S. 399, 369

55 Bedell zitiert in: David Chambers/Brian Pullan (Hrsg.), *A Documentary*

History of Venice, Oxford 1992, S. 195; Skippon (1732), S. 665; Gilbert Burnet, *Some Letters*, Amsterdam 1686, S. 110, vgl. S. 197

56 John Moore, *A View of Society and Manners in Italy*, Dublin 1781, Brief Nr. 60; John J. Blunt, *Vestiges of Ancient Manners*, London 1823, S. 290

57 Washington Irving, *Tales of a Traveller*, 2 Bde., Paris 1824, Bd. 1, S. 103

58 Michel Crouzet, *Stendhal et l'italianité: essai de mythologie romantique*, Paris 1982, S. 90, 106

KAPITEL V

Grenzen des Komischen im Italien der Frühen Neuzeit

Ebenso wie die im vorigen Kapitel erörterten Gesten gehört auch das Scherzen – beziehungsweise das Lachen – zu den Forschungsgegenständen der neuen soziokulturellen Geschichtsschreibung. In den sechziger Jahren stellte Michail Bachtin das Thema in den Mittelpunkt seiner Studie über Rabelais, wobei er die befreiende Funktion des »Volksgelächters« herausarbeitete. In den siebziger Jahren beschäftigte sich Keith Thomas in einer Vorlesungsreihe mit dem »Ort des Lachens« im England der Frühen Neuzeit, und in den achtziger Jahren erzählte Robert Darnton die Geschichte des »großen Katzenmassakers« neu, jenes schaurigen Streichs, den einige Lehrlinge im Paris des 18. Jahrhunderts ihren Herren und Herrinnen spielten.[1]

Was will eine Geschichte des Witzes? Zur Frage des Wandels ist zweierlei anzumerken. Erstens hat sich die Einstellung zum Witz im Laufe der Zeit verändert. Bachtin zufolge wurde das im Karneval institutionalisierte Lachen von den kirchlichen und weltlichen Autoritäten im Mittelalter und in der Renaissance toleriert, danach aber unterdrückt. In diesem Zusammenhang wäre auch Norbert Elias zu nennen (obwohl er zum Lachen selbst sehr wenig zu sagen hatte), denn seine Ausführungen über die Entstehung der Selbstbeherrschung und das Errichten der »Schamschwelle« läßt sich auf das Scherzen ebenso anwenden wie auf Tischsitten. Im Europa der Frühen Neuzeit wurden Scherze, die einst an würdevollen öffentlichen Stätten wie Kirchen und Höfen akzeptiert waren, offiziell aus ihnen verbannt.

Zweitens ändern sich im Laufe der Jahrhunderte auch die Witze selbst. So schwer es ist, sie von einer Kultur in eine andere zu übertragen, so schwer ist es, sie von einer Epoche auf eine andere zu verlagern. Was die eine Generation zum Lachen bringt, läßt die nächste kalt. Daraus ergibt sich, daß eine Geschichte des Lachens genauso gerechtfertigt ist wie die Soziologie oder Anthropologie des Lachens.[2] Freud glaubte natürlich, daß sich im Witz versteckte, unbewußte Wünsche oder Ängste offenbaren, die aus seiner Sicht konstant blieben.[3] Für ihn hatte der Witz eine ähnliche Funktion wie der Traum. Seine Betonung des Humors als Ausdruck von Angst ist eine wichtige Alternative zu Bachtins Auffassung über das befreiende Lachen (die er ja selbst als Alternative zu Freud entwickelt hatte).

Die Herausforderung für den Kulturhistoriker besteht darin, Freuds Theorie zu historisieren. Auf der tiefsten psychologischen Ebene mag er durchaus recht haben. Die Veränderungen, denen der Witz in der *longue durée* unterworfen ist, legen jedoch nahe, daß man von der Existenz einer Ebene zwischen der Welt des Bewußten und der Welt des Unbewußten ausgehen kann. Auf dieser Ebene unterliegen die Witze einem zeitlich bedingten Wandel, da die Objekte der Angst sich im Laufe der Zeit verändern. So kommen etwa Witze über den Hahnrei heute nicht mehr an, wie die Wiederaufführungen elisabethanischer oder noch späterer Komödien beweisen, obwohl sie zur Zeit Shakespeares oder Wycherleys das Publikum zu brüllendem Gelächter hingerissen haben müssen. Witze zu machen kann auch als verdrängte beziehungsweise sublimierte Aggression interpretiert werden: Klassenkampf, rassischer Konflikt oder Geschlechterkrieg mit anderen Mitteln. Ein Anthropologe beschrieb Anschuldigungen der Hexerei einmal als einen Indikator für gesellschaftlichen Druck, der die einer bestimmten Kultur inhärenten Spannungen offenbart. Auch Witze sind ein solcher Indikator.[4]

Kulturhistoriker müssen also die Frage stellen: Wann ist ein Witz kein Witz? Wann, wo und für wen ist ein Witz lustig oder nicht? Wo liegen die Grenzen, die Schwellen des Komischen? Wie unterschiedlich wirken Witze aus unterschiedlichen Perspektiven, und wie verlagern sich ihre Bedeutungen im Laufe der Zeit? Mit diesen Problemen wird sich das vorliegende Kapitel anhand eines bestimmten komischen Genres beschäftigen, des Streichs beziehungsweise der *beffa*, das in ein – sagen wir – zeitgenössisches »System des Komischen« eingeordnet werden soll. Anders ausgedrückt: Es geht um die verschiedenen Spielarten des Humors, wie sie im Italien des Spätmittelalters und der Frühen Neuzeit dokumentiert sind, ihre Definitionen, Funktionen, Gattungen und so weiter.

Der Ansatz, nach dem ich dabei vorgehe, ist ein anthropologischer, und zwar insofern, als ich mich eng an einheimische Kategorien und Unterscheidungen anlehne. Dies zur Rechtfertigung der zahlreichen italienischen Begriffe, die im folgenden auftauchen. Ich werde mich an Darntons Rat halten und versuchen, »Andersartigkeit [...] als solche wahrzunehmen«, anders gesagt, ich will mich auf das konzentrieren, was uns an der Vergangenheit am meisten befremdet. Ich will versuchen, es verständlich zu machen.[5] Deshalb beschäftige ich mich hier vorwiegend mit dem, was heute nicht mehr komisch ist, und nicht mit den kulturellen Kontinuitäten, so wichtig diese auch sein mögen.

Das System des Komischen in Italien, 1350–1550

Zunächst eine Skizze dieses ›Systems‹ von Boccaccio bis zu Bandello, oder allgemeiner ausgedrückt, vom Schwarzen Tod bis zur Gegenreformation. Obwohl Jacob Burckhardt in seiner berühmten Schrift über die Renaissance auch einige scharfsinnige Beobachtungen über den »Spott und Witz« machte, gibt es nicht viele Historiker, die sich des Themas angenommen hätten.[6] Ganz sicherlich aber interessierte es die Zeitgenossen, wie die Sprache der Epoche sehr schnell zeigt.

Im Italien jener Zeit gab es eine große Vielfalt an Ausdrücken, um die ganze Bandbreite an Nuancen von Spiel und Humor zu unterscheiden. Der Witz selbst wurde mit Wörtern bezeichnet wie *baia*, *beffa*, *burla*, *facezia*, *giuoco*, *leggerezza*, *pazzia*, *piacevolezza* und *scherzo*; der

Possenreißer war bekannt als *beffardo*, *beffatore*, *buffone*, *burlona*, *giuocatore* oder *scherzatore*. Zu den Verben gehörten *burlare*, *giocare* und *uccellare*, unterschieden wurde hingegen zwischen *beffare* und dem harmloseren, aber beständigeren *beffeggiare*, was sich in etwa als ›necken‹ übersetzen ließe. Die größte Vielfalt herrschte bei den Adjektiven: *beffabile*, *beffevole*, *burlesco*, *faceto*, *festevole*, *giocoso*, *grottesco*, *mottevole*, *scherzoso*, *sciocco* und so weiter. Der Reichtum des Wortschatzes spricht dafür, daß die Italiener sich in dieser Domäne auskannten.

Hervorzuheben ist auch die Vielfalt der komischen Gattungen. Zu ihnen gehörte natürlich die Komödie selbst, ob ›gebildet‹ oder volkstümlich, darunter die ursprüngliche ›Slapstick-Comedy‹ des Arlequino aus der Commedia dell'arte. Geschichten *(novelle)* waren oft komisch, während Witze häufig in Gestalt von *facezie* daherkamen, die gesammelt und gedruckt wurden. Zu den berühmten Sammlungen zählen jene Geschichten, die dem toskanischen Priester Arlotto Mainardi zugeschrieben werden, diejenigen des Humanisten Poggio Bracciolini oder diejenigen, die von Angelo Poliziano gesammelt und 1548 unter dem Namen des Herausgebers Ludovico Domenichi veröffentlicht wurden.[7] Auch Kanzelreden enthielten häufig solche lustigen Geschichten und kombinierten auf diese Weise das Ernsthafte mit dem Komischen.

Großer Beliebtheit erfreuten sich Paradoxa, wie sie sich etwa in den persiflierten Lobreden von Francesco Berni und Ortensio Lando finden[8], oder auch Nonsenseverse. In diesem Genre war der Florentiner Dichter und Barbier Burchiello so produktiv, daß der Volksmund ein neues Verb erfand – *burchielleggare*. Ein weiteres beliebtes Genre war die Parodie. So parodierte etwa Pulci in seinem *Morgante* die mittelalterliche Ritterdichtung. Aretino machte sich in seinen *Ragionamenti* über höfische ›Ratgeberbücher‹ lustig. Die *Aeneis* und das Epitaph wurden in heute längst vergessenen Werken des 17. Jahrhunderts parodiert, etwa in *L'Eneide travestite* von Gianbattista Lalli (1618), in *Il cimiterio* des venezianischen Patriziers Gianfrancesco Loredan (1680) oder in den *Epitafi giocosi* von A. M. del Priuli (1680).[9]

Auch in den bildenden Künsten gab es eine Reihe von komischen Formen. Im Palazzo del Tè in Mantua schockierte Giulio Romano die Betrachter beispielsweise mit einem Fries, aus dem Stücke herauszubrechen scheinen, oder mit Deckengemälden, die so wirken, als wollten sie jeden Augenblick auf die Besucher herabstürzen.[10] Möglicherweise sind sie als Scherz gemeint. Der Mailänder Maler Arcimboldo bewies seinen Witz durch Bildnisse, die aus Früchten, Fischen oder Büchern zusammengesetzt sind. Gartenstatuen imitierten die damals gerade erst entdeckten antiken ›Grotesken‹, etwa Morgante (so benannt nach einem berühmten Riesen), der Hofzwerg des Großherzogs Cosimo de' Medici, der in den Boboli-Gärten von Florenz als feiste, nackte Figur rittlings auf einer Schildkröte sitzt und seinen Penis auf ihren Panzer herabhängen läßt.[11] Gärten waren Stätten des Spiels, der Befreiung von gesellschaftlichen Konventionen. Im Garten von Bomarzo, einer Art von privatem ›Freizeitpark‹, den sich im späten 16. Jahrhundert ein Orsini in der Nähe von Viterbo anlegen ließ, gibt es beispielsweise einen gigantischen Höllenschlund aus Stein, der offensichtlich als kühler Ort für Picknicks gedacht war. Daß es sich bei diesem Teil des ›heiligen Waldes‹ um einen Scherz handelte – wenn auch um einen Scherz am Rande der Blasphemie –, geht aus der Dante parodierenden Inschrift hervor: *›lasciate ogni pensiero‹* (»laßt jeden Gedanken fahren«). Zusätzlich bestätigt wird diese Tatsache durch eine zeitgenössische Erörterung über Grotten, in der angemerkt wurde, diese sollten mit »furchterregenden oder lächerlichen Masken« ausgestattet werden.[12]

Keine Diskussion über den Humor des Mittelalters oder der Frühen Neuzeit wäre vollständig ohne den Hinweis auf die berufsmäßigen Narren, die bei Hofe oder anderswo zu finden waren. Es gab damals eine ganze Reihe von Italienern, die in diesem Gewerbe landesweiten, wenn nicht internationalen Ruhm erlangten, darunter Dolcibene, die beiden Gonellas, Scocola, der in Ferrara im Dienste Borso d'Estes stand (und in den Fresken von Schifanoia verewigt wurde), Diodato bei Beatrice d'Este in Mailand und Fritella bei Isabella d'Este am Hof von Mantua.[13]

Die Idee des Komischen oder Spielerischen war zu jener Zeit nicht genau umrissen, sondern ging, auf der einen Seite des Spektrums, in Unterhaltung oder Ablenkung über – *spasso*, *diporto*, *trattenimento*, *trastullo* – auf der anderen in Gaunereien und Beleidigungen – *inganni*, *truffe*, *affronti*, *diffamazioni*, *offese*, *scherni*. Zwei Zeitzeugen des 16. Jahrhunderts belegen, wie schwierig es ist, hier die Grenzen zu ziehen. In seinem Dialog *Der Hofmann* (1528) definierte Baldassare Castiglione die *burla* als »freundliche Täuschung«, die »nicht, oder zumindest nicht sehr, beleidigt« (Zweites Buch, Abschnitt 85). Dagegen unterschied Giovanni Della Casa in seinem Sittenbrevier *Galateo* (1558) *beffe* von Beleidigungen nur hinsichtlich der Intentionen des Beleidigers, da die Wirkungen auf das Opfer mehr oder weniger dieselben seien (Kapitel 19). Diese Ambivalenz oder Zweideutigkeit wirft die Frage nach den Grenzen des Zulässigen auf. Wie weit konnte jemand gehen, ohne zu weit zu gehen, in welche Richtung, mit wem, worüber? Wenn die Idee der Übertretung für das Komische auch von zentraler Bedeutung ist, so sind die Grenzen, die übertreten werden, doch immer wieder schwankend, je nach Örtlichkeit, Region, Situation, Epoche und gesellschaftlichen Gruppen.

Was aus heutiger Sicht – oder selbst aus der Sicht des 17. Jahrhunderts – auf die Renaissance am meisten auffällt und befremdet, ist die Großzügigkeit beziehungsweise Durchlässigkeit der Grenzen. So kann Religion, zumindest gelegentlich, Gegenstand von Witzen sein, ohne daß diese als Beleidigungen empfunden würden. Mattello, ein Hofnarr in Mantua, pflegte sich als Mönch zu verkleiden und kirchliche Rituale zu parodieren.[14] In der Einleitung zu den im Karneval spielenden Geschichten Antonfrancesco Grazzinis sagt eine Dame, um diese Zeit dürften sich selbst Mönche einen Spaß daraus machen, sich als Nonnen zu verkleiden und umgekehrt. Priester können sogar zu Possenreißern werden, wie etwa Fra Mariano am Hofe Leos X.[15] Grenzen gab es gleichwohl. In Castigliones *Hofmann* (Buch 2, Abschnitt 93) kritisiert Bernardo Bibbiena zum Beispiel Boccaccio wegen eines Witzes, der »die Grenze überschreitet« *(passa il termine)*.

Zweideutigkeit führt auch zur Frage der Funktion. War das Lachen immer nur ein Selbstzweck, oder könnte es auch ein Mittel zur Erreichung anderer Ziele gewesen sein? Ernst zu nehmen ist der Gedanke des russischen Folkloreforschers Wladimir Propp, daß das Lachen in bestimmten Situationen eine Art Ritual darstellt. Vor allem das Osterlachen kann als rituelles Lachen interpretiert werden. Es gibt auch die Auffassung, daß im Humor Bertoldos, einer Figur des 16. Jahrhunderts, rituelle Elemente angelegt waren.[16] Wir kommen noch zu Beispielen des Lachens als Instrument der Vergeltung.

Der Streich, der Schabernack beziehungsweise die *beffa* (auch als *burla*, *giarda* oder *natta* bekannt, die in italienischen Witzbüchern, Novellen und anderen Quellen häufig beschrieben wird) beschränkte sich selbstverständlich weder auf die italienische Halbinsel noch auf die hier zu untersuchende Epoche. Unabhängig von der Frage, ob Streiche ein kulturelles Allgemeingut sind, legt die in der Folklore zahlreicher Länder (darunter in China, Westafrika und bei den Indianern Nordamerikas) immer wieder auftauchende Figur des Tricksters nahe, daß sie außerordentlich weitverbreitet sind. Figuren wie Panurge und Till Eulenspiegel (ganz zu schweigen von den mittelalterlichen *Fabliaux*) bezeugen die Lust an der *beffa* in Nord- und Mitteleuropa, während in der mediterranen Welt der Brauch unter jungen Männern von Andalusien bis Kreta überaus lebendig ist, wie Anthropologen nachgewiesen haben.[17]

Dennoch gab es offensichtlich eine ganz ungewöhnlich starke Präferenz für diese Art von Humor in Italien, vor allem in Florenz, »la capitale della *beffa*«.[18] Als Ausgangspunkt für eine solche Untersuchung bietet sich Boccaccios *Decamerone* an. In insgesamt siebenundzwanzig Geschichten kommen Streiche vor, und die Begriffe *beffa*, *beffare* und *beffatore* tauchen achtzigmal auf.[19] Etwas später ereignen sich die *beffe* in den Novellen Franco Sacchettis. Im 15. Jahrhundert finden sie sich in den Erzählungen von Masuccio Salernitano und Sabadino degli Arienti.[20] Es gibt auch eine anonyme Geschichte aus dem 15. Jahrhundert, die davon erzählt, wie der Baumeister Filippo Brunelleschi einem dicken Zimmermann einen Streich spielt. Dieses Beispiel ist um so interessanter, als es in einer Epoche, die Burckhardt als Zeitalter des Individualismus beschrieben hat, mit der Idee der Identität spielt.[21]

In der *novella* des 16. Jahrhunderts tauchen die *beffe* allenthalben auf. In den Geschichten Antonfrancesco Grazzinis (gest. 1584) ist, so ein französischer Wissenschaftler, »die *beffa* ein Schlüsselelement«, das in achtzehn Erzählungen vorkommt.[22] Eine noch wichtigere Rolle spielt sie bei Matteo Bandello, der es auf siebzig *beffe* in 214 *novelle* bringt.[23] Die einschlägige Literatur des 16. Jahrhunderts umfaßt auch Stücke wie *Mandragola* von Machiavelli oder *Il Marescalco* von Pietro

Aretino, eine Karnevalskomödie, in der der Stallmeister am Hof des Herzogs von Mantua erfährt, daß er auf Wunsch seines Herrn heiraten soll – eine schlechte Nachricht für ihn, der sich eigentlich nicht für das andere Geschlecht interessiert. Doch er läßt die Zeremonie über sich ergehen, bis er schließlich entdecken muß, daß seine ›Braut‹ ein Page ist. Der Vorfall wird im Stück als ›burla‹ beschrieben (Akt 5, Szene 11).[24]

All diese Zeugnisse lassen sich am besten resümieren und einem komparativen Blick unterziehen, wenn man einmal den Katalog, den der amerikanische Folkloreforscher Stith Thompson über die Volksmärchen aus aller Welt zusammengestellt hat, mit dem auf die italienische *novella* spezialisierten Motiv-Index von D. P. Rotunda vergleicht. So führt Thompson etwa für die Kategorie X 0–99 (›Schadenfreude‹) vier Beispiele an, Rotunda aber zwanzig. Unter der Kategorie K 1200–99 (›Mit Erniedrigung verbundene Täuschungen‹) nennt Thompson siebenundzwanzig Beispiele (darunter acht bei Boccaccio), während Rotunda nicht weniger als zweiundsiebzig anbietet.[25] Die Italiener – präziser gesagt: die Toskaner – sind ganz offensichtlich *beffa*-besessen gewesen.

Daß es für einen Kulturhistoriker nicht ganz unproblematisch ist, mit solchen literarischen Zeugnissen umzugehen, versteht sich von selbst. Die Geschichten sind stilisiert, tatsächlich waren sie sogar einer doppelten Stilisierung unterworfen, da sie durch zwei Medien verbreitet wurden, durch die mündliche Überlieferung und in gedruckter Form. Sie enthalten eine Fülle von *Topoi.* Dieselben Geschichten haben unterschiedliche Protagonisten. Fiktion bietet natürlich gute Anhaltspunkte für die kollektive Phantasie und Vorstellungswelt. Doch können wir aus diesen Zeugnissen Schlüsse über das gesellschaftliche Leben ziehen? War die *beffa* gesellschaftlicher Usus oder lediglich literarische Spielerei? Streiche wurden, wie man weiß, an manchen italienischen Höfen der Renaissance gespielt, etwa in Mailand bei den Sforza oder in Ferrara bei den Este.[26] Aus Archiven der Justiz stammen weitere Zeugnisse, nämlich Protokolle über beleidigende Scherze, die Gerichtsverfahren nach sich zogen. Aus diesen Dokumenten geht hervor, daß Tavernen offenbar bevorzugte Schauplätze für *beffe* waren, wie etwa der Fall eines gewissen Furlinfan zeigt, der 1315 im Dorf Lio Maggiore einem Schabernack zum Opfer fiel.[27] Außerdem lassen sie vermuten, daß *beffe* besonders gern zur Karnevalszeit gespielt wurden, wovon etwa jener Fall mit dem mysteriösen Seil zeugt, der sich 1551 in Rom zutrug, als sieben Juden einen Neapolitaner zur Zeit ihres – nicht des christlichen – Karnevals (Purim), festnehmen wollten. Dieser ›Fall‹ hätte gut in einer *novella* verarbeitet werden können.[28]

Auch in der materiellen Kultur finden sich Zeugnisse für das Scherzen. Kehren wir noch einmal kurz zum Renaissancegarten zurück. Hier gab es bisweilen verborgene Springbrunnen, die auf ein Zeichen des Gastgebers hin in Aktion traten und die überraschten Gäste bis auf die Haut durchnäßten. Diese harmlose Form der *beffa*, die in aristokratischen Kreisen sehr beliebt war, läßt sich beispielsweise im Garten von Caprarola nachweisen, der von Vignola für die Farnese angelegt wurde, oder auch in Pratolino, von Buontalenti für Francesco I. de' Medici geschaffen, wo auch Montaigne der Wasserspielerei einmal zum Opfer fiel.[29] Diese Art der *beffa* ähnelte dem italienischen Brauch, während des Karnevals Wasser zu verspritzen.

Einige der oben zitierten Beispiele werfen das Problem auf, wie weit Scherze gehen dürfen, wo die Grenze liegt zwischen relativ harmloser oder uneigennütziger Irreführung und ernsthafterer Täuschung oder gar Aggression. Im Norditalien des 16. Jahrhunderts war *dare la burla* ein Standardausdruck zur Beschreibung falscher Hochzeitsversprechen.[30] In einer Zeit, da Witze häufig beleidigend waren und Beleidigungen bisweilen spielerische Formen annahmen, war es natürlich unvermeidlich, daß jemand die herkömmlichen Grenzen überschritt und manche Fälle vor Gericht endeten. Die entsprechenden Dokumente machen deutlich, wie schwierig es ist, die Grenzen des Komischen zu definieren. Im Bologna des 16. Jahrhunderts führte das Opfer einer Verbalinjurie (in Form eines Sonetts) Klage vor Gericht, doch die Richter sahen in dem fraglichen Brief keine Diffamierung, sondern lediglich »einen Scherz von etwas lächerlichem Inhalt«.[31] Andererseits wurde Michelangelo da Caravaggio, der ein Talent dafür hatte, sich immer wieder Ärger einzuhandeln, 1603 (zusammen mit anderen Malern) vor das Tribunal des Gouverneurs von Rom zitiert, wo er sich wegen des Vorwurfs verantworten mußte, »ehrabschneidende Verse« gegen seinen Kollegen Baglioni verfaßt zu haben.[32]

Auch in der Politik spielte die *beffa* eine Rolle. Man denke etwa an den legendären, mafia-artigen Coup, mit dem Cesare Borgia seine Gegner in Sinigaglia in einen Hinterhalt lockte. Den Vorfall schildert Machiavelli in seinem berühmten Bericht an die Signoria vom März 1503, »Beschreibung der Art, wie der Herzog von Valentinois (Cesare) Vitellozzo Vitelli, den Oliverotto da Fermo, Herrn Pagolo Orsini und den Herzog von Gravina Orsini gefangennahm und tötete«. Der Kondottiere Vitellozzo und seine Gefährten wurden aufgefordert, sich unbewaffnet ins Quartier des Borgia zu begeben, wo dieser sie erdrosseln ließ. Machiavelli beschrieb den Vorgang in einem kühlen, emotionslosen Stil, doch an anderer Stelle kommt seine große Bewunderung für Cesare zum Ausdruck. Es ist wohl nicht zu abwegig, wenn man seine Politik mit seinem Interesse am dramatischen Effekt der *beffe* in Verbindung bringt. Seine Komödie *Mandragola* ist ›machiavellistisch‹ insofern, als ihre Handlung von zahlreichen Listen und Finten bestimmt wird; andererseits kleidete Machiavelli seine Geschichte von Florenz in ein dramatisches Gewand.

Fünf weitere Kommentare sollen den kulturellen Kontext, in dem die *beffa* zu sehen ist, noch stärker herausarbeiten.

1. Die *beffa* wurde häufig als eigenständiges ›Kunstwerk‹ präsentiert, um Burckhardts Auffassung von der Renaissancekultur zu übernehmen. Ebenso wie die offenkundigere *Schadenfreude* sollte sie ästhetisches Vergnügen bereiten, und manchmal wurde sie auch als *bella* beschrieben. So sprechen etwa die Novellen Bandellos bereits in ihren Titeln von einer ›giocosa astuzia‹ (Buch 2, Nr. 45) oder einem ›piacevole e ridicolo inganno‹ (Buch 2, Nr. 47). Vergnüglich heißt hier, vom Standpunkt des Witzemachers oder seines Zuhörers aus gesehen, den sich auch der Leser im allgemeinen zu eigen machen soll. Es sei denn, das Opfer einer *beffa* dreht den Spieß gegen den *beffatore* um und leitet einen sogenannten ›contracambio‹ ein. Das Motiv des *beffatore beffato*, des betrogenen Betrügers, erfreut sich besonderer Beliebtheit (Bandello, Buch 1, Nr. 3 zum Beispiel).

2. Die *beffa* war eine Form des Scherzens, wie sie einer Konkurrenz-Kultur entsprach. Man könnte in diesem Zusammenhang auch von einer ›Kultur der Gaunerei‹ sprechen, in der die Herrscher häufig

Zivilisten waren und keine Soldaten, oder, in den Worten Machiavellis, Füchse statt Löwen. Selbst heute noch schätzen Italiener ausdrücklich Leute, die gerissen *(furbo)* sind. Ein Beleg dafür lieferte in den siebziger Jahren der Bericht eines englischen Anthropologen über das Alltagsleben in einer süditalienischen Kleinstadt, der beschrieb, wie ein Vater seinen kleinen Sohn immer wieder fragte ›Sei furbo?‹. Die Antwort, die er wünschte, erwartete und auch honorierte, lautete natürlich ›Ja‹.[33]

3. Die *beffa* war häufig nicht ›reine‹ Belustigung, sondern ein Mittel, Rivalen und Gegner zu erniedrigen, zu ächten und sogar gesellschaftlich zu vernichten. Es handelte sich um eine Kultur, in der Ehre und Schande maßgebliche Werte darstellten. Dieser Eindruck wird durch die Titel mancher Novellen verstärkt, etwa bei Sabadino degli Arienti, wo immer wieder von ›se trova vergognato‹ (Nr. 1), ›remase vergognato‹ (Nr. 16) oder ›resta vergognato‹ (Nr. 31, 35) die Rede ist. Die Kultur der Renaissance in Italien war eine Kultur der Polemik, wie sie vor allem in Florenz in höchster Blüte stand.[34] Vergeltung (manchmal als *bella vendetta* bezeichnet) ist ein weiteres wiederkehrendes Motiv in den *novelle* (Bandello, Buch 4, Nr. 6; Grazzini, Buch 2, Nr. 9 etc.), ebenso der gehörnte Ehemann. Auch Aggression und Sadismus kommen vor, so zum Beispiel in zwei berühmten Novellen, wo der ›Spaß‹ darin besteht, daß das Opfer kastriert wird (Bandello, Buch 2, Nr. 20; Grazzini, Buch 1, Nr. 2). Diese Beispiele unterstreichen einen Aspekt, den Bachtin in seiner berühmten Untersuchung über die festtägliche Aggression offenbar übersehen hat, daß nämlich Scherze nicht für jeden amüsant waren und daß es neben Zuschauern und Zuhörern auch Opfer gab.

4. Das führt uns zu dem, was Bachtin als ›untere körperliche Ebene‹ bezeichnet. In einer von Sabadino erzählten Novelle (Nr. 16) bemerkt ein Handwerker, der zum Barbier geht, um sich rasieren zu lassen, daß der Barbier sehr große Schuhe anhat. »Ihn überkam die Lust, in sie hineinzupissen«, was er auch tat. In einer Novelle von Bandello (Buch 1, Nr. 35) hat Madonna Cassandra eine Affäre mit einem Mönch. Nachdem ihr Mann die Sache entdeckt hat, verkleidet er sich als sein Rivale, nimmt Abführpillen und scheißt sie und das ganze Bett

voll. Die Geschichte mag auf manche Leser ziemlich abstoßend wirken, und das ist auch genau der Grund, warum sie hier angeführt wird: Wir müssen die Grenzen des in unserer eigenen Kultur Akzeptierten überschreiten, um uns an das ›Anderssein‹ des italienischen Cinquecento zu erinnern.

5. Das Gespür für die kulturelle Distanz wird noch größer, wenn man sich vergegenwärtigt, daß die letzte Novelle nicht nur über eine Dame erzählt, sondern auch einer anderen Dame, Paola Gonzaga, von einem Priester zur Zeit des Tridentinums gewidmet wurde. In unserer heutigen Vorstellung sind Priester eher ernsthafte, wenn nicht gar feierliche Leute, zumindest in der Öffentlichkeit. Die Toskaner des 15. Jahrhunderts ergötzten sich jedoch an den Witzen Arlotto Mainardis, eines Landpfarrers der Region, und wie wir bereits gesehen haben, spielte Fra Mariano den Possenreißer am Hofe Leos X. Auch stellen wir uns gerne vor, daß Renaissanceherrscher wie Isabella d'Este von Mantua oder der toskanische Großherzog Cosimo I. immer ernsthaft waren, obwohl sie sich bekanntlich an den Possen und Scherzen ihrer Zwerge und Narren erfreuten.[35] Festzuhalten bleibt, daß, zumindest in der Periode 1350–1550, Fürsten wie Bauern, Männer wie Frauen, Laien wie Geistliche, Junge wie Alte gleichermaßen dem Spaß frönten – und zwar nicht nur als Spaßmacher, sondern auch als deren Opfer. Und was die Literatur in dieser Hinsicht an Zeugnissen aufzuweisen hat, wird durch Archivmaterial bestätigt. So spielte beispielsweise Beatrice d'Este 1492 dem Gesandten von Ferrara am Hof von Mailand einen Streich, indem sie dafür sorgte, daß wilde Tiere in seinen Garten eindrangen und seine Hühner töteten – dies zur Belustigung ihres Mannes Ludovico Sforza, des Herrschers der Lombardei.[36] Allein, diese Situation sollte nicht andauern, ein Wandel zeichnete sich ab.

Welches waren die wichtigsten Veränderungen im System des Komischen, in den Einstellungen der Italiener gegenüber Witzen? Obwohl sich ein Wandel bereits in den 1520er Jahren – wenn nicht früher – bemerkbar macht, tritt er in den Jahren 1550–1650 noch deutlicher zutage, wenn man der These Enid Welsfords über den »Niedergang des Hofnarren« im 17. Jahrhundert folgt oder Bachtins Feststellung über die »Desintegration des Volksgelächters« in derselben Periode.[37] Beim Nachdenken über die Gründe für diese Veränderungen sollte man sinnvollerweise zwischen den religiösen und den weltlichen Aspekten des von Norbert Elias so genannten »Prozesses der Zivilisation« unterscheiden. Dabei handelt es sich um eine europaweite Bewegung der Selbstbeherrschung (eigentlich müßte man von einem »gesellschaftlichen Zwang zur Selbstbeherrschung« sprechen), die hier im Kontext der italienischen Gegenreformation betrachtet wird.

Bestimmte traditionelle Formen des Scherzens, die bereits von ausländischen Geistlichen kritisiert worden waren – etwa Erasmus' Kritik am Karneval oder jene des Schweizer Reformators Oecolampadius am Osterlachen –, wurden nun auch von den Italienern aus religiösen oder moralischen Gründen verurteilt. Aretino kam ebenso wie Luther und Calvin auf den Index der verbotenen Bücher (der, wenn auch in Italien zusammengestellt, für die gesamte Kirche galt). Die Geschichten des geistlichen Spaßmachers Arlotto, die erstmals um 1516 veröffentlicht worden waren, erschienen ab 1565 in gereinigter Fassung und mit einem einleitenden Hinweis auf die Notwendigkeit, jene Späße zu eliminieren, »die dem Inquisitor allzu freizügig erschienen waren«. Bandello brachte seine Novellen noch gerade rechtzeitig – 1554 – heraus, dagegen blieben die um 1580 verfaßten Geschichten des Florentiner Schriftstellers Antonfrancesco Grazzini bis zum 18. Jahrhundert unveröffentlicht. Mündliche Erzählungen ließen sich nicht ohne weiteres zensieren, immerhin aber wurde der Erzähler Straparola einmal vor das Inquisitionsgericht von Venedig geladen.

Gedruckte *beffe* wurden zunehmend unter moralischen Aspekten herausgegeben, die man mit Hilfe von Metaphern wie ›Heilungen‹, ›Belehrungen‹ und ›Strafen‹ unterstrich. Von Arlotto wurde bereits gesagt, daß er jemanden von seiner schlechten Angewohnheit heilte, neben dem Altar auszuspucken, und jene jungen Männer belehrte, die die Messe im Eilverfahren hinter sich bringen wollten (Nr. 5, 6). Bandello hob die ethischen Implikationen seiner Novellen hervor (in Buch 1, Nr. 3, 35 etc.), obwohl seine Leser diese moralische Verpackung nicht unbedingt überzeugend finden dürften. Ludovico Domenichi, der Herausgeber der von dem Humanisten Angelo Poliziano gesammelten *facezie*, nahm in der Ausgabe von 1548 Kürzungen vor und überarbeitete sie nochmals für die Ausgabe von 1562, die er mit dem seriöseren Titel *Detti e fatti* versah; zudem eliminierte er hier Blasphemien und antiklerikale Bemerkungen und ergänzte jeden Scherz um eine moralische Belehrung.[38] Auch eine Scherzsammlung von Luigi Guicciardini wurde bereits auf dem Titelblatt als ›moralisierend‹ *(ridotti a moralità)* ausgewiesen.

Der Wandel in der Rezeption des *Decamerone* ist eine erhellende Fallstudie dafür, wie Einstellungen sich verändern. Boccaccios Geschichten wären möglicherweise bereits vom Tridentinum verboten worden, hätte Cosimo I. de' Medici, Herzog der Toskana, nicht einen Gesandten zum Konzil geschickt und um einen Aufschub gebeten. Die Geschichten erschienen erneut 1582 in gereinigter Fassung. Eine Geschichte, die von der Heuchelei eines Inquisitors handelt, war gänzlich gestrichen worden, andere Geschichten, die sich über die Geistlichkeit lustig machen, mußten drastische Eingriffe hinnehmen. Begriffe wie ›Mönch‹ und ›Erzengel‹ wurden getilgt, mit dem Ergebnis, daß eine Geschichte ihre ganze Bedeutung einbüßte – und zwar diejenige des Mönches Alberto, der sich als Erzengel Gabriel ausgibt, um eine fromme venezianische Dame zu verführen.[39] Ähnlich erging es den Witzen in Buch 2 von Castigliones *Hofmann* in der gereinigten Ausgabe von 1584.[40]

Die Geistlichkeit der Gegenreformation hatte eine ›kulturelle Offensive‹ gestartet, bei der es ihr nicht darum ging, Witze gänzlich zu verbannen, sondern ihren Anwendungsbereich zu reduzieren. Es galt zunehmend als unziemlich, wenn Witze vom Klerus erzählt wurden, dessen Verhalten von *gravitas* geprägt zu sein hatte, oder in der Kirche, die ja eine heilige Stätte war, oder wenn sich Witze mit religiösen Themen befaßten. Der Lebenswandel eines Arlotto oder Fra Mariano begann jetzt als unziemlich zu gelten – und später wurde er nahezu unvorstellbar.

Auf seinem Provinzkonzil von 1565 verurteilte San Carlo Borromeo die Osterspiele, da sie Lachen provozierten. Er hätte Wladimir Propp in der Frage des rituellen Lachens sicherlich nicht zugestimmt. Nach Auffassung Borromeos war der fromme Brauch, das Leben Christi und der Heiligen darzustellen, durch menschliche Perversität verdorben worden, die zu skandalösem Betragen, Lachen und Mißachtung führte. Er unterwies auch seine Prediger, keine lustigen Geschichten zu erzählen.[41] Papst Pius V. gab einen Erlaß gegen ›übermäßiges‹ Gelächter in der Kirche heraus.[42] Der Index Sixtus' V. von 1590, der strenger als seine Vorgänger war, enthielt auch die von Domenichi und Guicciardini herausgegebenen Sammlungen von *facezie*, obwohl diese sich selbst als Moralisten betrachteten.[43] In einem Brief aus dem Jahre 1608 sprach sich Robert Bellarmine, eine weitere führende Figur der Gegenreformation, dagegen aus, Einzelheiten aus dem Leben von Heiligen bekanntzumachen, die möglicherweise Gelächter auslösen könnten anstatt zu erbauen (»quae risum potius quam aedificationem pariant«). Vielleicht hatte er dabei das traditionelle Bild des vom Heiligen Geist gehörnten Joseph vor Augen.

Diese klerikale Offensive muß als Teil einer umfassenderen Bewegung gesehen werden oder zumindest eines größeren Wandels in den Einstellungen (auf jeden Fall innerhalb der oberen Klassen), der vom Aufkommen des Klassizismus in der Kunst bis zum Rückzug aus der Teilnahme an der Volkskultur reicht, ein Wandel, den Elias als zunehmende Selbstbeherrschung oder ›Zivilisation‹ beschrieben hat.[44] So heißt es etwa in den *Discorsi intorno a quello che si conviene a giovane nobile nel servire un gran principe* (1565) des Gianbattista Giraldi Cinzio (besser bekannt als Tragödienschreiber), der junge Edelmann solle nicht als erster scherzen, da dies als ein Mangel an Respekt gegenüber seinem Fürsten ausgelegt werden könnte. Der Genueser Patrizier Ansaldo Cebà betonte, wie wichtig es sei, sich mit Scherzen zurückzuhalten: Sie sollten den Örtlichkeiten, dem Zeitpunkt und den Personen angemessen und eines feinen Herrn nicht unwürdig sein (»che non disdicano ad huom libero e costumato«).[45]

Doch zurück zur *beffa*. Vom ›Zivilisations‹-Standpunkt aus gesehen ist es sicherlich nicht unerheblich, daß unter den Kritikern der *beffa*, wie wir gesehen haben, zwei Autoren sind, deren Sittenbreviere Berühmtheit erlangten: der *Hofmann* des Baldassare Castiglione und der *Galateo* des Giovanni Della Casa. Castigliones Sprecher kritisieren die *beffe* aus moralischen Gründen, Wortwitze ziehen sie handfesten Streichen vor, und der Autor eliminierte einige seiner eigenen Scherze aus der dritten Manuskriptfassung seiner Abhandlung. Die Kritiken mögen heute harmlos erscheinen, doch im Kontext des frühen Cinquecento nehmen sie sich nahezu puritanisch oder revolutionär aus.[46] Der gegenreformatorische Moralist Della Casa wiederum sah die Notwendigkeit ein, daß die Leute sich gegenseitig Streiche spielen, da das Leben in diesem Jammertal doch irgendwelchen Trostes *(sollazzo)* bedarf, doch gleichzeitig kritisierte er auch bestimmte Arten der *beffa*.[47]

Andere Zeugnisse lassen auch erkennen, daß die Normen genauer definiert wurden und der Bereich des öffentlich Zulässigen sich allmählich reduzierte. So achteten die Intronati, eine dramatische Vereinigung von Adeligen in Siena, jetzt beispielsweise darauf, den Anstand der Damen durch ihre *burle* nicht zu verletzen. Und bei den *beffe*, die Grazzini – vermutlich um 1580 – erzählte, hat ein Wissenschaftler vor nicht allzulanger Zeit einen Perspektivwechsel vom Spaßmacher zum Opfer konstatiert.[48] Ein anderer neuerer Autor spricht sogar von der ›Krise‹ in der italienischen Literatur des 17. Jahrhunderts und dem Niedergang der *beffa*.[49] Zumindest wurde sie gereinigt.

Was trat an die Stelle der traditionellen *beffa*? Typisch für die neue Art von Humor ist die relativ harmlose *beffa* des Girolamo Parabosco, in der ein Liebhaber beim Betreten des Hauses seiner Dame mit »einem großen Krug Wasser und heißer Asche« überschüttet wird. Die Streiche des Bertoldo, des Helden eines von Giulio Cesare Croce verfaßten Possenzyklus, sind bisweilen gewalttätig, aber nie skatologisch. Innerhalb der oberen Klassen scheint sich die Komik auch in Richtung Wortwitz und verbalen Humors verlagert zu haben. Dieser Wandel läßt sich anhand des Lebens der Akademien illustrieren, einer zunehmend wichtiger werdenden Form der Geselligkeit, wie sie von besseren Kreisen in den italienischen Städten des 16. und 17. Jahrhunderts gepflegt wurde. Diese Diskussionsgruppen, die auf die Frührenaissance zurückgingen, wurden jetzt immer formaler, dabei gleichzeitig aber auch spielerischer, und zwar auf eine respektable Weise. Die Veränderung dokumentiert sich nicht nur in den humorvollen Namen, die die Akademien und ihre Mitglieder sich jetzt in der Regel zu geben pflegten – die ›Schlafmützen‹ *(Addormentati)*, die ›Verwirrten‹ *(Confusi)*, die ›Erfrorenen‹ *(Gelati)*, die ›Unreifen‹ *(Immaturi)*, die ›Unbesonnenen‹ *(Spensierati)*, die ›Unzivilisierten‹ *(Incolti)* und so weiter –, sondern auch in den zahlreichen Spottvorträgen und Parodien, die auf ihren Programmen standen und die Gianfrancesco Loredan zum Teil in seine *Bizarrie academiche* (1638) aufgenommen hat.[50]

Im 17. Jahrhundert machte sich der Rhetoriker Emmanuele Tesauro (der im heutigen Sprachgebrauch als Literaturtheoretiker bezeichnet werden könnte) für ein neues Ideal der Eleganz stark, in dem ›volkstümliche Scherze‹ *(facetie popolari)* nichts mehr zu suchen hatten. Zwar lehnte er die *beffa* nicht rundweg ab, doch ging es ihm viel mehr um Wortwitze als um handfeste Streiche.[51] In dieser Hinsicht war er ein typischer Repräsentant jener kulturellen Bewegung, die wir heute ›Barock‹ nennen. Es dürfte nicht allzu abwegig sein, wenn man die Leidenschaft des Barock für Wortspiele als eine Form psychologischer Kompensation deutet, als eine Reaktion darauf, daß der Bereich des Komischen immer enger wurde. Eine weitere Form der Kompensation war das Aufkommen der Karikatur, die in den Kreisen um Carracci und Bernini in der ersten Hälfte des 17. Jahrhunderts erfunden wurde. Mit anderen Worten, sie war das Werk berühmter klassizistischer Künstler, die sich vermutlich von der Idealisierung erholen wollten, nachdem ihnen frühere Formen der Entspannung durch das Komische jetzt verwehrt blieben.[52]

Natürlich darf man Elias' These von der Entstehung der Selbstbeherrschung beziehungsweise der ›Zivilisation‹ nicht zu undifferenziert anwenden. Der Trend vollzog sich graduell, nicht sprunghaft, er provozierte Widerstand und setzte sich nur mit wechselndem Erfolg zu unterschiedlichen Zeiten und an unterschiedlichen Orten durch, unter verschiedenen Gruppen oder sogar in verschiedenen Situationen. So veröffentlichte etwa Adriano Banchieri, ein Benediktinermönch, im 17. Jahrhundert komische Werke, wenn auch unter einem Pseudonym, womit er das Tabu der Gegenreformation gleichzeitig offenbarte und brach. Der Florentiner Patrizier Niccolò Strozzi erzählte um die Mitte des 17. Jahrhunderts die Geschichte einer *beffa*, in der das Opfer die ganze Nacht auf der Piazza della Signoria verbringen mußte.[53] In Pratolino waren die Springbrunnen auch im 17. Jahrhundert und danach noch in Aktion, wie zwei englische Reisende (neben anderen) bezeugen. John Evelyn, der 1645 hier weilte, schreibt, daß er und seine Gefährten »unsere Neugier mit einem vollen Wasserbad bezahlen mußten«.[54] Richard Lassels berichtet über seinen Besuch in der »Cupido-Grotte mit den Nässeschemeln, auf denen man, wenn man sich niederläßt, einen großen Strahl Wasser voll ins Gesicht bekommt«.[55]

Im 18. Jahrhundert findet eine Rückkehr zur Renaissance statt, allerdings mit einem Unterschied. Verschiedene komische Texte des 16. Jahrhunderts wurden jetzt, wenn auch in revidierter Form, neu herausgebracht. *Bertoldo* zum Beispiel wurde 1736 in einer von zwanzig Gelehrten umgeschriebenen Versfassung und mit Allegorien versehen neu aufgelegt. G. C. Becelli verfaßte eine neue Version über die Abenteuer des berühmten mittelalterlichen Possenreißers *Il Gonella* (1739). Grazzinis um 1580 geschriebene *beffe* wurden erstmals 1756 publiziert. 1763 kam in Venedig eine Vita des legendären geistlichen Spaßmachers Arlotto Mainardi heraus. Das heißt, die Wiederbelebung der Renaissance im 18. Jahrhundert ging mit einer Art kultureller Verfremdung einher – und wurde durch sie vielleicht überhaupt erst möglich.

Um das Thema der Verfremdung weiter zu verfolgen, sollten wir uns eine Geschichte aus der Mitte des 20. Jahrhunderts vornehmen, die der Schriftsteller Vasco Pratolini in seinem Roman *Le ragazze di San Frediano* (1952) erzählt und die im Kontext der traditionellen Arbeiterkultur der ersten Nachkriegsjahre angesiedelt ist. Eine Bande von sechs Mädchen rächt sich an ›Bob‹, dem lokalen Don Giovanni, der sie individuell zu verführen versucht hat. Ihre Strafaktion nimmt die Form einer *beffa* in bester florentinischer Tradition an: Er wird gefesselt und mit entblößten Genitalien durch die Straßen der Stadt geführt. Pratolini knüpft damit nicht nur an eine hochliterarische, sondern auch an eine volkstümliche Tradition an, es ist die der florentinischen Arbeiterkultur, der er selbst entstammte und die er in seinem ganzen Werk immer wieder aufleben läßt. Offensichtlich haben wir uns in den vierhundert Jahren, die zwischen Pratolini und Pratolino liegen, oder gar in den sechshundert Jahren, die ihn von Boccaccio trennen, nicht sehr viel weiterbewegt. In beiden Fällen ist die ›Bande‹ beziehungsweise die *brigata* von entscheidender Bedeutung. Doch die gesellschaftlichen Grenzen des Komischen haben sich verlagert. Was im Trecento allgemeiner gesellschaftlicher Usus war, beschränkt sich heute auf Jugendliche aus der Arbeiterklasse.

An dieser Stelle sollten wir vielleicht noch einmal auf Darntons Kommentare über das Anderssein zurückkommen. Sind wir tatsächlich so viel weniger grausam, so viel zivilisierter, wie er vermutet? In den *Cambridge Evening News* wurde Anfang der 1990er Jahre über einen Vorfall berichtet, bei dem ein junger Mann nach einem Streit mit seiner Freundin sich an ihr rächte, indem er ihre Katze in den Mikrowellenherd steckte. Das Beispiel legt nahe, daß man vielleicht besser nicht so sehr von einem tiefgreifenden Wandel in der menschlichen Psychologie sprechen sollte als vielmehr von Veränderungen in den gesellschaftlichen Konventionen, in den Spielregeln, in den Grenzen des Komischen. Ebensowenig wie die Sexualität läßt sich das Lachen vollständig unterdrücken. Anstatt vom ›Niedergang‹ traditioneller Formen des Humors seit dem späten 16. Jahrhundert zu sprechen, sollten wir lieber Bachtins präziseren Begriff der ›Desintegration‹ verwenden. Was wir besonders für den Zeitraum von 1550 bis 1650 feststellen können, sind zunehmende Beschränkungen in der öffentlichen Teilhabe von Geistlichkeit, Frauen oder Adeligen an bestimmten Arten des Witzes, eine Reduzierung der Bereiche, Anlässe und Örtlichkeiten des Komischen, ein Anheben der Schamschwelle und eine zunehmende Kontrolle der Grenzen.

1 Michail Bachtin, *Rabelais und seine Welt*, Frankfurt a.M. 1995; Keith V. Thomas, »The Place of Laughter in Tudor and Stuart England«, in: *Times Literary Supplement*, 21. Januar 1977; Robert Darnton, *Das große Katzenmassaker. Streifzüge durch die französische Kultur vor der Revolution*, München 1989

2 Wladimir Propp, »Ritual Laughter in Folklore«, in: ders., *Theory and History of Folklore*, Manchester 1984; Michael Apte, *Humour and Laughter: an Anthropological Approach*, Ithaca 1985; Michael Mulkay, *On Humour*, Cambridge 1988

3 Sigmund Freud, *Der Witz und seine Beziehung zum Unbewußten*, Wien 1905
4 Max Marwick, »Witchcraft as a Social Strain-Gauge«, in: *Australian Journal of Science* 26, 1965, S. 263–268
5 Darnton (1989), S. 12
6 Jacob Burckhardt, *Die Kultur der Renaissance in Italien*, Basel 1860, Zweiter Abschnitt, 4. Kap.
7 Georg Luck, »*Vir Facetus*: a Renaissance Ideal«, in: *Studies in Philology* 55, 1958, S. 107–121; Anna Fontes, »Pouvoir (du) rire. Théorie et pratique des facéties aux 15e et 16e siècles: des facéties humanistes aux trois recueils de L. Domenichi«, in: *Réécritures* 3, Paris 1987, S. 9–100
8 Paul Grendler, *Critics of the Italian World*, Madison 1969; Nino Borsellino, *Gli anticlassicisti del '500*, Rom/Bari 1973, S. 41–65
9 André Rochon (Hrsg.), *Formes et significations de la beffa*, Bd. 2, Paris 1975, S. 83–102; Paul Larivaille, *Pietro Aretino fra Rinascimento e Manierismo*, Rom 1980
10 Ernst H. Gombrich, »Architektur und Rhetorik in Giulio Romanos Palazzo del Tè«, in: ders., *Neues über alte Meister*, Stuttgart 1988, S. 113–119
11 Eugenio Battisti, *L'antirinascimento*, Mailand 1962, S. 278 ff.; Paul Barolsky, *Infinite Jest: Wit and Humor in Italian Renaissance Art*, New York 1978, S. 153 ff.
12 Battisti (1962), S. 125 ff.; Barolsky (1978); Horst Bredekamp, *Vicino Orsini und der heilige Wald von Bomarzo*, 2 Bde., Worms 1985; Claudia Lazzaro, *The Italian Renaissance Garden*, New Haven 1990, S. 137, 142, 306
13 Alessandro Luzio/Rodolfo Renier, »Buffoni, nani e schiavi dei Gonzaga ai tempi d'Isabella d'Este«, in: *Nuova Antologia* 118, 1891, S. 618–650 und *N.A.* 119, S. 112–146; Francesco Malaguzzi Valeri, *La corte di Lodovico il Moro*, 4 Bde., Mailand 1913–23, Bd. 1, S. 563–564; Enid Welsford, *The Fool*, London 1935, S. 8–19, 128–137
14 Malaguzzi Valeri (1913–23), Bd. 1, S. 563
15 Arturo Graf, »Un buffone di Leone X«, in: ders., *Attraverso il '500*, Turin 1916, S. 365–390
16 Propp (1976), Kap. 9; Claudio Bernardi, *La drammaturgia della settimana santa in Italia*, Mailand 1990, S. 153; Piero Camporesi, *La maschera di Bertoldo*, Turin 1976, S. 92
17 Stanley Brandes, *Metaphors of Masculinity*, New York 1980; Michael Herzfeld, *The Poetics of Manhood: Contest and Identity in a Cretan Mountain Village*, Princeton 1985
18 André Rochon (Hrsg.), *Formes et significations de la beffa*, Paris 1972, S. 28
19 Vgl. Giuseppe Mazzotti, *The World at Play in Boccaccio's ›Decameron‹*, Princeton 1986
20 Rochon (1975), S. 65–170
21 Claudio Varese (Hrsg.), *Prosatori volgari del Quattrocento*, Mailand/Neapel 1955, S. 767–802; Rochon (1972), S. 211–376

22 Rochon (1972), S. 45–98; vgl. Robert J. Rodini, *A. F. Grazzini*, Madison 1970, S. 153–156
23 Rochon (1972), S. 121–166
24 Rochon (1972), S. 99–110
25 Stith Thompson, *Motif-Index of Folk Literature*, 6 Bde., Kopenhagen 1955–58; Dominic P. Rotunda, *Motif-Index of the Italian Novella in Prose*, Bloomington 1942
26 Malaguzzi Valeri (1913–23), Bd. 1, S. 560ff.; Stefano Prandi, *Il cortegiano ferrarese*, Florenz 1990, S. 78
27 Gherardo Ortalli, »Il giudice e la taverna«, in: ders. (Hrsg.), *Gioco et giustizia nell'Italia di Comune*, Treviso/Rom 1993, S. 49–70, hier S. 67
28 Tom V. Cohen, »The Case of the Mysterious Coil of Rope«, in: *Sixteenth-Century Journal* 19, 1988, S. 209–221
29 Clare Robertson, *›Il Gran Cardinale‹: Alessandro Farnese, Patron of the Arts*, New Haven/London 1992, S. 128; Lazzaro (1990), S. 65–68
30 Edward Muir/Guido Ruggiero (Hrsg.), *Sex and Gender*, Baltimore 1990, S. 351
31 Claudia Evangelisti, »Libelli famosi: processi per scritte infamanti nella Bologna di fine '500«, in: *Annali della Fondazione Einaudi* 26, 1992, S. 181 bis 237, hier S. 221
32 Walter Friedlaender, *Caravaggio Studies*, Princeton 1955, S. 271–272
33 John Davis, *Land and Family in Pisticci*, London 1973, S. 23; vgl. Brandes (1980), S. 115ff.; Herzfeld (1985), S. 148
34 Burckhardt (1860), Zweiter Teil
35 Luzio/Renier (1891)
36 Malaguzzi Valeri (1913–23), Bd. 1, S. 560–561
37 Welsford (1935), S. 182–198; Bachtin (1995)
38 Brian Richardson, *Print Culture in Renaissance Italy*, Cambridge 1994, S. 135
39 Andrea Sorrentino, *La letteratura italiana e il Sant' Ufficio*, Neapel 1935; Peter M. Brown, »Aims and Methods of the Second *Rassettatura* of the Decameron«, in: *Studi Secenteschi* 8, 1967, S. 3–40
40 Vittorio Cian, »Un episodio della storia della censura in Italia nel secolo XVI: l'edizione spurgata del *Cortegiano*«, in: *Archivio Storico Lombardo* 14, 1887, S. 661–727
41 Bernardi (1990), S. 256, 259; Francesco Taviani, *La commedia dell'arte e la società barocca*, Rom 1969; Carlo Borromeo, *Instructiones Pastorum*, Augsburg 1758, S. 44
42 Martín de Azpilcueta, *El silencio ser necessario en el choro*, Rom 1582, S. 42–43
43 Franz H. Reusch (Hrsg.), *Die ›indices librorum prohibitorum‹ des sechzehnten Jahrhunderts*, Tübingen 1886, S. 481
44 Norbert Elias, *Der Prozeß der Zivilisation*, 2 Bde., Basel 1939; Peter Burke, *Helden, Schurken und Narren*, Stuttgart 1978, S. 284–295
45 Ansaldo Cebà, *Il cittadino di repubblica*, Genua 1617, Kap. 43

46 Robert Grudin, »The Jests in Castiglione's *Il Cortegiano*«, in: *Neophilologus* 58, 1974, S. 199–204; Rochon (1975), S. 171–210

47 Giovanni Della Casa, *Il Galateo*, Florenz 1558, Kap. 11, 19

48 Michel Plaisance, »La structure de la beffa dans le Cene d'A. F. Grazzini«, in: Rochon (1972), S. 46

49 Rochon (1972), S. 179–202

50 Amedeo Quondam, »L'accademia«, in: Alberto Asor Rosa (Hrsg.), *Letteratura Italiana*, Bd. 1, Turin 1982, S. 823–898

51 Emmanuele Tesauro, *Il cannocchiale aristotelico*, 1654, Nachdruck Turin 1670, S. 38, 223, 583 ff., 682

52 Ernst Kris, *Die ästhetische Illusion. Phänomene der Kunst in der Sicht der Psychoanalyse*, Frankfurt a. M. 1977; Irving Lavin, »Bernini and the Art of Social Satire«, in: *History of European Ideas* 4, 1983, S. 365–378

53 John Woodhouse (Hrsg.), »Avvertimenti necessari per i cortegiani«, in: *Studi Secenteschi* 23, 1982, S. 141–161

54 John Evelyn, *Diary*, hrsg. v. E. S. de Beer, 5 Bde., Oxford 1955, Bd. 2, S. 418

55 Richard Lassels, *A Voyage of Italy*, 1670, Nachdruck London 1698, S. 134

KAPITEL VI

Der diskrete Charme Mailands: Englische Reisende im 17. Jahrhundert

Reiseberichte, sofern wir sie nur zu lesen verstehen, gehören zu den aussagekräftigsten Quellen für die Kulturgeschichte. Unter einem ›Reisebericht‹ verstehe ich ein Journal oder ein Tagebuch, das ein Reisender – normalerweise in einem fremden Land – führt, oder eine Korrespondenz, in der Reiseeindrücke beschrieben werden. Die Versuchung für Historiker wie auch für andere Leser besteht darin, uns in die Situation der Autoren zu versetzen, uns ihren Blick und ihr Gehör zu eigen zu machen und auf diese Weise eine vergangene Kultur so wahrzunehmen, wie wir uns vorstellen, daß sie wirklich war.

Dieser Versuchung sollte man nicht etwa deshalb widerstehen, weil Reisende sich in ihren Beobachtungen unterscheiden, denn es ist relativ einfach, einen Bericht anhand eines anderen zu verifizieren. Entscheidend ist vielmehr der rhetorische Aspekt ihrer Beschreibungen, vor allem die Bedeutung der in ihnen enthaltenen Verallgemeinerungen und Schemata. Solche Texte sind ebensowenig rein spontane und objektive Beschreibungen neuer Erfahrungen, wie Autobiographien rein spontane und objektive Berichte über ein individuelles Leben sind (vgl. S. 56). Zumindest manche dieser Schilderungen wurden mit Blick auf ihre Veröffentlichung geschrieben, und alle halten sich an bestimmte literarische Konventionen. Andere geben lediglich Vorurteile wieder, hier ganz wörtlich zu verstehen als Urteile, die sich – ob in Gesprächen oder aufgrund von Lektüre – herausgebildet hatten, *bevor* die Reisenden ihr Heimatland verließen.

Aufgrund einer anthropologischen Studie über den »Menschenfresser-Mythos« wissen wir, wie häufig es vorkommt, daß Reisende die Angehörigen einer ihnen gänzlich fremden Kultur als Kannibalen wahrnehmen. »Es gibt keine menschliche Gruppe, die nicht zu irgendeinem Zeitpunkt von irgend jemandem mit dem Epitheton des Kannibalen versehen worden wäre.« Ein weiteres bekanntes Beispiel für Vorurteile – eingehend untersucht anhand der Rolle, die Europäer im Fernen Osten spielten – ist der sogenannte »Mythos des faulen Eingeborenen«. Seit Jahrhunderten lassen sich Europäer über den »Müßiggang«, die »Lässigkeit« oder die »Arbeitsscheu« von Malayen, Filipinos, Javanern und so weiter aus.[1] Andererseits haben seit den Zeiten Herodots Reisende an ›exotisch‹ anmutenden Orten immer wieder das Schema der auf den Kopf gestellten Welt bemüht, um auf diese Weise ihren Beobachtungen eine Struktur zu geben. Bei E. M. Forster sind es gleich mehrere Romanfiguren, die fremde Erdteile als die Umkehrung ihres eigenen Landes betrachten. Sowohl in dem in Italien spielenden Roman *Zimmer mit Aussicht* (1908) als auch in *Auf der Suche nach Indien* (1924) beklagt jemand den schrecklichen Mangel an Privatsphäre.

Die Kunst des Reisens

Eine ganze Reihe von Reiseberichten übernehmen auch einfach nur die Rezepte, die sich in Büchern über die ›Kunst des Reisens‹ finden. Bereits im 17. Jahrhundert hatten sich Anweisungen zum ›richtigen Reisen‹ als literarisches Genre durchgesetzt. Zur Literatur über die bisweilen so genannte ›apodemische Kunst‹ – mit anderen Worten, die Kunst des methodischen Reisens – zählen Werke wie Hieronymus Turler: *De peregrinatione* (1574), Hilarius Pyrckmair: *De arte apodemica* (1577), Theodor Zwinger: *Methodus apodemica* (1577), Justus Lipsius:

De ratione peregrinandi (1578), Albert Meier: *Methodus* (1587), Salomon Neugebauer: *De peregrinatione* (1605) und Henrik Rantzau: *Methodus peregrinandi* (1608).[2]

Diese Bücher enthielten für angehende Reisende eine Liste all dessen, was sie an den Orten ihrer Reiseroute besonders beachten sollten: Grabstätten; Gemälde; Bauten (öffentliche und private, religiöse und weltliche); Befestigungsanlagen; Brunnen; das politische System; Sitten und Bräuche der Einwohner. Auch wurde ihnen empfohlen, einen Reiseführer mitzunehmen und alles, was sie sahen, sorgfältig zu notieren. Engländer, die des Lateinischen unkundig waren, hatten gleichwohl Zugang zu den Texten von Turler (1575 ins Englische übersetzt), Meier (1589 übersetzt) und Lipsius (1592 übersetzt) und natürlich auch zu Francis Bacons Abhandlung »Über das Reisen«, die erstmals 1612 erschien. Zwar gab es manche Reisende, wie etwa Michel de Montaigne, die ihre Augen und Ohren nutzten, um eigenständige Berichte zu verfassen, doch viele Autoren hielten sich in ihren Reisejournalen an die Empfehlungen, die in diesen ›apodemischen‹ Texten gegeben wurden, wobei sie je nach Vorliebe die Betonung einfach auf die eine oder andere Kategorie legten. So konterte beispielsweise der Engländer Thomas Coryat die Kritik, er sei »ein Grabstein-Reisender«, der zu viele Grabinschriften abschreibe und zu wenig über die Regierungsformen sage, indem er vorab erklärte, er reise »als Privatmann und nicht als Politiker«.[3]

Trotz gelegentlicher Anflüge von Skepsis hielten sich die Reisenden doch immer wieder auch an die Aussagen, die frühere Reisende in ihren Büchern gemacht hatten, darunter jene Reiseführer in fremde Länder, wie sie im 17. Jahrhundert in wachsender Zahl publiziert wurden. Daraus erklärt sich auch, daß viele ihrer Schilderungen formelhaft wirken. In ihren relativ kurzen Notizen über Genua lassen sich beispielsweise zwei Engländer unabhängig voneinander über die »königliche Pracht« beziehungsweise den »königlichen Luxus« der Stadt aus (siehe auch Kapitel VII).[4] »Pracht« wurde in diesen Beschreibungen zum Standardbegriff.

Nicht nur Kurzformeln, auch Topoi und Themen wiederholen sich ständig in diesen Berichten.[5] Dazu gehören Prozessionen (namentlich von Flagellanten) und Votivtafeln als Zeichen katholischen »Aberglaubens«, von denen die protestantischen Besucher fasziniert waren.

Eine Rolle spielen ferner Gewalt, Rache, der Beschützerstatus des Mannes gegenüber der Frau und *lazzaroni*. Englische, französische und deutsche Reisende des 17., 18. und 19. Jahrhunderts perpetuieren den Mythos des faulen Eingeborenen in seiner europäischen Version, wenn sie in ihren Berichten über Italien immer wieder die neapolitanischen *lazzaroni* beschreiben – kerngesunde Männer, die in der Sonne herumliegen und nichts tun: Das *dolce far niente* wird hier zum obligaten Bestandteil des italienischen *dolce vita*, wie Reisende aus dem Norden es sahen.[6] Der Engländer Samuel Sharp berichtete von 6000 *lazzaroni*, die in den Straßen schlafen und »denen es gestattet wird, sich einen großen Teil des Tages unter den Palastmauern zu sonnen«. Ein Landsmann Sharps schmückte dieses Bild noch weiter aus, indem er behauptete, »die Bedürfnisse der Natur sind hier so leicht zufriedenzustellen, daß die untere Schicht des Volkes nur wenig zu arbeiten braucht: Ihr größtes Vergnügen besteht darin, sich in der Sonne zu aalen und nichts zu tun.«[7] Französische und deutsche Autoren äußerten dieselbe Auffassung – mit Ausnahme Goethes, der die Vorstellung als ein Beispiel für das Stereotyp des Nordeuropäers über den »südlichen Zustand« abtat.[8]

Diese Schilderungen sind nicht notwendigerweise reine Plagiate. Es ist durchaus denkbar, daß die Reisenden tatsächlich Männer in der Sonne liegen sahen – um sich nach der Arbeit auszuruhen oder auch nicht –, die sich ihnen als *lazzaroni* darstellten, da sie genau den Erwartungen entsprachen, die durch Bücher oder mündliche Überlieferung geweckt worden waren. Im 18. Jahrhundert (wenn nicht schon früher) suchten die Reisenden nach dem ›Pittoresken‹, ein Modewort, das damals nicht von ungefähr aufkam: Man gewöhnte sich an, das Alltagsleben durch die Brille der alten Meister zu betrachten. Etwas später, 1814, beschrieb der englische Dichter Samuel Rogers die Balkone in Mailand, »von denen eine weibliche Figur immer herabschaut wie bei P. Veronese und Tintoretto«.[9] Daß Bilder die Wahrnehmung der Wirklichkeit zu beeinflussen vermögen, gilt in der Tat nicht nur für Visionäre. Auf jeden Fall wird der Reisende, der in eine fremde oder halbfremde Kultur eintaucht, zum Zuschauer, zum Betrachter, wenn nicht gar zum Voyeur. Oder wie Henry James in seinen *Italian Hours* (1877) formuliert: »Reisen ist fast so, als ginge man ins Theater.«

Nach all diesen kritischen Anmerkungen wird der Leser möglicherweise erwarten, daß ich diese Reiseberichte in den Mülleimer werfe oder das Italien der fraglichen Autoren als pure ›Erfindung‹ bezeichne. Ich will jedoch versuchen – wie überhaupt in diesem Buch –, die Gefahren des Positivismus und Konstruktivismus nicht dadurch zu umgehen, daß ich ins andere Extrem verfalle. Die Berichte dienen als Quellenmaterial für die Geschichte der Mentalitäten und werden hier als solche analysiert.[10] Es sind wertvolle Zeugnisse kultureller Begegnungen, die die Wahrnehmung einer kulturellen Fremdheit dokumentieren, gleichzeitig aber auch den Versuch, sie zu überwinden beziehungsweise sie in etwas Vertrauteres zu ›übersetzen‹.

Ansichten von Italien

Konkrete Beispiele einer solchen Wahrnehmung von Fremdheit bieten sich bei nordeuropäischen, vor allem aber englischen Reisenden im Italien der Frühen Neuzeit.[11] Bereits in dieser Epoche galt den Nordeuropäern Italien tendenziell als das Andere. Es wäre zu einfach, diese kulturelle Fremdheit unter religiösen Aspekten als Ergebnis der Reformation erklären zu wollen. Zu einfach deshalb, weil sich umgekehrt auch die Reformation aus genau dieser kulturellen Fremdheit erklären ließe. Zwei führende Reformatoren, Erasmus und Luther, bezeugten nach Italienreisen ihre Abneigung gegenüber bestimmten italienischen Bräuchen, wie etwa den Karneval von Siena, den Erasmus 1509 miterlebte. Dennoch dürfte die Ablehnung von Bildern, Ritualen, Heiligen und so weiter durch die Reformation die Distanz gegenüber der italienischen Kultur, wie sie von protestantischen Reisenden empfunden wurde, noch vergrößert haben.

Obwohl sie den Katholizismus (oder den ›Papismus‹, wie sie ihn nannten) verachteten beziehungsweise fürchteten, zeigten zahlreiche Angehörige der englischen Oberschicht ein lebhaftes Interesse an der italienischen Kultur. Philip Sidney, William Harvey, John Milton, John Evelyn, Joseph Addison und Tobias Smollett gehören zu den berühmtesten unter den vielen Engländern, die Italien in der Frühen Neuzeit bereisten. Italienische Kunst und Architektur waren in Großbritannien sehr bekannt, und zwar nicht nur diejenige der Renaissance, sondern auch Werke von Künstlern des 17. Jahrhunderts, wie die Carracci, Guido Reni, Guercino und Salvator Rosa.[12] Sir Henry Wotton, der viele Jahre als Botschafter in Venedig verbrachte, war ein bedeutender Vermittler zwischen seinen Landsleuten und der italienischen Kultur. Dasselbe gilt für den berühmten Kunstkenner und Mäzen Thomas Howard, Earl of Arundel, der Inigo Jones 1613 auf eine Italienreise mitnahm. Mehr als dreißig Jahre später, 1646, gab der Earl Evelyn ›Fingerzeige‹ über die Sehenswürdigkeiten in Italien.[13]

Italienisch war wahrscheinlich die zu dieser Zeit unter den Engländern am meisten verbreitete Fremdsprache, erst im Laufe des 18. Jahrhunderts wurde es durch das Französische überflügelt. Die italienische Literatur stand in höchstem Ansehen, vor allem die Dichtungen Petrarcas, Ariosts und Tassos (dessen *Gerusalemme liberata* 1600 in einer englischen Übersetzung von Edward Fairfax herauskam). Eine Reihe von Werken italienischer Autoren des 17. Jahrhunderts wurde umgehend ins Englische übertragen, darunter Paolo Sarpis *Historia del concilio tridentino* (1620), Virgilio Malvezzis *Il Romulo – Il Tarquinio supero* (Romulus und Tarquinius) und *Il Davide perseguitato* (Der verfolgte David) (beide 1637), Enrico Davilas *Historia delle guerra civili di Francia* (Geschichte des Bürgerkriegs in Frankreich) (1647), Traiano Boccalinis *Ragguagli di Parnaso* (1656) und Galileis *Dialogo sopra i due massimi sistemi del mondo* (1661).

So überrascht es nicht weiter, daß es in der Frühen Neuzeit eine beträchtliche Zahl von Engländern gab, die nach Italien reisten. Nach den Worten Addisons »gibt es sicherlich keinen Ort auf der Welt, wo ein Mann mit größerem Vergnügen und größerem Gewinn reisen kann als Italien«.[14] Die oben beschriebenen Bücher über die Kunst des Reisens, namentlich die Werke von Pyrckmair, Turler und Lipsius, hatten Italien mit besonderer Detailfreude beschrieben. Italien war das Hauptziel der ›Grand Tour‹, eine damals gerade aufkommende Bezeichnung für den Auslandsaufenthalt eines oder mehrerer junger Adeliger, oft in Begleitung eines Tutors. Einer dieser Reisenden, John Ray, schrieb zum Beispiel in seinem Vorwort über seinen Plan, »eine Grand Tour (wie sie es dort nennen) durch Frankreich zu unternehmen«. Die Tour, eine bedeutende europäische Institution zwischen dem Ende des 16. und dem Ende des 18. Jahrhunderts, dauerte oft mehrere Jahre. Einen Großteil dieser Zeit verbrachten englische

›grand tourists‹, aber auch Holländer, Dänen und Polen in Italien.[16] Entsprechend groß war der Bedarf an Reiseführern, von denen eine ganze Reihe publiziert wurde, sei es über Italien im allgemeinen, sei es über wichtige Städte wie Venedig oder Rom.

Unterschiede in Religion, Sprache, Klima und Sitten vermittelten den Reisenden ein ausgeprägtes Gespür für kulturelle Fremdheit. John Ray, der sich auf mehr als zehn Seiten seines Buches über Sitten und Moral der Italiener verbreitete, fielen vor allem ihre Rachsucht, Lüsternheit und Eifersucht auf. Ellis Veryard kam zu ähnlichen Ergebnissen (sofern er sie nicht einfach von Ray übernahm): »Die Italiener sind im allgemeinen ... wollüstig, eifersüchtig und rachsüchtig.«[17] Richard Lassels, ein katholischer Priester, der lange Jahre in Italien verbrachte, stellte die italienischen Sitten als »äußerst lobenswert« dar, aber auch er bemerkte, daß Italiener zur Rachsucht neigen, daß sie »empfindlich sind, was ihre Ehre angeht«, und daß sie »ihren Frauen gegenüber eine fast eifersüchtige Strenge walten lassen«.[18]

Ein weiterer Aspekt Italiens, der die ausländischen Reisenden beeindruckte, war die Bedeutung des äußeren Erscheinungsbildes. Lassels drückte sich in dieser Hinsicht etwas verständnisvoller aus und beschrieb die Italiener als Leute, die »beim Essen sparen, damit sie in ansehnlicher Weise leben und lieben können; was wir für das leibliche Wohl ausgeben, wenden sie für die Kleidung auf«. Ray hielt die Häuser für »eher groß und stattlich als zweckdienlich zum Wohnen« und stellte fest, daß »der niedere Adel sich in der Öffentlichkeit gerne so aufwendig präsentiert, wie es ihm nur möglich ist; zu Hause versagen sie sich vielerlei, solange sie nur in der Lage sind, sich eine Kutsche zu leisten und darin allabendlich die Tour à la mode durch die Straßen ihrer Stadt zu unternehmen«. Ähnlich behauptete auch Veryard von den Adeligen, sie »wenden ihren Besitz dafür auf..., die beste Figur zu machen, die ihr Stand und ihre Würde nur zulassen«. Italien wurde damals bereits als das Land des äußeren Scheins und der Fassade empfunden. Angesichts der Ähnlichkeit zwischen dem Zitat Veryards und der gängigen italienischen Redewendung *fare bella figura* können wir die Vermutung wagen, daß dieser wie auch andere ausländische Reisenden häufig Beobachtungen aufzeichneten, die sie ursprünglich von den Italienern selbst gehört hatten. Reiseberichte enthalten ja immer auch eine, so Bachtin, ›heterosemantische‹ Dimension, das heißt, sie dokumentieren nicht reine Beobachtung, sondern die Interaktion zwischen Reisenden und ›Bereisten‹, wie sie kürzlich in einer wissenschaftlichen Studie genannt wurden.[19] Die Beziehung zwischen gängigen Stereotypen des Nationalcharakters innerhalb und außerhalb eines bestimmten Landes ist ein Thema, das der systematischen Untersuchung bedarf.

Das Gefühl der Fremdartigkeit war bei Reisenden manchmal so ausgeprägt, daß sie den Topos der auf den Kopf gestellten Welt verwendeten. So stellte sich dem Bischof von Salisbury, Gilbert Burnet, einem schottischen Calvinisten, das Italien, das er in den 1680er Jahren bereiste, als das genaue Gegenteil jener Aufgeklärtheit, Freiheit und jenes Fleißes dar, die er seinem Heimatland zuschrieb. Auch er trug zum Mythos des faulen Eingeborenen bei, indem er von der »Trägheit und Faulheit dieses Volkes« sprach.[20] Das Gleiche gilt für Addison, der den »Müßiggang« in zahlreichen Klöstern und Spitälern Italiens rügte und mit einem ähnlichen System binärer Gegensätze arbeitete wie Burnet (dessen Analyse er lobend erwähnte), wobei er kontrastierende Vergleiche anstellte zwischen Katholiken und Protestanten, Tyrannei und Freiheit, Müßiggang und Fleiß, dem Selbst und dem Anderen.[21]

Diese Autoren wurden nicht nur vom sogenannten ›Mythos Italien‹ beeinflußt, sondern trugen auch selber zu ihm bei. Der Mythos selbst war Teil eines stereotypisierten Kontrasts zwischen Nord und Süd (Kultur und Natur, Zivilisation und Barbarei), der sich im 19. Jahrhundert noch verschärfen sollte.[22] Italien, das zuvor als das Zentrum der Zivilisation gegolten hatte, verwandelte sich im 18. Jahrhundert in ein Arkadien. In beiden Fällen haben wir es mit einem Mythos des Ortes zu tun, mit einer Vision, in der alles überlebensgroß erschien. Empfanden die Nordländer den Süden Europas als exotisch, so galt dies auch in umgekehrter Richtung. Beispielsweise veröffentlichte Graf Maiolino Bisaccioni, ein äußerst produktiver Autor von Geschichtswerken und Belletristik, um diese Zeit ein Buch über *Demetrio moscouita* (Demetrius der Moskoviter) (1639) und die *Memorie historiche dalla mossa d'armi di Gustavo Adolfo* (Historische Memoiren von Gustavus Adolphus) (1642); außerdem siedelte er eine der Geschichten aus seiner Sammlung *La Nave* (Das Schiff) (1643) in Norwegen an, eine andere in Rußland.

Manche Besucher ließen sich auch vom Mythos Italien nicht davon abhalten, die einheimischen Bräuche genau zu studieren, so wie es von den Reiseführern empfohlen wurde. Wie wir in Kapitel IV bereits gesehen haben, wurden sich die Reisenden aus Nordeuropa zunehmend der Theatralität der italienischen Gestik bewußt (wobei unerheblich ist, ob sie in diesem Erkenntnisprozeß von den Kritiken italienischer Erneuerer beeinflußt wurden oder nicht). Fynes Moryson, der in den 1590er Jahren Venedig besuchte, zeigte sich von der »Vielfalt der Kleidung, der Sprachen und der Sitten« beeindruckt.[23] Thomas Coryat fiel auf, daß Fächer, Gabeln und Schirme verwendet wurden – alles Gegenstände, die im England seiner Zeit unbekannt waren. Philip Skippon, der Italien in den 1660er Jahren bereiste, machte genaue Notizen über das Essen (»auf fast alle ihre Gerichte streuen sie geriebenen Käse«), die Kleidung (mit der Skizze einer Dogenmütze), Flagellanten (»Auspeitscher«), Bestattungszeremonien, Blasphemien, die Seidenproduktion, den Einsatz der Guillotine in Mailand, das Wahlsystem in Venedig (inklusive der Skizze einer Wahlurne), die Eisenstangen, an denen Wäsche quer über die Straße zum Trocknen aufgehängt wurde, und vieles mehr. Skippon ist ein zu Unrecht in Vergessenheit geratener Reiseschriftsteller, dessen Augen und Ohren möglicherweise durch seine naturwissenschaftliche Ausbildung in Cambridge geschärft waren, wo er bei dem berühmten Botaniker John Ray studierte. Bedauerlicherweise wurde der Bericht seiner Italienreise seit 1732 nicht mehr nachgedruckt, und eine der wenigen Studien über englische Italienreisende im 17. Jahrhundert unterschlägt ihn sogar gänzlich.[24]

Ansichten von Mailand

Eine präzisere Fallstudie der Wechselwirkung zwischen kulturellem Stereotyp und persönlicher Beobachtung liefern uns die Ansichten Mailands, wie sie von englischen Reisenden im Laufe des Jahrhunderts – genauer gesagt, von den 1590er Jahren bis zur ersten Dekade des 18. Jahrhunderts – aufgezeichnet wurden. Um diese Zeit besaßen die Engländer ziemlich klare Vorstellungen von mindestens vier italienischen Städten. Rom wurde natürlich mit den Ruinen der Antike einerseits, mit dem Papsttum andererseits in Verbindung gebracht. Venedig war ebenso für seinen Karneval wie für seine jahrhundertealte ›gemischte Verfassung‹ berühmt.[25] Florenz war berühmt für seine Kunstschätze und Neapel für seine natürliche Schönheit.

Dagegen hatten die Engländer von Mailand nur eine ziemlich vage Vorstellung. Einer geläufigen Redewendung zufolge war Rom die Heilige, Venedig die Reiche, Neapel die Vornehme (im Sinne von ›nobel‹), Florenz die Schöne, Genua die Erhabene (im Sinne von ›stolz‹), Bologna die Fette, Padua die Gelehrte und Mailand die Große – mit anderen Worten, ausgedehnt. Für denjenigen, der etwas über die Stadt oder den Staat Mailand auf englisch lesen wollte, gab es nur wenig Material, vor allem in der ersten Hälfte des Jahrhunderts. Zwei Stücke, die um diese Zeit auf dem Londoner Spielplan standen, lieferten ansatzweise Informationen über die Geschichte der Stadt. *The Duke of Milan* von Philip Massinger (1621) und *The Tragedie of Lodovick Sforza Duke of Milan* von Robert Gomersall (1628) spielten beide im späten 15. Jahrhundert und basierten auf der englischen Übersetzung der *Historia di Italia* von Francesco Guicciardini. Die einzige Anspielung auf das zeitgenössische Mailand kommt in Thomas Dekkers Drama *The Honest Whore* vor, in dem eine Szene im Laden eines Tuchhändlers spielt.[26] Im 17. Jahrhundert kamen die ersten Zeitungen auf, doch es passierte nur selten, daß sie aus dieser Gegend berichteten, sieht man einmal von der Pest von 1630 und dem Erdbeben von 1680 ab. Zu Beginn der Neuzeit dürften Reisende mit Mailand kaum mehr assoziiert haben als San Ambrogio und San Carlo Borromeo. Später konnten sie die Beschreibungen früherer Reisender lesen, etwa die von Thomas Coryat (1611 veröffentlicht), von Fynes Moryson (1617), von Raymond (1648) und so weiter.

Damals wie heute pflegten die Engländer Mailand bestenfalls nur auf der Durchreise zu einem anderen Ziel zu besuchen, sofern sie es auf ihrer Reiseroute nicht völlig übergingen. Milton verbrachte beispielsweise in den Jahren 1638–39 längere Zeit in Florenz, Rom, Neapel und Venedig, doch für einen Aufenthalt in Mailand gibt es keinerlei Belege (nach Florenz reiste er via Genua und Livorno).[27] Und Edward Lord Herbert of Cherbury, der 1615 in Mailand war, wußte in seiner Autobiographie nur so viel über die Stadt zu berichten, daß er dort eine berühmte Nonne zur Begleitung einer Orgel habe singen hören.

Betrachten wir uns zunächst einmal die englischen Reisenden, deren Zeugnisse im folgenden erörtert werden sollen. Sie entstammen ausnahmslos alle der Oberschicht. In chronologischer Reihenfolge sind es der Gentleman Fynes Moryson, der sich 1594 in Mailand aufhielt; Thomas Coryat, der die Stadt 1608 besuchte; Sir Thomas Berkeley (1610); der Earl of Arundel, der 1613 und 1622 dort war; Peter Mundy, der 1620 nach Mailand kam und seine Eindrücke sowohl in Skizzen als auch in schriftlichen Notizen festhielt; John Raymond, der in den 1640er Jahren dort war; John Evelyn, Gentleman und Kunstkenner (1646); Richard Symonds, ein weiterer kunstliebender Gentleman (um 1650); der katholische Priester Richard Lassels, der viele Jahre auf der Halbinsel zubrachte und 1654 eine Beschreibung Mailands verfaßte; John Ray, Universitätslehrer in Cambridge, und sein Schüler Philip Skippon, die 1663 zusammen dort waren; der radikale Protestant Gilbert Burnet (1686); William Bromley, der es später zu Ministerwürden bringen sollte (1680er Jahre); William Acton, der einen jungen Adeligen auf der Grand Tour als Tutor begleitete (um 1690); der Arzt Ellis Veryard, der sich gegen Ende des Jahrhunderts in Italien aufhielt; Joseph Addison, der von 1701 bis 1703 dort war. Neun von diesen sechzehn Besuchern veröffentlichten Reiseberichte noch zu ihren Lebzeiten. Zwei unterschiedliche Berichte hat man – nicht ganz nachvollziehbar – Bromley zugeschrieben. Aus praktischen Gründen werde ich, ohne damit zukünftigen Forschungsergebnissen vorgreifen zu wollen, den Bericht von 1692 ›Bromley‹ nennen und denjenigen von 1702 ›Pseudo-Bromley‹.

Im allgemeinen pflegten englische Reisende nur wenige Tage in Mailand zu verbringen, während sie sich in Venedig oder Rom oft Wochen oder sogar Monate aufhielten. John Raymond blieb vier Tage, Richard Lassels sechs. Anders als in Venedig gab es in Mailand keinen Gesandten, und offizielle Kontakte waren selten, obwohl englische Diplomaten und andere bedeutende Persönlichkeiten gelegentlich vom spanischen Gouverneur empfangen wurden. Informationen über Mailand erhielten die Engländer von inoffiziellen Agenten oder – ganz prosaisch gesagt – von Spionen. Welche Bedeutung diese V-Leute als

Informationslieferanten hatten, geht aus der Tatsache hervor, daß der Doge einmal den englischen Botschafter in Venedig konsultierte, um die Pläne des Gouverneurs von Mailand in Erfahrung zu bringen.[28]

Es folgt ein kollektives Portrait Mailands aus der Sicht englischer Reisender. Methodisch gehen wir dabei so vor, daß verschiedene Bilder nebeneinander gestellt beziehungsweise zur Deckung gebracht werden. Ziel der Übung ist nicht so sehr, die Stadt selbst zu beschreiben als vielmehr den Eindruck, den sie bei Besuchern hervorrief – das Empfinden einer kulturellen Fremdheit, die Mischung aus Faszination und Abscheu. All diese Besucher waren Individuen, die ihre ganz persönlichen Neigungen mitbrachten – Addison und Burnet interessierten sich für die italienische Wirtschaft, Evelyn für die Künste, Lassels und Burnet für die Religion, Ray für die Wissenschaft, Skippon für das Alltagsleben. Andererseits waren sie häufig genug von ihren Vorgängern geprägt, und sei es auch nur, daß sie ihren entschlossenen Willen kundtaten, nicht »die Reisen anderer zu kopieren«.[29] Verallgemeinerungen wie individuelle Beobachtungen sollen weniger unter dem Aspekt untersucht werden, was sie uns über Mailand erzählen können, sondern was sie über die Einstellungen der Reisenden selbst aussagen. Ein besonderes Augenmerk wird dabei demjenigen gelten, was sie als überraschend oder als irritierend empfanden.

Als erstes ist festzuhalten, daß Mailand für die Engländer – zumindest in der Frühzeit der fraglichen Periode – ein finsterer, gefährlicher Ort war, eine Art Osteuropa der 1950er Jahre, wobei die Inquisition den Part des KGB übernahm. Tatsächlich herrschte damals so etwas wie ›kalter Krieg‹. Als der Earl of Tyrone, ein irischer Rebell, 1608 aus seiner Heimat floh, fand er beim Gouverneur von Mailand bereitwilligste Aufnahme. Der Mann, der 1613 einen Attentatsversuch auf Jakob I. unternahm, kam aus Mailand. 1617 wurde ein vereinter Angriff britischer, venezianischer und savoyardischer Truppen auf Mailand ernsthaft in Erwägung gezogen.[30]

Häufig genug ereigneten sich unerfreuliche Zwischenfälle, die geeignet waren, den Reisenden angst zu machen oder ihnen ein erregendes Gefühl von Abenteuer zu vermitteln. Wotton schrieb 1592, er hätte die Absicht gehabt, Mailand zu besuchen, diesen Plan aber zu gefährlich gefunden. Fynes Moryson, für gewöhnlich ein unerschrockener Reisender, blieb 1594 nur kurze Zeit in der Stadt, »wegen der Gefahr, die dort für meinen Aufenthalt bestand«.[31] Zwei von Wottons Mailänder Spionen wurden von der Inquisition verhaftet, Roland Woodward 1606, Charles Bushy 1607.[32] Coryat hatte 1608 ein unerfreuliches Erlebnis, als er das Castello besichtigte und man ihn für einen Holländer hielt.[33] Als Viscount Cranborne, der Sohn des Earl of Salisbury, 1610 durch Mailand kam, wurde ein Mitglied seiner Entourage wegen Waffenbesitzes verhaftet.[34] Der Earl of Arundel machte sich 1613 unverzüglich aus der Stadt, nachdem ihn der Gouverneur von Mailand nicht mit jener Zuvorkommenheit behandelt hatte, wie sie ein Mann seines Ranges erwarten durfte.[35]

Nach 1640 setzte ein politisches Tauwetter ein, und in offiziellen Dokumenten kommt Mailand fortan sehr viel weniger häufig vor. Dennoch bedurfte es einiger Zeit, bis sich die Reisenden selbst an das neue Klima gewöhnt hatten, und auf jeden Fall blieb die Inquisition als Bedrohung auch weiterhin in der Stadt präsent. Evelyn notierte 1646, die Engländer pflegten »aus Angst vor der Inquisition« Mailand nur selten zu besuchen, und manche Reisenden »spielten mit dem Gedanken (aus Furcht vor der Inquisition, die hier strenger ist als irgendwo in Spanien), einige protestantische (hier nennt man sie ketzerische) Bücher und Papiere wegzuwerfen«. Evelyn selbst war kühn genug, den Palast des Gouverneurs zu betreten, »fasziniert von den prächtigen Wandteppichen und Bildern«, doch verließ er ihn sehr schnell wieder, als er für einen Spion gehalten wurde.[36]

Daß Mailand trotz aller Gefahren bei den meisten unserer Reisenden einen positiven Eindruck hervorrief, sagt einiges über englische Städte aus wie auch über die Art und Weise, wie Städte damals generell wahrgenommen wurden. So notierte Moryson etwa, »die Straßen sind breit«. Coryat sprach von der Einwohnerzahl (300 000, was fraglos übertrieben ist) und der Bedeutung des Handwerks (ein Aspekt, den fast ein Jahrhundert später auch Veryard erwähnen sollte).[37] Auch Ray kam die Zahl 300 000 zu Ohren, wobei er allerdings glaubte, »daß diejenigen, die sie nennen, bloße Schätzungen und Vermutungen äußern«. Was ihn beeindruckte, waren die niedrigen Preise »aller Nahrungsmittel für das leibliche Wohl«. Auch Veryard äußerte sich über den Reichtum an Lebensmitteln, und Raymond meinte, es wäre »eine Tagesreise wert, nur den Markt von Mailand zu sehen«. Bromley registrierte ebenfalls die Einwohnerzahl

(»300 000 Seelen«) und auch die »vielen Gärten«.[38] Evelyn, der Mailand für »eine der fürstlichsten Städte in Europa« hielt, war von der »imposanten Stadtmauer« und der großen Zahl »prächtiger Kutschen« in den Straßen beeindruckt. Raymond konstatierte die »außergewöhnliche Breite« dieser Straßen und Burnet den »erstaunlichen Reichtum von Kirchen und Klöstern«. Berkeley äußerte sich über die Größe der Stadt (»über 500 Tausend«, was eine gewaltige Fehleinschätzung ist) und über die Tatsache, daß »niemand in dieser Stadt auch nur mit einem Dolch oder Messer bewaffnet herumlaufen darf«.[39] Raymond und Addison waren von der ›Colonna infame‹ beeindruckt (die später durch den Romancier Alessandro Manzoni Berühmtheit erlangen sollte), also jener Säule, die zum unehrenhaften Gedenken an einen Barbier errichtet worden war, welcher beschuldigt wurde, die Pest von 1630 in der Stadt verbreitet zu haben.

Entsprechend den Empfehlungen, wie sie in den Traktaten über die Reisekunst, darunter auch in Bacons Essay über das Thema, gegeben wurden, widmen sich englische Berichte über Mailand zum größten Teil den Kirchen, Befestigungsanlagen, Spitälern und Bibliotheken.

Allein die Anzahl der Kirchen in der Stadt beeindruckte mehr als einen Besucher Mailands: Laut Evelyn sind es »an die 100«, Bromley spricht von »200«, Ray nennt »238«, und Raymond behauptete, ihren Beinamen »Mailand die Große« verdanke sie unter anderem der »großen Zahl an Kirchen«. Fast jeder Besucher Mailands hatte etwas über die Kathedrale oder den Duomo zu sagen, ein mittelalterliches Bauwerk, das im frühen 17. Jahrhundert durch bedeutende Anbauten ergänzt worden war. Interessant in diesem Zusammenhang ist das breite Spektrum der Ansichten über die gotische Architektur, die keineswegs so einhellig verurteilt wurde, wie man vielleicht hätte denken können. Coryat zum Beispiel fand den Dom »äußerst prächtig und schön«. Raymond bezeichnete ihn als »die den unsrigen ähnlichste« Kirche von allen, die er in Italien gesehen hatte, was möglicherweise ein Ausdruck von Heimweh war, gleichzeitig aber auch einen wertvollen Hinweis auf die kulturelle Fremdheit gibt, die manche englische Beobachter gegenüber der Architektur des Barock empfanden. In ähnlicher Weise beschrieb Lassels den Dom als »ähnlich gebaut wie unsere alten Kathedralen, mit Seitenschiffen und gewaltigen Pfeilern«.[40] Evelyn rühmte den marmornen Portikus und das Äußere des Doms mit »4000 Statuen, die alle aus weißem Marmor sind«, während er die Kuppel »nur wegen ihrer gotischen Gestaltung als mißlungen« empfand (übrigens war er der erste Engländer, von dem bekannt ist, daß er den Begriff ›gotisch‹ auf die Architektur anwendete).[41] Für Ray war der Dom, neben dem Petersdom, »das größte, prächtigste und erhabenste Bauwerk in Italien«.[42] Der Pseudo-Bromley sprach von »einer der schönsten und größten Kirchen, die ich gesehen hatte«. Acton war noch enthusiastischer: »Der Duomo oder die Kathedrale ist der schönste Bau in Mailand, und wenn man einen Monat dort zuzubringen hätte, könnte man ihn jeden Tag ansehen und würde doch immer wieder etwas finden, was die Neugier erregt und was man zuvor nicht gesehen oder zumindest nicht bewußt wahrgenommen hat.«[43] Für Veryard war es ein »stattlicher Bau von altgotischer Art«. Andere Menungen vertraten lediglich Burnet und Addison. Nach Auffassung Burnets »hat der Dom nichts, was ihn als architektonisches Kunstwerk empfiehlt, denn er ist in der plumpen gotischen Weise gebaut«. Addison seinerseits zeigt sich enttäuscht, als er »die große Kirche, von der ich so viel gehört hatte«, betritt, für ihn ist sie ein »gewaltiger gotischer Bau« aus Marmor, aber im Innern »staubbedeckt und vom Rauch der Lampen geschwärzt«.[44]

Nach den Kirchen die Befestigungsanlagen: nicht die Stadtmauern, obwohl auch die als beeindruckend galten, sondern das Castello Sforzesco, das damals nicht (wie von heutigen Touristen) als ein Monument der Renaissance betrachtet wurde, sondern als ein Symbol der spanischen Herrschaft. Manche Besucher versuchten gar nicht erst hineinzugelangen. Moryson entschied sich gegen eine Besichtigung des Castello, »um mich nicht unvorsichtigerweise in große Gefahr zu begeben«. Mundy »kam an der Burg vorbei, die zu den wehrhaftesten in der Christenheit zählt«. Ray benutzte eine ähnliche Wendung und sprach davon, daß das Castello »als eine der wichtigsten Festungen in Europa gilt«. Desgleichen bemerkte Evelyn, daß »es auf der ganzen Welt kein anderes Kastell gibt, das ihm an Wehrhaftigkeit, Befestigungen und Bollwerken ebenbürtig wäre«. Coryat bezeichnete es als »das unvergleichlich schönste, das ich je gesehen habe«; »Es gleicht eher einer Stadt als einer Zitadelle.« Für Lassels war es »eines der besten in Europa«. Raymond nannte es »die schönste, die stärkste Festung oder Zitadelle in Europa« und fügte hinzu, daß »sie Fremde nur mit großer

Zurückhaltung hineinlassen«. Bromley gelang es nur »mit mancherlei Schwierigkeiten«, ins Castello hineinzukommen, obwohl er und seine Begleiter »strengstens überprüft« wurden, da man sie – zur Zeit der Konflikte zwischen Ludwig XIV. und Spanien – für Franzosen hielt. Acton beschrieb das Castello in liebevollen technischen Details. »Es ist ein sehr regelmäßiges Hexagon mit Lünetten; es gilt als eine der vollständigsten und stärksten Festungsanlagen in ganz Italien, und jede seiner Bastionen ist mit zwölf Kanonen ausgestattet.« Addison dagegen tat es mit einem einzigen Satz ab: »Die Zitadelle von Mailand gilt als ein starkes Fort in Italien.«

Nach den Befestigungsanlagen das Spital. Coryat nannte es »sehr prächtig« und notierte, daß es viertausend Personen aufnehmen könne. Evelyn sprach von seiner »großen Ausdehnung« und hielt es »für einen wahrhaft königlichen Bau«, eine Formulierung, die immer wieder aufgegriffen wurde und deshalb den Verdacht nahelegt, daß sie von professionellen Reiseführern verwendet wurde. In Raymonds Augen war es »eher für einen Königspalast geeignet als für die Beherbergung von Almosenempfängern«. Lassels beschrieb es als »das ungewöhnliche Spital, das an Schönheit das beste Königsschloß übertrifft, das ich bisher gesehen habe«, und fügte mit dem ihm eigenen Humor hinzu, »es könnte einen geradezu verlocken, hierin für eine Weile krank zu sein«. Ray erinnerte es »eher an ein prächtiges Kloster oder einen Fürstenpalast als an ein Spital«. Für Burnet war es »ein königliches Bauwerk«, für Bromley »sehr prächtig«, mit »sehr geräumigen« Zimmern. Der Pseudo-Bromley fand es »so groß, daß ... ich bei meinem ersten Eintritt den Eindruck gewann, in einem Fürstenpalast zu sein«. Acton hielt es für »durchaus ansehenswert«, wohingegen Addison es überhaupt nicht zur Kenntnis nahm.

Kuriositätenkabinette gehörten zu den Sehenswürdigkeiten, die angehenden Reisenden empfohlen wurden. In Mailand befand sich eines der berühmtesten solcher Kabinette, nämlich das Museum des Domherrn Manfredo Settala.[45] Es erregte die Aufmerksamkeit Evelyns, Actons (der am meisten »drei Einhorn-Hörner«, wie er sie nannte, bewunderte) und vor allem Rays, den verschiedene Ausstellungsstücke beeindruckten: die »Rhinozeros-Hörner«, in Bernstein gefangene Fliegen, »Federbilder von Indianern« und Maschinen, »die eine ständige Bewegung simulierten«.

Settalas Museum stand jedoch im Schatten der großen neuen Mailänder Bibliothek, die von Federigo Borromeo gegründet und nach San Ambrosio, dem großen Vorbild Carlo Borromeos, benannt worden war. Bereits 1608 hatte sie Coryats Interesse geweckt, obwohl sie damals »noch nicht ganz vollendet« war und es deshalb »kein einziges Buch in ihr« gab«. Was für den Rest der Stadt oder sogar den Rest Italiens galt, traf auch in diesem Fall zu: Die Reisenden gaben im wesentlichen dieselben Kommentare über die Bibliothek ab, egal ob sie die von Pietro Paolo Boscha 1672 veröffentlichte Beschreibung *De origine et statu bibliothecae ambrosianae* gelesen hatten oder nicht. Aus diesem Grund sollen ihre Bemerkungen hier Punkt für Punkt zusammengefaßt werden.

An erster Stelle – und für die meisten Besucher war dies in der Tat der wichtigste Aspekt der Ambrosiana – stand das Bauwerk selbst und seine Ausstattung. Evelyn notierte, für den Bau sei eine »gewaltige Summe« ausgegeben worden. Ray und Skippon sprachen von einem »ansehnlichen« beziehungsweise einem »schönen Gebäude«. Burnet bezeichnete die Ambrosiana als »sehr edlen Raum«. Fast ebenso beeindruckend waren die »Merkwürdigkeiten« (Evelyn), die »merkwürdigen Bilder« (Skippon) beziehungsweise die »vielen erlesenen Stücke« (Veryard) in der der Bibliothek angegliederten Pinakothek. Die »Bildnisse von gelehrten Männern« im Lesesaal erregten ebenfalls Aufmerksamkeit, wenn auch nicht immer im positiven Sinne. Lassels etwa beschrieb die Bildergalerie als etwas, »das mehr kostet, als daß es Nutzen bringt, wenn man bedenkt, wie viele Bücher mehr man mit diesen Kosten hätte kaufen können« (ein paar Jahre zuvor hatte er sich noch schmeichelhafter geäußert).[46] Burnet verstieg sich gar zu der Behauptung: »Die Bibliotheken ... sind überall in Italien einfach skandalös, die Räume sind oft vornehm und reich geschmückt, aber Bücher gibt es nur wenige, sie sind schlecht gebunden und noch schlechter ausgewählt.« Bromley, der etwas empirischer vorging, beklagte den Mangel an Büchern in den Bibliotheken von Venedig, Mantua und Neapel. Ob in Kenntnis der Kommentare seiner Vorgänger oder nicht, jedenfalls gelangte Addison zu einer ähnlichen Feststellung, aus der er eine allgemeine Kritik der italienischen Kultur beziehungsweise des »italienischen Genius« ableitete: »Ich besuchte die Biblioteca Ambrosiana, wo sie, um den italienischen Genius zu zeigen, mehr Geld für Bilder als für Bücher ausgegeben haben... Bücher sind in der Tat das letzte, was man in italienischen Bibliotheken gewöhnlich an Einrichtungsgegenständen findet; im allgemeinen sind diese mit Bildern, Statuen und anderem Schmuck ausstaffiert.« Dieser Kommentar (ebenso wie derjenige Rays dreißig Jahre zuvor, der oben zitiert wurde) ist ein relativ frühes Beispiel für die Neigung der Nordeuropäer, Italien – und den Süden im allgemeinen – als ein Land der Fassaden zu betrachten.

Wir kommen schließlich zu den Eindrücken, die Bücher und Manuskripte hervorriefen. Die in einem Führer von 1628 genannte Zahl von 40 000 Exemplaren wurde von Besuchern für den Rest des Jahrhunderts immer wieder kolportiert (ungeachtet der über siebzig Jahre, in denen Neuerwerbungen stattfanden), bis der Pseudo-Bromley die Zahl schließlich auf 50 500 aktualisierte. Reisende kolportierten auch immer wieder gerne jene Geschichte, daß ein König von England (bisweilen war von Jakob I. die Rede) eine gewaltige Summe für das Leonardo-Manuskript geboten habe – eine Geschichte, deren Ursprung sich auf eine Notiz an der Bibliothekswand zurückverfolgen läßt.

Burnet verurteilte an der Sammlung, daß sie »zu viele Scholastiker und Kanonisten enthält, die die wichtigsten Lehrer in Italien sind, und sie hat zu wenig Bücher, die ein solides und nützliches Wissen vermitteln«. Skippon fiel das Detail der »Drahtgitter« vor den Büchern auf, »die der Bibliothekar bei Gelegenheit öffnet«. Zwei katholische Merkmale entdeckte er in der Bibliothek, die ihm als Protestant exotisch genug vorkamen, um sie schriftlich festzuhalten. Erstens der Hinweis, daß jeder, der Bücher aus der Bibliothek entfernte, exkommuniziert würde: Dieses Dokument fand er so bemerkenswert, daß er es abschrieb und in seinen Text übernahm. Zweitens die kirchliche Zensur. »Wir warfen einen Blick in die Werke des Gesnerus, die in Frankfurt gedruckt sind, und bemerkten oben auf dem Titelblatt die Aufschrift *Damnati Authoris, etc.*; und alle Stellen, die Gesner abergläubisch und magisch nennt, waren unkenntlich gemacht.«

Aber auch ein positiveres Merkmal der Ambrosiana überraschte englische wie andere ausländische Reisende. Ray notierte, die Bibliothek »ist für alle Personen, Fremde wie Einheimische, frei zugänglich und benutzbar«. Skippon ergänzte noch die auffällige Beobachtung, daß Bücher »jedem, der hier studieren will« ausgehändigt werden, »worauf er auf einem Stuhl an einer Seite des Lesesaals Platz nehmen muß«. Lassels wurde geradezu enthusiastisch: »Die Biblioteca Ambrosiana ist eine der besten Bibliotheken in Italien, da sie längst nicht so zurückhaltend ist wie die anderen, die kaum in Erscheinung treten; diese aber öffnet ihre Pforten weit und gestattet allen Besuchern, jedes Buch zu lesen, das sie wünschen.« Selbst der widerwillige Burnet leistete sich eine Bemerkung reinsten Lobes: »Ein Teil der Raumanordnung war angenehm, dort stehen überall zahlreiche Stühle in angemessener Entfernung zueinander, und zu jedem Stuhl gehört ein Tisch mit einem Schreibpult, das Federn, Tinte und Papier enthält, so daß jedermann hier die Werkzeuge findet, um zu exzerpieren, was immer er möchte.« Unsere Reisenden erwarteten also nicht, daß eine große Bibliothek wirklich zugänglich wäre. In der Bodleian Library in Oxford etwa durften sich Ausländer nur dann Notizen aus Büchern machen, wenn sie dabei von einem Absolventen der Universität beaufsichtigt wurden. Und der berühmte Lesesaal des British Museum in London, voll ausgestattet mit Schreibtischen und Federn, wurde erst ab Mitte des 19. Jahrhunderts für die Öffentlichkeit zugänglich. In diesem einen Fall bewies die auf den Kopf gestellte Welt, daß sie auch ihre Vorteile hatte.

1 W. Arens, *The Man-Eating Myth*, New York 1979, S. 13; Syed H. Alatas, *The Myth of the Lazy Native: a Study of the Image of the Malays, Filipinos and Javanese from the Sixteenth to the Twentieth Century and its Function in the Ideology of Colonial Capitalism*, London 1977

2 Justin Stagl, »Die Apodemik oder ›Reisekunst‹ als Methodik der Sozialforschung vom Humanismus bis zur Aufklärung«, in: Mohammed Rassem/Justin Stagl (Hrsg.), *Statistik und Staatsbeschreibung in der Neuzeit*, Paderborn 1980; ders., »The Methodizing of Travel in the Sixteenth Century: a Tale of Three Cities«, in: *History and Anthropology* 4, 1990, S. 303–338; Joan Pau Rubiès, »Instructions for Travellers«, in *History and Anthropology* 9, 1995, S. 1–51

3 Thomas Coryat, *Crudities*, 1611, Nachdruck London 1978, S. 11–12

4 Fynes Moryson, *An Itinerary*, 1617, Nachdruck Amsterdam 1971, S. 167; John Raymond, *An Itinerary*, London 1648, S. 13

5 Albert B. Lord, *The Singer of Tales*, Cambridge, Mass. 1960

6 Michel Crouzet, *Stendhal et l'italianité: essai de mythologie romantique*, Paris 1982, S. 112, 114; Peter Burke, *Städtische Kultur in Italien zwischen Hochrenaissance und Barock. Eine historische Anthropologie*, Berlin 1987, S. 22–25; vgl. Vittorio I. Comparato, »Viaggiatori inglesi in Italia«, in: *Quaderni Storici* 42, 1979, S. 850–886; Cesare de' Seta, »L'Italia nello specchio del Gran Tour«, in: ders., *Archittetura, ambiente e società a Napoli nel '700*, Turin 1981, S. 127–263

7 Samuel Sharp, *Travels*, London 1766, Brief 24; [Thomas Martyn], *The Gentleman's Guide in his Tour through Italy*, London 1787, S. 264; vgl. Benedetto Croce, »I Lazzari«, 1895, Nachdruck in: ders., *Aneddoti*, Bd. 3, Bari 1954, S. 198–211; René Michéa, »Goethe au pays des *lazaroni*«, in: *Mélanges Jules Legras*, Paris 1939, S. 47–62

8 Johann Wolfgang von Goethe, *Italienische Reise*, hrsg. v. Herbert von Einem, Hamburg 1951, 28. Mai 1787

9 Samuel Rogers, *Italian Journal*, hrsg. v. John R. Hale, London 1956, S. 165

10 Michael Harbsmeier, »Reisebeschreibungen als mentalitätsgeschichtliche Quellen«, in: Antoni Mączak/Hans Jürgen Teuteberg (Hrsg.), *Reiseberichte als Quellen europäischer Kulturgeschichte*, Wolfenbüttel 1982, S. 1–32

11 John W. Stoye, *English Travellers Abroad 1604–67*, 1952, überarb. Auflage New Haven 1989; A. Lytton Sells, *The Paradise of Travellers*, London 1964; Comparato (1979); De' Seta (1981)

12 John R. Hale, *England and the Italian Renaissance*, 1954, London [2]1963, S. 65–75

13 Mary Hervey, *The Life, Correspondence and Collections of Thomas Howard, Earl of Arundel*, Cambridge 1921; Christopher White, *Thomas Howard, Earl of Arundel*, Malibu 1995

14 Joseph Addison, *Remarks on Several Parts of Italy*, 1705, Nachdruck in: ders., *Works*, 4 Bde., London 1890, Bd. 1, S. 356–538, hier S. 357

15 Jeremy Black, *The British and the Grand Tour*, London 1985; Edward Chaney, *The Grand Tour and the Great Rebellion*, Genf 1985
16 Antoni Mączak, *Travel in Early Modern Europe*, Cambridge 1995; Anna Frank-van-Westrienen, *De Groote Tour*, Amsterdam 1983
17 Ellis Veryard, *An Account of a Journey*, London 1701, S. 263
18 Richard Lassels, »Description of Italy«, 1654, in: Edward Chaney, *The Grand Tour and the Great Rebellion*, Genf 1985, S. 147–231, hier S. 5, 150–151
19 Mary Louise Pratt, *Imperial Eyes: Travel Writing and Transculturation*, London 1992, S. 135–136
20 Gilbert Burnet, *Some Letters*, Amsterdam 1686, S. 108
21 Addison (1705), S. 420–421
22 Crouzet (1982), S. 2, 38–49, 75, 79, 120, 242
23 Moryson (1617), S. 90
24 Philip Skippon, »An Account of a Journey«, in: A. und J. Churchill (Hrsg.), *A Collection of Voyages*, 6 Bde., London 1732; Sells (1964)
25 Franco Gaeta, »Alcuni considerazioni sul mito di Venezia«, in: *Bibliothèque d'Humanisme et de Renaissance* 23, 1961, S. 58–75; William J. Bouwsma, *A Usable Past*, Berkeley 1990; Eco O. G. Haitsma Mulier, *The Myth of Venice*, Assen 1980
26 Vgl. Piero Rebora, »Milano in Shakespeare e negli scrittori inglesi del suo tempo«, in: *Civiltà italiana e civiltà inglese*, Florenz 1936, S. 209–227
27 John Arthos, *Milton and the Italian Cities*, London 1968
28 Henry Wotton, *Letters and Papers*, hrsg. v. Logan P. Smith, Oxford 1907, S. 359, 399, 404; Horatio Brown (Hrsg.), *Calendar of State Papers, Venetian*, 14 Bde., London 1864, Bd. 10., Nr. 658, 673
29 [William Bromley], *Remarks made in Travels through France and Italy*, 1692, Nachdruck London 1693, S. 52
30 Brown (1864), Bd. 11, Nr. 213; Bd. 12, Nr. 786; Bd. 14, Nr. 665
31 Moryson (1617), S. 171
32 Wotton (1907), S. 327, 399
33 Coryat (1611), S. 102
34 Brown (1864), Bd. 12, Nr. 125
35 Hervey (1921), S. 76
36 John Evelyn, *Diary*, hrsg. v. E.S. de Beer, 5 Bde., Oxford 1955, Bd. 2, S. 491, 494, 507
37 Veryard (1701), S. 116
38 [Bromley] (1692), S. 64
39 Sloane 682, f. 11 verso (British Library, Department of Manuscripts)
40 Richard Lassels, »Description of Italy«, 1654, in: Edward Chaney, *The Grand Tour and the Great Rebellion*, Genf 1985, S. 164
41 Evelyn (1955), Bd. 2, S. 493; vgl. Paul Frankl, *The Gothic: Literary Sources and Interpretations through Eight Centuries*, Princeton 1960, S. 356 ff.

42 John Ray, *Observations Topographical, Moral and Physiological,* London 1673, S. 243

43 William Acton, *A New Journal of Italy*, London 1691, S. 73

44 Addison (1705), S. 367

45 Oliver Impey/Arthur Macgregor (Hrsg.), *The Origins of Museums: the Cabinet of Curiosities in Sixteenth- and Seventeenth-Century Europe*, Oxford 1985

46 Richard Lassels, *A Voyage of Italy*, 1670, Nachdruck London 1698; Lassels (1654), S. 164; Veryard (1701), S. 115

KAPITEL VII
Öffentliche und private Sphäre im Genua der Spätrenaissance

Das Interesse der Stadthistoriker und -soziologen galt bislang hauptsächlich der Ökonomie, den gesellschaftlichen Strukturen und der Politik der Städte. Seit einiger Zeit jedoch beschäftigt man sich immer mehr mit der »Stadt als Artefakt« und mit der Geschichte des urbanen Raums. So hat etwa der amerikanische Soziologe Richard Sennett den »Verfall des öffentlichen Lebens« und sein komplementäres Gegenstück, die wachsende Bedeutung der Privatsphäre, in räumlichen Begriffen untersucht. Sennett beschreibt Paris und London als gesellschaftlichen und politischen »Schauplatz« mit zugehöriger Kulisse, den öffentlichen Plätzen, von denen ab dem späten 17. bis zum frühen 18. Jahrhundert Handel und Volksbelustigungen verbannt wurden, und anderen Plätzen – von Theatern bis zu Parks –, wo Fremde sich treffen konnten. Im 19. Jahrhundert, so Sennett, führte der Aufstieg der Bourgeoisie zum Rückzug in die Intimität und die Privatangelegenheiten.[1] So faszinierend sein Buch ist, so anfechtbar erscheint seine zentrale Behauptung. Wie etwa verhält sie sich zu der berühmten Habermasschen These über das Aufkommen von »Öffentlichkeit« in denselben Städten und zur selben Zeit? Auch Habermas lenkt seinen Blick ja auf Räume, nämlich auf die öffentlichen Räume der Kaffeehäuser und die halb-öffentlichen der Clubs.[2] Außerdem ist Sennetts Chronologie, sofern seine Behauptung für die westliche Gesellschaft insgesamt gelten soll, nicht ganz unproblematisch, wie am Beispiel der Renaissance zu demonstrieren wäre. In Untersuchungen über Florenz und Venedig wurde ein Zusammenhang hergestellt zwischen der Geschichte des öffentlichen Lebens und derjenigen des öffentlichen Raums, namentlich der Piazza. In Florenz galten öffentliche Gebäude als ›heilige Stätten‹, in deren Umgebung Spielen, Trinken und Prostitution untersagt waren. Auf diese Weise schufen die Florentiner einen »verehrungswürdigen Raum«, wie er von einem Wissenschaftler bezeichnet worden ist.[3]

In Venedig war die Piazza San Marco religiöses und weltliches Zentrum zugleich. Die Kirche war die Kapelle des Dogen, während sein Palast dem Senat und dem Großen Rat als Versammlungsort diente. Der kulissenartige Charakter der Piazza San Marco mit der angrenzenden Piazzetta ist häufig beschrieben worden, vor allem als Szenerie, die der Doge von seinem ›Logenplatz‹ – dem Balkon seines Palastes – aus überschaut. Im frühen 16. Jahrhundert ließ der Doge Andrea Gritti die Piazza von Jacopo Sansovino, einem der ersten Architekten seiner Zeit, neu gestalten. Die Läden und Marktbuden an der Piazza San Marco machten einem Bibliotheksbau – der Libreria Vecchia – Platz, und am Fuße des Campanile entstand die Loggetta. Genauso wichtig wie die Gebäude selbst war die Wiederherstellung des öffentlichen Raums, den sie umschlossen. Die Absicht dieser Rekonstruktion bestand unter anderem darin, ein angemessenes Forum für öffentliche Rituale zu schaffen – Rituale, denen in der sogenannten »Republik der Prozessionen« eine ganz besondere Bedeutung zukam.[4]

Diese Untersuchungen über Florenz und Venedig kommen zu dem Ergebnis, daß das »öffentliche Leben« dort seine Blüte im 15. beziehungsweise im 16. Jahrhundert erlebte und sein »Verfall« mit dem abrupten Ende des Stadtstaates Florenz im Jahre 1530 einsetzte beziehungsweise mit dem weniger dramatischen, eher graduellen Niedergang Venedigs im 17. Jahrhundert zusammenfiel. Ganz anders liegt der Fall Genua. Hier, so ließe sich argumentieren, ging das öffentliche Leben einfach deshalb nicht zugrunde, weil es gar nicht erst entstanden war; oder um eine gängige Formulierung aus der Renaissanceforschung zu verwenden, weil der in der Geschichte Florenz' und Venedigs so bedeutende »bürgerliche Humanismus« fehlte.[5] In diesem Kapitel soll aufgezeigt werden, daß es auch in Genua eine bürgerlich-humanistische Bewegung gab, auch wenn sie relativ spät einsetzte und nie sehr stark war. Die Schriften dieser bürgerlichen Humanisten enthalten wichtige Informationen über die Wahrnehmung der öffentlichen Sphäre und des öffentlichen Raums in der Spätrenaissance.

In der Forschung über die italienische Renaissance spielt Genua die Rolle des Aschenputtels – im allgemeinen wird die Stadt eher stiefmütterlich behandelt. Bis zu einem gewissen Punkt ist diese Vernachlässigung sogar gerechtfertigt, denn weder in der frühen noch in der Hochrenaissance leisteten die Genueser den zivilisatorischen Beitrag, den man von einer norditalienischen Stadt dieser Größe (etwa 85 000 Einwohner) hätte erwarten können.[6] In einer Untersuchung über Italien im 15. und frühen 16. Jahrhundert habe ich die regionale Herkunft von 600 italienischen Künstlern, Schriftstellern und Gelehrten aufgelistet. Mit nur zehn Prozent der Gesamtbevölkerung stellte die Toskana sechsundzwanzig Prozent dieser »kreativen Elite«, demgegenüber kam aus Ligurien mit fünf Prozent der Gesamtbevölkerung lediglich ein Prozent. Es gibt nur einen einzigen Genueser Humanisten aus dieser Zeit, der einigermaßen bekannt ist: Bartolommeo Fazio. An Federico und Ottaviano Fregoso erinnern wir uns nur, weil Castiglione die beiden in seinem *Hofmann* als Sprecher auftreten ließ. Selbst die Förderung der Künste und des Humanismus hatte hier offenbar nicht die Bedeutung, die sie in Mailand besaß, von Venedig und Florenz ganz zu schweigen.

Für die fehlende Mitwirkung Genuas an der Renaissance haben Historiker verschiedene Erklärungsmodelle angeboten, vor allem Roberto Lopez, selbst Genueser von Geburt.[7] Eines der überzeugendsten ist meiner Meinung nach der Mangel an öffentlichem Mäzenatentum, eine Folge fehlenden Bürgersinns. Im Vergleich zu Florenz oder Venedig war Genua ein schwacher Stadtstaat, dem es nicht gelang, die Oligarchen unter Kontrolle zu halten. Genua war ein klassischer Fall von »privatem Überfluß und öffentlicher Armut«, um die berühmte Formulierung von John Kenneth Galbraith zu zitieren, mit der er die Vereinigten Staaten der fünfziger Jahre beschrieb – und die im übrigen heute zutreffender ist denn je.[8] Galbraith war sich fraglos bewußt, daß er damit das Urteil des antiken Geschichtsschreibers Sallust über Rom aufgriff, der in diesem Zusammenhang von *publice egestas, privatim opulentia* sprach. Ein anonymer Dialog aus dem 16. Jahrhundert über Genua und seine städtische Architektur kam zu einem ähnlichen Ergebnis: Der Fremde bewundert die »prächtigen Paläste« und die »wundervollen Gärten«, während der Einheimische darauf hinweist, daß die Straßen aber »eng und gewunden« sind.[9]

Tatsache ist, daß Genua auch in der Renaissance noch immer von den Oligarchen beherrscht wurde. Die großen Familien oder Clans *(alberghi)* verfügten über Privatarmeen und private Gefängnisse.[10] Ebenso wie in Florenz pflegten die Angehörigen einer bestimmten Familie im selben Stadtviertel zu leben, und bisweilen ›privatisierten‹ sie dort gewisse öffentliche Räume. So war etwa die Piazza San Matteo effektiv das Territorium der Doria. Noch 1565 gab es zwischen den Spinola und den Grimaldi Streit um die Piazza San Luca: Jeder Clan beanspruchte das Recht für sich, die Johannisnacht mit einem Feuer auf dem Platz zu begehen.[11]

Daß die herrschenden Oligarchen in dem Bewußtsein lebten, die öffentlichen Räume wären tatsächlich ihr Privatterritorium, dokumentiert auf höchst anschauliche Weise das Tagebuch des Patriziers Giulio Pallavicino aus den Jahren zwischen 1583 und 1589. So beschreibt er an einer Stelle, wie die *Giovani di San Siro*, Mitglieder eines aristokratischen ›Jugendclubs‹, dem er selber angehörte, die Strada Nuova in Besitz nahmen und dort Turniere in Maskenkostümen veranstalteten. Außerdem schildert Pallavicino, in einem eher alltäglichen Zusammenhang, die Reaktion eines Patriziers, der auf der Straße mit einem Maultiertreiber zusammengestoßen war. »Du hast mich übersehen *[Tu non mi vedi]*«, beschwerte er sich (man kann sich lebhaft vorstellen, in welchem Ton). »Ihr mich auch *[E voi non vi vedete]*«, lautete die freche Antwort. Worauf der Patrizier seinem Diener befahl, den Maultiertreiber zu verprügeln *(dargli delle bastonate)*. Auf ähnliche Weise fühlte sich Pallavicino selbst – bei anderer Gelegenheit – in seinem persönlichen Freiraum von einem Gemeinen *(un certo forfante)* belästigt. Auch er reagierte mit der Beschwerde *non mi vedi*, die offenbar formelhaften Charakter hatte. Der andere antwortete nicht – oder zumindest nicht hörbar –, weshalb ihm Pallavicino *un buon schiaffo* verabreichte. Als der Mann sich zur Wehr setzte, erhielt er einen Stich in den Rücken, *una pugnalata nelli schiene.*[12] Man fühlt sich an Kolonialstädte erinnert, in denen von den Farbigen erwartet wurde, daß sie, wenn sie Weißen begegneten, auf die Fahrbahn traten, um letzteren Platz zu machen. Die Genueser Patrizier waren keineswegs die einzigen, die faktisch Eigenbedarf an der Stadt geltend machten – Parallelen finden sich auch in Venedig und Rom –, nur war dieser Territorialanspruch hier noch stärker ausgeprägt als anderswo, und auf jeden Fall ist er in Genua besser dokumentiert.

Der Zugriff der Patrizier – oder genauer gesagt, einer Minderheit unter dem Patriziat – auf die Stadt wurde im Laufe des 16. Jahrhunderts noch fester. Das entscheidende Datum ist 1528, als Andrea Doria, der im Dienste Franz' I. gestanden hatte, die Fronten wechselte und sich mit Karl V. verbündete. In den Augen seiner Anhänger ›befreite‹ Doria die Stadt, über die er dann mehr als dreißig Jahre herrschen sollte. Das Jahrhundert nach 1528 könnte man als das Jahrhundert der ›Spanish Connection‹ bezeichnen: Genueser Patrizier ließen sich in Sevilla nieder, belieferten die spanische Armada mit Galeeren, vor allem aber liehen sie den spanischen Habsburgern Geld. Nachdem Genua ein Satellit Mailands und Frankreichs gewesen war, wurde es nun zu einem Satelliten Spaniens. In Genua herrschte so etwas wie ein ›militärisch-finanzieller Komplex‹, denn dieselben Familien (Grimaldi, Pallavicino, Spinola u.a.) waren sowohl in die militärischen als auch die finanziellen Operationen involviert. Der militärische Erfolg Ambrogio Spinolas, der die spanische Armee im frühen 17. Jahrhundert in den Niederlanden kommandierte, beruhte nicht zuletzt darauf, daß er seine Truppen regelmäßig bezahlte – und zwar aus seiner eigenen Schatulle.

Die Jahre nach 1528 (›28‹, wie die Genueser zu sagen pflegten) waren von kulturellen wie auch von ökonomischen und politischen Veränderungen geprägt. Die venezianische Renaissance wird bisweilen als ›retardiert‹ bezeichnet, doch Genua trat in dieser Hinsicht noch später auf den Plan. Kunst und Städtebau begannen erst zur Zeit der ›Spanish Connection‹ richtig zu erblühen. Die Kommune errichtete Andrea Doria einen Palazzo an der Piazza San Matteo, während Andrea selbst sich eine prächtige Villa in Fassolo bauen ließ.[13] Die Ausmalung des Palazzo Doria durch den Raffael-Schüler Perino del Vaga wurde von niemand Geringerem als Michelangelo gelobt.

Der wirkliche Wendepunkt trat jedoch erst in den 1550er Jahren ein, als die Strada Nuova angelegt wurde, eine von den Palästen der großen Finanzdynastien gesäumte Prachtstraße.[14] Nach Aussage des Engländers Richard Lassels übertrifft die Strada Nuova »an Schönheit und Bauten alle Straßen Europas, die ich je irgend gesehen habe, und wenn sie ihren jetzigen Platz auch nur ein wenig länger behauptete, so möchte sie wohl die Königin unter den Straßen der Welt genannt werden.«[15] Heute ist die Straße als Via Garibaldi bekannt, doch die Paläste existieren noch und befinden sich angemessenerweise im Besitz von Finanzorganisationen wie der Banca d'America e d'Italia. Dieselben Familien ließen sich außerhalb der Stadt phantastische Villen errichten.[16] Was die Malerei angeht, so begann in den 1550er Jahren der erste bedeutende Renaissancekünstler Genueser Abstammung mit seinem Werk: Luca Cambiaso, ein Nachfolger Giulio Romanos. Auch bemühte man sich um die einheimische Literatur: Der Dichter Torquato Tasso wurde zu Lesungen nach Genua eingeladen, und Genueser Patrizier veröffentlichten Gedichte, vor allem im Rahmen der Akademie der *Addormentati*, die erstmals um 1563 dokumentiert sind.

Auch die politische Literatur (in gedruckter Fassung wie in Manuskriptform) erlebte eine Blüte, die ab 1559 einsetzte, als der humanistische Rechtsgelehrte Uberto Foglietta sein Werk *La Repubblica di Genova* veröffentlichte, und die bis zu den frühen 1620er Jahren andauerte, als Ansaldo Cebà seine Stücke herausbrachte. Diese Literatur verdient in der Geschichte der politischen Ideen einen höheren Rang, als ihr außerhalb Genuas bisher zugestanden wurde.[17] Allzu häufig wird politisches Denken ja mit politischer ›Theorie‹ im strengen Wortsinne gleichgesetzt. Für eine ›totale Geschichte‹ des politischen Denkens müssen die Historiker ihre Netze weiter spannen.

Generell gilt sicherlich, daß das, was veröffentlicht wird, am wichtigsten ist, doch im Genua der Spätrenaissance, so könnte man sagen, lagen die Dinge umgekehrt: Was veröffentlicht wurde, war normalerweise (wenn auch nicht immer) belanglos. Andererseits zirkulierten kritische Äußerungen über die Regierung in Form von Manuskripten, bisweilen in vielfachen Kopien, eine Art *Samisdat.* Die Werke erschienen meistens anonym. Manche waren in der Form humanistischer Dialoge im Stile Lukians abgefaßt, mit Titeln wie »Der Traum« oder »Dialoge des Charon«.[18] Andere kamen als *Relationi* daher, ein besonders bei den venezianischen Gesandten beliebtes Genre, das freilich auch anderswo immer wieder gerne imitiert wurde, manchmal von Satirikern, die ihre eigenen Städte wie aus der Sicht eines Außenstehenden beschrieben.[19] Die *Discordie* etwa sind eine an Sallusts *De Coniuratione Catilinae* erinnernde historische Abhandlung, die auf die Übel der Parteienbildung hinweist und anhand der Begriffe *interessi* und *contrapeso* eine äußerst scharfsinnige Analyse entfaltet.[20]

Sprachlich erinnern diese Texte bisweilen an Machiavelli, dessen Ideen auf die Analyse Genuas und seiner Parteiungen angewandt werden, und ein Dialog nennt ihn sogar namentlich.[21] Einer der wenigen gedruckten Texte hat Versform: eine Reihe von in Dialekt verfaßten Sonetten, die die Römische Republik – »Quell' antiga Repubrica Romanna« – beschreiben, dabei aber ganz offensichtlich die Gegenwart im Sinn haben. Einige dieser Texte erschienen im 19. und 20. Jahrhundert in gedruckter Form, andere hingegen bleiben als Manuskripte in Genueser Archiven und Bibliotheken und harren immer noch einer detaillierten Auswertung durch die Historiker des politischen Denkens. Auf jeden Fall bilden sie die Grundlage für dieses Kapitel.

Diese politische Literatur steht im Gegensatz zu dem, was in der Schwesterrepublik Venedig produziert wurde, nämlich den Lobpreisungen jenes Systems, das von Historikern heute als der »Mythos Venedig« beschrieben wird.[22] Einen »Mythos Genua« gab es nicht, wohl aber das Gegenteil, einen Anti-Mythos. Die Genueser Patrizier kritisierten unablässig ihr politisches System. Diese politische Literatur kreiste um drei Hauptthemen.

Das erste betraf den Konflikt zwischen den ›alteingesessenen‹ Adelsfamilien und den neuen: den *vecchi* und den *nuovi*. Es waren die *vecchi*, die durch Bankgeschäfte reich wurden und an der Strada Nuova Paläste bauen ließen. Um die Mitte des 16. Jahrhunderts gab es freilich nur etwa 700 männliche *vecchi* im Vergleich zu rund 1400 *nuovi*. Die *vecchi* vertraten die Auffassung, zwischen beiden Gruppen müßte Parität bestehen, so wie es 1547 dekretiert worden war. Die *nuovi* hingegen argumentierten, jeder einzelne müßte gleichen Zugang zu öffentlichen Ämtern haben. Zwei rivalisierende Konzepte von Gleichheit, könnte man sagen. Der Konflikt wurde noch durch den Umstand verschärft, daß die Altadeligen – weibliche wie männliche – die neuen systematisch vom gesellschaftlichen Leben *(conversazioni famigliari)* ausschlossen. Wie in Neapel so pflegten sich auch hier die *vecchi* regelmäßig in bestimmten Loggien oder Säulengängen zu Diskussionen über politische und andere Themen zu treffen. Dadurch aber waren die *nuovi* gezwungen, sich ihre eigenen Versammlungsorte in anderen Teilen der Stadt zu schaffen.[23]

Der Konflikt zwischen Alt und Neu kam 1575 wieder verschärft zum Ausbruch, als die Jungmannen der *nuovi* im ›Volksviertel‹ Piazza Ponticello ein Karnevalsturnier veranstalteten, das heißt, durch eine dramatische Geste ihren Anspruch auf Parität mit den *vecchi* und ihre Verbindung zu den *popolari* zur Geltung brachten. Die *vecchi* reagierten mit Hohn und Spott und verwiesen darauf, daß ihre Rivalen bis vor kurzem ja noch Händler gewesen seien. Diese Austragung von gesellschaftlichen Animositäten auf der Piazza erinnert an den städtischen Karneval, der fünf Jahre später in Romans (einer Kleinstadt in der Dauphiné) stattfand und der vor einigen Jahren durch Emmanuel Le Roy Ladurie Berühmtheit erlangte.[24]

Im Falle Genuas herrschte beinahe so etwas wie Bürgerkrieg. Es wurden Straßenbarrikaden errichtet, und die *vecchi* riefen ihre bäuerlichen Vasallen zu den Waffen. Doch schließlich wurden sie gezwungen, die offizielle Abschaffung der Unterscheidung zwischen Alten und Neuen hinzunehmen.[25] Der Humanist Uberto Foglietta, der verbannt worden war, weil er die *vecchi* in gedruckter Form (in einem 1559 in Rom veröffentlichten Buch) kritisiert und es gewagt hatte, für die Zulassung einer größeren Zahl von *popolari* zum Patriziat einzutreten, durfte nicht nur zurückkehren, sondern wurde sogar zum offiziellen Historiker der Stadt ernannt.[26]

Das zweite politische Hauptthema – die Angst vor Spanien – stand mit dem ersten insofern in Verbindung, als die *vecchi* mehr mit Spanien zu tun hatten als die *nuovi.* Tatsächlich grassierte '75 (wie die Genueser zu sagen pflegten) das Gerücht, die *vecchi* wollten die Stadt an die Spanier ausliefern.[27] Diese haßten die ökonomische Vorherrschaft der Genueser, woran Quevedo in seinem sarkastischen Gedicht *Don Dinero* erinnerte:

> Nace en las Indias honrada
> Donde el mundo le acompaña,
> Vien a morir en España
> Y es en Génoa enterrada.

Die Genueser wiederum – oder zumindest einige unter ihnen – fürchteten die politische Dominanz der Spanier. Sie hatten Angst, vom spanischen Reich absorbiert zu werden. Angesichts dieser vermeintlichen Bedrohung entwickelten manche von ihnen eine Art »Belagerungsmentalität«.[28] In einem um 1574 entstandenen Dialog unterhält sich der Herzog von Alba mit Philipp II. über die Möglichkeit einer Einnahme Genuas. Alba warnt den König vor den Schwierigkeiten und gibt zu bedenken, daß es billiger käme, von Genua zu profitieren, solange man der Stadt ihre Unabhängigkeit ließe. Dem hält Philipp entgegen, daß eine Einnahme leicht zu bewerkstelligen wäre, da die Genueser eher an privaten als an öffentlichen Angelegenheiten interessiert sind und *il ben propio* mehr lieben als *libertà*.[29] Die Spanier spielten eine wichtige Mittlerrolle beim Zustandekommen des Friedens von 1576. In den 1580er Jahren kam es zu einem neuerlichen Disput mit den Spaniern, da diese sich weigerten, der Republik den Titel ›Serenissima‹ zu verleihen. Die Gegner Spaniens betrachteten sich selbst als »Verfechter der Freiheit«.[30]

Das dritte Hauptthema in dieser Literatur – jenes, das im Mittelpunkt dieses Aufsatzes steht – ist das des Bürgersinns. Ich behaupte, daß die Bedrohung durch Spanien (die ab 1528 bestand, aber von den 1570er bis zu den 1620er Jahren offenbar am akutesten war) bei manchen Genueser Patriziern ein bürgerliches Bewußtsein beziehungsweise einen bürgerlichen Patriotismus hervorrief, ganz so wie fast zweihundert Jahre zuvor die Bedrohung durch Mailand, so Hans Baron, das Entstehen des »bürgerlichen Humanismus« in Florenz gefördert hatte. Tatsächlich scheint der Begriff »bürgerlicher Humanismus« zumindest in zwei Fällen anwendbar: Ansaldo Cebà und sein Freund Andrea Spinola wurden in ihrem Denken maßgeblich von klassischen Autoren beeinflußt, namentlich (wie zu Beginn des 17. Jahrhunderts nicht anders zu erwarten) von Seneca und Tacitus.[31]

Anders als in Florenz, wie Baron es sieht, war das Entstehen des bürgerlichen Patriotismus jedoch nicht nur die Reaktion auf eine politische Bedrohung, sondern auch eine ökonomische, nämlich das Aufkommen von Luxus. Die zunehmende Verbreitung von *fasto*, *splendore*, *grandezza*, *lusso* – oder von »auffälligem Konsum«, um mit Veblen zu sprechen – wurde in Genua ab Mitte des 16. Jahrhunderts zu einer ernsthaften Sorge (in Florenz hatte Guicciardini bereits zu Beginn des

Jahrhunderts in seinem *Discorso di Logrogno* eine ähnliche Sorge geäußert).[32] Die Prachtentfaltung bestimmter Einzelpersonen wurde als Bedrohung der bürgerlichen Freiheit kritisiert, vor allem in dem Stück *Il Barro* von Paolo Foglietta (dem Bruder Obertos). Zu den Persönlichkeiten, die damals namentlich kritisiert wurden, gehörten beispielsweise der Doge Gianbattista Lercari, dessen geradezu königliches Auftreten Anstoß erregte, oder der Fürst von Salerno, im Volksmund auch *il monarcha* genannt. In einem Text von 1575 (Gioffredo Lomellino zugeschrieben, einem Adeligen, der eine der philosophischen Schriften Senecas auszugsweise herausgegeben hatte) heißt es, »die Pracht hat zugenommen, teure Bauten, Kleider und luxuriöse Speisen haben ihren Einzug in Genua gehalten«; verantwortlich dafür sei der Rückzug der *vecchi* aus den öffentlichen Angelegenheiten, diese kümmerten sich lieber um *la grandezza privata* als um das öffentliche Wohl.[33] Ein Text von 1579 behauptet, die *vecchi*, die reicher seien denn je, hätten ihren bürgerlichen Lebenswandel *(modi civili)* aufgegeben; statt dessen »bauen sie pompöse Paläste von königlicher Ausstattung und leben in den Häusern mit einer beispiellosen Pracht und Herrlichkeit, die weit hinausgehen über die bürgerliche Bescheidenheit *(la modestia civile)*«. Ein Dialog von 1583 spricht von den »stolzen Palästen, die eher den Wohnsitzen von Fürsten als von Privatpersonen ähneln«.[34]

Manches deutet darauf hin, daß dieser Trend nicht nur Ausdruck einer durch Reichtum bedingten moralischen Verderbtheit war, sondern ein Versuch seitens der alteingesessenen Familien, sich von den neuen Adeligen abzugrenzen. Ähnlich hieß es auch von den alten Familien, sie bezeichneten sich selbst als *vecchi* und legten sich Doppelnamen zu, »um den Unterschied kundzutun« *(far palese la differenza)* zwischen sich und den *nuovi*. Ganz offensichtlich hatten diese Leute auch schon ihre Kulturkritiker, die die »feinen Unterschiede« analysierten oder eine »Theorie der feinen Leute« entwickelten – ihre Bourdieu und Veblen.[35]

Die ausführlichsten und durchdachtesten Äußerungen über bürgerliche Tugenden in dieser Krisenzeit stammen aus dem frühen 17. Jahrhundert. Es waren die Werke zweier Freunde, beide dem niedrigen Patriziat angehörend und beide Mitglieder der Akademie der *Addormentati*. Ansaldo Cebà (ca. 1565–1623) taucht immer wieder in italienischen Literaturgeschichten auf, auch wenn ihm dort kein großer Platz eingeräumt wird. Er studierte bei Sperone Speroni in Padua, war ein Freund des Dichters Gabriele Chiabrera und verfaßte selber ein Epos, *La reina Esther* (1615), sowie eine Reihe von Stücken. *Esther* kreist um das Thema der Befreiung, und dem Vorwort zufolge ging es dem Werk darum, in den Herzen der Leser die Liebe zu großen Taten zu entfachen. Die Tragödie *Alcippo* (1622) hat ebenfalls politischen Charakter: Sie handelt von einem spartanischen Adeligen, dem (wie dem Dogen Lercari) »königlicher Stolz« vorgeworfen wird und der – ebenso verwerflich – nicht bereit ist, die Stadt zu befreien, auch wenn seine Anhänger ihn als einen Mann von bescheidenem Auftreten beschreiben. In einem Brief an seinen Freund Gioffredo Lomellino fordert Cebà, die Familie eines Senators solle bescheidener leben als ein Mann von geringerem Adel, und der Senator selbst müsse ein Vorkämpfer der Freiheit sein und sich in Zeiten der Not um geistige Standhaftigkeit bemühen.[36] Im Rahmen dieses Kapitels noch wichtiger ist Cebàs Traktat *Il cittadino di repubblica* (1617).[37] Ein Großteil dieses Traktats ist eher konventionell und belanglos, aber durchaus nicht alles. Der *Cittadino*, der für junge Männer in einer freien Stadt verfaßt ist und immer wieder auf Plutarch, Sallust und Seneca verweist, empfiehlt den Lesern, sie sollten Tacitus studieren und mißtrauisch sein gegenüber Autorität und Luxus.[38] Laut Cebà bedarf es der »bürgerlichen Disziplin« *(disciplina civile)*, die gefördert werden soll, indem man über die Enthaltsamkeit Scipios (einer Figur aus Cebàs *Silandra*) nachsinnt und über die Selbstverleugnung des älteren Cato.[39] Ähnliche Auffassungen über die Beherrschung der Leidenschaften äußert Cebà in seiner *Esther*.

Andrea Spinola (1562–1631) hingegen veröffentlichte seine Reflexionen nicht in gedruckter Form und war bis vor wenigen Jahren sogar in Genua praktisch vergessen. Obwohl aus der Familie Spinola stammend, war er eher gutsituiert als wirklich reich.[40] Er machte sich zum Anwalt der Interessen des niederen Patriziats. Einmal, 1616, wurde er wegen einer allzu freimütigen Rede gerügt, und drei Jahre später kam er sogar ins Gefängnis, weil er seine Kollegen im Amt kritisiert hatte. Spinola hatte den Beinamen *il filosofo*. Seine Gedanken schrieb er in einem Text nieder, der unter verschiedenen Bezeichnungen überliefert ist – *Capricci*, *Dizionario* oder *Ricordi politici* – und aus alphabetisch geordneten Gedanken über Themen wie ›Verderbtheit‹, ›Disziplin‹ und ›Gleichheit‹ besteht. Der Text war so etwas wie ein politischer Zitatenschatz.[41]

Dieser Text weist Spinola als bürgerlichen Humanisten aus, der sich auf klassische Autoren wie Juvenal, Sallust, Seneca und Tacitus beruft.[42] Wogegen Spinola sich auflehnte, waren Verderbtheit, Luxus und Tyrannei. So kritisierte er beispielsweise das »lächerliche Zeremoniell«, das für »Despoten« wie den König von Spanien veranstaltet und jetzt von Genueser Dogen und sogar von gewöhnlichen Bürgern übernommen wurde.[43] Er war dagegen, daß Männer in spanische Militärorden *(habiti e croci)* eintraten, weil so aus freien Bürgern Sklaven gemacht würden. Spinola verurteilte auch die Pomphaftigkeit von Bestattungen (wären sie wirklich nötig, schreibt er, könnten es sich die Armen nicht leisten zu sterben).[44] Das Wort ›Palast‹ und den Brauch, in großen Häusern zu leben, lehnte er deshalb ab, weil dieser Lebenswandel bei den Kindern ein übertriebenes Anspruchsdenken *(opinioni vane)* erzeuge.[45] Den neuen Stil der Kutschen betrachtete er als eine »verrückte« Form von Luxus.[46] Und im gleichen Maße, wie er privaten Luxus kritisierte, verurteilte er die »öffentliche Armut«.[47]

Spinola setzte sich leidenschaftlich für republikanische Freiheit und Gleichheit *(l'egualità civile)* ein sowie für die klassische Tradition eines einfachen, selbstgenügsamen Lebenswandels *(l'antico severità del vivere parco)*. Der Begriff der ›Gleichheit‹ zieht sich durch alle seine Schriften.[48] Die Vorbilder, die er seinen Genueser Landsleuten vor Augen hielt, waren das antike Rom, das antike Sparta und die zeitgenössische Schweiz, die rauh sein mochte, sich aber das freie Menschentum bewahrt hatte *(con qual vivere loro rozzo e parco hanno costumi proprii d'uomini liberi)*.[49] Den Schweizer Kantonen vermachte er sogar Geld.[50] Um die republikanischen Tugenden lebendig zu halten, plädierte er für öffentliche Vorträge über Ethik und Politik.[51] Ebenso wie Foglietta sechzig Jahre zuvor trat Spinola dafür ein, daß mehr Gemeine in den Adelsstand aufgenommen würden. Und anders als Pallavicino (siehe oben, S. 154) war er der Meinung, daß die Adeligen den Gemeinen gegenüber Höflichkeit an den Tag legen sollten, indem sie zum Beispiel ihren Gruß erwiderten.[52]

Metaphorisch gesprochen könnte man sagen, daß Spinola den öffentlichen Raum (oder wenn man lieber will, die öffentliche Sphäre) auf Kosten des privaten vergrößern wollte. Doch äußerte er sich auch zum öffentlichen Raum im ganz wörtlichen Sinne. So beklagte er beispielsweise den Mangel an Respekt gegenüber öffentlichen Gebäuden. Er schlug vor, daß die Loggia di Banchi (das im späten 16. Jahrhundert umgestaltete Versammlungshaus der Händler) von Wachleuten kontrolliert werden sollte, um zu verhindern, daß Jugendliche dort schliefen oder Fußball spielten. Anders ausgedrückt, Spinola besaß ein Gespür für den heiligen Charakter öffentlicher Gebäude, wie ihn der amerikanische Historiker Richard Trexler für Florenz konstatiert hat.[53]

Ganz konkret forderte Spinola Gelder für die Straßenreinigung, da es sowohl unschicklich als auch unhygienisch sei, wenn Schweine im Stadtzentrum nach Nahrung suchten.[54] Auch dem Palazzo pubblico – Spinola weigerte sich, vom ›Dogenpalast‹ zu sprechen – sollten Gelder zugute kommen, um seine Decke zu vergolden, ihn mit einem Marmorboden auszustatten und die Wände mit Bildern zu verschönern. Diese Pracht, so Spinola, hat nichts mit Eitelkeit zu tun: »Solche Dekorationen tragen zur Wahrung der *maestà publica* bei.«[55] Auch plädierte er für die Errichtung einer Marmorstatue auf der Piazza della Signoria zu Ehren von Christoph Columbus, des größten Sohnes der Stadt.[56] Spinola war ein Bewunderer Venedigs, die Serenissima galt ihm als »das weiseste Regierungssystem, das es je auf der Welt gegeben hat«.[57] Natürlich gab es einen ganz ähnlichen Trend in Venedig, der – ziemlich um dieselbe Zeit – in der Bewegung des Renier Zen Gestalt annahm, eines führenden Aristokraten, der zum Anwalt des niederen Adels wurde.[58] Freilich sollte diese Bewegung nicht von langer Dauer sein.

Auch in Genua verhallten die Appelle Cebàs und Spinolas an traditionelle republikanische Tugenden ungehört. Es läßt sich unmöglich sagen, wie viele Menschen ihre Auffassungen teilten. Die oben zitierten Texte des 16. Jahrhunderts zeigen, daß sie nicht völlig allein auf weiter Flur standen, und die Tatsache, daß Spinolas Reflexionen in Manuskriptform zirkulierten, läßt zumindest auf Sympathie für seine Ideen schließen, doch andererseits waren die beiden Freunde nicht in der Lage, das System nachhaltig zu beeinflussen. Die bedeutendste literarische und intellektuelle Figur der folgenden Generation war ein Patrizier ganz anderen Schlages – Anton Giulio Brignole Sale, auch er ein Mitglied der *Addormentati*, der in seinen Schriften gegen Tacitus polemisierte. Er ließ sich einen prächtigen Palast bauen und von Van Dyck in einem Reiterbildnis verewigen und wurde schließlich Jesuit. Englische Besucher zeigten sich beeindruckt von der »königlichen Pracht« der Strada Nuova und dem »königlichen Luxus« der Genueser.[59] Dieser Luxus brachte Joseph Addison, der die Stadt Anfang des 18. Jahrhunderts besuchte, zu der ›sallustischen‹ Erkenntnis: »Da die Republik Genua sehr arm ist – obwohl einige ihrer Mitglieder extrem reich sind –, trifft man in den Häusern von Privatpersonen unendlich viel mehr Pracht und Herrlichkeit an als in denen, die der Öffentlichkeit gehören.«[60]

Die traditionelle Vorherrschaft der Privatsphäre – *publice egestas, privatim opulentia* – war viel zu stark, als daß sie hätte gebrochen werden können. In Umkehrung der Ideen Spinolas behauptete ein Genueser Schriftsteller des 17. Jahrhunderts, Bernard de Mandeville vorwegnehmend, daß die privaten Laster der Öffentlichkeit auch zum Vorteil gereichen können: »che è danno e vizio del privato risulta in qualche maniera in grandezza e gloria del pubblico.«[61] So überrascht es auch nicht weiter, daß Pieter de la Court, holländischer Geschäftsmann und Verfasser politischer Schriften, in seinem Werk *Politike Weegschaal* (1661) Genua als »wundervoll und bemerkenswert« *(verwonderens en aanmerkenswaardig)* beschreiben sollte – als Modell für die holländische Republik noch besser geeignet als Venedig.[62]

1 Richard Sennett, *Verfall und Ende des öffentlichen Lebens*, Frankfurt a.M. 1983

2 Jürgen Habermas, *Strukturwandel der Öffentlichkeit*, Neuwied/Berlin 1962; vgl. John Brewer, »Culture as Commodity: 1660–1800«, in: Ann Bermingham/John Brewer (Hrsg.), *The Consumption of Culture 1600–1800*, London 1995, S. 341–345

3 Richard Trexler, *Public Life in Renaissance Florence*, New York 1980, S. 47–54

4 Manfredo Tafuri, *Jacopo Sansovino e l'architettura del '500 a Venezia*, Padua 1969; Deborah Howard, *Jacopo Sansovino: Architecture and Patronage in Renaissance Venice*, New Haven 1975, S. 13 ff.; Edward Muir, *Civic Ritual in Renaissance Venice*, Princeton 1981, Kap. 5

5 Zur Idee des bürgerlichen Humanismus siehe Hans Baron, *The Crisis of the Early Italian Renaissance*, Princeton 1955

6 Jacques Heers, *Gênes au XVe siècle: activité économique et problèmes sociaux*, Paris 1961

7 Roberto Lopez, »Économie et architecture médievales«, in: *Annales: Économies, Sociétés, Civilisations* 7, 1952, S. 433–438

8 John Kenneth Galbraith, *The Affluent Society*, 1958, Harmondsworth ²1962, S. 211 (dt.: Gesellschaft im Überfluß, München/Zürich 1959, S. 92ff. und 267ff.)

9 »Genovese e Romano« (Leonardo Lomellini zugeschrieben, Paris, Bibliothèque Nationale, MSS ital. 751, f. 2)

10 Heers (1961)

11 Edoardo Grendi, *La repubblica dei genovesi*, Bologna 1987, S. 85

12 Giulio Pallavicino, *Inventione di scriver tutte le cose accadute alli tempi suoi (1583–1589)*, hrsg. v. Edoardo Grendi, Genua 1975, S. 6, 73

13 Grendi (1987), S. 139–172

14 Ennio Poleggi, *Strada Nuova, una lottizzazione del Cinquecento a Genova*, Genua 1968

15 Richard Lassels, »Description of Italy«, 1654, in: Edward Chaney, *The Grand Tour and the Great Rebellion*, Genf 1985, S. 156

16 Ennio Poleggi, »Genova e l'architettura di villa nel secolo XVI«, in: *Bolletino Centro Andrea Palladio* 11, 1969, S. 231–240

17 Claudio Costantini, *La Repubblica di Genova nell'età moderna*, Turin 1978, Kap. 7; vgl. Rodolfo Savelli, *La repubblica oligarchica: legislazione, istituzioni e ceti a Genova nel '500*, Mailand 1981, S. 40ff. über den *Sogno*

18 »Dialoghi di Caronte«, Archivo Storico del Comune di Genova (im weiteren: ASCG), MS 164; »Sogno«, ASCG, fondo Brignole Sale, 104 A21

19 Goffredo Lomellino, »Relatione della repubblica di Genova« (1575), ASCG, MS 120; »Relazione dello stato politico ed economico della serenissima repubblica di Genova« (1597), Genua, Universitätsbibliothek, MS B. VI. 23; [Giacomo Mancini], »Relazione di Genova« (1626), Florenz, Biblioteca Nazionale, fondo G. Capponi, Bd. 81, Nr. 4

20 Giovanni Battista Lercari, *Le discordie e guerre civili dei genovesi nell'anno 1575*, 1579, Nachdruck Genua 1857

21 Lercari (1579); [Mancini], »Relazione di Genova«; »Dialoghi di Caronte«, f. 9 verso

22 Franco Gaeta, »Alcuni considerazioni sul mito di Venezia«, in: *Bibliothèque d'Humanisme et de Renaissance* 23, 1961, S. 58–75; Eco O. G. Haitsma Mulier, *The Myth of Venice*, Assen 1980

23 Lercari (1579), S. 16; vgl. Lomellino »Relatione«, S. 130–131; »Relazione dello stato politico«

24 Emmanuel Le Roy Ladurie, *Karneval in Romans. Von Lichtmeß bis Aschermittwoch, 1579–1580*, Stuttgart 1982

25 Costantini (1978), S. 101–122; Savelli (1981), Kap. 1
26 Uberto Foglietta, *Della repubblica di Genova*, Rom 1559; vgl. Costantini (1978), S. 66 ff.
27 [Mancini], »Relazione di Genova«, Kap. 10
28 Andrea Spinola, *Scritti scelti*, hrsg. v. Carlo Bitossi, Genua 1981, S. 43; vgl. ebd. S. 87, 98, 100, 114, 189
29 »Dialogo«, Florenz, Biblioteca Nazionale, fondo Capponi, 109. c. 6
30 Pallavicino (1975), S. 158, 192
31 Peter Burke, »Tacitism, Scepticism and Reason of State«, in: James H. Burns (Hrsg.), *The Cambridge History of Political Thought 1450–1700*, Cambridge 1991
32 John G. A. Pocock, *The Machiavellian Moment*, Princeton 1975, S. 135–136
33 Lomellino, »Relatione«, S. 173–176
34 Lercari (1579), S. 17; Bartolommeo Paschetti, *Le bellezze di Genova*, Genua 1583, S. 6
35 Lercari (1579), S. 17; [Mancini], »Relazione di Genova«, Kap. 8
36 Ansaldo Cebà, *Lettere*, Genua 1623, S. 49 ff.
37 Ansaldo Cebà, *Il cittadino di repubblica*, Genua 1617. Zu ihm siehe auch Claudio Costantini u. a., *Dibattito politico e problemi di governo a Genova nella prima metà del seicento*, Florenz 1976, S. 75–114
38 Cebà (1617), S. 35
39 Cebà (1617), S. 69
40 Carlo Bitossi, »Andrea Spinola. Elaborazione di un ›manuale‹ per la classe dirigente«, in: Claudio Costantini u. a., (1976), S. 115–175, hier S. 158
41 Bei den hier zitierten Manuskripten handelt es sich um ASCG, fondo Brignole Sale, 106 B3 und 106 B11–12 (im weiteren: B3 und B11–12). Zum Verfasser siehe E. Fenzi, »Una falsa lettera del Cebà e il Dizionario Politico-Filosofico di Andrea Spinola, in: *Miscellanea di Storia Ligura* 4, 1966, S. 111–165; Bitossi (1976)
42 Zu Juvenal, B11–12, s.v. »Educatione«; zu Sallust siehe Spinola (1981), S. 102, 187; zu Seneca, ebd. S. 102, 201, 204, 248, 256, 265, 292; zu Tacitus, ebd. S. 79, 84–86, 101–102, 121, 139, 165, 167, 195, 204, 259, 260
43 B11–12, s.v. »Ceremoniale«
44 B11–12, s.v. »Essequie private«
45 B11–12, s.v. »Palazzi di cittadini«
46 B11–12, s.v. »Carrozze«
47 Zum Luxus siehe Spinola (1981), S. 97, 100, 187, 252 ff.; zur öffentlichen Armut, S. 97
48 Bitossi (1976), S. 98–99, 102, 187; B11–12, s.v. »Egualità civile«
49 Zu Sparta siehe Spinola (1981), S. 79, 111, 232; zur Schweiz, S. 83, 149
50 Bitossi (1976), S. 151
51 B11–12, s.v. »Scuole pubbliche«
52 B3, f. 63 verso: B11–12, s.v. »Cavarsi di beretta«

53 Trexler (1980), S. 51–52
54 B11–12, s.v. »Strade pubbliche«
55 B11–12, s.v. »Palazzo pubblico«
56 B11–12, s.v. »Statue«
57 Spinola (1981), S. 81, 83, 111, 122, 129, 165, 214; B11–12, s.v. »Venetia«
58 Gaetano Cozzi, *Il doge Niccolò Contarini*, Venedig/Rom 1958, S. 243–288
59 Fynes Moryson, *An Itinerary*, 1617, Nachdruck Amsterdam 1971, S. 167; John Raymond, *An Itinerary*, London 1648, S. 13
60 Joseph Addison, *Remarks on Several Parts of Italy*, 1705, Nachdruck in: ders., *Works*, 4 Bde., London 1890, Bd. 1, S. 356–538, hier S. 363
61 Casoni, »Costumi«, ASCG fondo Brignole Sale, 110 E14, f. 2 recto
62 Zitiert in: Haitsma Mulier (1980), S. 153

KAPITEL VIII

Elitekultur und Volkskultur im Italien der Renaissance

Die Erforschung der italienischen Renaissance steht nach wie vor in Blüte, das weite historische Feld der Volkskultur wird unablässig bearbeitet. Neuere Veröffentlichungen über die Volkskultur haben zu Recht die Ansicht vertreten, es sei fruchtbarer, die Wechselwirkung zwischen Elite- und Volkskultur zu analysieren, anstatt das Trennende zwischen ihnen herausarbeiten zu wollen.[1] Untersuchungen der italienischen Renaissance haben freilich wenig über die Volkskultur zu sagen und Untersuchungen der italienischen Volkskultur noch weniger über die Renaissance.[2] Dieses Kapitel will deshalb der Frage nachgehen, ob diese Kluft überbrückt werden sollte und wenn ja, wie.

Es ist verständlich, wenn beide Kulturen unabhängig voneinander untersucht wurden, schließlich gab es eine ganze Reihe von Barrieren, die einfache Leute von der Kunst und Literatur der Renaissance fernhielten. Erstens gab es die Sprachbarriere. Ein Großteil der Hochkultur war lateinische Kultur, doch die überwältigende Mehrheit der Bevölkerung lernte kein Latein. Die Normalsterblichen sprachen ihren regionalen Dialekt, und außerhalb der Toskana verstanden nur die oberen Klassen das reformierte Toskanisch, das auf dem Wege war, sich zur italienischen Literatursprache zu entwickeln. Zweitens gab es die Bildungsbarriere. Nur eine Minderheit der Bevölkerung – wenn auch eine beträchtliche, was männliche Stadtbewohner betraf – war des Lesens und Schreibens mächtig. Drittens gab es die ökonomische Barriere, die normalen Menschen den Kauf von Büchern oder Bildern unmöglich machte.

Diese Hindernisse ließen sich jedoch überwinden. Eine neuere Monographie über die Erziehung im Italien der Renaissance kommt zu dem Ergebnis, daß »in nahezu allen einheimischen Schulen die Rudimente der lateinischen Grammatik unterrichtet wurden«.[3] Der Dialekt der Toskaner, vor allem der Florentiner, öffnete ihnen den Zugang zur Literatursprache. Für die Bewohner großer Städte wie Venedig, Florenz, Rom und Mailand war es relativ leicht, Schulen zu besuchen, und mit der Kunst kamen sie allenthalben an öffentlichen Plätzen in Berührung – Fresken in Kirchen, Statuen auf der Piazza und so weiter.

Historiker der italienischen Kultur jener Epoche haben es also mit zwei gegenläufigen Entwicklungen zu tun. Auf der einen Seite breiten sich Formen und Ideen der Renaissance von den Eliten zum Volk aus, und zwar in gesellschaftlicher wie in geographischer Hinsicht. Praktischerweise soll dies mit einer einfachen räumlichen Metapher als eine ›Abwärts‹-Bewegung bezeichnet werden. Auf der anderen Seite gibt es eine ›Aufwärts‹-Bewegung in dem Sinne, daß italienische Künstler und Literaten aus dem Erbe der Volkskultur schöpfen.

Entsprechend ist dieser Aufsatz in zwei Teile gegliedert. Gleichwohl hat er ein gemeinsames Thema. Auf beiden Seiten der Wechselwirkung müssen wir nicht nur nach Elementen der Aneignung suchen, sondern auch nach solchen der Rezeption und Anverwandlung. Zum Beispiel schuf Ariost aus den traditionellen Ritterromanen, die er las, etwas in Ton und Geist völlig Neues. Andererseits las Menocchio der Müller, eine lange in Vergessenheit geratene Figur, die von Carlo Ginzburg erst kürzlich wieder zum – historischen – Leben erweckt wurde, die *Legenda Aurea*, die Jean de Mandeville zugeschriebenen *Reiseberichte*, Boccaccios *Decamerone* und anderes, doch was er in diesen Texten fand, hatte nur wenig zu tun mit dem, was die ihn verhörenden Inquisitoren hierin zu sehen meinten.[4]

Im Italien des 16. und 17. Jahrhunderts gab es durchaus einfache Leute, die mit einem Teil der klassischen Tradition vertraut waren. Cicero, Ovid und Vergil wurden beispielsweise damals in die Volkssprache übertragen. Die Geschichte über den Selbstmord der römischen Lucretia nach ihrer Vergewaltigung durch Sextus Tarquinius muß ziemlich gut bekannt gewesen sein. Eine Version, die sich auf »Livius von Padua« als Quelle berief (obwohl sie sich vermutlich direkt auf Boccaccio stützte), wurde zu einer italienischen Ballade umgeschrieben; diese wurde in Venedig von Agostino Bindoni gedruckt, dessen Familie auf den Druck billiger populärer Texte spezialisiert war.

Ein relativ deutliches Beispiel für eine Abwärtsbewegung ist die Popularisierung von Ariosts *Orlando Furioso.* Natürlich handelte es sich dabei um ein von einem Adeligen für Adelige geschriebenes Werk, das in seiner publizierten Form ziemlich teuer war. Dennoch zirkulierten die *Lamenti* bestimmter Figuren aus dem Epos wie Bradamante, Isabella, Rodomonte, Ruggiero und so weiter, aber auch andere Versbearbeitungen, Ergänzungen und Zusammenfassungen im 16. Jahrhundert als preiswerte Volksbücher. Manche dieser Texte erschienen anonym, doch eine Version – der Versuch, die »Schönheiten« des Poems auf sechzehn Seiten zu komprimieren – stammte von dem Bologneser Dichter Giulio Cesare Croce, einem bekannten Vermittler zwischen Elite- und Volkskultur.[5]

Man kann nicht davon ausgehen, daß diese Paraphrasen und Zusammenfassungen ausschließlich für einfache Leute konzipiert waren. Die Bibliothek Heinrichs III. von Frankreich enthielt ein Buch mit dem Titel *Bellezze di Furioso*, bei dem es sich höchstwahrscheinlich um Auszüge aus Ariost handelte. Einige Beobachter stellten freilich auch fest, welche Faszination Ariost innerhalb der breiten Bevölkerung ausübte. So wurde der *Furioso* nach Aussage des Dichters Bernardo Tasso von Handwerkern und Kindern gelesen, und der venezianische Verleger Comin dal Trino registrierte seine Popularität bei gemeinen Leuten *(il volgo)*.[6] Für das 16. Jahrhundert ungewöhnlich ist die Tatsache, daß dieser zeitgenössische Text in manchen Schulen neben den lateinischen Klassikern behandelt wurde.[7] Belege für das Interesse einfacher Leute an Ariost finden sich auch in Archiven, die hauptsächlich aus

Ketzereiprozessen stammen. So gestanden in Venedig ein Waffenschmiedlehrling, ein Seidenhändler und eine Prostituierte, den *Orlando Furioso* gelesen zu haben. Im calvinistischen Genf handelte sich ein Italiener einmal Ärger ein, weil er das Buch als seine »Bibel« bezeichnet hatte.[8]

Montaignes Tagebuch seiner Reise nach Italien liefert uns weitere Anhaltspunkte dafür, wie sehr Ariost in die Volkskultur eindrang. In einem Badeort bei Lucca traf er beispielsweise eine arme Bäuerin namens Divizia, die weder lesen noch schreiben konnte, die aber in ihrem Elternhaus so häufig Ariost rezitiert gehört hatte, daß sie selber Dichterin geworden war. In Florenz und auch anderswo in Italien, so berichtet uns Montaigne, sei er zu seinem Erstaunen immer wieder Bauern und Schäferinnen begegnet, die Ariost auswendig konnten. Manche Reisende, die im 18. Jahrhundert Neapel besuchten, beschrieben die professionellen Geschichtenerzähler, die Ariosts Epos auf den Straßen und Plätzen der Stadt lasen – oder genauer gesagt, aufführten – und dabei den Text als Gedächtnisstütze zur Hand hatten.[9]

Auch die Gedichte Torquato Tassos müssen Eingang in die Volkskultur gefunden haben. Sein Epos *Gerusalemme liberata* wurde in mehrere Dialekte übertragen – 1628 ins Bolognesische, 1670 ins Bergamaskische, 1689 ins Neapolitanische, 1693 ins Venezianische und so weiter. Joseph Addison vermerkte in seinen *Remarks on Several Parts of Italy* (1705) die Sitte »des einfachen Volkes dieses Landes, Verse aus Tasso zu singen«, eine Beobachtung, die Rousseau und Goethe im Falle der venezianischen Gondolieri wiederholen sollten.

Natürlich würde man gerne mehr über die Umstände wissen: Wie genau erinnerten sich die Bauern, Geschichtenerzähler und Gondolieri an die Texte, und, was noch wichtiger ist, was bedeuteten ihnen die Epen Ariosts und Tassos? Meine eigene Hypothese wäre, daß einfache Leute den *Orlando Furioso* und das *Gerusalemme liberata* als Ritterromane lasen oder hörten – beziehungsweise als ›Schlachtenbücher‹ *(libri di battagie)*, wie sie es nannten –, die im Italien des 16. Jahrhunderts in Form von Volksbüchern erhältlich waren und in Grundschulen den Jungen bisweilen als Lernstoff dienten. Auch Menocchio der Müller liebte diese Art von Literatur.[10]

In den bildenden Künsten ist das Verhältnis zwischen ›gehoben‹ und ›volkstümlich‹ insofern sehr viel komplizierter, als die ›hohe‹

Kunst der italienischen Renaissance im allgemeinen von Männern produziert wurde, die von Ausbildung und gesellschaftlichem Status her Handwerker waren. Sie schufen religiöse Gemälde, ohne daß sie die Möglichkeit gehabt hätten, Theologie zu studieren, und Szenen aus der klassischen Mythologie, ohne Latein, geschweige denn Griechisch, lesen zu können. Werke wie Botticellis *Frühling* oder Tizians *Himmlische und irdische Liebe*, in denen offenbar neuplatonisches Gedankengut verarbeitet ist, müssen demnach als Ergebnis eines komplexen Prozesses der Vermittlung zwischen Elite- und Volkskultur entstanden sein, an dem nicht nur Künstler und Auftraggeber beteiligt waren, sondern auch Humanisten wie Angelo Poliziano und Marsilio Ficino und Popularisierer wie die professionellen Schreiber oder *poligrafi* in Venedig.[11]

Solche Gemälde mit weltlicher Thematik waren während der Renaissance nur einem beschränkten Publikum zugänglich. Sie zirkulierten eher in der ›privaten‹ als in der ›öffentlichen‹ Sphäre.[12] Dennoch hatte auch ein größeres Publikum die Möglichkeit, einige von ihnen in graphischen Reproduktionen kennenzulernen, vor allem durch die Stiche, die Marcantonio Raimondi nach Gemälden von Raffael anfertigte. Das Kunstwerk war bereits ins Zeitalter seiner technischen Reproduzierbarkeit eingetreten. Ebenso wie der Druck war auch der Stich ein wichtiges Mittel der Popularisierung, zumindest in dem Sinne, daß er es einer sehr viel größeren Zahl von Menschen und vermutlich auch sehr viel breiteren Volksschichten ermöglichte, Bilder zu sehen.

Ein weiteres Medium zur Verbreitung von Bildern stellten Töpferwaren dar, denn das Rohmaterial war billig. Die in Faenza, Urbino, Deruta und andernorts produzierten Majolikateller und -krüge wurden häufig mit Szenen aus der klassischen Mythologie und der Geschichte des Altertums bemalt. Manche von ihnen beruhten auf Stichen Raimondis nach Raffael. Diese Töpferwaren wurden zum Teil für wohlhabende Auftraggeber hergestellt, zum Teil waren es aber auch einfache Arzneigefäße für Apotheker.[13] Die farbig glasierten Terrakottabildwerke aus dem Florentiner Familienbetrieb della Robbia könnte man als die Skulpturen des armen Mannes bezeichnen. Die Werkstatt produzierte unter anderem große, kostspielige Altaraufsätze für Kirchen, aber auch kleine Bilder für Votivtafeln, Kapellen am Wegesrand oder für Privatpersonen. Es wäre wohl übertrieben, von ›Massenproduktion‹ zu sprechen, aber manchen Stücken ist anzusehen, daß sie sehr rasch angefertigt wurden, und von bestimmten Motiven (etwa einer Anbetung oder einer Madonna mit Kind) sind bisweilen acht, neun, zehn oder sogar zwanzig nahezu identische Kopien erhalten.[14]

Das Problem besteht natürlich darin herauszufinden, wie Leute, die nicht einer kulturellen Elite angehörten, diese Objekte rezipierten, vor allem aber, ob sie sich für die Stile und die Geschichten interessierten oder nicht. In Florenz zumindest läßt sich eine anspruchsvolle Volkskultur des Sehens nachweisen. Manche Leute aus dem Volk – Handwerker und Ladenbesitzer – kannten nicht nur die Namen der führenden Künstler ihrer Stadt aus Vergangenheit und Gegenwart, sondern scheuten sich auch nicht, ihre – oftmals kritischen – Meinungen über den Wert bestimmter Kunstwerke kundzutun. Belege für diese Behauptung finden sich bei Vasari, in dessen *Vite* (1550) immer mal wieder Stimmen aus dem Volk zitiert werden, die sich über bestimmte Kunstwerke oder Künstler auslassen. Besonders interessant in diesem Zusammenhang ist das, was Vasari über die Florentiner Reaktionen auf Perugino zu vermelden hat: Zunächst enthusiastisch, enden sie in Hohn und Spott. Vasaris Berichte über das Interesse der unteren Schichten an ästhetischen Fragen lassen sich durch diejenigen des Antonfrancesco Grazzini ergänzen, eines Ladenbesitzers (wahrscheinlich Apotheker), der sich in seinen Gedichten – besser: Liedern *(madrigalesse)* – bisweilen über Kunstwerke ausläßt. Zwei dieser Lieder liefern einen kritischen Kommentar zu Vasaris Entscheidung, die Kuppel des Doms von Florenz auszumalen: »Giorgio hat die Sünde begangen« *(Giorgin fece il peccato)*, heißt es dort, es war eine Entscheidung »mit wenig Sinn und noch weniger Verstand« *(poco senno e men giudizio)*.

Nach dem Abschnitt über die Popularisierung der Renaissance wollen wir uns nun der Frage zuwenden, welche Bedeutung ›niedrige‹ Elemente in der ›Hoch‹-kultur hatten. Der folgende Abschnitt des Kapitels steht natürlich ganz im Zeichen der Auseinandersetzung mit Michail Bachtin, der in seiner großen Monographie *Rabelais und seine Welt* (in den dreißiger Jahren geschrieben, aber erst 1965 veröffentlicht) behauptete, der Verfasser des *Gargantua und Pantagruel* habe sich sehr stark von der »Kultur des Volkshumors« inspirieren lassen, insbesondere vom Grotesken und Karnevalesken.[15] Dieses Werk, eine *tour de force* der historischen Imagination, war beispielgebend für neuere Studien über Breughel, Shakespeare und andere Künstler und Literaten der Renaissance.

Rabelais und seine Welt ist auch von Renaissancespezialisten kritisiert worden. Gegen Bachtins Behauptung, *Gargantua und Pantagruel* gehöre vollständig der Volkskultur an, wurde eingewendet, daß Rabelais schließlich ein studierter Mann war, und einfache Leute sein Werk wohl nicht in vollem Umfange verstanden haben dürften.[16] Leider hat Bachtin das Verhältnis zwischen ›hoher‹ und ›niederer‹ Kultur nicht präzise und eindeutig dargestellt. Bisweilen scheint der Kontrast beziehungsweise der Gegensatz, um den es ihm geht, derjenige zwischen den Kulturen zweier gesellschaftlicher Gruppen zu sein, der Elite und des Volks. Dann wieder werden die beiden gegensätzlichen Kulturen nach ihrer Funktion definiert – als ›offizielle‹ beziehungsweise ›inoffizielle‹. Diese Unterscheidungen können sich zwar überschneiden, aber sie sind nicht unbedingt kongruent. So gehörten etwa die Studenten von Montpellier, deren Feste und Veranstaltungen Bachtin beschreibt, einer gesellschaftlichen Elite an, doch gleichzeitig partizipierten sie an einer inoffiziellen Kultur.

Eine weitere wichtige Unterscheidung, die in Bachtins Werk verschwommen bleibt, ist diejenige zwischen Aneignung (und Verwandlung) von Elementen aus der Volkskultur (die Rabelais fraglos vornimmt) und der vollständigen Partizipation an dieser Kultur. An anderer Stelle habe ich behauptet, daß die europäischen Eliten des 16. Jahrhunderts ›bikulturell‹ waren. Einerseits besaßen sie eine akademische Kultur, von der einfache Leute ausgeschlossen blieben, doch andererseits partizipierten sie an dem, was wir heute ›Pop‹-Kultur nennen.[17] Partizipierten sie daran nun in derselben Weise wie Leute, für die die Volkskultur die einzige Kultur war, die sie kannten? Oder war Volkskultur für diese Eliten etwas, das mit einer bestimmten Zeit und einem bestimmten Ort der Zerstreuung zu tun hatte? Schon der Begriff der ›Partizipation‹ läßt sich ja nicht ohne weiteres definieren. Ungeachtet dieser Widersprüchlichkeiten und der Notwendigkeit, genauere Unterscheidungskriterien zu entwickeln, könnten und sollten sich zukünftige Forschungsarbeiten über die verschiedenen Kulturen und Subkulturen im Italien der Renaissance von Bachtins Studie inspirieren lassen: Wir sollten sie zum Anlaß nehmen, genau zu fragen, welche Elemente Künstler und Literaten aus den Volkstraditionen übernahmen und was sie daraus machten.

Bisher gibt es nur relativ wenige Untersuchungen dieser Art. Vor Bachtin hatte bereits Domenico Guerri die »volkstümliche Strömung in der Renaissance« erforscht, wobei er sich allerdings praktisch auf einen einzigen Gegenstand beschränkte, nämlich Späße und komische Verse in Florenz.[18] Der Kunsthistoriker Eugenio Battisti veröffentlichte eine umfassende Studie über die »Anti-Renaissance«, eine faszinierende Sammlung von Essays über mittelalterliche, manieristische, groteske, okkulte und andere Motive in Kunst und Literatur. Allerdings versuchte Battisti, mit seiner Kategorie der »Anti-Renaissance« ein allzu großes Spektrum abzudecken. Seine Kapitel reichen von bewußten Ablehnungen des Klassizismus bis zu mittelalterlichen Relikten, die eher als »Nicht-Renaissance« zu bezeichnen wären.[19]

In der Kunst böte es sich an, die Wechselwirkung zwischen Hoch und Niedrig zunächst anhand bestimmter grotesker oder komischer Skulpturen zu untersuchen, die bereits im Kapitel über die Komik erwähnt wurden. Es wäre vielleicht unangemessen zu behaupten, daß das Komische zwangsläufig auch volkstümlich ist, immerhin sei aber daran erinnert, daß nach Aristoteles – zumindest in der Interpretation italienischer Humanisten – die Komödie ›gemeine‹ Menschen nachahmt. Nehmen wir zum Beispiel die Statue Valerio Ciolis, die den Lieblingshofzwerg des Großherzogs Cosimo de' Medici darstellt, jenen ›Morgante‹, der nach der Titelfigur des Heldenepos von Luigi Pulci benannt ist. Die Skulptur wurde in den Boboli-Gärten in Florenz aufgestellt, einem Ort der Zerstreuung, der als eine Art »Vergnügungsstätte« des 16. Jahrhunderts bezeichnet worden ist.[20] Entsprechend ließe sich auch der berühmte Garten von Bomarzo des Vicino Orsini als eine Art Disneyland des 16. Jahrhunderts beschreiben. Alle seine Skulpturen – die riesigen Steinmonster, das schiefe Haus oder der Höllenschlund – bedienen den volkstümlichen Geschmack für das Groteske, gleichgültig, von welchen akademischen Deutungen sie überlagert sein mögen.[21]

Auch die Commedia dell'Arte verdient aus der Sicht dieses Essays untersucht zu werden, und dabei insbesondere das faszinierende und verwirrende Problem des Verhältnisses zwischen den Charakteren beziehungsweise Masken dieser scheinbar volkstümlichen Kunstform – der prahlerische Soldat, der törichte Alte, der verschlagene Diener – und denen des antiken griechischen und römischen Dramas. Verdankten die Stegreifspieler ihre Kenntnis dieser Masken den Humanisten? Oder war es vielleicht so, daß die antiken Masken ›klandestin‹ in der Volkskultur überlebten, bis sie im 16. Jahrhundert wieder auftauchten, um das ›hohe‹ Renaissancedrama zu inspirieren?

Die folgenden Abschnitte konzentrieren sich auf die Literatur und insbesondere auf vier Autoren: Boccaccio, Folengo, Ariost und Aretino (unter Ausschluß von Burchiello, Berni, Pulci, Ruzante, Calmo und anderen Mittlern zwischen beiden Kulturen). Diese vier Autoren werden in chronologischer Reihenfolge behandelt werden, was zugleich einer logischen Ordnung entspricht, einer Ordnung zunehmender Komplexität im Verhältnis zwischen Elite- und Volkskultur. Daß die Komplexität im Laufe der Zeit zunimmt, ist wahrscheinlich kein Zufall, sondern das Ergebnis eines Prozesses, der sich als ›Rückzug‹ der Eliten aus ihrer Partizipation an der Volkskultur beschreiben ließe.[22]

Den Ausgangspunkt unserer Untersuchung bildet natürlich Boccaccios *Decamerone.* Ebenso wie im Falle von Rabelais denkt man heute auch bei Boccaccio vor allem an seine ›Vulgarität‹. Darüber sollte man freilich nicht vergessen, daß ja auch er ein akademisch gebildeter Mann war, ein Universitätslehrer, der Traktate in Latein verfaßte und über Dante las. Sein Toskanisch wurde im 16. Jahrhundert (neben Dantes und Petrarcas) als ein Muster für reines Italienisch ›kanonisiert‹. Dennoch steht fest, daß viele der Geschichten des *Decamerone* volkstümlichen mündlichen Überlieferungen entstammen – ›Volkserzählungen‹, wie die Wissenschaftler des 19. Jahrhunderts sie zu nennen pflegten – und daß sie einige von Bachtins Lieblingsthemen illustrieren.

Das Karnevaleske spielt in Boccaccios Werk eine ziemlich eindeutige Rolle, vor allem in jener Geschichte von Bruder Alberto (Vierter Tag, 2. Geschichte), die mit einer ritualisierten Jagd des ›wilden Mannes‹ auf der Piazza San Marco in Venedig endet.[23] Manche Geschichten enthalten auch Episoden von – so Bachtin – »groteskem Realismus« oder der »Erniedrigung«. In dieser Richtung ließe sich beispielsweise die erste Geschichte der Sammlung deuten, die Erzählung von einem ruchlosen Notar, der die Nachwelt mit Arglist dazu brachte, ihn als Heiligen zu verehren. Tricks kommen in Boccaccios *novelle* vor wie auch bei anderen Geschichtenerzählern der Renaissance (etwa Sacchetti, Masuccio Salernitano, Bandello und Grazzini), die auf die in Kapitel v beschriebene Volkstradition der *beffa* zurückgreifen. Beispielsweise überreden Bruno und Buffalmaco den Maler Calandrino, der als Einfaltspinsel dargestellt ist, nach einem magischen Stein zu suchen, der seinen Träger angeblich unsichtbar macht, oder sie stehlen sein Schwein und ›beweisen‹ ihm dann, daß er es selbst gestohlen hat.

Auch der Benediktinermönch Teofilo Folengo bediente sich der Tradition der *beffa*, als er im zwölften Gesang seines burlesken Epos *Baldus* eine Seereise mit dem Besitzer einer Schafherde beschrieb: Der Trickster erwirbt den Leithammel und wirft ihn ins Meer, worauf natürlich die ganze restliche Herde hinterherfolgt. Diese Episode übernahm Rabelais später und bearbeitete sie für seine eigenen Zwecke (*Gargantua und Pantagruel*, Viertes Buch, Kapitel 6). Der 1517 unter dem Pseudonym ›Merlin Cocaio‹ veröffentlichte *Baldus* ist im wesentlichen jedoch ein Beispiel des Grotesken, eine Ritterroman-Parodie, die in einem persiflierenden epischen Stil erzählt wird. Das Epos berichtet von der Geschichte eines jungen Adeligen, eines Nachkommen des Paladins Rinaldo, der in bäuerlicher Umgebung aufwächst, jedoch eigentlich in der Welt der Ritterromane lebt wie ein Jahrhundert später Don Quichotte. Mit zwei Gefährten, dem Riesen Fracassus und dem gerissenen Cingar, wird Baldus in eine Reihe komischer Abenteuer verwickelt, die aus dem Arsenal der Volkstradition stammen. Bachtin selbst verwies auf jene Episode, in der jemand durch ein Urinbad vom Tode erweckt wird.[24]

Das Thema des Folengoschen Epos ist ein Zwitter, zugleich bukolisch und chevaleresk, und entsprechend hybrid ist auch der Stil. Die Sprache ist eine Form von Latein, das oft so tut, als wäre es Italienisch oder ein Dialekt – eine Mischung von zwei oder drei Codes oder besser gesagt, ein Produkt ihrer Wechselwirkung.[25] In einer Schlachtszene zum Beispiel wird die Rhetorik des ›hohen‹ Stils, wie er für Kampfschilderungen in einem Epos angemessen ist, ständig profaniert, sei es durch die Verwendung von grob latinisierten Termini technici wie *alebardae* (Hellebarden), *banderae* (Banner), *lanzae* (Lanzen), *partesanae* (Partisanen), *picchiae* (Piken), *stendardi* (Standarten) und so weiter, oder durch Wörter, die den Klang von Trommeln und Trompeten nachahmen:

> Stendardique volant, banderae; timpana pon pon
> continuo chioccant; sonitantque tarantara trombae.

Das Epos beginnt mit einer Anrufung – nicht der Musen, sondern fülliger Landpomeranzen, die sich mit Polenta und Makkaroni (oder Gnocchi) fettgefressen haben. Deshalb ist dieser Stil als ›makkaronisches‹ Latein in die Literaturgeschichte eingegangen. Folengo war der größte Meister dieser Sprache, nicht aber ihr Erfinder. Es handelt sich um eine literarische Stilisierung der Sprache der Notare, die sie aus Zweckdienlichkeit schrieben, und der Studenten, die sie zum Spaß sprachen.[26]

Beim ersten Beispiel – Boccaccio – haben wir es mit einem gebildeten Mann zu tun, der aus den Volkstraditionen schöpfte, an denen er partizipierte. Das zweite Beispiel – Folengo – ist insofern komplexer, als es einen gebildeten Mann zeigt, der ganz bewußt eine Synthese aus Elite- und Volkstraditionen herstellt oder zumindest mit den Spannungen zwischen beiden spielt.

Noch komplizierter ist die Situation im Falle von Ariost. Wie der *Baldus* so ist auch der *Orlando Furioso* ein Ritterroman oder eine Ritterroman-Parodie – zwischen diesen Alternativen fällt die Entscheidung schwer, da Ariost sich in voller Absicht am Rande der Parodie bewegt. Der Ritterroman war ursprünglich eine Gattung der Hochkultur: Geschichten von Adeligen, geschrieben für Adelige und in einigen Fällen (inklusive Ariost selbst) auch von Adeligen verfaßt. Wie wir gesehen haben, war diese Gattung jedoch auch Teil der italienischen Volkskultur im 16. Jahrhundert. Sie dokumentierte sich in Form von gedruckten Volksbüchern, aber auch von mündlichen Darbietungen fahrender Sänger, die ihre Geschichten oder *cantimbanchi* auf der Piazza singend oder rezitierend vortrugen, wobei sie am Ende jeder Fortsetzung um Geld baten und damit das Publikum so lange in Spannung hielten, bis es sein Scherflein entrichtet hatte. Die gedruckten und die mündlichen Versionen beeinflußten sich gegenseitig.

Wie andere Gebildete liebte auch Ariost diese mündlichen Darbietungen, und in seinem Epos findet sich einiges davon wieder.[27] Obwohl er ja für ein lesendes Publikum schrieb, übernahm der Autor beispielsweise bestimmte volkstümliche Formeln, mit denen das Publikum zum Zuhören aufgefordert wurde – »wie ich im nächsten Gesang weitererzählen werde« *(come io vi seguirò ne l'altro canto)* und so weiter. Damit steht Ariost beispielhaft für einen komplexen Prozeß der Wiederaneignung: Ein Gebildeter entleiht und transformiert volkstümliche Motive, die zuvor der Hochkultur entliehen worden waren. Nachdem der *Furioso*, wie wir gesehen haben, seinerseits popularisiert wurde, haben wir es also mit dem Fall einer doppelten Wiederaneignung zu tun. Verknüpfungen dieser Art sind auch heute nicht unbekannt. So griff etwa der brasilianische Schriftsteller Jorge Amado mit seinem Roman *Tereza Batista* (1972) auf ein Volksbuch von Rodolfo Coelho Cavalcanti zurück (solche Groschenromane waren – und sind noch immer – im Nordosten Brasiliens verbreitet, zumindest in jenen Gebieten, die am wenigsten mit städtischer Kultur und Fernsehen in Berührung kommen). Cavalcanti wiederum hatte das traditionelle Thema der *donzela gueirreira*, der kriegerischen Jungfrau, verarbeitet, das auf die Ritterromane zurückgeht – und natürlich auf Ariosts Heldin Bradamante (siehe Kapitel IX).[28]

Das letzte Beispiel, das hier erörtert werden soll, ist Pietro Aretino. Aretino machte sich in Rom einen Namen als Verfasser sarkastischer Schmähschriften.[29] Die *pasquinata* war ein Genre an der Grenze zwischen Elite- und Volkskultur. Der Brauch, den verstümmelten antiken Statuen auf der Piazza del Pasquino satirische Verse anzuheften, geht auf das späte 15. Jahrhundert zurück, und zu der Zeit waren die Verse in humanistischem Latein verfaßt. Zu Beginn des 16. Jahrhunderts bürgerte es sich ein, die Verse in einer volkstümlichen Sprache zu schreiben, die jeder verstehen konnte. Später schrieb

Aretino *Il Marescalco*, eine Karnevalskomödie, die um eine *beffa* herum konstruiert ist (siehe Kapitel v, S. 113 f.).

Das beste Beispiel in Aretinos Werk für die Mischung aus Elementen der Elite- und Volkskultur beziehungsweise für ihre Wechselwirkung sind jedoch fraglos seine *Ragionamenti*, Gespräche zwischen einer alten und einer jungen Kurtisane, in denen letztere in die Geheimnisse des Gewerbes eingeweiht wird. Die Dialoge enthalten eine Reihe von Szenen aus dem Leben des Volkes im Rom des frühen 16. Jahrhunderts, die die Umgangssprache und den Jargon dieses gesellschaftlichen Milieus offensichtlich getreu wiedergeben. Gleichzeitig waren sich humanistisch gebildete Leser vermutlich der Tatsache bewußt, daß die Dialoge auf einem klassischen griechischen Text basieren, nämlich Lukians *Hetärengesprächen*. Die Dialoge lassen sich auch als eine Parodie auf höfische Renaissanceratgeber lesen, vor allem Castigliones berühmten *Hofmann*. Hier wie auch an anderen Stellen profitiert Aretino auf spielerische Weise von der Ähnlichkeit der Begriffe *cortegiano* (Hofmann) und *cortegiana* (Kurtisane).

Aretino war der Sohn eines Handwerkers, er wuchs auf in der Welt der Volkskultur, und am Ende seines Lebens schätzte er die Straßensänger. Er war mit Andrea, einem der Hofnarren Papst Leos X., befreundet. Ebensowenig wie die bereits erwähnten Maler hatte er Gelegenheit, eine konventionelle humanistische Bildung in Latein und Griechisch zu erwerben (den Hinweis auf Lukian hatte er vermutlich von einem gebildeteren Freund erhalten). Als einer, der als Außenseiter in die Hochkultur gekommen war, lehnte er ihre künstlichen und affektierten Elemente ab, namentlich die Konventionen für das Liebessonett im Stile Petrarcas und die Regeln für das gesprochene Italienisch, wie sie Castigliones Freund Pietro Bembo aufgestellt hatte (und die in den *Ragionamenti* parodiert werden). Ebenso wie sein Freund Giulio Romano liebte es Aretino, Regeln zu verletzen. In diesem Sinne war er ein bewußter ›Manierist‹ oder ›Anti-Klassizist‹.[30] Die niedere Kultur, die Kultur, in der er aufgewachsen war, diente ihm als Instrument, um die Hochkultur zu unterwandern, oder zumindest diejenigen ihrer Elemente, die ihm mißfielen. Man könnte sagen, daß er aus der Nicht-Renaissance schöpfte, um eine Anti-Renaissance zu schaffen.

Kulturhistoriker haben sicher recht, wenn sie, wie es bereits geschieht, ihr Forschungsinteresse von der Volkskultur als solcher auf den langen Prozeß der Wechselwirkung zwischen Elementen der Elite- und der Volkskultur verlagern. Freilich, wenn wir uns auf die Wechselwirkung zwischen Hoch und Niedrig konzentrieren, müssen wir uns auch darüber klar werden, wie vielfältig oder polymorph dieser Prozeß ist. Die in diesem Kapitel zitierten Beispiele umfassen keineswegs die ganze Bandbreite der Möglichkeiten, doch zumindest dürften sie ausreichen, um einiges anzudeuten: die bemerkenswerte Skala möglicher Beziehungen zwischen Hoch und Niedrig; den verschiedenartigen Gebrauch, den die Schriftsteller der Renaissance von der Volkskultur machten; den Gebrauch, den einfache Leute von der Renaissance machten, und schließlich die Bedeutung des ›Kreislaufs‹ von Bildmotiven und literarischen Themen, bei dem der Kreis nie ganz genau zu seinem Ausgangspunkt zurückkehrt.

1 Steven L. Kaplan (Hrsg.), *Understanding Popular Culture*, Berlin 1984; Roger Chartier, *The Cultural Uses of Print in Early Modern France*, Princeton 1987
2 Peter Burke, *Die Renaissance in Italien*, Berlin 1984, S. 36–37; ders., *Helden, Schurken und Narren,* Stuttgart 1981. S. 284–295; vgl. Samuel K. Cohn, *Death and Property in Siena*, Baltimore 1988
3 Paul Grendler, *Schooling in Renaissance Italy: Literacy and Learning 1300–1600*, Baltimore 1988, S. 50
4 Carlo Ginzburg, *Der Käse und die Würmer. Die Welt eines Müllers um 1600*, Berlin 1979, Kap. 12–14
5 Piero Camporesi, *La maschera di Bertoldo*, Turin 1976
6 Zitiert in: Daniel Javitch, *Proclaiming a Classic: the Canonization of the Orlando Furioso*, Princeton 1991
7 Grendler (1988), S. 298
8 Richard MacKenney, *Tradesman and Traders: the World of the Guilds in Venice and Europe, c. 1250–c. 1650*, London 1987, S. 184; John Martin, »Popular Culture and the Shaping of Popular Heresy in Renaissance Venice«, in: Stephen Haliczer (Hrsg.), *Inquisition and Society in Early Modern Europe*, London 1987, S. 115–128; Guido Ruggiero, *Binding Passions: Tales of Magic, Marriage and Power at the End of the Renaissance*, New York 1993; E. William Monter, *Calvin's Geneva*, New York 1969, S. 66
9 John Moore, *A View of Society and Manners in Italy*, Dublin 1781, Brief Nr. 60; John J. Blunt, *Vestiges of Ancient Manners*, London 1823, S. 290

10 Grendler (1988); vgl. Piero Lucchi, »Leggere scrivere e abbaco«, in: Paola Zambelli (Hrsg.), *Scienze, credenze occulte, livelli di cultura*, Florenz 1982, S. 101–120; Ginzburg (1979), Kap. 14
11 Erwin Panofsky, *Studien zur Ikonologie der Renaissance*, Köln 1980, S. 203–239; Carlo Ginzburg, »Titian, Ovid and Sixteenth-Century Codes for Erotic Illustration«, 1978, Nachdruck in: ders., *Myths, Emblems, Clues*, London 1990, S. 77–95
12 Ginzburg (1978), S. 79, in Anlehnung an Burke (1984), S. 152, 165
13 Bernard Rackham, *Italian Maiolica*, 1952, London ²1963
14 Allan Marquand, *Andrea della Robbia and his Atelier*, 2 Bde., Princeton 1922, Nr. 122–142, 157–167, 302–309, 312–320
15 Michail Bachtin, *Rabelais und seine Welt*, Frankfurt a.M. 1995
16 Michael M. Screech, *Rabelais*, London 1979
17 Burke (1981), S. 24–29
18 Domenico Guerri, *La corrente popolare nel Rinascimento*, Florenz 1931
19 Eugenio Battisti, *L'antirinascimento*, Mailand 1962
20 Paul Barolsky, *Infinite jest: Wit and Humor in Italian Renaissance Art*, New York 1978, S. 153ff.; Detlev Heikamp, »Les merveilles de Pratolino«, in: *L'Œuil* 171, 1969, S. 16–27
21 Battisti (1962), S. 125ff.; Horst Bredekamp, *Vicino Orsini und der heilige Wald von Bomarzo*, 2 Bde., Worms 1985; Claudia Lazzaro, *The Italian Renaissance Garden*, New Haven 1990
22 Burke (1981), S. 284–295
23 Giuseppe Mazzotti, *The World at Play in Boccaccio's ›Decameron‹*, Princeton 1986
24 Bachtin (1995), S. 191; vgl. Ettore Bonora/Mario Chiesa (Hrsg.), *Cultura letteraria e tradizione popolare in Teofilo Folengo*, Mailand 1979
25 vgl. Nino Borsellino, *Gli anticlassicisti del '500*, Rom/Bari 1973, S. 89
26 Ugo E. Paoli, *Il latino maccheronico*, Padua 1959
27 Giovanni Battista Bronzini, *Tradizione di stile aedico dai cantari al Furioso*, Florenz 1966
28 Candace Slater, *Stories on a String: the Brazilian Literatura de Cordel*, Berkeley 1982, S. 146
29 Paul Larivaille, *Pietro Aretino fra Rinascimento e Manierismo*, Rom 1980, S. 47ff.
30 Larivaille (1980); Borsellino (1973), S. 16–40

KAPITEL IX
Rittertum in der Neuen Welt

Die Botschaft dieses Kapitels läßt sich in einem Satz, fast in einer Schlagzeile, zusammenfassen: Karl der Große ist nicht tot. Er lebt – oder lebte bis vor relativ kurzer Zeit – in Lateinamerika. Das Rittertum verbreitete sich erst spät in der Neuen Welt, denn ihre Bewohner hatten bis 1492 natürlich keine Möglichkeit, etwas über dieses europäische Wertesystem und die Ritterromane zu erfahren, in denen es seinen Ausdruck fand. Zudem dürfte das Auftreten eines Cortés und Pizarro in Mexiko und Peru kaum dazu beigetragen haben, den Azteken beziehungsweise den Inka das Wertesystem näherzubringen. Andererseits war es die Neue Welt – oder Teile von ihr –, wo die Ritterromane, nachdem diese literarische Tradition hier erst einmal Fuß gefaßt hatte, ihre nachhaltigste Faszination ausübten, vor allem im Nordosten Brasiliens.

Zur Zeit der Entdeckung Amerikas – oder um es nicht gar so ethnozentrisch auszudrücken: am Beginn einer Reihe von Begegnungen zwischen den Kulturen Europas und den Kulturen Amerikas – stand die Renaissance auf dem alten Kontinent längst in voller Blüte. Bei aller Begeisterung für die klassische Antike war indes, wie wir gesehen haben (Kapitel VIII), die Liebe zu Ritterromanen keineswegs abgestorben. Diese Romane bildeten im wörtlichen wie im metaphorischen Sinn einen wichtigen Bestandteil dessen, was die *Conquistadores* im Gepäck mit sich trugen.

Im mittelalterlichen Spanien stellten Ritterromane nicht nur eine literarische Gattung, sondern auch eine mündliche Volkstradition dar. Sie wurden von Moslems wie von Christen verfaßt, rezitiert und gelesen, und eine erhebliche Zahl solcher Geschichten mit ihren üblichen Riesen, verzauberten Palästen, Namen tragenden Schwertern und weiblichen Kriegern hat im arabisch geschriebenen Spanisch überlebt.[1] Wie auch in anderen Teilen des damaligen Europa lehnten manche spanische Humanisten die Ritterromane als ›törichte‹ oder ›alberne Bücher‹ ab – lange bevor Cervantes sie in seinem *Don Quijote* parodierte. 1524 verurteilte Juan Luis Vives die Romane *Amadís*, *Lancelot* und *Pierre de Provence*, und fünf Jahre später wurde *Amadís* von Antonio de Guevara gebrandmarkt.[2] Im selben Jahrhundert äußerten ähnliche Kritiken später auch die Humanisten Pedro Mexia und Benito Arias Montano sowie der Prediger Luis de Granada. Was immer Don Quijote getan haben mag, Cervantes selbst jedenfalls rannte nicht gegen Windmühlen an. In der ersten Hälfte des 16. Jahrhunderts kam in Spanien »durchschnittlich fast jedes Jahr« ein neuer Ritterroman heraus, und die Gesamtzahl an solchen Romanen belief sich auf über 150.[3] Unter den Verfassern gab es auch eine Frau, die adelige Dame Beatriz Bernal aus Valladolid, die 1545 zwei Romane veröffentlichte, *Don Cristalion* und *Lepomene*.[4]

Zumindest einer dieser Ritterromane wird auch heute noch von der Literaturwissenschaft ernst genommen: der katalanische *Tirant lo Blanc* aus dem 15. Jahrhundert. Selbst die Bücherverbrenner im *Don Quijote* hielten ihn der Rettung wert, da er, so der Priester, »eines der besten Bücher seiner Art auf der Welt« sei, ein Urteil, das auch von einem der führenden lateinamerikanischen Schriftsteller unserer Zeit, Mário Vargas Llosa, geteilt wird. Noch größerer Erfolg war im 16. Jahrhundert zwei Romanzyklen in kastilischer Sprache beschieden: *Palmerín de Oliva*, dessen Veröffentlichung 1511 begann, und *Amadís de Gaula*, der erstmals um 1508 gedruckt wurde. *Amadís* selbst erlebte nicht nur zahlreiche Neuauflagen, sondern löste auch eine ganze Reihe von Folgebänden aus: Etwa ein halbes Dutzend Autoren beschrieb die Abenteuer des Sohns von Amadís, des Enkels von Amadís und so weiter, und die Helden hatten Namen wie Esplandián, Lisuarte oder Amadís von Griechenland. 1546 war der Zyklus auf insgesamt zwölf Bücher angewachsen. Diese Abenteuergeschichten erfreuten sich damals in Italien, Frankreich, England und andernorts größter Beliebtheit.

Zu den *aficionados* dieser Ritterromane zählten in Spanien Kaiser Karl V., der Diplomat Diego Hurtado de Mendoza und der Reformator Juan de Valdés.[5] Es gibt auch einige berühmte Beispiele von Leserreaktionen, die schriftlich überliefert sind, darunter die Zeugnisse zweier Heiliger der Gegenreformation, die uns Berichte über ihr Leben hinterlassen haben. In seiner Autobiographie erzählt Ignatius von Loyola, er sei »der Lektüre weltlicher, falscher Bücher, sogenannter Ritterromane, verfallen gewesen« *(muy dado a leer libros mundanos y falsos que suelen llamar de cabellerías)* und vor seiner Priesterweihe habe er am Altar Unserer Lieben Frau von Monsarrat zur Nacht gebetet, weil »mein Kopf voll war [...] von Amadís von Gallien und ähnlichen Büchern« *(tenía todo el entendimiento lleno de [...] Amadís de Gaula y de semejantes libros).*

Desgleichen vermerkt Teresa von Avila in ihren Memoiren, ihre Mutter sei »eine Liebhaberin von Ritterromanen« *(aficionada a libros de caballerías)* gewesen, und sie selbst habe diese Begeisterung in ihrer Jugend geteilt – ein Hinweis, der die Entscheidung von Beatriz Bernal, sich in dieser doch eher männlichen Gattung zu versuchen, verständlicher macht. Auswertungen von Bibliotheksinventaren, die in Zusammenhang mit der Erforschung der Geschichte des Lesens vorgenommen wurden, bestätigen den Eindruck, daß diese Bücher unter den Spaniern des 16. Jahrhunderts, Kaufleuten wie Adeligen, zahlreiche Anhänger hatten.[6] Da die Romane auch in gekürzter Fassung als preiswerte Volksbücher, *pliegos sueltos*, auf den Markt kamen, liegt die Vermutung nahe, daß sie ein Teil der Volkskultur geworden waren.[7]

Ebenso wie die Spanier liebten auch die portugiesischen Leser des 16. Jahrhunderts Ritterromane, darunter den berühmten *Amadís*, der ursprünglich wohl um 1350 in Portugal verfaßt worden war. Buch 7, 9 und 10 der Fortsetzung wurden im 16. Jahrhundert in Lissabon gedruckt.[8] Der Humanist João de Barros war nicht nur ein berühmter Historiker, der die Taten der Portugiesen in Asien beschrieben hatte, sondern auch Verfasser eines höchst erfolgreichen Ritterromans,

Clarimundo (1520). Der Palmerín-Zyklus wurde von portugiesischen Autoren wie Francisco de Moraẽs und Diogo Fernández fortgesetzt. Als der Dichter Luis de Camões sein Versepos *Os Lusíadas* (1572) der Öffentlichkeit als einen Gegenentwurf zu den ›phantastischen‹ oder ›legendären‹ Taten Rolands und Rogers vorstellte, konnte er davon ausgehen, daß seine Leser mit diesen Romangestalten vertraut waren. Zu den Verlegern des Amadís- und Palmerín-Zyklus gehörte unter anderen Marcos Borges, der 1566 zum königlichen Drucker ernannt worden war. Der damalige Herrscher auf dem portugiesischen Thron, Sebastian, fiel 1578 in der Schlacht von Alcazarkebir, nachdem er in Nordafrika gelandet war, um die ›Mauren‹ zu besiegen und zu bekehren. Es ist nicht bekannt, ob der König ein Liebhaber von Ritterromanen war, aber Sebastian dürfte ganz sicherlich versucht haben, wie einer der Helden dieser Romane aufzutreten, und nach seinem Tode wurde er auch mit ihnen in Verbindung gebracht, wie noch zu zeigen sein wird.

Angesichts des anhaltenden Interesses für diese Gattung in Spanien und Portugal verwundert es nicht weiter, daß bereits in den Anfangszeiten der Eroberung und Besiedelung der Neuen Welt Hinweise auf Ritterromane vorhanden sind. Ob Kolumbus selbst solche Romane las oder nicht, läßt sich nicht mit Sicherheit sagen, aber auf jeden Fall fanden sich einige in der Bibliothek seines Sohnes Fernando.[9] Aus Briefen von Cortés geht hervor, daß auch er mit dieser Literatur vertraut war.[10] Über die Verbreitung dieses Enthusiasmus muß die Regierung immerhin so besorgt gewesen sein, daß sie ihrem Handelshaus in Sevilla 1531 die Anweisung gab, den Export von ›nichtigen‹ Romanen wie *Amadís* nach Westindien zu untersagen.[11]

Eines der interessantesten Zeugnisse stammt aus der Geschichte der Eroberung Mexikos von Bernal Díaz del Castillo. Seinen ersten Eindruck von der im See gelegenen Hauptstadt der Azteken beschreibt Díaz mit den Worten: »Angesichts der gewaltigen Türme, Tempel und Bauten sagten wir uns, das ist wie die Zauberdinge, über die im Buch von Amadís berichtet wird.« Es ist wie im Fall der Reisenden, über die wir in Kapitel VI gesprochen haben: Das Leben imitiert die Kunst, oder genauer gesagt, die Erfahrung wird durch die Fiktion beeinflußt. Díaz stellte auch die vielsagende Vermutung an, ein Hinweis auf *Amadís* könnte dazu beitragen, dieses exotische Land seinen

Lesern vertrauter erscheinen zu lassen. Sein Ziel war es, »das völlig Fremde in etwas zu übertragen, das wir das vertraute Fremde nennen könnten«.[12]

Einen weiteren interessanten Beleg für das Rittertum in der Neuen Welt liefert ein Name: Kalifornien. Um die Mitte des 16. Jahrhunderts wurde er bereits für die Pazifikküste Nordamerikas verwendet. Erstmals jedoch tauchte er in Zusammenhang mit einer Insel aus der Ritterdichtung auf. In dem Roman *Esplandián*, einer Fortsetzung der 1510 erstmals veröffentlichten Amadís-Geschichte, erfahren wir von einer Gruppe kriegerischer Frauen, deren Königin eine gewisse Calafia ist, »die Herrin der großen Insel California, weithin berühmt für ihren großen Reichtum an Gold und Edelsteinen« und die kein einziger Mann betreten darf. Die Königin fordert Amadís und seinen Sohn Esplandián zum Einzelkampf heraus, unterliegt dabei und wird zur Christin. Daß ein Teil Amerikas den Namen California erhielt, läßt darauf schließen, daß es außer Bernal Díaz und seinen Gefährten noch andere gab, die die Neue Welt aus der Perspektive der Ritterromane wahrnahmen.

Ähnliches ließe sich auch für das ausgedehnte Tiefland von Amazonien sagen, das ab Anfang der 1540er Jahre von den Spaniern erkundet wurde. Die Expeditionstruppe unter Führung von Francisco de Orellana soll dem Amazonas seinen heutigen Namen gegeben haben, nachdem sie einen Kampf gegen Eingeborene, an dem Frauen aktiv beteiligt waren, bestanden hatte. Nach Aussage des Dominikanermönches Gaspar de Carvajal, einem Teilnehmer dieser Expedition, waren die Kriegerinnen groß und hellhäutig, hatten Bogen und Pfeile als Waffen und lebten in eigenen Dörfern, die einer Herrscherin namens Coroni untertan waren.[13]

Auf diese Weise wurden traditionelle Mythen oder Stereotypen der sogenannten ›Monsterrassen‹ revitalisiert und auf die Neue Welt projiziert.[14] Der Amazonen-Mythos ging zwar, wie die Humanisten sehr wohl wußten, auf das klassische Altertum zurück, war aber im Italien des Quattrocento wiederbelebt worden. Um diese Zeit beginnen Viragines eine wichtige Rolle in italienischen Ritterromanen zu spielen, und damals taucht auch der Topos der Jungfrau auf, die nur einen Mann als Gatten akzeptiert, der sie im Kampf besiegt, beispielsweise Galiziella im *Aspramonte* von Andrea da Barberino, eine Amazone aus dem ›Reich der Frauen‹ *(regno feminino)*. Die Figur der Marfisa in Boiardos *Orlando Innamorato* (1483), der Bradamante in Ariosts *Orlando furioso* (1516) oder der Clorinda in Tassos *Gerusalemme liberata* (1581) sind die denkwürdigsten Beispiele dieser Tradition.[15] Man könnte zumindest vermuten – und tatsächlich gibt es eine solche Hypothese –, daß die Renaissance erst aufgrund von Kolumbus' Bericht über Amazonen in Westindien ein erneutes Interesse an der klassischen Tradition der Amazonen entwickelte.[16] Sowohl für Carvajal als auch für Díaz stellte sich die Neue Welt als der Ort dar, wo die europäischen Ritterromane Wirklichkeit wurden.

Die spanischen Auswanderer, die nach Mexiko und Peru gingen, nahmen diese Ritterromane mit oder bezogen sie über Buchhändler, wie der amerikanische Wissenschaftler Irving Leonard anhand der Auswertungen von Frachtlisten aus den Archiven des Handelshauses in Sevilla nachgewiesen hat.[17] Dank seiner Forschungsarbeit wissen wir heute, daß im Jahre 1540 der Drucker Juan Cromberger in seinem Laden in Mexico City nicht weniger als 446 Exemplare von *Amadís* auf Lager hatte.[18] In Lima zählte *Amadís* 1583 »noch immer zu den Favoriten«.[19] Eine Landessynode in Tucumán verurteilte 1597 die Ausbreitung »unmoralischer Bücher und Ritterromane«.[20] Im Jahre 1600 gelangten 10 000 Exemplare des Romans *Pierres y Magalona* nach Mexiko.[21] Zu den Liebhabern dieser Romane gehörte auch Garcilaso (›El Inca‹) de la Vega, ein peruanischer Adeliger und Chronist, der nach Spanien auswanderte.[22]

Ab diesem Zeitpunkt wird das Quellenmaterial lückenhaft. Im Falle Brasiliens etwa fehlen für das 16. Jahrhundert jegliche Hinweise auf Ritterromane. Noch im 17. Jahrhundert wiesen die Bestandsverzeichnisse, wie eine Geschichte des brasilianischen Pressewesens konstatiert, keinerlei Arten von Büchern auf, ganz im Gegensatz zu den spanischen Vizekönigreichen Mexiko und Peru.[23] Bücher mochten importiert werden, gedruckt werden aber durften sie in Brasilien erst ab dem frühen 19. Jahrhundert. Dennoch ist Brasilien dasjenige Land der Neuen Welt, in dem das Rittertum im ausgehenden 19. und frühen 20. Jahrhundert am besten dokumentiert ist. Karl der Große und seine Paladine nahmen in der Imagination des Volkes einen herausragenden Platz ein.

Um das Jahr 1840 besuchte Reverend Daniel Kidder, ein protestantischer Missionar aus Amerika, die kleine Küstenstadt Maceió im Nordosten Brasiliens, zwischen Salvador und Recife gelegen. Er betrat einen Laden, in dem er einen hinter der Theke lesenden Verkäufer antraf. »Das Buch, das er las«, bemerkte Kidder mit einiger Verblüffung, »war eine Lebensbeschreibung Karls des Großen.«[24] Es hätte den Missionar nicht überraschen sollen, denn das Interesse an Geschichten über Karl den Großen war für diese Region und für diese Epoche keineswegs ungewöhnlich.

Die *História de Carlos Magno*, in deren Lektüre der Verkäufer vertieft war, ist der Schlüsseltext zum Verständnis der brasilianischen Rezeption von Ritterromanen. Noch im 20. Jahrhundert äußerte der avantgardistische Schriftsteller Oswald de Andrade seine Begeisterung für das Buch, eine Begeisterung, die er mit Anarchisten und Gewerkschaftsführern teilte.[25] Die oben erwähnte Lücke im Quellenmaterial wird sich teilweise dadurch schließen lassen, daß man die Geschichte dieses Textes zurückverfolgt. In der Nationalbibliothek von Lissabon befindet sich ein Volksbuch von 1794 mit einem ähnlichen Titel, *Historia nova do imperador Carlos Magno e dos doze pares de França*. Man hat nachgewiesen, daß dieser Text auf einem spanischen Roman aus dem Jahre 1525 basiert, der seinerseits auf einen französischen Roman von 1486 zurückgeht. Die Lücke zwischen dem Portugal des Jahres 1794 und dem Brasilien der 1870er Jahre muß zwar mit Mutmaßungen aufgefüllt werden, doch immerhin ist es nicht völlig abwegig zu vermuten, daß das portugiesische Volksbuch nach Brasilien exportiert wurde, in ein Land, das ja, was Bücher betraf, stärker auf Europa angewiesen war als die spanischen Kolonien auf dem amerikanischen Kontinent.

In Brasilien selbst wurden Volksbücher – sogenannte *folhetos*, die heute vornehmlich als ›Geschichten an einem Faden‹ oder *literatura de cordel* bekannt sind – erst ab dem späteren 19. Jahrhundert gedruckt. Solche Texte werden auch heute noch in beträchtlicher Zahl produziert. Ebenso wie die Volksbücher im Europa der Frühen Neuzeit waren und sind sie auf die Bedingungen beschränkter Lesefähigkeit zugeschnitten. Im allgemeinen sind sie in Versform verfaßt, meistens in sogenannten *sextilhas* (sechszeilige Strophen mit sieben Silben pro Zeile). Normalerweise wurden (und werden) sie in kleinen Druckereien hergestellt und vornehmlich von den Verfassern selbst, den *cantadores*, unter die Leute gebracht: An Markttagen traten sie auf den Marktplätzen auf, wo sie, begleitet von Musik, ihre Texte rezitierten und sie anschließend den Zuhörern verkauften. Der Text wird damit zu einer Art Souvenir der öffentlichen Vorstellung beziehungsweise die Vorstellung zu einer Art Werbeveranstaltung für den Text. Dabei spielt es keine allzu große Rolle, ob die Käufer lesen können oder nicht, denn im allgemeinen findet sich immer jemand, der ihnen den Text vorlesen oder vorsingen kann.[26]

Das Repertoire dieser *cantadores* war und ist durchaus vielfältig, doch im späten 19. und frühen 20. Jahrhundert gab es zahlreiche *folhetos*, die vor allem auf Motive aus Ritterromanen zurückgriffen, das heißt, sie handelten von den Taten Rolands, dem Verrat Ganelons und so weiter.[27] So wurde etwa Leandro Gomes de Barros (gest. 1918), der erste bedeutende Verfasser von *folhetos*, durch seine *Batalha de Oliveiros com Ferrabrás* berühmt. Die Geschichte von Fierabras ist Thema eines französischen Versepos aus der zweiten Hälfte des 12. Jahrhunderts, das auch in verschiedenen anderen Sprachen – darunter Provenzalisch, Spanisch, Englisch, Deutsch und Italienisch – bearbeitet wurde. Ebenso wie die spanischen *conquistadores* scheinen auch die Dichter des brasilianischen Nordostens die Welt bisweilen aus der Perspektive der Ritterromane wahrzunehmen. So hieß es etwa von dem berühmten Banditen Lampião, der 1938 von der Polizei getötet wurde, in zeitgenössischen Balladen, er sei »schlimmer als Robert der Teufel« *(pior do que Roberto do Diabo)*, eine Anspielung auf den altfranzösischen Versroman, der zu diesem Zeitpunkt in Brasilien noch immer verbreitet war.[28]

Selbst heute gibt es noch einige *folhetos*, die mit Motiven aus Ritterromanen arbeiten, daneben aber auch Werke der modernen Literatur, die auf diese Tradition zurückgreifen. Jorge Amado, der sich in seinen Romanen teilweise von der *literatura del cordel* inspirieren ließ, schuf eine Reihe zeitgenössischer, mit Messern bewaffneter Amazonen, etwa Rosa Palmeirão und Tereza Batista. Auch der große Klassiker der modernen brasilianischen Literatur, *Grande Sertão* (1956), läßt sich als eine lateinamerikanische Transformation des europäischen Ritterromans interpretieren – nicht von ungefähr war sein Autor, João Guimarães Rosa, seit seiner Kindheit mit der *História de Carlos Magno* vertraut.[29] *Grande Sertão* handelt von den Abenteuern Riobaldos und

Diadorims, zweier *jagunços* – ehrbare Banditen –, die in der weiten Hochsteppe des brasilianischen Nordostens leben. Die beiden Gefährten verbindet eine enge Freundschaft wie die zwischen Roland und Olivier – vielleicht sogar noch enger –, aber erst am Ende der Geschichte, als Diadorim in einer Schießerei getötet wird, erfahren wir, daß es sich in Wirklichkeit um eine schöne Frau in Männerkleidung handelte, eine Kriegerin (wie Bradamante in Ariosts *Orlando furioso*), die sich ins Hinterland zurückgezogen hatte, um den Tod ihres Vaters zu rächen – eine Amazone im Amazonas-Gebiet.[30] Guimarães Rosa hatte ein ähnliches Verhältnis zur Volkskultur wie Ariost. Der universal gebildete, polyglotte Diplomat, der sich hervorragend in der europäischen Literatur auskannte, hatte zuvor als Arzt im Bergland von Minas Gerais praktiziert. Wenn seine Patienten nicht in der Lage waren, ihn zu bezahlen, soll er sie aufgefordert haben, ihm statt dessen eine Geschichte zu erzählen. In seinen eigenen Geschichten taucht die einheimische Folklore, die er sehr genau studiert haben muß, immer wieder auf, neben Motiven der europäischen Hochkultur, mit denen sie, wie im Fall von Diadorim, zum Teil verschmilzt.

Dieser klassische Roman wurde erst kürzlich verfilmt – Grund genug für die eingangs aufgestellte Behauptung, daß Karl der Große in Lateinamerika weiterlebt, wie auch für die Entscheidung eines italienischen Wissenschaftlers, seine Untersuchung über die *literatura de cordel* unter dem Titel ›Das Mittelalter im Sertão‹ zu veröffentlichen.[31]

Wie kommt es, daß das Mittelalter in dieser Region so lange überlebt hat? Natürlich kann man mit einiger Berechtigung sagen, daß der Ritterroman bis heute ein Teil der westlichen Kultur ist. Kinder wie Erwachsene lesen noch immer Abenteuergeschichten der unterschiedlichsten Art, die zum Teil sehr stark von den Traditionen des mittelalterlichen Romans beeinflußt sind. Man spricht nur eine Binsenwahrheit aus, wenn man sagt, daß Cowboy-Stories und Wildwestfilme nichts anderes sind als Transformationen von Geschichten über Ritter, bewaffnete Auseinandersetzungen zwischen Gut und Böse, bei denen die Helden Revolver statt Schwertern benutzen und die Bösewichter Sombreros (beziehungsweise Stetsons in mexikanischen Filmen) statt Turbanen tragen. Überlebt hat auch die Amazone oder Virago, etwa in der Gestalt der Annie aus dem Musical *Annie Get Your Gun* (1946) oder ihrer weniger bekannten amerikanischen Vorläuferinnen wie Hurricane Nell. Einen weiteren Typus von Transformation liefert die Science-fiction, die ihr Material (ganz zu schweigen von bestimmten Erzählstrukturen wie die Suche) teilweise aus der magischen Welt des mittelalterlichen Ritterromans bezieht.

Die Frage nach den Gründen für das Weiterleben dieser Themen ist sehr unterschiedlich beantwortet worden. Der kanadische Literaturwissenschaftler Northrop Frye etwa führt die allgemeingültige Faszination ins Feld, die der Fabel von Ritterromanen innewohnt, die Bedeutung des Motivs der Suche und so weiter – eine brillant entwickelte literarische Analyse, die allerdings voraussetzt, was sie eigentlich beweisen sollte, daß nämlich diese Art von Abenteuergeschichten eine universelle Faszination besitzen.[32] Interessanterweise übergeht Frye in seiner Analyse die entsprechenden Gattungen Chinas und Japans, von *Shui-hu chuan [Die Räuber vom Liang-schan-Moor]* bis zu *Genroku Chûshingura [Eine Geschichte von treuen Gefolgsleuten aus der Genroku-Ära*, 1941/42 von Kenji Mizoguchi verfilmt, dt. Titel: *Die 47 Samurai]*, und es läßt sich füglich bezweifeln, ob diese Geschichten – ungeachtet gewisser Ähnlichkeiten, die sie mit sogenannten ›Eastern‹ aufweisen – seinen Kategorien überhaupt standhalten würden. Beispielsweise unterscheiden sich die kollektiven Helden der beiden zitierten Geschichten sehr stark von der westlich-individualistischen Tradition des ›einsamen Rangers‹.

Gerade der Kontrast zwischen Ost und West läßt es gerechtfertigt erscheinen, das Fortbestehen bestimmter Motive mit kulturellen Traditionen und gesellschaftlichen Bedingungen zu erklären, die das Fortbestehen dieser Traditionen wiederum begünstigen. Diese Möglichkeit wollen wir hier anhand des mittelalterlichen Ritterromans untersuchen.

Brasilien ist durchaus kein Einzelfall. In Sizilien etwa gab es ein populäres Puppentheater mit Rinaldo und anderen Gestalten aus Ritterromanen, das noch zu Beginn des 20. Jahrhunderts in hoher Blüte stand, auch wenn es heute nur noch durch die Tourismusindustrie am Leben erhalten wird.[33] Die Erzählungen von Karl dem Großen und seinen Paladinen waren – in seiner Kindheit – die Lieblingslektüre des berühmten Banditen Salvatore Giuliano, der 1950 erschossen wurde.[34] In Frankreich wurden die Geschichten noch um die Mitte des 19. Jahrhunderts in billigen Ausgaben nachgedruckt, und während des Ersten

Weltkriegs sollen sich manche bretonische Soldaten die Zeit in den Schützengräben mit der Lektüre des altfranzösischen Chanson de geste *Les Quatre Fils Aymon [Renaud de Montauban]* vertrieben haben. Daß Vargas Llosa ein Bewunderer von *Tirant lo Blanc* ist, wurde bereits erwähnt.[35] Allein, die anhaltende Bedeutung, die dem Ritterroman in der ländlichen Kultur Brasiliens, zumindest im Nordosten, zuteil wird, bedarf noch immer der Erklärung.

In manchen Teilen Brasiliens wie Minas Gerais, Bahia, Pernambuco und Cearà sind bestimmte Elemente der Volkskultur des frühneuzeitlichen Europa auch heute noch überaus lebendig. Das sinnfälligste Beispiel dafür ist der Karneval – nicht der große, kommerzialisierte Karneval von Rio, der gleichermaßen für Touristen und Fernsehkameras wie für die Einheimischen inszeniert wird, sondern die kleineren, traditionelleren, gewalttätigen Karnevalsfeste von Olinda, Salvador, Maranhão und andernorts, an denen die gesamte Bevölkerung teilnimmt (siehe Kapitel x). Auch die *Irmandades* oder Bruderschaften und ihre Kirchweihfeste oder *quermesses* florieren bis heute in den Kleinstädten von Minas Gerais. Das Überleben der Volksbücher und insbesondere der Ritterromane ist also kein isoliertes Phänomen.

Wie aber läßt sich dieses Überleben erklären? In diesem Zusammenhang von ›Archaismus‹ zu sprechen, ist lediglich eine Beschreibung, keine Erklärung. Auch der Verweis auf andere Fälle (etwa auf die von dem Musikwissenschaftler Cecil Sharp untersuchten Appalachen), in denen Kolonien oder ehemalige Kolonien den kulturellen Traditionen des Mutterlandes stärker verpflichtet sind als die Metropole selbst, mag zwar hilfreich sein, ist aber nicht hinreichend präzise.[36] Wenn wir davon ausgehen, daß die Helden einer Kultur etwas über deren wesentliche Werte erzählen – eine These, die der Anthropologe Roberto Da Matta im Falle Brasiliens auf interessante Weise entwickelt hat –, erhält das Problem einen noch zentraleren Stellenwert, ohne damit freilich einer Lösung auch nur ansatzweise näher zu kommen.[37]

Um das Überleben des Ritterromans in Brasilien zu erklären, müssen wir natürlich zunächst einmal feststellen – sofern dies möglich ist –, was diese Geschichten für ihre Rezipienten überhaupt bedeuten. Das heißt, wir müssen die Reaktionen der Leser berücksichtigen – keine leichte Aufgabe, wie man sich vorstellen kann.[38] Zumindest aber besteht die Möglichkeit, eine relativ gut dokumentierte Episode der brasilianischen Geschichte des 20. Jahrhunderts auszuwerten, in der die Lektüre von Ritterromanen eine wichtige Rolle spielte: Ich meine den Volksaufstand von 1912 bis 1915, den sogenannten ›Contestado-Krieg‹. Es war eine Erhebung der Peripherie gegen die zentralistische Staatsmacht, nicht unähnlich jener berühmteren Revolte des messianischen Antonio Conselheiro von 1896 bis 1897, der im Hinterland von Bahia, im Nordosten Brasiliens, die heilige Stadt Canudos gründete. Letztere hat nicht nur einen Klassiker der brasilianischen Literatur inspiriert, *Os Sertões* (*Krieg im Sertão*, 1902) von Euclides da Cunha, sondern in neuerer Zeit auch einen Roman von Mário Vargas Llosa, *La guerra del fin del mundo* (*Der Krieg am Ende der Welt*, 1980).[39] Auch die Contestado-Rebellion im südbrasilianischen Hinterland von Paraná und Santa Caterina wurde von heiligen Männern angeführt. Einer von ihnen war der Mönch José Maria, der seinen Anhängern aus der *História de Carlos Magno* vorlas, jenem Buch, das der amerikanische Missionar Kidder im Laden von Maceió entdeckt hatte. Unter den Rebellen befand sich auch eine Gruppe von Elitekämpfern mit dem Beinamen ›die zwölf Peers von Frankreich‹.[40]

Diese Rebellion liefert uns eine Art Kontext, in dem Karl der Große anzusiedeln ist, nämlich jene ›primitiven‹ Erhebungen gegen den modernen, säkularen Staat mit seinen Steuern, Volkszählungen und so weiter, von denen Eric Hobsbawm gesprochen hat.[41] Aus der Sicht ihrer Teilnehmer waren die brasilianischen Volksaufstände immer ein heiliger Krieg gegen den gottlosen, diabolischen Staat, der sein Zentrum im fernen Rio de Janeiro hatte. Die Rebellen beriefen sich auf ›Dom Sebastião‹, den bereits erwähnten portugiesischen König des 16. Jahrhunderts. An diese Figur, die offenbar mit dem heiligen Sebastian verschmolzen wurde, knüpfte sich die Erwartung, sie würde – wie König Arthur – einst zurückkehren, um Brasilien vom Joch der Republik zu befreien. Es sieht so aus, als hätte der Ungehorsam Rolands, der den Befehl Karls des Großen zum Rückzug ignorierte und im Kampf gegen die Mauren fiel, eine Revolte gegen den modernen Staat legitimiert.[42]

Diese politische Interpretation erscheint durchaus plausibel, allerdings muß sie in einen umfassenderen kulturellen Kontext eingebettet werden. Ebenso wie im nordamerikanischen Cowboy und im südamerikanischen *gaucho* kann man auch im brasilianischen *jagunço* einen Nachfahren des mittelalterlichen Ritters sehen, vor allem des fahrenden Ritters: Dafür sprechen nicht nur seine nomadische Lebensweise, sondern auch sein Ehrgefühl und nicht zuletzt seine Reitkunst, die auch heutzutage noch auf dramatische Weise in den Rodeos Brasiliens wie der USA demonstriert wird. Wie ein englischer Mediävist einmal bemerkte, »setzt Ritterlichkeit immer ein Pferd voraus«.[43] So wie das mittelalterliche La Mancha, der Tummelplatz Don Quijotes, und Extremadura, das Geburtsland so vieler *conquistadores*, war auch der brasilianische Nordosten ein Grenzgebiet, ein relativ menschenleeres Territorium, in dem es nichts gab außer Viehzucht und Gewalt, unerreichbar für den kurzen Arm des Gesetzes.[44] In einer solchen Gegend mußten Geschichten von individuellen Heldentaten ein dankbares Publikum finden.

Mit anderen Worten, die Grenzlandsituation ist für den Ritterroman und für verwandte literarische Gattungen wie die Ballade oder das mündlich tradierte Heldenepos gleichermaßen wichtig.[45] Das Hinterland des brasilianischen Nordostens aber war eine Grenzgesellschaft, ebenso wie die Neue Welt des 16. Jahrhunderts und die Iberische Halbinsel des Mittelalters, der es an einer zentralen Autorität fehlte und die in einen ständigen Kampf zwischen Christen und Moslems verwickelt war.[46] An all diesen Orten stand das Bedürfnis nach Unabhängigkeit im Vordergrund, und Mißtrauen gegenüber einer fernen Autorität lag auf der Hand. In jeder Region wurde die Tradition des Ritterromans den einheimischen Verhältnissen angepaßt; wenn aber das Rittertum eine solche Faszination auf einheimische Autoren, Sänger, Zuhörer und Leser ausüben konnte, so nur deshalb, weil es bereits einen bestimmten Grad an ›Stimmigkeit‹ zwischen der Tradition und den jeweiligen Verhältnissen gab. Eine Transplantation ist nur auf fruchtbarem Boden möglich.

1 Alvaro Galmés de Fuentes, *El libro de las batallas*, Oviedo 1967

2 Irving A. Leonard, *Books of the Brave*, Cambridge, Mass. 1949, S. 68–69; vgl. Barry W. Ife, *Reading and Fiction in Golden Age Spain*, Cambridge 1985

3 Henry Thomas, *Spanish and Portuguese Romances of Chivalry*, Cambridge 1920, S. 147; Maxime Chevalier, *Lectura y lectores en la España de los siglos xvi y xvii*, Madrid 1976, S. 67

4 Bartolomé Bennassar, *Valladolid au siècle d'or*, Den Haag 1967, S. 519

5 Leonard (1949), S. 19–21

6 Bennassar (1967), S. 511–519; vgl. Chevalier (1976), Kap. 1; Philippe Berger, *Libro y lectura en la Valencia del Renacimiento*, 2 Bde., Valencia 1987

7 Frederick J. Norton/Edward Wilson, *Two Spanish Chap-books*, Cambridge 1969

8 A. J. Anselmo, *Bibliografia das obras impressas em Portugal no século xvi*, Lissabon 1926, Nr. 789, 815, 364

9 Archer M. Huntington (Hrsg.), *Catalogue of the Library of F. Columbus*, New York 1905

10 Leonard (1949), S. 50

11 Alberto Sánchez, »Los libros de caballerías en la conquista de América«, in: *Anales Cervantinos* 7, 1958, S. 237–260, hier S. 246–247

12 Sánchez (1958); Stephen Gilman, »Bernal Díaz del Castillo and *Amadís de Gaula*«, in: *Studia Philologica, Homenaje a Damas Alonso*, 3 Bde., Madrid 1960–63, Bd. 2, S. 99–114; Peter Hulme, »Tales of Distinction«, in: Stuart B. Schwartz (Hrsg.), *Implicit Understandings*, Cambridge 1994, S. 157–197, hier S. 170

13 Gaspar de Carvajal, *Relación del nuevo descubrimento del famoso río Grande de las Amazonas*, hrsg. v. J. Hernández Millares, Mexico City/Buenos Aires 1955, S. 97, 105 (dt. auszugsw. in: Lieselotte und Theodor Engl (Hrsg.), *Die Eroberung Perus in Augenzeugenberichten*, München 1975); vgl. Sánchez (1958), S. 250–254

14 John B. Friedman, *The Monstrous Races in Medieval Art and Thought*, Cambridge, Mass. 1981, S. 9, 170–171, 197–207

15 Pio Rajna, *Ricerche intorno ai Reali di Francia*, Bologna 1872, S. 49–52; Margaret Tomalin, *The Fortunes of the Warrior Maiden in Italian Literature*, Ravenna 1982, S. 82 ff.

16 Leonard (1949), S. 53

17 Irving A. Leonard, *Romances of Chivalry in the Spanish Indies*, Berkeley 1933

18 Leonard (1949), S. 98

19 Leonard (1949), S. 223

20 Leonard (1949), S. 88

21 Francisco Rodríguez Marín, *Franciso Pacheco Maestro de Velázquez*, Madrid 1911, S. 36

22 Gilbert Durand, *Les structures anthropologiques de l'imaginaire*, Paris 1948, S. 263

23 Nelson Werneck Sodré, *Historia da imprensa no Brasil*, São Paulo 1966, S. 12

24 Daniel Kidder, *Sketches of Residence and Travels in Brazil*, 2 Bde., New York 1845, Bd. 2, S. 96

25 Marlyse Meyer, *Caminhos do Imaginário no Brasil*, São Paulo 1993, S. 147–159
26 Antonio Augusto Arantes, *O Trabalho e a Fala*, São Paulo 1982; Candace Slater, *Stories on a String: the Brazilian Literatura de Cordel*, Berkeley 1982
27 Jerusa Pires Ferreira, *Cavalaria em cordel*, Rio de Janeiro 1979; Silvano Peloso, *Medioevo nel sertão*, Rom 1984, S. 62 ff.
28 Peloso (1984), S. 75
29 Meyer (1993), S. 147–159
30 João Guimarães Rosa, *Grande Sertão*, Köln/Berlin 1964; Meyer (1993), S. 147–159
31 Peloso (1984)
32 Northrop Frye, *Analyse der Literaturkritik*, Stuttgart 1964, S. 188 ff.
33 Maria Lanza, »Un rifacitore popolare di leggende cavalleresche«, in: *Il Folklore Italiano* 6, 1931, S. 134–145
34 Gavin Maxwell, *God Protect Me from My Friends*, London 1956, S. 34
35 Mário Vargas Llosa, »Carta de batalla por *Tirant lo Blanc*«, 1969 (dt. in: Joanot Martorell, *Der Roman vom weißen Ritter Tirant lo Blanc*, Bd. 1, Frankfurt a.M. 1990)
36 Cecil Sharp, *English Folksong*, London 1907
37 Roberto Da Matta, *Carnaval, malandros e heróis*, Rio de Janeiro 1978
38 Meyer (1993), S. 147–159
39 Euclides da Cunha, *Krieg im Sertão*, Frankfurt a.M. 1994; Robert M. Levine, *Vale of Tears: Revisiting the Canudos Massacre in North-East Brazil, 1893–7*, Berkeley/Los Angeles 1992
40 Duglas Teixeira Monteiro, *Os errantes do novo século*, São Paulo 1974; Todd A. Diacon, *Millenarian Vision, Capitalist Reality: Brazil's Contestado Rebellion, 1912–6*, Durham, N.C. 1991, S. 2, 116, 137, 152
41 Eric Hobsbawm, *Sozialrebellen. Archaische Sozialbewegungen im 19. und 20. Jahrhundert*, Neuwied 1962
42 Cunha (1994), S. 161 ff.; Monteiro (1974), S. 109 ff.
43 Denholm-Young, zitiert in: Lynn White, *Medieval Technology and Social Change*, Oxford 1962, S. 38 (dt.: *Die mittelalterliche Technik und der Wandel der Gesellschaft*, München 1968, S. 38, hier ohne Nachweis)
44 Charles J. Bishko, »The Castilian as Plainsman«, in: Archibald R. Lewis/T. F. McGann (Hrsg.), *The New World Looks at its History*, Austin 1963, S. 47–65
45 William J. Entwistle, *European Balladry*, Oxford 1939; Albert B. Lord, *The Singer of Tales*, Cambridge, Mass. 1960
46 Bishko (1963); vgl. Angus MacKay, *Spain in the Middle Ages: From Frontier to Empire*, London 1977, S. 36 ff.

KAPITEL X

Kulturtransfer: Karneval in zwei oder drei Welten

Wer heutzutage in Brasilien lebt, ist das ganze Jahr über – vor allem aber ab Neujahr – einer permanenten Reizüberflutung von Karnevalsbildern und -schlagern ausgesetzt. Je näher der Fastnachtsdienstag rückt, desto ausführlicher werden die Karnevalsberichte in den Zeitungen. Lange bevor die Zuschauer in Rio oder São Paulo an der Passarela do Samba zusammenströmen und die große Show beginnt, mehren sich die Spekulationen darüber, welche der verschiedenen ›Sambaschulen‹ den Wettbewerb wohl für sich entscheiden wird. Der Karneval ist etwas typisch Brasilianisches – als solcher jedenfalls wird er in der Werbung des städtischen Fremdenverkehrsamts von Rio de Janeiro, Riotur, verkauft, und so stellt er sich auch in der Wahrnehmung vieler ganz gewöhnlicher Brasilianer dar.

Der Karneval spielt nicht nur in Romanen und Filmen über Brasilien eine Rolle – man denke etwa an *Orfeu Negro* (1958) von Marcel Camus –, sondern taucht auch in der brasilianischen Kultur immer wieder als Thema auf. Das Drehbuch zu *Orfeu Negro* basiert auf dem Bühnenstück *Orfeu da Conceição* des Lyrikers Vinicius de Morães, die Filmmusik stammt von Luis Bonfa und Antonio Carlos (›Tom‹) Jobim. Weitere literarische Beispiele sind *Carnaval* (1919) von Manuel Bandeira, *Carnaval Carioca* (1923) von Mario da Andrade und *O Pais do Carnaval* (1932), der erste Roman von Jorge Amado. Einige der besten Songs von Chico Buarque, Gilberto Gil und anderen führenden Musikern entstanden ursprünglich als Karnevalskompositionen. Was die Darstellung des Karnevals in der Volkskultur betrifft, so braucht man sich nur bestimmte Fernsehserien anzuschauen, etwa *Carnaval Duchen* (Rádio e TV Record), *Meu Carnaval não era assim* (TV Tupi) oder *Carnaval do passado* (TV Rio).

Auch eine ganze Reihe neuerer anthropologischer, soziologischer und historischer Publikationen über Brasilien – größtenteils von brasilianischen Forschern selbst – widmet sich dem Karneval als Gegenstand. Die bekannteste unter ihnen ist die von Roberto Da Matta, *Carnaval, malandros e heróis* (1978), weniger eine Untersuchung über den Karneval selbst als vielmehr eine Studie über Brasilien und das ›brasilianische Dilemma‹, wie es der Autor bezeichnet. Anhand des Karnevals analysiert Da Matta hier den Konflikt zwischen Gleichheit und Hierarchie in Brasilien, wobei er sich an Clifford Geertz' berühmter Studie über den Hahnenkampf auf Bali orientiert.[1]

Da Mattas Studie ist brillant und originell, doch vielleicht (ebenso wie die von Geertz) etwas zu ›durkheimianisch‹ in dem Sinne, daß sie die Einheit des Phänomens voraussetzt, indem sie regionale Abweichungen und die unterschiedlichen Bedeutungen ignoriert, die das Ereignis für verschiedene gesellschaftliche Gruppen hat. Der Karneval kann durchaus ein Moment des Sich-eins-Fühlens oder der *communitas* sein und sogar eine Zeit des Waffenstillstands im Klassenkrieg. Gleichwohl hat er nicht zwangsläufig auch dieselbe Bedeutung für alle Beteiligten – junge Männer aus der Arbeiterklasse mit einem Bedürfnis, sich ›auszutoben‹ *(desabafo)*, bürgerliche Frauen mittleren Alters, die sich unters ›Volk‹ mischen wollen, Touristen, die in dem Fest ein Symbol Brasiliens sehen und so weiter.[2]

Da Mattas Interpretation ist durch eine Reihe eingehender Untersuchungen seiner Schüler über die Escolas da Samba von Rio ergänzt worden, unter denen namentlich diejenige Maria Julia Goldwassers über die berühmte Estação Primeira de Mangueira zu erwähnen wäre.[3] Eine der führenden Soziologinnen des Landes, Maria Isaura Pereira de Queiroz, hat vor einigen Jahren ein Geschichte des brasilianischen Karnevals von der Kolonialzeit bis zur Gegenwart veröffentlicht. Ihre Schlüsse, vor allem aber ihre Auffassungen über das Rio des 19. Jahrhunderts wurden kürzlich (ebenso wie die Da Mattas) als zu undifferenziert kritisiert.[4] Das vorliegende Kapitel geht – im Gegensatz zu Da Matta – nicht von der Voraussetzung aus, daß der Karneval eine allen gemeinsame, einheitliche Bedeutung hat, sondern beschränkt sich auf einen Einzelaspekt des Gegenstandes, der in Kapitel XII noch allgemeiner diskutiert werden soll, nämlich die kulturelle Interaktion zwischen verschiedenen Gruppen – Eliten und untergeordnete Klassen, Schwarze und Weiße, Männer und Frauen. Andere Aspekte des Karnevals, namentlich sein Zusammenhang mit Sexualität und Gewalt, bleiben hier ausgespart.[5]

Die Sicht der Europäer

Ein Europäer, der Brasilien im Februar oder März besucht, mag durchaus den Eindruck gewinnen, die Brasilianer hätten den Karneval annektiert – erfunden jedenfalls haben sie ihn nicht. Ebenso wie andere europäische Institutionen wurde auch der Karneval mit all seinen Zweideutigkeiten und Ambivalenzen in die Neue Welt transportiert oder ›verlagert‹, zumindest in diejenigen ihrer Regionen, die von den Katholiken aus dem Mittelmeerraum kolonisiert wurden: Daß der Karneval in Städten wie New Orleans, Port of Spain und Havanna oder Rio, Salvador und Olinda heute eine so beherrschende Rolle spielt, ist auf französische, spanische und portugiesische Immigranten zurückzuführen.

Jeder, der mit dem europäischen Karneval vertraut ist, wird sich in vieler Hinsicht zu Hause fühlen, wenn er Karnevalsveranstaltungen in der Neuen Welt als Zuschauer oder sogar als Teilnehmer miterlebt. Die Parallelen sind beeindruckend. Das Werfen von Eierschalen oder wassergefüllten Wachskugeln, das im Rio des 19. Jahrhunderts sehr beliebt war, ging auf den portugiesischen *entrudo* zurück, eine Tradition, die in Frankreich, Spanien und Italien zahlreiche Parallelen hatte, auch wenn hier man Eier oder Orangen als Geschosse verwendete.[6] Phantasiekostüme und -masken zu tragen, war ein traditioneller europäischer Brauch, und selbst einige der beliebtesten lateinamerikanischen Kostüme – etwa die Husaren und Harlekine in Rio oder die Pierrots und Pulchinelle auf Trinidad – orientierten sich an europäischen Modellen. Der heutige *desfile* der Escolas de Samba in Rio erinnert an die Umzüge und allegorischen Festwagen, die man bereits im Florenz und Nürnberg des 15. Jahrhunderts sehen konnte.

Die Escolas de Samba wiederum und ihre bürgerlichen Vorläufer wie die ›Demokraten‹, die ›Stellvertreter des Teufels‹ oder die ›Fenier‹ im Rio des 19. Jahrhunderts erinnern an die ›Abbeys of Youth‹ und andere europäische Festvereine. Welche Bedeutung die (1858 gegründeten) Fenier ein paar Jahre später in Rio hatten, ist eine faszinierende Frage, die sich freilich kaum beantworten läßt. Neben dem exotischen irischen Touch, den sie den Festumzügen zusätzlich verliehen, war wahrscheinlich ihre republikanische Gesinnung ausschlaggebend. Diesem politischen Ideal hingen sehr viele Brasilianer schon vor der Gründung der Republik im Jahre 1889 an, und politische Anspielungen waren von jeher ein Charakteristikum des brasilianischen Karnevals. In Rio wurde 1903 beispielsweise die Stempelgebühr aufs Korn genommen. 1964, nach der Machtübernahme durch die Generäle, wurde der Sambatitel ›Tristeza‹, zum großen Hit – seine Anfangszeile lautete: »Bitte geht weg« *(Por favor vá embora)*. Auch in der politischen Thematik gibt es europäische Parallelen, vom Protest gegen die Stempelgebühr im Madrid des Jahres 1637 bis zu italienischen Karnevalsumzügen der jüngeren Zeit, in denen das korrupte Verhalten des früheren Ministerpräsidenten Bettino Craxi verspottet wurde.

Im Verhältnis Brasiliens zu Europa gibt es natürlich nicht nur eine unbewußte Tradition, sondern auch eine bewußte Imitation, die genauso berücksichtigt werden muß. Brasilianer des Mittelstands zumal fühlten sich von kulturellen Vorbildern des Auslands angezogen – und sind es im übrigen bis heute. Vor allem die Karnevale von Venedig, Rom und Nizza wirkten im Brasilien des 19. Jahrhunderts stilbildend. Die Presse zitierte sie als Beispiele eines ›zivilisierten‹ Karnevals, als positive Alternativen zum *entrudo*, den man durch etwas Rationaleres, Hygienischeres, Moralischeres – mit einem Wort: ›Europäischeres‹ – ersetzen wollte. Einem europäischen Historiker dürfte nicht ganz entgehen, wieviel Ironie die Situation enthält. Die brasilianische Elite betrachtete den europäischen Karneval als nicht gewalttätig, als

›gut‹ oder zivilisiert, im Gegensatz zum ›schlechten‹ oder unzivilisierten Karneval Brasiliens. Der europäische Karneval mag zum damaligen Zeitpunkt relativ domestiziert gewesen sein, doch in der Frühen Neuzeit war Gewalttätigkeit durchaus an der Tagesordnung. So berichtete ein Engländer, der Venedig gegen Ende des 16. Jahrhunderts besuchte: »Am Fastnachtssonntag wurden am Abend siebzehn erschlagen und sehr viele verwundet; außerdem wird berichtet, daß während der ganzen Karnevalzeit fast jede Nacht einer umgebracht wurde.«[7]

Die Eigenheiten der Amerikaner

Der Karneval der Neuen Welt ist sehr viel mehr als lediglich ein europäischer Import. Wie so viele Erscheinungen der europäischen Kultur wurde er im Verlauf seiner Präsenz auf dem amerikanischen Kontinent transponiert oder ›übertragen‹ im Sinne einer Anpassung an die örtlichen Gegebenheiten. Diese Transformationen haben sich am stärksten in drei Bereichen ausgewirkt oder sind dort zumindest am augenfälligsten – die Rolle der Frauen, des Tanzens und der afrikanischen Kultur.

Die Bedeutung und die aktive Rolle der Frauen bei Karnevalsfesten auf dem amerikanischen Kontinent unterscheidet sich ganz erheblich von den traditionellen Bräuchen, wie sie in Europa herrschten; eine Frau hatte hier eher die Position einer Zuschauerin auf dem Balkon inne, die die Männer unter sich vorbeidefilieren ließ (und sie manchmal auch bewarf), als die einer aktiven Teilnehmerin auf der Straße. Ungeachtet der gängigen Praxis, Kostüme des jeweils anderen Geschlechts zu tragen, und trotz aller karnevalsüblichen Verkehrungen war es keineswegs so, daß die patriarchalische Gesellschaft zu diesem Zeitpunkt völlig auf den Kopf gestellt gewesen wäre.

Ganz im Gegenteil. Angesichts der Bedeutung, die Trinkerei und Gewalt im traditionellen europäischen Karneval hatten, sowie der Zusammensetzung der Karnevalsvereine (in denen junge Männer den Ton angaben) liegt es nahe, die Ereignisse – unter anderem – als Rituale zur Affirmation von Männlichkeit zu interpretieren. Zwar gab es auch andere Volksfeste, bei denen die Frauen ›obenauf‹ waren und zumindest symbolisch die Männer dominierten – etwa das spanische Fest von Santa Agueda, das Don Julio Caro Baroja beschrieben hat –, doch dies war kein zentrales Thema des europäischen Karnevals.[8]

In der Neuen Welt dagegen spielten die Frauen im Karneval über lange Zeit eine viel sichtbarere und aktivere Rolle, und das trotz des von Europa importierten patriarchalischen Gebarens, wie es von lateinamerikanischen Autoren von Gilberto Freyre bis zu Gabriel García Marquez immer wieder beschrieben worden ist. So notierte 1826 ein englischer Offizier auf Trinidad, er wäre in seinem »Quartier von einer Gruppe von Damen, die als Räuberbande auftrat, überfallen« worden.[9] Daß in Brasilien Frauen sich am *entrudo* beteiligten, geht aus Berichten verschiedener ausländischer Besucher hervor, unter ihnen Thomas Lindley (1805), Henry Koster (1816), John Mawe (1822), Robert Walsh (1830) und Ferdinand Denis (1837).

Egal ob die Frauen eine passive oder aktive Rolle spielen, ob sie als Objekte männlichen Voyeurismus fungieren oder ihre eigene Phantasie ausleben (oder beides) – heute jedenfalls ist der brasilianische Karneval völlig undenkbar ohne eine überwältigende Beteiligung des weiblichen Geschlechts. Die Frauen sind überall präsent: als *destaques*, symbolische Figuren auf den Festwagen; als *pastoras* oder ›Schäferinnen‹, die vor oder hinter den Festwagen einhertanzen; als *baianas*, Frauen mittleren Alters in den traditionellen Kostümen aus Bahía; und nicht zuletzt als *porta-bandeiras* oder Bannerträgerinnen. Der Tanz, den letztere mit ihren männlichen Partnern, den *mestre-salas*, aufführen, bringt in den Wettbewerben zwischen den verschiedenen Sambaschulen Rios mehrere Punkte ein. Karnevalsschulen, Clubs und ›Blocks‹ haben normalerweise einen Frauenflügel, und auch in den Leitungsgremien sind Frauen gleichberechtigt neben den Männern vertreten.[10]

Eine weitere Eigentümlichkeit des Karnevals in der Neuen Welt ist das Tanzen, bei dem die Frauen eine besonders aktive Rolle spielen. Zwar kannte auch der traditionelle europäische Karneval den Tanz, insbesondere den Schwerttanz. Dennoch hatte er dort längst nicht dieselbe Bedeutung wie etwa in Brasilien oder auf Trinidad, wo die *calinda* oder der Stocktanz spätestens seit Anfang des 19. Jahrhunderts ein zentrales Element der Karnevalsfeste war, oder wie in New Orleans, wo ein französischer Besucher 1802 beeindruckt feststellte, daß »überall getanzt wird«.[11]

Nicht nur reine Männertänze wie die gerade zitierten Beispiele waren im nord- und südamerikanischen Karneval von Bedeutung, sondern seit dem 19. Jahrhundert auch Tänze zwischen männlichen und weiblichen Partnern. Auf Trinidad tanzten die aus der Pflanzerklasse stammenden Männer und Frauen *belair*, *bamboula* und *ghouba*. Das klassische Land des gemischten Tanzes aber ist Brasilien, wo verschiedene Tänze in ihren jeweiligen Epochen tonangebend waren: die Polka von 1850 bis 1900, der *maxixe* von den 1870er bis zu den 1910er Jahren und die Samba seit etwa 1916 bis in unsere Tage hinein. In Rio war und ist das Tanzen wichtigster Bestandteil des *desfile*, des Karnevalsumzugs, der seinerseits ab Mitte des 19. Jahrhunderts zu einem zentralen Element aller Karnevalsveranstaltungen wurde. Nicht nur die ›Infanterie‹, die die Festwagen begleitet, sondern auch viele Frauen auf den Wagen selbst tanzen Samba auf geradezu halsbrecherische Weise.

Zum brasilianischen Karneval gehörten – neben dem Tanzen auf den Straßen – traditionellerweise auch Bälle in Privathäusern, Clubs, Hotels (erstmals 1840 im Hotel Itália in Rio) und Theatern (etwa im Teatro São Pedro in Rio 1844 oder im Teatro São João in Salvador in den 1860er Jahren).[12] Auch in anderen Teilen Lateinamerikas war das Tanzen ein wichtiges Element des Karnevals: beispielsweise in Buenos Aires oder in Havanna, wo ab 1838 im Teatro Tacón Maskenbälle stattfanden.[13]

Die Sicht der Afrikaner

Der Tanz wiederum verweist auf die afrikanischen Elemente, die sowohl im Karneval, als auch in anderen lateinamerikanischen Festen vorhanden sind. Um mit letzteren zu beginnen: Im Brasilien der Kolonialzeit – etwa in der Provinz Minas Gerais – wurden die Fronleichnamsumzüge regelmäßig von Festwagen und Tänzen von Schwarzen mit Fahnen, Trommeln und Liedern begleitet – alles Elemente, die sich später im brasilianischen Karneval wiederfinden sollten. Auch die – ebenfalls aus Minas Gerais stammende – Tradition der *maracatu*, *cucumbi*, *congada* oder ›Könige des Kongo‹, die Inthronisierung prächtig gewandeter schwarzer Könige und Königinnen anläßlich des Rosenkranzfestes, wurde auf den Karneval übertragen.[14]

Der Übergang von den Bruderschaften, die solche Feste organisierten, zu den Karnevalsvereinen und Sambaschulen vollzog sich reibungslos.[15] Die Bruderschaften selbst waren für Schwarze in Minas, Bahía oder sonstwo vermutlich deshalb so attraktiv, weil sie heimatlos gewordenen Sklaven eine Art Ersatzfamilie boten sowie eine Form der gesellschaftlichen Organisation, die Parallelen zu westafrikanischen Geheimgesellschaften aufwies. Vergleichbares läßt sich im Fall jener Missionare konstatieren, die im 20. Jahrhundert in Mozambique mit Erfolg Pfadfindergruppen *(Patrulhas)* ins Leben rufen konnten, weil diese bis zu einem gewissen Grad den einheimischen Traditionen von Soziabilität entsprachen.[16]

Das Afrika, aus dem die Sklaven in die Neue Welt verfrachtet wurden, stellte natürlich ein Konglomerat verschiedener Kulturen dar, die teilweise bereits mit dem Westen und dem Christentum in wechselseitiger Verbindung standen. Nehmen wir etwa den Kongo: Für manche einheimischen Herrscher erwies es sich hier als durchaus vorteilhaft, mit den Missionaren zusammenzuarbeiten und die neuen Doktrinen und Rituale zu übernehmen, weil sie auf diese Weise ihre Macht legitimieren konnten. Man gründete Bruderschaften. Christliche Festtage wie zum Beispiel Jakobi wurden nicht nur mit Prozessionen, sondern auch mit traditionellen afrikanischen Tänzen begangen und mit anderen Festen kombiniert, etwa mit der Erinnerung an die Thronbesteigung des Kongo-Königs Afonso. Die Missionare mochten glauben, sie hätten die Afrikaner zum Christentum bekehrt, doch aller Wahrscheinlichkeit nach war es so, daß die Menschen im Kongo sich als diejenigen sahen, die die einheimische Religion um exotische westliche Rituale bereicherten. Die Synthese oder der Synkretismus zwischen Christentum und afrikanischen Traditionen, von denen im Falle Brasiliens und Kubas so häufig die Rede ist, hatte bereits in Afrika selbst eingesetzt.[17] Hinter diesen Ritualen werden bisweilen Elemente afrikanischer Tradition sichtbar, etwa des nigerianischen Festes der Königin *Damurixá*.[18] In Afrika selbst gab es keinen Karneval, und bis heute hat er sich nur in einigen wenigen Regionen durchsetzen können (vor allem auf den Kapverden und auf Réunion), aber das ›Karnevaleske‹, wie Europäer vielleicht sagen würden, war überall präsent.

Afroamerikanische Elemente, wo und wie immer sie entstanden sein mögen, tauchten allenthalben im brasilianischen Karneval auf. 1881 präsentierten die Democráticos, ein prominenter Karnevalsverein der weißen Oberschicht, auf ihrem allegorischen Festwagen einen afrikanischen Prinzen namens Obá. Wenn wir unseren Gegenstand einmal nicht von der ›riozentristischen‹ Warte aus betrachten, die die meisten Untersuchungen über den brasilianischen Karneval einnehmen, sondern nach Olinda, Recife oder Salvador blicken, dann wird sogar noch deutlicher, in welchem Maße afrikanische Traditionen hier überlebt haben beziehungsweise wiederbelebt wurden – lange bevor das am Ende unseres Jahrhunderts erwachende schwarze Selbstbewußtsein und Black Power zu einer ›Reafrikanisierungs‹-Bewegung führten. So ist beispielsweise überliefert, daß 1872 eine von einer Königin und einer Vizekönigin angeführte Gruppe von *maracatus* am Karneval von Recife teilnahm.[19]

Der Tanz, ob religiös oder weltlich, war – und ist vielleicht noch immer – eine Kunstform, die in Afrika größere Bedeutung hat als irgendwo sonst. In Ostafrika gab es beispielsweise die Tradition des *ngoma*, eines Tanzes, der häufig in der Form stattfand, daß die Mitglieder verschiedener Tanzvereinigungen vor den Zuschauern ›defilierten‹ beziehungsweise ›vorbeimarschierten‹. In diesen Vereinigungen spielten die Frauen eine herausragende Rolle. Im Mombasa des späten 19. Jahrhunderts waren bei solchen Paraden auch Festwagen zu sehen, die nach Aussage eines britischen Kolonialbeamten an »die Karnevalszüge von Nizza oder New Orleans« erinnerten.[20]

In Westafrika, das für den amerikanischen Kontinent insofern eine größere Relevanz besitzt, als die meisten Sklaven aus dieser Region kamen, stand der Tanz häufig mit religiösen Praktiken in Zusammenhang. Die Verbindung von Tanz und Religion war viel enger als in Europa, wo das Tanzen in der Kirche und selbst bei religiösen Festen über lange Zeit offiziell als verpönt galt.[21] Bei den westafrikanischen Tallensi dagegen war der »Tanzboden geheiligt«, wie der Ethnologe Fortes, der beste Kenner dieses Stammes, berichtete.[22] Der Tanz war ein Ritual, bei dem die Tänzer das Bewußtsein verloren und Geister oder Götter Besitz von ihnen ergriffen, wie auch im Falle der Yoruba in Dahomey und Nigeria.

Besessenheit oder ›mediale Begabung‹, wie sie auch gelegentlich genannt wird, sollte man nicht als eine Form der Hysterie abtun, sondern – aus ethnologischer Perspektive – vielmehr als Ritual oder sogar als Theater analysieren, wie Anthropologen immer wieder betont haben. Die Besessenen verkörpern den Geist, der in sie gefahren ist, so, wie die Karnevalisten das Verhalten personifizieren, das ihrem Kostüm angemessen ist. Einige dieser Geister führen sich karnevalesk auf: etwa die *caboclo* beim *candomblé*, männliche Geister, die in Frauen fahren und ihre menschlichen Vehikel zum Rauchen, Trinken und Fluchen verleiten.[23] Bei diesen Besessenheitsritualen spielte das Trommeln eine ganz entscheidende Rolle. Die Trommeln wurden als Stimmen der Götter betrachtet, und jeder Gott hatte einen bestimmten Rhythmus.[24] Besessenheitskulte dieser Art sind auch heute noch unter den Schwarzen des amerikanischen Kontinents lebendig, vom haitianischen *vodun* und der kubanischen *santería* bis zum brasilianischen *candomblé* (der besonders stark von Yoruba-Traditionen geprägt ist) oder seinem Äquivalent in Maranhão, dem *tambor de mina*, in dessen Namen bereits der Trommelschlag anklingt.[25]

Diese religiösen Praktiken – das ist die zentrale These dieses Kapitels – haben den afroamerikanischen Karneval nachhaltig beeinflußt. Eine wesentliche Rolle spielen die Trommeln bei den *baterías* von Rio und den ›steel bands‹ von Trinidad (die die traditionellen Trommeln in den 1930er Jahren abgelöst haben). Nicht nur von Zuschauern, sondern auch von Teilnehmern werden die Tänze des *candomblé* manchmal mit der Samba des Karnevals verglichen.[26] In Brasilien wurden über den *afoxé* noch weitere religiöse Praktiken in den Karneval integriert. Das Wort *afoxé* bezeichnet nicht nur ein Musikinstrument (eine Kürbisrassel) und einen von Schwarzen aufgeführten Tanz, sondern auch einen *maracatu*, also eine Prozession von Anhängern des *candomblé*. Der brasilianische Komponist und Sänger Gilberto Gil berichtet die Anekdote, daß er einmal, als er mit seiner *afoxé*-Gruppe im Karneval von Salvador defilierte, eine Frau mittleren Alters am Straßenrand sah, die sich bekreuzigte: Ganz offensichtlich hielt sie das, was da an ihr vorbeizog, für eine religiöse Prozession.[27]

Bei den oben beschriebenen religiösen Ritualen spielten die Frauen traditionellerweise eine wichtige Rolle. Die Besessenheitskulte der Hausa Bori etwa wurden und werden von Frauen kontrolliert. Die sogenannte ›Mutter des Heiligen‹ *(mãe de santo, ialorixa)* ist bis heute die zentrale Figur des *candomblé.*[28] Die Königinnen, die im Karneval von Recife die *maracatus* anführen, sind *mães de santo.*[29] Um die Hypothese eines Zusammenhangs zwischen afrikanischer Religion und amerikanischem Karneval zu untermauern, sei hinzugefügt, daß in Salvador weibliche Geister, sogenannte *tobosa* (›Mädchen‹), zur Karnevalszeit ›hinabfuhren‹, mit anderen Worten, von Betenden Besitz ergriffen.[30] Auch wenn es reine Spekulation ist, möchte ich vermuten, daß die *baianas,* die im Karneval von Rio und anderen Städten heute eine so herausragende Stellung einnehmen – würdige Damen, die in ihren weißen Gewändern umherwirbeln –, in Wirklichkeit eine weltliche Version der *mães do santo* sind. Die Erregung und Spannung des Karnevals, die ›Vibrationen‹, wie die Brasilianer sie zu nennen pflegen, sind tatsächlich nichts anderes als eine weltliche Form religiöser Ekstase.

Auch die Masken offenbaren einen Zusammenhang zwischen Afrika und dem amerikanischen Kontinent. Sie spielen nicht nur im Karneval eine wichtige Rolle, sondern auch in westafrikanischen Geheimgesellschaften wie etwa bei den Poro in Liberia.[31] Eine der traditionellen Karnevalsmasken auf Trinidad, der ›Moco Jumbie‹ geht, wie eine Studie gezeigt hat, auf religiöse Praktiken in Westafrika zurück.[32] Auf Kuba war, wie bei den Saturnalien des antiken Rom, die vorübergehende Freilassung der Sklaven ein zentrales Element des Karnevals; diese Praxis soll angeblich mit der afrikanischen Tradition des Ekuaeansu zusammenhängen. Verkleidet als *congos* (wiederum), *lucumíes, ararás* und *mandingas,* strömten die Schwarzen in die Straßen von Havanna.[33]

Vor allem in Brasilien werden afroamerikanische Volkstraditionen heute von den Historikern aufmerksamer studiert als zuvor. Gleichzeitig erhalten sie, bedingt durch den Bewußtwerdungsprozeß der Schwarzen, auch im Karneval selbst einen größeren Stellenwert. So spielen etwa *afoxé*-Gruppen wie die ›Söhne Gandhis‹ (1949 gegründet und in den siebziger Jahren wiederbelebt) im Karneval von Salvador eine wichtige Rolle.[34] 1995 konzentrierte sich der dortige Karneval auf Zumbi, den Anführer der Sklavenrebellen von Palmares, und erinnerte damit an seinen dreihundertsten Todestag.

Die systematische Erforschung afrikanischer Elemente im Karneval wie auch anderer Aspekte der schwarzen Volkskultur im Brasilien der Kolonialzeit und des 19. Jahrhunderts steht noch ganz am Anfang.[35] Immerhin aber ließe sich anhand der oben erwähnten Elemente die Hypothese formulieren, daß die Karnevale der Neuen Welt ›überdeterminiert‹ sind in dem Sinne, daß sie aus der Begegnung zwischen zwei verschiedenen Festtraditionen, der europäischen und der afrikanischen, hervorgingen. Wir haben es hier mit ›Synkretismus‹ zu tun in dem präzisen Sinne einer temporären Koexistenz und Interaktion von Elementen aus verschiedenen Kulturen, aber auch mit ›Antisynkretismus‹ in dem Sinne, daß es Versuche gegeben hat, den Karneval zu reinigen – zunächst von seinen afrikanischen Elementen (im ausgehenden 19. Jahrhundert) und in neuerer Zeit von seinen europäischen.[36] Möglicherweise waren in dieser Mischung auch indianische Elemente enthalten, doch selbst wenn dies zutrifft, lassen sie sich heute nur schwer ausmachen (die Verwendung indianischer Kostüme durch Schwarze und Weiße ist ein anderes Thema).[37]

Es sieht so aus, als käme dabei eine Art kultureller Magnetismus ins Spiel, eine Anziehungskraft zwischen ähnlichen Elementen in den afrikanischen und europäischen Traditionen, wie es auch eine Art Kreislauf oder gegenseitiger Beeinflussung zwischen Elite- und Volkstraditionen zu geben scheint.[38] So leitet sich etwa das Scheingefecht von kultischen Tänzen zu Ehren des Yoruba-Kriegsgottes Ogun her, gleichzeitig aber auch von einer iberischen Tradition, nämlich der Darstellung von Konflikten zwischen ›Mauren und Christen‹ in volkstümlichen religiösen Dramen oder *autos*.[39] 1816 wurde der englische Besucher Henry Koster Zeuge eines brasilianischen *entrudo*, zu dem unter anderem die »Taufe eines Maurenkönigs« und ein Scheingefecht zwischen Mauren und Christen gehörten. Die Tradition der *cucumbi* oder ›Könige des Kongo‹ geht teilweise auf die in Frankreich als *reinage* bekannte europäische Tradition zurück, bei der Männer und Frauen, als Könige und Königinnen verkleidet, in einer Kavalkade zur Kirche reiten; zum Teil dürfte sie ihre Ursprünge aber auch in Afrika haben.[40] Auch die Karnevalsmasken leiten sich von zwei kulturellen Traditionen her, der europäischen und der afrikanischen. Wir haben es hier also mit einem Phänomen zu tun, das der kubanische Soziologe und Folkloreforscher Fernando Ortiz, selbst ein großer Anhänger des Karnevals, als ›Transkulturation‹ bezeichnet hat (siehe unten, S. 275), also mit der Wechselwirkung zwischen zwei Kulturen, im Gegensatz zur ›Akkulturation‹, bei der die Beeinflussung eingleisig verläuft.[41]

Die Entwicklungen des Karnevals

Die Entwicklung des Karnevals in der Neuen Welt verläuft seit etwa zweihundert Jahren parallel zu derjenigen des europäischen zwischen dem 16. und 19. Jahrhundert.[42] In diesem Prozeß gab es vier Hauptphasen: Partizipation, Reform, Rückzug und Wiederentdeckung. Natürlich darf man nicht vergessen, daß die Quellen für die Geschichte des Karnevals im allgemeinen eine Perspektive ›von oben‹ einnehmen und bestimmte volkstümliche Aktivitäten dabei kaum sichtbar werden, aber dieses Modell hat, zumindest was die Oberschicht betrifft, durchaus seine Vorteile.

Die Phase der Partizipation läßt sich anhand des Beispiels Trinidad im frühen 19. Jahrhundert illustrieren, als (wie ein englischer Beobachter feststellte) »alle, ob hoch oder niedrig, reich oder arm, gebildet oder ungebildet, Kostüme für den Karneval fanden«. Ein weiteres Beispiel aus der Mitte des 19. Jahrhunderts bietet Kaiser Pedro II., der sich in Petrópolis, der Sommerresidenz des brasilianischen Hofes, am traditionellen *entrudo* mit seinen Wasserspielereien und so weiter ergötzte.

Die Phase der Reform setzte auf Trinidad im späteren 19. Jahrhundert ein, als einige Angehörige der herrschenden Klasse so weit gingen, die völlige Abschaffung des Karnevals zu fordern.[43] In Brasilien wurden ab den 1830er Jahren regelmäßig Einwände gegen den Karneval laut. 1844 bemerkte Pater Lopes Gama, der berühmte Journalist aus Recife, daß die »Tollheit« des *entrudo* unvereinbar sei mit dem Anspruch der Brasilianer, am Fortschritt der Zivilisation teilzuhaben.[44] Im ausgehenden 19. Jahrhundert gab es eine Kampagne, die darauf abzielte, den »grosseiro e pernicioso entrudo« (wie er 1884 im

Jornal de Notícias von Salvador genannt wurde) durch etwas ›Rationaleres‹, ›Hygienischeres‹, ›Zivilisierteres‹ nach europäischem Vorbild zu ersetzen (wie bereits angemerkt, war sich die brasilianische Elite offensichtlich nicht bewußt, welche Bedeutung Sexualität und Gewalt in der europäischen Karnevalstradition hatten). Diese Reformversuche erreichten ihren Höhepunkt vermutlich in Rio um 1900, als unter dem Präfekten Francisco Pereira Passos die Karnevalsumzüge von der Rua do Ouvidor im Herzen der Stadt an die Peripherie verlagert wurden, wo sie sich leichter kontrollieren ließen. Parallel dazu lief eine Kampagne zur Förderung der öffentlichen Gesundheit und wurden Stadterneuerungsprojekte realisiert, was Widerstand und sogar Unruhen hervorrief.[45]

›Zivilisation‹ kontra ›Barbarei‹ – ein solches Vokabular brachte verdeckte Ängste der Weißen vor einer zunehmenden ›Afrikanisierung‹ des Karnevals zum Ausdruck, und in Leserbriefen an das *Jornal de Notícias* von Salvador in den ersten Jahren des 20. Jahrhunderts wurden diese Ängste auch ganz offen artikuliert. Immerhin hatten sich in den 1890er Jahren schwarze Karnevalsclubs wie die ›Pândegos de Africa‹ in der Stadt konstituiert.[46] Wie erfolgreich die Reformkampagne tatsächlich war, läßt sich nur schwer beurteilen. Maria Isaura Pereira de Queiroz spricht zwar davon, daß im Karneval von Rio »eine urbane Masse domestiziert« worden sei, doch diese Beobachtung, die sich ganz auf die zentralen Aspekte der Veranstaltung konzentriert, bedarf zumindest der Relativierung – in anderen Teilen der Stadt nämlich behielt der Karneval offensichtlich seinen eher traditionellen und informellen Charakter bei.[47]

Daß die Reform alles andere als vollständig war, läßt die dritte Phase vermuten: der Rückzug der Eliten aus der öffentlichen Teilnahme. Diese organisierten jetzt ihre eigenen Feste, die im Innern stattfanden, einen ›geschlossenen Karneval‹, der den alten offenen ersetzte. Auf Trinidad verabschiedete sich die weiße Elite schon ab dem Zeitpunkt der Sklavenbefreiung (1833) aus der öffentlichen Teilnahme am Karneval, während die Schwarzen ihn sich ›aneigneten‹ – zumindest wurden sie sichtbarer und benutzten die Festlichkeiten, um ihre Befreiung zu feiern und sich über die Weißen lustig zu machen.[48] In Brasilien fanden Befreiung und Rückzug erst ein halbes Jahrhundert später statt. In Rio, so die *Gazeta de Notícias* im Jahre 1890, »zog sich der elegante Karneval in die Ballsäle zurück und überließ die Straßen den armen Teufeln«.[49] In New Orleans hingegen wird der Karneval bis heute von den weißen Clubs oder ›krewes‹ beherrscht. Schwarze Parallelgruppen wie ›Zulu Aid‹ und ›Pleasure Club‹, die sich früher über die offiziellen Veranstaltungen lustig machten, sind inzwischen in sie integriert worden.[50]

Heute befindet sich Brasilien, wie auch andere Teile der Neuen Welt, in der vierten Phase des Prozesses: die Wiederentdeckung der Volkskultur, namentlich der afroamerikanischen, durch die Eliten und die ›Reafrikanisierung‹ des Karnevals. Auch der Mittelstand, der sich in die geschlossene Welt von Clubs und Hotels zurückgezogen hatte, ist (zumindest in Recife) auf die Straße zurückgekehrt.[51] Es versteht sich von selbst, daß diese vierte Phase mit der Kommerzialisierung eines Festivals einhergeht, das zum ganz großen Geschäft geworden ist – für Fernsehanstalten und Plattenstudios genauso wie für Reiseagenturen (von Spielcasinobesitzern und Drogenhändlern ganz zu schweigen).[52] Nicht nur in dieser Hinsicht nimmt Rio heute die Stellung ein, die Nizza im 19. und Venedig im 18. Jahrhundert innehatten.

Den großen Unterschied zwischen amerikanischem und europäischem Karneval macht im wesentlichen das afrikanische Element aus. Um noch einmal auf Da Matta zurückzukommen, der den Karneval als einen Mikrokosmos Brasiliens beschreibt: Man könnte sagen, dieses Volksfest dokumentiert und dramatisiert zugleich die Wechselwirkung zwischen verschiedenen ethnischen Gruppen und Subkulturen.

1 Clifford Geertz, »›Deep Play‹: Bemerkungen zum balinesischen Hahnenkampf« in: ders., *Dichte Beschreibung. Beiträge zum Verstehen kultureller Systeme,* Frankfurt a. M. 1983, S. 202–260

2 Vgl. Victor Turner, »Carnaval in Rio«, in. F. E. Manning (Hrsg.), *The Celebration of Society*, Bowling Green 1983, S. 103–124

3 Maria Júlia Goldwasser, *O Palácio do Samba*, Rio de Janeiro 1975; José Savio Leopoldi, *Escola da Samba, ritual e sociedade*, Rio de Janeiro 1978; Maria Laura Viveiros de Castro Cavalcanti, *Carnaval Carioca*, Rio de Janeiro 1994

4 Maria Isaura Pereira de Queiroz, *Carnaval brasileiro*, São Paulo 1992; Raquel Soihet, »Subversão pelo Riso: Reflexões sobre Resistência e Circularidade Cultural no Carnaval Carioca (1890–1945)«, Habilitationsschrift, UFF, Rio de Janeiro 1993; Leonardo Affonso de Miranda Pereira, *O Carnaval das Letras*, Rio de Janeiro 1994

5 Richard G. Parker, *Bodies, Pleasures and Passions*, Boston 1991, Kap. 6; Daniel Touro Linger, *Dangerous Encounters: Meanings of Violence in a Brazilian City*, Stanford 1992

6 Sandra L. Graham, *House and Street: the Domestic World of Servants and Masters in Nineteenth-Century Rio de Janeiro*, Cambridge 1988, S. 68; Julio Caro Baroja, *El Carnaval*, Madrid 1965, S. 57 ff.

7 Peter Burke, *Helden, Schurken und Narren*, Stuttgart 1981, S. 201

8 Baroja (1965), S. 371–381; vgl. Natalie Zemon Davis, »Die aufsässige Frau«, in: dies., *Humanismus, Narrenherrschaft und die Riten der Gewalt. Gesellschaft und Kultur im frühneuzeitlichen Frankreich*, Frankfurt a.M. 1987, S. 136 bis 170, hier insb. S. 160 ff.

9 Zitiert nach: Andrew Pearse, »Carnival in Nineteenth-Century Trinidad«, in: *Caribbean Quarterly* 4, 1955–56, S. 175–193, hier S. 180

10 Olga Rodrigues de Moraes von Simson, »Mulher e Carnaval: mito e realidade«, in: *Revista de História* 125–26, 1991–92, S. 7–32

11 Errol Hill, *The Trinidad Carnival*, Austin 1972, S. 11; Samuel Kinser, *Carnival American Style: Mardi Gras at New Orleans and Mobile*, Chicago 1990, S. 22

12 Edgar de Alencar, *O Carnaval Carioca através da musica*, Rio de Janeiro [2]1965

13 A. J. Pérez Amuchástegui, *Mentalidades argentinas*, Buenos Aires 1988, S. 158 ff.; Fernando Ortiz, »Los viejos carnavales habaneros«, 1954, Nachdruck in: ders., *Estudios etnosociológicos*, Havanna 1991, S. 202–211, hier S. 204

14 Katarina Real, *O Folclore no Carnaval de Recife*, 1967, Recife [2]1990, S. xv; Marlyse Meyer, *Caminhos do Imaginário no Brasil*, São Paulo 1993, S. 161–174

15 Vgl. Roberto Da Matta, *Carnaval, malandros e heróis*, Rio de Janeiro 1978

16 JonnaLynn K. Mandelbaum, *The Missionary as a Cultural Interpreter*, New York 1989, S. 173

17 John K. Thornton, *The Kingdom of the Kongo*, Madison 1983; Anne Hilton, *The Kingdom of Kongo*, Oxford 1985, S. 50 ff., 95 ff.; Richard Gray, *Black Christians and White Missionaries*, New Haven 1991, S. 13 ff., 42 ff.; Wyatt MacGaffey, *Religion and Society in Central Africa*, Chicago 1986, S. 191–216; ders., »Dialogues of the Deaf: Europeans on the Atlantic Coast of Africa«, in: Stuart B. Schwartz (Hrsg.), *Implicit Understandings*, Cambridge 1994, S. 249–267, hier S. 254–259; vgl. Georges Balandier, *Daily Life in the Kingdom of the Kongo*, London 1968, S. 39, 259, 264; Gwyn Prins, *The Hidden Hippopotamus*, Cambridge 1980

18 Manuel Querino, zitiert in: António Risério, *Carnaval Ijexá*, Salvador 1981, S. 49
19 Real (1967), S. xvi-xvii; Peter Fry/Sérgio Carrara/Ana Luiza Martins-Costa, »Negros e brancos no carnaval da Velha República«, in: João José Reis (Hrsg.), *Escravidão e invenção da liberdade*, São Paulo 1988, S. 232–263; Risério (1981), S. 13, 17
20 Terence O. Ranger, *Dance and Society in Eastern Africa 1890–1970: the Beni Ngoma*, London 1975, S. 35, 167 ff.
21 E. Louis Backman, *Religious Dances in the Christian Church and in Popular Medicine*, London 1952
22 Meyer Fortes, *Religion, Morality and the Person*, Cambridge 1987, S. 51
23 Jim Wafer, *The Taste of Blood: Spirit Possession in Brazilian Candomblé*, Philadelphia 1991, S. 55–56
24 Michel Leiris, »Die Besessenheit und ihre theatralischen Aspekte bei den Äthiopiern von Gondar«, 1958, in: ders., *Die eigene und die fremde Kultur. Ethnologische Schriften*, Band 1, Frankfurt a.M. 1985, S. 135–227; Pierre Verger, »Trance and Convention in Nago-Yoruba Spirit Mediumship«, in: John Beattie/John Middleton (Hrsg.), *Spirit Mediumship and Society in Africa*, London 1969, S. 50–66
25 Louis Mars, *La crise de possession dans le Vaudou*, Port-au-Prince 1946; Roger Bastide, *Le candomblé de Bahia*, Paris 1958; Margaret Thompson Drewal, »Dancing for Ogun in Yorubaland and in Brazil«, in: Sandra T. Barnes (Hrsg.), *Africa's Ogun: Old World and New*, Bloomington 1989, S. 199–234
26 Wafer (1991), S. 73–74; Mikelle Smith Omari, »Candomblé«, in: Thomas D. Blakeley u.a. (Hrsg.), *Religion in Africa*, London 1994, S. 135–159, hier S. 136
27 Bastide (1958), S. 248; Real (1967), S. 57; Risério (1981), S. 12, 52, 55–56
28 Ruth Landes, *The City of Women*, 1947, Nachdruck New York 1996, S. 71 ff., 142 ff.
29 Real (1967), S. 67
30 Bastide (1958), S. 194. Zu Umbanda und Karneval siehe Da Matta (1978), S. 136
31 George W. Harley, *Masks as Agents of Social Control in North-East Liberia*, Cambridge, Mass. 1950; vgl. Roy Sieber, »Masks as Agents of Social Control«, 1962, Nachdruck in: Douglas Fraser (Hrsg.), *The Many Faces of Primitive Art*, Englewood Cliffs 1966, S. 257–262
32 Hill (1972), S. 12
33 Ortiz (1954), S. 210–211
34 Risério (1981), S. 52 ff.
35 Meyer (1993), S. 175–226; Soihet (1993)
36 Michael Pye, *Syncretism v. Synthesis*, Cardiff 1993; Charles Stewart (Hrsg.), *Syncretism/anti-Syncretism*, London 1994
37 Real (1967), S. 84 ff.

38 Soihet (1993)
39 Drewal (1989), S. 225; Baroja (1965), S. 174
40 Real (1967), S. 58; Gregory Hanlon, *Confession and Community in Seventeenth-Century France*, Philadelphia 1993, S. 155
41 Fernando Ortiz, »La transculturación blanca de los tambores de los negros«, 1952, Nachdruck in: ders., *Estudios etnosociológicos*, Havanna 1991, S. 176–201
42 Burke (1978), S. 192 ff., 221 ff., 284 ff., 295 ff.; Maria Isaura Pereira de Queiroz, »Évolution du Carnaval Latino-Américain«, in: *Diogène* 104, 1978, S. 53–69; vgl. Pereira (1994), Einleitung
43 Pearse (1955–56), S. 187
44 Zitiert in Real (1967), S. xii–xiii
45 Pereira (1994), S. 39 ff.
46 Zitiert nach Fry u.a. (1988), S. 236, 253–254
47 Queiroz (1992), S. 71–116; Alba Zaluar, »O Clóvis ou a Criatividade Popular num Carnaval Massificado«, in: *Cadernos do CERU*, Rio de Janeiro 1978, S. 50–63
48 Pearse (1955–56); Hill (1972), S. 23, 40, 43, 100
49 Zitiert in Pereira (1994), S. 202
50 Siehe dagegen: Munro S. Edmondson, »Carnival in New Orleans«, in: *Caribbean Quarterly* 4, 1955–56, S. 233–245, und Kinser (1990); vgl. Da Matta (1978), S. 124–130
51 Real (1967), S. 158–159
52 Cavalcanti (1994)

KAPITEL XI
Stärken und Schwächen der Mentalitätengeschichte

Es ist nicht gerade einfach, die Geschichte der Mentalitäten zu definieren. Die bis heute immer wieder als ihre führenden Vertreter bezeichneten Historiker Carlo Ginzburg und Richard Cobb haben stets bestritten, mentalitätsgeschichtliche Forschung zu betreiben. Auch in Frankreich, wo dieser Ansatz mit dem größten Selbstbewußtsein auf die längste Tradition zurückblicken kann, sind in der Mentalitätengeschichte während der fünfzig Jahre, die zwischen Marc Bloch und beispielsweise einem Jacques Le Goff liegen, Veränderungen eingetreten.

Dieser Essay definiert die Mentalitätengeschichte nach den drei folgenden charakteristischen Merkmalen: erstens die Betonung der kollektiven Einstellungen gegenüber den individuellen; das Denken von Durchschnittspersonen ist in diesem Zusammenhang also relevanter als das von Bildungseliten. Zweitens das starke Interesse an unausgesprochenen beziehungsweise unbewußten Annahmen, die Untersuchung der Wahrnehmung, der Arbeitsweise des ›Alltagsdenkens‹ oder der ›praktischen‹ Vernunft – die herkömmliche Betrachtung der bewußten Gedanken und ausgearbeiteten Theorien tritt in den Hintergrund. Drittens schließlich das Interesse nicht allein für den Inhalt, sondern auch für die ›Struktur‹ von Meinungen, anders ausgedrückt, für Kategorien, Metaphern und Symbole, dafür, wie die Leute denken, und nicht nur dafür, was sie denken. Zwei sozialen Gruppen eine unterschiedliche Mentalität zuzuschreiben, hat also viel stärkeres Gewicht, als ihnen lediglich unterschiedliche Einstellungen zu bescheinigen.[1]

In all diesen Punkten unterscheidet sich die Mentalitätengeschichte von anderen Ansätzen zur intellektuellen Geschichtsschreibung, wie etwa der amerikanischen *History of ideas*, der traditionellen deutschen *Geistesgeschichte* oder auch der neueren deutschen *Begriffsgeschichte*.[2] Man könnte geradezu von einer historischen Anthropologie der Ideen sprechen. Seit Émile Durkheim haben sich die Soziologen und Sozialanthropologen mit dem beschäftigt, was sie wechselweise als ›kollektive Vorstellungen‹, ›Denkweisen‹ oder ›kognitive Systeme‹ anderer Kulturen bezeichneten.[3] Durkheims Nachfolger Lucien Lévy-Bruhl brachte den Begriff ›Mentalität‹ in Umlauf: In seiner Untersuchung *La mentalité primitive* (1922) ordnete er primitiven Völkern ein ›prälogisches‹ beziehungsweise ›mystisches‹ Denken zu.

Die Probleme, die durch die Mentalitätenforschung aufgeworfen werden, sind jedoch zu bedeutend, als daß zwei Disziplinen sie erschöpfend behandeln könnten, und so hat man sie folgerichtig in weiteren Wissenschaften diskutiert, namentlich in der Philosophie, Psychologie, Ökonomie, Literaturwissenschaft, Kunstgeschichte und Wissenschaftsgeschichte (wobei sich die Teilnehmer an diesen Debatten der vielfältigen interdisziplinären Verflechtungen keineswegs immer bewußt waren).

So war etwa die sogenannte ›Wissenssoziologie‹, wie Karl Mannheim sie in seinen Essays vertrat, von der Arbeit der Durkheimianer unabhängig, ihr aber gleichzeitig ähnlich. In den zwanziger Jahren untersuchte Mannheim das, was er als ›Weltsichten‹, ›mentale Gewohnheiten‹ oder ›Denkstile‹ mit ihren spezifischen Logiken bezeichnete. Sein berühmtestes Beispiel war der Kontrast zwischen zwei gegensätzlichen Denkstilen im frühen 19. Jahrhundert: dem der konservativen Historiker in Deutschland und dem der liberalen Universalisten in Frankreich.[4]

In der Wissenschaftsgeschichte empfand Abel Rey »die schönen Arbeiten von Monsieur Lévy-Bruhl« als Anregung für seine Untersuchungen über das wissenschaftliche Denken in der Antike.[5] Rey arbeitete mit Lucien Febvre zusammen und trug auf diese Weise zur Entwicklung der ›Mentalitäten‹-Tradition bei. Ähnlichkeiten im Mentalitätenansatz gibt es wiederum bei der Betonung ›erkenntnistheoretischer Hindernisse‹ im Werk Gaston Bachelards (Reys Nachfolger an der Sorbonne) und ›erkenntnistheoretischer Brüche‹ im Werk seines Schülers Georges Canguilhem, der seinerseits einer der Lehrer Michel Foucaults war.[6]

Dem Mentalitätenansatz noch näher war das (in den 1930er Jahren geschriebene, aber erst in den Siebzigern wiederentdeckte) Werk des polnischen Mikrobiologen Ludwik Fleck über ›Denkkollektive‹ und ihre – wie er sie in Anlehnung an Mannheim nannte – spezifischen ›Denkstile‹.[7] Die Parallele zur Anthropologie ist eindeutig, und heute gibt es auch die Idee einer ›Anthropologie der Wissenschaft‹ oder einer ›Anthropologie des Wissens‹.[8] Es kommt darauf an, »wechselnde Voraussetzungen, Erwartungen, Fragen, Methoden, Argumente und Rechtfertigungen« zu erforschen, anstatt die Aufmerksamkeit auf Ideen im engeren Sinne zu konzentrieren.[9]

Wie wir bereits im ersten Kapitel gesehen haben (S. 24) besteht schon mindestens seit dem 18. Jahrhundert ein Interesse an diesen Problemen. Begriffe wie *mode of thought*, *manière de penser*, *Denkungsart* und so weiter bürgerten sich im Sprachgebrauch ein, normalerweise im Zusammenhang mit der Begegnung zweier räumlich wie zeitlich weit entfernter Zivilisationen, wobei der moderne Westeuropäer diese Begriffe verwendete, um eine Distanz zu den ›Wilden‹, dem Mittelalter und so weiter herzustellen.

Einen systematisch geschichtswissenschaftlichen Ansatz gibt es erst seit neuerer Zeit. Natürlich steht er von Anfang an in Zusammenhang mit der französischen Zeitschrift *Annales* und ihren Begründern Lucien Febvre und Marc Bloch, denen es sehr stark um das ging, was sie wechselweise ›historische Psychologie‹ *(psychologie historique)*, ›kollektive Mentalitäten‹ *(mentalités collectives)*, ›Begriffsapparat‹ *(outillage mental)* oder, im Rückgriff auf einen Ausdruck Durkheims, ›kollektive Vorstellungen‹ *(représentations collectives)* nannten. Bloch und Febvre waren freilich nicht die einzigen: Der Sinologe Marcel Granet und der Historiker der Französischen Revolution Georges Lefebvre betrieben diese Art von Geschichtsschreibung bereits in den 1930er Jahren.[10]

Die Franzosen hatten nicht einmal das Monopol der Mentalitätengeschichte, denn sie zeichnete sich auch in der Kulturgeschichte ab, wie sie Johan Huizinga (siehe unten, S. 249) vertrat. Sein 1919 erstmals veröffentlichtes Werk *Herbst des Mittelalters* befaßte sich mit kollektiven Einstellungen, mit der Geschichte der Gefühle, vor allem aber mit dem, was der Autor ›Denkformen‹ *(gedachtensvormen)* nannte, wie Personifizierung und Symbolismus. In diesem letzten Punkt entfernte sich Huizinga von Jacob Burckhardt und näherte sich dem Sozialpsychologen Wilhelm Wundt, mit dem er zusammen in Leipzig studiert hatte.

Dieses Kapitel unternimmt den Versuch, Stärken wie Schwächen der Mentalitätengeschichte zu beurteilen, wie sie vor allem seit den Tagen Blochs und Febvres bis hin zu Duby, Le Goff, Vovelle und Le Roy Ladurie in Frankreich praktiziert wird. In den letzten Jahren ist der Begriff aus der Mode gekommen und durch ›Vorstellungen‹ oder ›kollektive Vorstellungswelt‹ *(l'imaginaire social)* ersetzt worden.[11] In der Praxis freilich ist der Unterschied zwischen der alten Mentalitätengeschichte und der neuen Geschichte der Vorstellungen nicht so groß, als daß die folgenden Überlegungen ihre Relevanz eingebüßt hätten.

Zunächst ist es notwendig, den begrifflichen Raum zwischen Ideengeschichte und Sozialgeschichte näher zu bestimmen. Versäumt man dies, so steht man vor der unglücklichen Alternative, sich zwischen einer ›gedankenlosen Sozialgeschichte‹ und einer ›gesellschaftslosen Ideengeschichte‹ entscheiden zu müssen. Die ›Sozialgeschichte der Ideen‹, wie sie von dem Historiker der Aufklärung Peter Gay praktiziert wird, lieferte hier Anregungen, aber sie verharrte doch auf der intellektuellen Seite der Barriere. Die von Robert Darnton, ebenfalls einem Historiker der Aufklärung, vertretene ›Sozialgeschichte der Ideen‹ geht einen Schritt weiter. Für Darnton ist dieser Begriff mehr oder weniger ein Synonym für Mentalitätengeschichte.[12] Einer der wichtigsten Punkte dieses Ansatzes besteht darin, den Ideen im sozialen Alltagsleben einen größeren Stellenwert einzuräumen als bisher. Genau aus diesem Grunde schrieb die schwedische Historikerin Eva Österberg vor kurzem, ihre Arbeit beschäftige sich mit ›Mentalitäten und anderen Realitäten‹.[13]

Immer wieder hat die Kulturgeschichte mit folgenden Problemen zu tun: Wieso finden es Individuen, die unterschiedlichen Kulturen angehören, oft so schwierig, sich untereinander zu verständigen? Wie kommt es, daß man gerade die Dinge absurd findet, die für den anderen selbstverständlich sind? Wie ist es möglich, daß man durchaus in der Lage sein kann, jedes einzelne Wort eines Textes aus einer fremden (oder auch nur halbfremden) Kultur zu übersetzen und dennoch Schwierigkeiten hat, den Text als solchen zu verstehen? Ganz einfach – würde ein Mentalitätshistoriker antworten –, weil in diesen Fällen ein Unterschied zwischen den Mentalitäten vorliegt, weil beide von unterschiedlichen Voraussetzungen, von unterschiedlichen Wahrnehmungen und einer unterschiedlichen ›Logik‹ ausgehen – zumindest in dem philosophisch eher weniger strengen Sinn von Logik als einer Rechtfertigungspraxis, in der je nachdem Vernunft, Autorität, Erfahrung oder etwas anderes das entscheidende Kriterium abgibt. Kein Wunder also, daß ein Mittelalterhistoriker und ein Anthropologe unabhängig voneinander versucht haben, zur Analyse von Mentalitätsunterschieden die Ideen des französischen Psychologen Jean Piaget neu zu beleben, wobei sie seine Unterscheidung zwischen ›präoperativem‹ und ›operativem‹ Denken – letzteres als Ausdruck akademischer Gelehrsamkeit – übernahmen.[14]

Ein klassisches Beispiel für die Art von Problemen, zu deren Lösung man das Konzept der Mentalität – oder etwas annähernd Gleichwertiges – benötigt, ist das mittelalterliche Gottesurteil, ein Beispiel, das die gebildeten Europäer seit Montesquieu in Atem gehalten hat. Ein Gerichtsverfahren, das mit dem Gottesurteil operiert, läßt sich natürlich im Namen der Vernunft ohne weiteres verurteilen, aber nur mit äußerster Mühe historisch erklären, wenn man nicht auf das zurückgreift, was Montesquieu *la manière de penser de nos pères* (die Denkweise unserer Vorfahren, das heißt: ihre Mentalität) nannte. Eine Reihe neuerer Studien über das Gottesurteil haben genau diesen Ansatz gewählt.[15] Auch hier gibt es wiederum Forscher aus so verschiedenen Disziplinen wie Wirtschaftsgeschichte und Wissenschaftsgeschichte, denen es unmöglich war, ihre Probleme zu lösen, ohne sich auf ein Konzept wie das der Mentalitäten zu beziehen, das im Gegensatz zur Idee einer zeitlosen Rationalität steht, die eigentlich immer nur ethnozentrisch definiert wurde.

Auf dem Gebiet der Ökonomie hat der polnische Historiker Witold Kula in seiner brillanten Arbeit über das ›Feudalsystem‹ im Polen des 17. und 18. Jahrhunderts aufgezeigt, daß sich dessen Funktionsweise nur verstehen läßt, wenn man die Einstellungen, Werte oder Denkweisen derjenigen Magnaten berücksichtigt, die am meisten von dem System profitierten.[16] Auch Edward Thompson deutete in seinem berühmten Artikel über die ›moralische Ökonomie‹ der Engländer an, daß deren Hungeraufstände nicht einfach als eine Reaktion auf den Mangel an Nahrungsmitteln zu sehen sind, sondern als Ausdruck kollektiver moralischer Annahmen, ein Vorschlag, der sehr bald auf die Aufstände in den Gesellschaften des fernen Südostasien übertragen und weiterverwendet wurde.[17] Zwischen einem solchen Ansatz zur Wirtschaftsgeschichte und den Überlegungen der ›ökonomischen Anthropologie‹, die ebenfalls alternative Rationalitäten ins Spiel bringt, bestehen offenkundige Zusammenhänge, beispielsweise wenn sie die gesellschaftliche Funktion dessen hervorhebt, was als ›augenfällige Verschwendung‹ zur Erlangung von Prestige und Macht bezeichnet wurde.

Auch in der Wissenschaftsgeschichte hat es immer wieder Versuche gegeben, ›Rationalität‹ zu problematisieren und sich von der allzu vereinfachenden Unterscheidung zwischen dem irrationalen ›Magischen‹, das für den ›anderen‹ steht, und der rationalen Wissenschaft, wie sie von ›uns‹ vertreten wird, zu verabschieden. Daher auch das Interesse an den bereits erwähnten kollektiven ›Denkstilen‹, auf die man zurückgreift, um die Erklärungen wissenschaftlicher Innovationen – verstanden als innere Notwendigkeit oder Leistungen genialer Individuen – zu ergänzen.[18]

Wenn ich hier die Mentalitätengeschichte nicht nur beschreiben, sondern auch verteidigen soll, möchte ich mich lieber auf vertrautem Boden bewegen und vier konkrete Fälle aus der Frühen Neuzeit anführen, in denen sich bestimmte Überzeugungen ohne die Verwendung eines Konzepts von Mentalitäten oder Denkweisen ganz besonders schwer erklären lassen.

1. Die Idee von ›Korrespondenzen‹ zwischen den sieben Planeten, den sieben Metallen, den sieben Tagen der Woche und so weiter.[19] Korrespondenzen sind weder Identitäten noch Ähnlichkeiten; vielmehr scheinen sie irgendwo dazwischenzuliegen, eine mittlere Kategorie, zu der es offenbar Parallelen in anderen Kulturen gibt; man denke etwa

an den Bororo (ein Stamm im Amazonasgebiet), der von sich behauptete, ein Ara zu sein, oder an den Nuer, für den »ein Zwilling ein Vogel ist«.[20] Das Bororo-Beispiel stammt von Lévy-Bruhl, der die Beziehungen zwischen Mensch und Ara als »mystische Teilnahme« beschrieb, die, wie er glaubte, ein Charakteristikum des »prälogischen« Denkens beziehungsweise der »primitiven Mentalität« sei.

2. Die Idee einer ›großen Kette‹ oder ›Leiter‹ des Seins, derzufolge es besser ist zu leben als zu existieren, besser zu fühlen als zu leben und besser zu denken als zu fühlen; mit anderen Worten, daß es besser ist, ein Baum zu sein als ein Stein, besser ein Pferd als ein Baum und besser ein Mensch als ein Pferd.[21] Das Problem besteht nur darin, daß »das komplexe System von Analogien entlang der Kette nicht völlig wortwörtlich verstanden werden kann, aber auch nicht als eine bloße Konvention, als hübsche und brauchbare Metapher«.[22] Die Tatsache, daß uns diese Projektion der gesellschaftlichen Hierarchie auf den Kosmos heutzutage eher schrullig vorkommt, deutet auf einen tiefgreifenden Wandel in der westlichen Mentalität seit dem 16. Jahrhundert hin.

3. Ein drittes Beispiel, das den modernen Leser vermutlich ein wenig irritieren dürfte, liefert uns der folgende Ausspruch Kardinal Bérulles: *L'état de l'enfance, état le plus vil et le plus abject de la nature humaine, après celui de la mort* (die Kindheit, nach dem Tod der verächtlichste und abscheulichste Zustand der menschlichen Natur).[23] Unser Befremden rührt nicht – oder nicht nur – aus Bérulles inhaltlichen Überzeugungen her; es ist nicht nur darauf zurückzuführen, daß Kindlichkeit von Erwachsenen heutzutage eher akzeptiert wird, als dies offenbar im 17. Jahrhundert der Fall gewesen ist. Es ist vielmehr die hierarchische Anordnung, die Struktur seiner Überzeugungen, die uns wohl am meisten befremdet. Heute wirkt es auch ziemlich abwegig, den Tod als einen *Zustand* zu beschreiben. Doch im Mittelalter und in der Frühen Neuzeit war die Personifikation von Abstraktionen durchaus üblich. Johan Huizinga, dessen Beschäftigung mit Personifikationen ich bereits erwähnte, erörterte an einer Stelle die Äußerung des heiligen Franziskus, er sei mit Frau Armut verheiratet. Dies, so Huizinga, sollte weder wörtlich noch metaphorisch verstanden werden. Die Logik der Aussage liege irgendwo dazwischen.[24]

4. Huizingas Vorschlag könnte auch für die Interpretation meines letzten Beispiels hilfreich sein, das aus der Rebellion der sogenannten ›Rotmützen‹ *(bonnets rouges)* in der Bretagne im Jahre 1675 stammt. Die Aufständischen verliehen ihren Forderungen in einem Dokument Ausdruck, das als *code paysan* bekannt ist. Eine seiner Klauseln lautet folgendermaßen: »Es ist verboten, der *gabelle* oder ihren Kindern Unterschlupf zu gewähren, noch sie mit Essen oder einem anderen Gut zu versorgen; vielmehr wird jedermann aufgefordert, sie niederzuschießen wie einen tollen Hund.« *(Il est défendu ... de donner retraite à la gabelle et à ses enfants, et de leur fournir ni à manger ni aucune commodité; mais au contraire, il est enjoint de tirer sur elle comme sur un chien enragé.)*[25] Diese *gabelle* war natürlich nichts anderes als die Salzsteuer.

Manche Historiker halten den Code für eine Fälschung, weil sie – so vermute ich – über die Glaubwürdigkeit gerade dieser Passage stolpern, obwohl es einen erhärtenden Beweis für die Personifizierung der *gabelle* gibt.[26] Für Historiker, die nicht an unterschiedliche Mentalitäten glauben, ist dies ein Skandal. Was könnten die Aufständischen damit gemeint haben? Ob die bretonischen Bauern eine archaischere Mentalität besaßen als die Bauern in anderen Regionen Frankreichs oder nicht, ist eine Frage, die zu beantworten ich mir nicht anmaße. Zwar trifft es zu, daß sie den Tod und die Pest ebenso personifizierten wie die *gabelle*[27], doch ähnliche Personifizierungen finden sich auch in anderen Teilen Europas. Selbst diese berüchtigte Passage über die Verpflegung der *gabelle* unterscheidet sich nur in ihrer Ausführlichkeit vom Schlachtruf der Toskaner im 15. Jahrhundert *Muoia il catasto!* (›Tod dem Grundbuch!‹), der wiederum nur die weiter verbreitete italienische Losung *Muoia il malgoverno!* (›Tod der Mißwirtschaft!‹) abwandelt. Soll man den Ausruf wörtlich oder metaphorisch verstehen? Oder entzieht er sich vielleicht unseren eigenen kulturellen Kategorien einer ›wörtlichen‹ und einer ›metaphorischen‹ Redeweise und verweist damit auf eine uns fremde Mentalität?[28]

Angesichts solcher Beispiele kann der Historiker mit einem Konzept wie dem der ›Mentalität‹ zwei entgegengesetzten Gefahren entrinnen. Die erste Gefahr besteht darin, die bretonischen Bauern oder den Kardinal Bérulle einfach als irrational oder einer ernsthaften historischen Untersuchung unwürdig abzutun. Wenn uns eine bestimmte Geisteshaltung des 17. Jahrhunderts merkwürdig vorkommt, dürfen wir nicht vergessen, daß sie Teil eines Meinungssystems war, in dem die verschiedenen Teile sich wechselseitig stützten, so daß es sich insgesamt kaum falsifizieren läßt. Die zweite Gefahr besteht umgekehrt darin, solche Beispiele unter den Teppich zu kehren, indem man davon ausgeht, daß die Franzosen des 17. Jahrhunderts ›eigentlich‹ genauso gedacht haben müssen wie wir. Damit käme man aber in eine Gefahr, die sich als ›voreilige Empathie‹ bezeichnen ließe, eine intellektuelle Krankheit, die schon vor rund sechzig Jahren von Lévy-Bruhl diagnostiziert wurde (und der sich Vico und Rousseau schon lange vorher bewußt gewesen sind). Mit seiner Analyse wollte Lévy-Bruhl ja gerade dagegen angehen, daß »wir uns in Gedanken an die Stelle der Primitiven [...] setzen, die wir erforschen! Schieben wir ihnen keine Überlegungen unter, die wir anstellen würden, wenn wir an ihrer Stelle wären ...« – eine Diagnose, die als »Wenn ich ein Pferd wäre«-Problem in die englische Sozialanthropologie eingegangen ist.[29] Letzten Endes geht es doch um folgendes: Um das Verhalten von Menschen in anderen Kulturen zu verstehen, reicht es nicht aus, daß wir uns mental in ihre Lage versetzen; wir müssen uns auch ihre Definition der Situation zu eigen machen, sie durch ihre Augen sehen. Ähnlich argumentierte auch Lucien Febvre in einem Aufsatz, in dem er das Problem des von ihm so bezeichneten ›psychologischen Anachronismus‹ untersuchte.[30]

Die große Stärke des Mentalitätenbegriffs besteht darin, daß er es ermöglicht, erfolgreich zwischen diesen beiden entgegengesetzten Gefahren hindurchzusteuern. Von jeder Alternative, die man an seine Stelle setzen wollte, dürfte man billigerweise verlangen, daß sie auf eine befriedigende Weise mit Beispielen wie den oben geschilderten umzugehen versteht.

Natürlich hat die Mentalitätengeschichte auch ihre Schwächen, und es sind ernstzunehmende Einwände gegen sie vorgebracht worden. Eine in England nicht selten zu hörende Kritik, wonach die Franzosen Mentalitäten immer nur als unpersönliche Kräfte behandeln, sollte freilich nicht allzu ernst genommen werden. In Großbritannien gibt es solche Kräfte bekanntlich nicht, sondern nur denkende Menschen, wie Herbert Butterfield es ausgedrückt hat. Oder wie Vivian Galbraith in seinen Oxforder Vorlesungen in den fünfziger Jahren mit provokativem Sexismus festzustellen pflegte: »Geschichte ist reine

Männersache.« Für jeden Franzosen (wenn ich mir hier den Versuch einer Empathie erlauben darf) ist es jedoch ebenso offensichtlich, daß sich der Begriff *mentalité* nicht auf ein Ding oder eine Kraft bezieht, sondern daß er vielmehr die Beziehung zwischen Meinungen charakterisiert, durch die letztere ja überhaupt erst zu einem System werden. ›Kollektiv‹ sind Meinungen nur in dem Sinn, daß sie von verschiedenen Individuen geteilt werden, und nicht in dem Sinn, daß sie irgendwo außerhalb von Individuen stehen. Der Gegensatz zwischen der in England gepflegten intellektuellen Tradition des methodologischen Individualismus und der französischen Tradition des Holismus ist so stark und reicht so weit in die Geschichte zurück, daß man geradezu geneigt sein könnte, diesen Unterschied als einen zwischen zwei verschiedenen Mentalitäten zu bezeichnen.

Ebenso knapp – wenn auch hoffentlich nicht leichtfertig – möchte ich auf den ganz ähnlichen Einwand reagieren, der da lautet, Mentalitätenhistoriker unterschätzten die Gemeinsamkeiten der Menschen. In einem gewissen Sinne (oder auf einer gewissen Ebene) bleibt die menschliche Natur sich immer gleich, aber auf einer anderen Ebene tut sie es nicht. Es ist nicht leicht, über Unterschiede der Mentalitäten (oder der Kulturen) zu diskutieren, ohne dabei zu übertreiben. Wer die Unterschiede zwischen verschiedenen Weltbetrachtungen erörtert, muß nicht zwangsläufig unterstellen, daß die verschiedenen Gruppen die Welt *völlig* unterschiedlich ansehen.

Es gibt jedoch mindestens vier weitere gewichtige Einwände gegen den mentalitätsorientierten Ansatz in der intellektuellen Geschichte. Normalerweise werden diese Einwände in übertriebener Form vorgebracht, dennoch enthält jeder einen erwähnenswerten wahren Kern.

1. Die Suche nach allgemeinen Mentalitätsunterschieden verleitet den Historiker dazu, alle möglichen Einstellungen, die ihm fremd sind, als homogene Teile einer einheitlichen Mentalität zu behandeln und so den Grad an intellektuellem Konsens in einer bestimmten historischen Gesellschaft zu überschätzen.[31] Das ist natürlich einer der klassischen Einwände gegen den Begriff des *Zeitgeists* und gegen die traditionelle *Geistesgeschichte*, ein Einwand, dem nur teilweise damit begegnet werden kann, daß Hegel (zum Beispiel) das Denken des

17. Jahrhunderts nicht als homogen behandelt, sondern sehr wohl einen Francis Bacon von dessen Zeitgenossen Jakob Böhme abzugrenzen gewußt hat. Auch Bloch und Febvre (wie Huizinga) sind gar nicht so weit von der traditionellen *Geistesgeschichte* entfernt, wie ihre Verwendung des neuen Begriffs ›Mentalität‹ glauben machen könnte. Vom ›mittelalterlichen Franzosen‹ oder vom ›Franzosen des 16. Jahrhunderts‹ zu schreiben, als gäbe es keine bedeutenden Einstellungsunterschiede unter den Bewohnern Frankreichs in jenen Epochen (männlich und weiblich, reich und arm, gebildet und ungebildet und so weiter), wie Bloch und Febvre dies mitunter taten, ist jedenfalls höchst irreführend.

Es gibt keinen Grund, warum es anstelle der Gesamtgesellschaft nicht eine bestimmte soziale Klasse oder eine andere Gruppe sein kann, der man eine Mentalität zuschreibt, aber das Problem taucht dann einfach in kleinerem Maßstab wieder auf. Von außen gesehen mag es durchaus sinnvoll erscheinen, etwa von einer ›Juristenmentaliät‹ im England des 17. Jahrhunderts zu sprechen, man kann aber nicht davon ausgehen, daß sämtliche Anwälte dieselben Einstellungen besaßen. Wir müssen versuchen, das individuell Verschiedenartige zu berücksichtigen. In diesem Sinne war Carlo Ginzburg angetreten, um mit seiner berühmten Studie über Menocchio – jenen ketzerischen Müller aus einem friaulischen Dorf, der den Kosmos mit einem von Würmern bewohnten Käse verglich – die Geschichte der kollektiven Mentalitäten in Frage zu stellen (obwohl er nicht widerstehen konnte, seinen Helden, so exzentrisch er auch sein mochte, als ein Sprachrohr der traditionellen ländlichen Kultur anzusehen, so daß die Mentalitäten, die er zur Haustür hinausgeworfen hatte, sich durch die Hintertür wieder hereinschlichen).[32] Eine Homogenisierung der Meinungen ist jedenfalls kein notwendiger Bestandteil dieses historiographischen Ansatzes. Entsprechend der Empfehlung Jacques Le Goffs sollten wir den Ausdruck ›Mentalität‹ nur für diejenigen Meinungen verwenden, die ein bestimmtes Individuum mit einer Anzahl seiner Zeitgenossen teilt, und uns auf die Untersuchung ihrer gemeinsamen Annahmen und Vermutungen beschränken, anstatt uns über die gesamte intellektuelle Geschichte zu verbreiten.[33] In der Praxis jedoch bleibt die Homogenisierung eine echte Gefahr.

2. In Zusammenhang mit dem Problem der Variation stellt sich das Problem der Veränderung, das heißt der Variation in der Zeit. Es handelt sich, wie Roger Chartier kritisch bemerkte, um »das Problem, mit dem sich jede Geschichte der Mentalitäten herumschlägt, nämlich das der Gründe und Modalitäten des Übergangs von einem System zu einem anderen«.[34] Je schärfer die Kontraste zwischen zwei verschiedenen Mentalitäten (etwa der ›traditionellen‹ und der ›modernen‹), desto schwieriger wird es, den Wandel zu erklären. Der entscheidende Gedanke scheint hier derjenige eines ›Systems‹ von Meinungen zu sein, eines Denkkreislaufs, in dem jeder Bestandteil zugleich die anderen stützt und von ihnen gestützt wird, so daß sich das System als Ganzes dem Eindringen von Falsifikationen verschließt (also zu einem ›geschlossenes System‹ im Sinne Karl Poppers wird).[35]

Ein besonders einleuchtendes Beispiel für diesen Kreislauf untersuchte Marc Bloch in seinem Buch über den Glauben an die Gabe französischer und englischer Herrscher, Hautkrankheiten heilen zu können, indem sie den Leidenden berührten und dabei die Formel sprachen: »Der König berührt dich, Gott heilt dich«. Bloch wies darauf hin, daß dieselben Kranken sich bisweilen bei anderer Gelegenheit erneut vom König berühren ließen, ein Verhalten, das zweierlei zeigt: erstens, daß das Ritual nicht gewirkt hatte, und zweitens, daß dieses Versagen den Glauben des Patienten an die Heilung nicht zerstört hatte.[36] Ein weiteres anschauliches Beispiel lieferte zeitgleich Evans-Pritchard in seinen Schilderungen über den Glauben der Zande an Giftorakel. »In diesem Netz von Meinungen«, schreibt er, »hängt jeder Faden an jedem anderen Faden, und ein Zande kann sich aus diesen Maschen nicht befreien, weil es die einzige Welt ist, die er kennt.«[37] Diese Begriff eines Glaubenssystems ist für den Historiker gleichzeitig hilfreich und hinderlich. Ohne ihn können wir nicht erklären, warum an bestimmten Gedanken über Generationen hinweg und entgegen widersprechenden empirischen Beweisen festgehalten wird; verwenden wir ihn aber, so erschweren wir uns selbst das Verständnis des historischen Wandels.

Oder anders gesagt: Man neigt allzu leicht dazu, Mentalitäten zu vergegenständlichen und sie – um Fernand Braudels berühmte Metapher zu benutzen – als ›Gefängnisse‹ zu betrachten, aus denen die Individuen nicht auszubrechen vermögen.[38] Auch hier möchte ich entgegnen, daß der Mentalitätenhistoriker dieser Gefahr, so akut sie in der Praxis auch sein mag, nicht zwangsläufig zu erliegen braucht. Im Falle Italiens ist es beispielsweise faszinierend zu beobachten, wie sich zwischen dem 13. und dem 17. Jahrhundert allmählich eine ›Rechenmentalität‹ herausbildete, die sich in allen möglichen Praktiken niederschlug, von der zunehmenden Verbreitung und Verfeinerung von Volkszählungen bis hin zu den privaten Geschäftsbüchern.[39] Ein Mentalitätenwandel bei einer Gruppe von Intellektuellen, der über einen relativ kurzen Zeitraum hinweg stattfand, ist in der sogenannten ›wissenschaftlichen Revolution‹ um die Mitte des 17. Jahrhunderts zu sehen, vor allem in der sogenannten ›Mechanisierung des Weltbildes‹, bei der sich die Sicht der Welt als belebtes Universum zu einer Sicht des Kosmos als gigantische Maschine verlagerte, was in Zusammenhang stand mit einem bedeutenden Wandel der Ideen oder Vermutungen über die Kausalität.[40] Ziemlich zur selben Zeit und unter etwa denselben Personengruppen machte sich auch eine Verschiebung der Rechtfertigungspraxis bemerkbar (wenn auch nicht ganz so schnell und tiefgreifend wie bisher angenommen): weg von den Autoritäten und hin zur eigenen Erfahrung.[41] Die Anthropologen Ernest Gellner und Robin Horton, die Evans-Pritchards und Poppers Gedanken weiterentwickelten, haben in diesem Zusammenhang ein allgemeines Bild solcher Veränderungen in den Denkweisen gezeichnet und dabei die Bedeutung hervorgehoben, die dem Wettbewerb zwischen Theorien und dem Bewußtsein von Alternativen zu einem bestimmten intellektuellen System zukommt.[42] Kurz, es gibt durchaus Antworten auf diesen sehr grundsätzlichen zweiten Einwand. Als Kritik an der bisherigen Praxis der Mentalitätshistoriker behält er jedoch erhebliches Gewicht.

3. Ein weiterer ernsthafter Einwand gegen die Mentalitätengeschichte besagt, daß sie die Meinungssysteme als autonom behandle, daß also ihre Beschäftigung mit den Beziehungen unter den Meinungen ganz und gar auf Kosten der Beziehungen zwischen Meinungen und Gesellschaft gehe. Man sollte diesem Einwand jedoch nicht zuviel Gewicht beimessen. Weder Blochs *Rois thaumaturges* noch Febvres *Problème de l'incroyance* (in dem betont wird, daß nicht alle Gedanken zu allen Zeiten gedacht werden können) behandelten Meinungssysteme

als völlig autonome Einheiten. Im Vergleich zur Ideologiegeschichte setzen sie allerdings andere Schwerpunkte. Für die Ideologiehistoriker wird das Denken durch die sozialen Kräfte geformt (wenn nicht determiniert), und sie unterstreichen die (bewußte oder unbewußte) Gerissenheit, mit der eine bestimmte Weltanschauung als die natürliche oder gar einzig mögliche präsentiert wird. Der Mentalitätshistoriker hingegen sieht die Meinungssysteme als unschuldig und relativ autonom an. Die beiden Ansätze überschneiden sich bis zu einem gewissen Grad, aber sie sind nicht deckungsgleich.[43]

4. Ein noch ernsthafterer Einwand gegen die Mentalitätengeschichte ist der, daß sie auf einem evolutionistischen Geschichtsbild beruht, vor allem auf dem Gegensatz zwischen logischem und prälogischem Denken, wie er von Lévy-Bruhl konstruiert wurde, das heißt auf Grundlagen, die inzwischen durch neuere Forschungen überholt sind. Die Bedeutung Lévy-Bruhls für die intellektuelle Geschichte des frühen 20. Jahrhunderts ist bis heute nicht angemessen gewürdigt worden. Seine Kritik am einfachen Begriff der Empathie war wertvoll, und seine eigene Vorstellung vom ›prälogischen‹ Denken subtiler, als manche seiner Kritiker wahrhaben wollten.[44] Er hat so unterschiedliche Denker wie Ernst Cassirer, Jane Harrison, Johan Huizinga und Ludwik Fleck beeinflußt, und es war Lévy-Bruhl, der den Begriff *mentalité* in den zwanziger Jahren in den französischen Sprachgebrauch einführte. (In England wurde das Wort *mentality* bereits 1913 verwendet – ironischerweise von dem Anthropologen Bronislaw Malinowski in einem Brief an J. G. Frazer, in dem er Durkheims Begriff des ›kollektiven Bewußtseins‹ kritisierte.[45]) Gegen Ende seines Lebens gab Lévy-Bruhl seine berühmte Unterscheidung zwischen ›prälogischen‹ und ›logischen‹ Mentalitäten jedoch auf. Über die Untauglichkeit dieser Unterscheidung und des evolutionistischen Schemas, zu dem sie gehört, sind sich später so unterschiedliche Anthropologen wie Evans-Pritchard und Lévi-Strauss einig gewesen.[46]

Dennoch findet sich dieser eher simple Gegensatz zwischen zwei Mentalitäten, der sich mehr oder weniger an Lévy-Bruhl orientiert, nicht nur im Werk von Febvre (und in geringerem Maße auch beim vorsichtigeren Bloch), sondern auch in den Arbeiten einiger ihrer Nachfolger wie etwa Jean Delumeau und Robert Muchembled. Diesen beiden Historikern ist vorgeworfen worden, sie versuchten, die bäuerliche Religion im Europa der Frühen Neuzeit fast ausschließlich negativ zu erklären, durch Begriffe wie ›Versagen‹, ›Angst‹ oder die ›Zwänge einer erbarmungslosen Umwelt‹. Letzten Endes ist es ja nicht besonders plausibel (wie Wittgenstein einmal in Anspielung auf Frazer bemerkte), eine ganze Weltsicht als einen einzigen Fehlgriff zu behandeln.[47] Ein fremdes Meinungssystem als einen Fehlschlag zu beschreiben, ist eine recht krude Form von Ethnozentrismus. Wo leiten sich denn die Kriterien für Erfolg oder Mißerfolg her, wenn nicht aus der eigenen Kultur des Sprechers? Genauso wie der Gegensatz zwischen ›primitiv‹ und ›zivilisiert‹ oder zwischen ›prälogisch‹ und ›logisch‹ fördert auch die Charakterisierung von Mentalitäten als ›traditionell‹ und ›modern‹ einen gewissen Ethnozentrismus. Alle diese Dichotomien sind vereinfachend und neigen dazu, unter der Hand zu einem Gegensatz zwischen ›Uns‹ und ›Ihnen‹ zu werden. Die Unterschiede zwischen (beispielsweise) chinesischen Mandarinen, Humanisten der Renaissance und bretonischen Bauern werden tendenziell eingeebnet, weil alle Meinungen, die nicht den unseren entsprechen, als ›traditionell‹ beschrieben werden müssen.

Alle vier Kritikpunkte an der Mentalitätengeschichte werden immer wieder in anderer Gestalt und mehr oder weniger überzeugend vorgetragen, und nicht alle mentalitätsgeschichtlichen Untersuchungen sind davon in gleichem Maße betroffen. Alle jedoch legen die Notwendigkeit nahe, den Ansatz neu zu formulieren, um den Einwänden Rechnung zu tragen. Im folgenden möchte ich drei Vorschläge zu einer solchen Neuformulierung machen: Die Mentalitätengeschichte sollte sich stärker mit Interessen, mit Kategorien und mit Metaphern beschäftigen als bislang.

In den Tagen Blochs und Febvres hatten die marxistischen Historiker keine glaubwürdige Alternative zur Mentalitätengeschichte zu bieten, weil sie Ideen als bloße ›Überbau‹-Phänomene (oder als ›Ideologie‹ im reduktionistischen Sinn) abtaten und sich ganz auf die Wirtschaftsgeschichte konzentrierten. Spätere Marxisten wie Edward Thompson und Raymond Williams meldeten jedoch Zweifel am Begriff des ›Überbaus‹ an, verfeinerten ihren Ideologiebegriff und verwendeten alternative Konzepte wie das der kulturellen ›Hegemonie‹. Dadurch näherten sie sich der Idee der Mentalität an. Lucien Febvre hätte zwischen Williams' Beschäftigung mit ›Gefühlsstrukturen‹ und seinem eigenen Interesse an der Geschichte der Emotionen eine Verwandtschaft festgestellt.[48]

Das Spezifische des marxistischen Ansatzes ist die Frage nach den Interessen, eine Fragestellung, die der klassischen Mentalitätengeschichte fehlte. Blickt man heute, mit dem zeitlichen Abstand von mehr als siebzig Jahren, auf Marc Blochs großes Werk über die wunderheilenden Könige zurück, wundert man sich, daß er sich nicht die Frage stellte, in wessen Interesse es gelegen haben konnte, den Glauben an die übernatürlichen Kräfte der Könige aufrechtzuerhalten. Die Frage scheint mir gerade für die Frühe Neuzeit brisant, als die Monarchie in den französischen wie auch in den englischen Bürgerkriegen unter Beschuß geriet, vor allem aber für das späte 17. Jahrhundert. Karl II. und Ludwig XIV., die mit den Ideen der ›neuen Wissenschaft‹ ihrer Zeit vertraut waren, dürften wohl kaum an die Tugenden ihrer königlichen Heilkraft geglaubt haben. Wenn sie dennoch an der traditionellen Praxis festhielten, so zweifellos deshalb, weil sie überzeugt waren, es nütze ihren Interessen.

Ganz allgemein gesagt sollten sich die Mentalitätshistoriker nicht länger den Problemen der Ideologiekritik verschließen, mögen sie auch nicht ganz so zuversichtlich damit umgehen wie etwa der Philosoph Louis Althusser. Einige Wissenschaftler, die ihrem Selbstverständnis nach Mentalitätshistoriker sind, wie etwa Georges Duby und Michel Vovelle, begannen sich in den siebziger und frühen achtziger Jahren mit Fragen des sozialen Interesses, der Legitimation und ähnlichem zu beschäftigen.[49] Zwar wird es nicht einfach sein, die beiden

Ansätze, die man als die ›unschuldige‹ und die ›zynische‹ Auffassung vom menschlichen Denken bezeichnen könnte, unter einen Hut zu bringen, aber vielleicht ließe sich eine Synthese erzielen, indem man die unbewußt verlaufende Angleichung von Ideen und Interessen untersucht. Erst die Interessenkonflikte machen das Unbewußte bewußt und das Implizite explizit und führen auf diese Weise zu Veränderungen.

Paradigmen und Schemata

Als zweites schlage ich vor, der Beschäftigung mit mentalen Kategorien, mit Begriffsschemata, Stereotypen oder Paradigmen einen größeren Raum zu geben. (Die terminologische Vielfalt verrät bereits, wie oft dieselben Probleme und Einsichten in unterschiedlichen Gebieten und Diziplinen wiedergekehrt sind.) In diesem Zusammenhang wären etwa die kunsttheoretischen Arbeiten von Aby Warburg und Ernst Gombrich, die Arbeiten zur Wissenschaftstheorie von Thomas Kuhn und Michel Foucaults vielfältiges Werk zu nennen . Der Leser mag sich fragen, ob die Genannten angesichts der Verschiedenartigkeit ihrer Forschungsgebiete und ihrer nationalen Eigenheiten überhaupt unter einen Hut zu bringen sind, aber bei allen sonstigen Unterschieden haben diese Autoren doch ein gemeinsames Interesse an Kategorien und Begriffsschemata, nicht nur im Sinne wiederkehrender Themen oder Motive, sondern auch in der Strukturierung des Denkens.[50] Nebenbei bemerkt, haben alle vier sich von der einen oder anderen Form der Psychologie inspirieren lassen. Ebenso wie Bloch und Febvre interessierte sich auch Warburg für die historische Psychologie – und zwar bereits vor seinem Zusammenbruch und der Behandlung durch Ludwig Binswanger. Gombrich und Kuhn machten keinen Hehl daraus, wieviel sie der Gestaltpsychologie verdankten, und Foucaults Studien zur Psychiatrie sind allgemein bekannt.

Wenn der große Stolperstein der Mentalitätengeschichte, wie bereits angedeutet, darin besteht, daß sie die »Gründe und Modalitäten für den Übergang von einem System zum anderen« nicht erklären kann, dann liegt es nahe, auf Kuhns Begriff einer intellektuellen Tradition oder eines ›Paradigmas‹ zurückzugreifen. In einem Paradigma kann durch einige recht geringfügige ›Anpassungen‹ jede größere Veränderung über einen längeren Zeitraum hinweg erfolgreich vermieden werden, bis die Tradition in einer Art von ›Gestaltwechsel‹ umkippt beziehungsweise in einer intellektuellen ›Revolution‹ auseinanderbricht. Kuhns Modell für den Prozeß des intellektuellen Wandels ist gerade wegen seiner dynamischen Abfolge für den Historiker besonders reizvoll.

Freilich ist der Begriff des Paradigmas selbst dort problematisch geblieben, von wo er seinen Ausgang nahm, nämlich in der Wissenschaftsgeschichte, und seine Anwendung auf andere Bereiche des intellektuellen Wandels dürfte nicht weniger problematisch sein.[51] Ein Paradigma darf ebensowenig als Gefängnis betrachtet werden wie die ›Mentalität‹. Es ist vielmehr ein Mittel, das den Individuen dazu dient, ihrer Erfahrung Sinn zu verleihen, aber gleichzeitig ist es das Paradigma, das ihr Denken formt. Trotz dieser Schwierigkeiten ist der Begriff des Paradigmas mit viel Feingefühl, Geschick und großer Vorsicht verwendet worden – etwa in Untersuchungen über den Humanismus in der Renaissance oder über das politische Denken in der Frühen Neuzeit.[52]

Vergleichbare Schwierigkeiten ergeben sich, wenn man mit dem parallelen Begriff des ›Schemas‹ arbeitet, wie er bereits in diesem Buch erörtert wurde (siehe oben, S. 55ff. und S. 130ff.). Schemata sind gelegentlich überaus langlebig, wie Aby Warburg in seinen Untersuchungen über die klassische Tradition aufgezeigt hat oder Ernst Curtius (der von Warburg angeregt wurde) in seinem Buch über *Topoi* oder Gemeinplätze in der europäischen Literatur (das Bild der Welt als Buch, der *locus amoenus* oder ›schöne Ort‹ und so weiter)[53]. Allein, diese Kategorien und Stereotypen, die von Individuen und Gruppen zur Strukturierung oder Interpretation ihrer Erfahrung einer sich ändernden Welt verwendet werden, sind selbst einem langfristigen Wandel unterworfen. Das Problem besteht darin, diese Veränderungen zu begründen. In seinem Werk *Kunst und Illusion* (1960), der kreativsten und bekanntesten Untersuchung, die mit dem Begriff des Schemas arbeitet, deutete Ernst Gombrich an, daß Schemata durch Künstler ›korrigiert‹ werden, indem sie sie anhand der natürlichen Welt überprüfen. Wenn jedoch – worauf ein Rezensent des Buches sehr schnell hingewiesen hat – der Blick des Künstlers auf die Natur selbst ein Produkt der Schemata ist, dann ist es unmöglich, aus dem Kreis auszubrechen.[54] Dieselbe Kritik könnte man auch gegen Thomas Kuhn vorbringen, wenn er wahrgenommene ›Diskrepanzen‹ zwischen Paradigma und Realität als Wegbereiter wissenschaftlicher Revolutionen sieht.

Ein ähnlicher Einwand ließe sich gegen den Begriff ›Episteme‹ erheben, wie er von Gaston Bachelard, Georges Canguilhem und Michel Foucault entwickelt wurde, oder gegen den von Foucault und einigen Sozialanthropologen verwendeten Begriff mentaler ›Raster‹ beziehungsweise ›Filter‹, die bestimmte Botschaften oder Aspekte der Realität ausschließen, während sie andere durchlassen.[55] Diese Filter sind allgemeiner, abstrakter und vielleicht flexibler als etwa Warburgs ›Schemata‹, aber ihre Funktion besteht auch darin, unterschiedliche Situationen einander anzugleichen, um sie dadurch verständlicher zu machen. Mit anderen Worten, je größer die Betonung auf dem System, desto schwieriger ist es, den Wandel zu erklären. Diese Schwierigkeit könnte man als die Kehrseite des Erfolgs dieser Modelle zur Erklärung von Kontinuitäten, Traditionen und kultureller Reproduktion betrachten. Der Kulturhistoriker befindet sich offenbar in einer ähnlichen Situation wie der Physiker, der einmal von Lichtwellen und ein anderes Mal von Lichtpartikeln spricht.

Dennoch scheint es möglich, etwas über Veränderungen in den Schemata zu sagen. Eine Art von Veränderung besteht in der Verschiebung beziehungsweise der Migration eines bestimmten Schemas oder Stereotyps von einem Gegenstand auf einen anderen. So verschwanden etwa auch nach der Entdeckung Amerikas keineswegs die traditionellen Stereotypen der ›Monsterrassen‹ (Leute mit Hundsköpfen oder mit Gesichtern in ihrem Magen und ähnliches). Sie verlagerten sich, wie im Fall der Amazonen (siehe oben, S. 189f.), lediglich in diese neue Welt.[56] Aber auch das frühneuzeitliche Stereotyp der Hexe (Sexorgien, das Verspeisen von Säuglingen und so weiter) hat sich als überaus langlebig erwiesen. Im Mittelalter wurde es von den Orthodoxen auf die Häretiker angewendet, im antiken Rom von den Heiden auf die Christen.[57]

Was Veränderungen in den Schemata oder ganz allgemein in den Mentalitäten betrifft, so wird man hier wahrscheinlich äußere mit inneren Ansätzen kombinieren müssen. Ein sogenanntes ›Meinungssystem‹ kann man sich als ein Bündel von Schemata vorstellen, die einander im großen und ganzen wechselseitig stützen, in einzelnen Fällen aber durchaus im Widerspruch zueinander stehen können. Mit einem gewissen Maß an Widerspruch läßt sich ohne weiteres leben, doch ist erst einmal eine kritische Schwelle überschritten, dann ergeben sich Probleme. Veränderung könnte man folglich erklären als eine Kombination von äußeren ›Kräften‹ mit ›Verbündeten‹ innerhalb des Systems, mit Verrätern innerhalb der Festungsmauern.

Geschichte der Metaphern

Im letzten Abschnitt habe ich Metaphern verwendet, um bestimmte Paradigmenwechsel begrifflich auf den Nenner zu bringen. Vielleicht lassen sich die Begriffe ›Schema‹ und ›System‹ genauer fassen, wenn wir uns etwas näher mit der Sprache befassen, insbesondere mit ihren Metaphern und Symbolen. Ebenso wie die Anthropologen und Soziologen sehen inzwischen auch die Historiker ein, welche Bedeutung der Sprache bei der Konstituierung der Wirklichkeit zukommt, die sie untersuchen.[58] Bereits Febvre war ja von der Sprachwissenschaft beeinflußt – namentlich vom Werk Antoine Meillets –, als er sich der Mentalitätengeschichte zuwandte; aber die neuere Linguistik bietet dem Historiker noch weit bessere Hilfen.

Das Verhältnis zwischen den verschiedenen sprachlichen Kommunikationsmodi – ob mündlich oder schriftlich – hat in den letzten Jahren zunehmend die Aufmerksamkeit von Historikern und Anthropologen auf sich gezogen.[59] Ja, inzwischen besteht sogar die Gefahr, daß man der Sprache, nach Jahren der Vernachlässigung, heute zuviel Macht zuschreibt. Ebenso wie Braudels Idee von der Mentalität als ›Gefängnis‹ ist auch Nietzsches Vorstellung vom ›Gefängnis der Sprache‹ – die von dem amerikanischen Linguisten Benjamin Whorf weiterentwickelt wurde – sowohl reduktionistisch als auch zu einfach.[60] Andererseits sind der ›Konstruktion‹ oder ›Konstitutierung‹ von Wirklichkeit durch Individuen und Gruppen Grenzen gesetzt, die man nicht aus dem Blick verlieren darf. Die Welt ist nicht unendlich formbar.

Dennoch kann es für die Beschreibung von Unterschieden zwischen Mentalitäten nützlich sein, sich an die wiederkehrenden Metaphern zu halten, vor allem an jene, die das Denken insgesamt zu strukturieren scheinen. Zu den eindeutigsten Beispielen in der Geschichte des westlichen Denkens zählen die Metaphern von der Welt als Organismus (ein ›Körper‹ oder ›Tier‹) und die Metapher von der Welt als Maschine sowie der Übergang von der einen zur anderen im Verlauf der sogenannten ›wissenschaftlichen Revolution‹ des 17. Jahrhunderts. Der Gedanke einer ›Mechanisierung des Weltbildes‹ ist ein sehr fruchtbarer Ansatz, der eine umfassendere, reichhaltigere und tiefere Untersuchung verdiente, als sie E. J. Dijksterhuis in seinem berühmten gleichnamigen Buch aus dem Jahre 1950 leistete. Dasselbe gilt für den Rückgang der Natursymbolik wie etwa der Rede vom ›politischen Körper‹. Im Spätmittelalter hieß es, ein König besitze zwei Körper: seinen natürlichen Körper, der den Gesetzmäßigkeiten von Verfall und Tod unterworfen war, und seinen ›politischen Körper‹, der unsterblich war. Im 17. Jahrhundert wurde dieses Argument jedoch als reine Metapher abgetan. Ähnliches ließe sich für die abnehmende Bedeutung – wenn nicht Verwendung – von Personifizierungen wie die der *gabelle* sagen, die weiter oben erörtert wurde.[61]

Die Beschäftigung mit beherrschenden Metaphern ist für die Mentalitätengeschichte deshalb so wertvoll, weil sie sich mit ihrer Hilfe von der Gefahr (wenn nicht aus dem ›Gefängnis‹) des binären Systems, des großen Gegensatzes zwischen traditionell und modern, befreien kann. Es ist keineswegs so, daß sich ein bestimmtes Zeitalter durch eine einzige Metapher charakterisieren ließe. Beispielsweise waren die Denker des 17. Jahrhunderts nicht allein vom Bild der Maschine fasziniert, sondern auch von der Metapher von Recht und Gesetz (die Gesetze der Natur, das himmlische ›Gericht‹ mit seinen Richtern, Anwälten und so weiter). Bisweilen setzten sie sogar die Metapher in die Praxis um. So pflegten etwa die Jansenisten, die zum Großteil den angesehensten Juristenfamilien der damaligen Zeit entstammten, schriftliche Berufungen an Christus zu richten, die sie auf Altären hinterlegten. »1679 beerdigte man eine Nonne mit einem an den auferstandenen Heiland gerichteten *Berufungsschreiben* in den Händen, und vierzig Tage später – was der gesetzlich vorgesehenen Zeitspanne entsprach – wurde ihrem Grab ein *Rechtsbehelf* beigegeben.«[62]

Außerdem muß man sich fragen, ob der Gebrauch von Metaphern nicht insgesamt zurückgegangen ist, ob nicht eine Reaktion gegen Metaphern oder eine allmähliche Verschiebung von konkreteren zu abstrakteren Metaphern stattgefunden hat (die mit der Alphabetisierung und der Verbreitung des Rechnens zusammenhängt), so wie ja auch Texte, Bilder und Ereignisse zunehmend wörtlich und weniger symbolisch interpretiert wurden und eine ›Buchstäblichkeit‹ um sich griff. Mit vielen anderen Historikern bin ich der Meinung, daß eine solche Verschiebung tatsächlich stattfand, die ich – zumindest bei den westeuropäischen Eliten – auf die Mitte des 17. Jahrhunderts datieren würde. Allerdings sollte man in diesem Zusammenhang vielleicht nicht so sehr von einem Rückgang oder einer Aufgabe der Metapher sprechen als vielmehr von einem Wandel des Metaphernbegriffs, der sich von der objektiven ›Entsprechung‹ zur rein subjektiven ›Analogie‹ verlagerte.[63]

Eine solche Neudefinition ist schon deshalb notwendig, weil wir einer gefährlichen Selbsttäuschung erliegen würden, wenn wir annähmen, wir dächten heute ohne die Hilfe von Metaphern.[64] Die Historiker selbst verwenden sehr viel häufiger Metaphern, als sie gemeinhin zugeben – Metaphern von Krankheit und Gesundheit, Jugend und Alter, von Flüssen (der ›Strom‹ der Zeit), von Bauwerken, Schauplätzen und so weiter.[65] Die Aussagekraft der Metapher wird inzwischen nicht nur von Linguisten, Philosophen und Literaturwissenschaftlern ernst genommen, sondern auch von Sozialanthropologen, die ihre Rolle im sozialen Leben untersuchen.[66] Auch für Mentalitätenhistoriker, die ja unter anderem auch das Denken im Alltagsleben erforschen, könnte es sich lohnen, ihrem Beispiel zu folgen. In diesem Zusammenhang sei an die Reinheitsmetapher erinnert: Man denke etwa an die Adligen, die ihr Blut nicht durch eine Heirat mit Bürgerlichen verunreinigen wollten, an Dissidenten innerhalb des Christentums, die die Kirche ›reinigen‹ wollten, oder an Gemeinschaften, die Hexen verbrannten oder ›ethnische Säuberungen‹ veranstalteten, um Außenseiter zu vertreiben.

Wie man sieht, geht dieser letzte meiner drei Vorschläge von einem ›internen‹ Standpunkt aus an die Mentalitätengeschichte heran, er befaßt sich mit den Beziehungen der Meinungen untereinander. Der erste Vorschlag, der die Interessen betrifft, untersucht die Mentalitäten aus einer ›externen‹ Perspektive, insofern er auf die Beziehung zwischen Meinungen und Gesellschaft zielt. Der zentrale Vorschlag einer Analyse der Kategorien beschäftigt sich mit beidem. Kategorien und Schemata strukturieren zwar unser Denken, sind aber nicht neutral: Oft sind sie mit Interessen verknüpft und dienen dem Streben einer gesellschaftlichen Gruppe nach Hegemonie. Die Soziologen haben für diesen Sachverhalt die sogenannte ›Etikettentheorie‹ *(labelling theory)* entwickelt: Beschimpfe jemanden als Hexe, und du darfst sie verbrennen. Für jede Neudefinition der Mentalitätengeschichte ist es unabdingbar, daß sie die Einsichten des internen mit denen des externen Ansatzes vereint.

Ihre Erneuerung in den siebziger und achtziger Jahren durch die Übernahme von Begriffen aus anderen Traditionen hat nicht verhindern können, daß sich die Mentalitätengeschichte inzwischen – sogar in Frankreich – einem gegenläufigen Trend ausgesetzt sieht. Eine von außen kommende Kritik, *Demystifying Mentalities* von Geoffrey Lloyd (1990), wurde schon bald nach ihrem Erscheinen ins Französische übersetzt und kam in Frankreich unter dem radikaleren Titel *Pour en finir avec les mentalités* auf den Markt – womit angedeutet wurde, daß es an der Zeit wäre, mit diesem Ansatz ein für allemal Schluß zu machen. Heute sprechen die *Annales*-Historiker – von Jacques Le Goff bis Roger Chartier – eher von *représentations* oder vom *imaginaire social.*[67] Der erste Begriff geht auf Durkheim zurück, auch wenn er heute in Zusammenhang mit dem amerikanischen ›new historicism‹ und der kalifornischen Zeitschrift *Representations* zu sehen ist. Der zweite läßt sich nur schwer übersetzen, am besten vielleicht noch mit ›kollektive Vorstellungswelt‹. In ihm spiegeln sich die diversen Untersuchungen über das Imaginäre von Theoretikern wie Jacques Lacan, Louis Althusser und Cornelius Castoriadis wider.

Es wäre ungerecht, wollte man behaupten, die heutigen Historiker, die sich mit ›Vorstellungen‹ beziehungsweise mit der ›kollektiven Vorstellungswelt‹ befassen, täten nichts anderes, als alten Wein in neuen Schläuchen zu verkaufen. Sie haben nicht nur das Wort ›Mentalität‹ aufgegeben, sondern mit ihm zugleich die irreführende Idee eines ›prälogischen‹ Denkens. Als Positivum können sie für sich verbuchen, daß sie im Gegensatz zu ihren Vorgängern ein größeres Interesse an visuellen Bildern mitbringen. Andererseits aber kommen sie nicht von der Geschichte des Alltagsdenkens los. Und genau aus diesem Grund werden sie – wie immer sie ihre Arbeit auch terminologisch definieren mögen – zumindest teilweise mit denselben Grundsatzproblemen konfrontiert sein wie ihre Vorgänger.

1 Kritische Auseinandersetzungen u. a. bei Michel Vovelle, *Idéologies et mentalités*, Paris 1982, und Michael A. Gismondi, »The Gift of Theory«, in: *Social History* 10, 1985, S. 211–230

2 Reinhart Koselleck, »Begriffsgeschichte und Sozialgeschichte«, 1972, wieder abgedruckt in: ders., *Vergangene Zukunft*, Frankfurt a.M. 1979, S. 107–129

3 Émile Durkheim, *Die elementaren Formen des religiösen Lebens*, Frankfurt a.M. 1985; Edward E. Evans-Pritchard, *Witchcraft, Oracles and Magic among the Azande*, Oxford 1937 (dt., gekürzt: *Hexerei, Orakel und Magie bei den Zande*, Frankfurt a.M. 1978); ders., *The Nuer*, Oxford 1940

4 Karl Mannheim, *Konservatismus. Ein Beitrag zur Soziologie des Wissens,* Frankfurt a.M. 1984, S. 47 ff.

5 Abel Rey, *La science orientale avant les Grecs*, Paris 1930, S. 434 f., 456 ff.

6 Gaston Bachelard, *Die Bildung des wissenschaftlichen Geistes,* Frankfurt a.M. 1987; Georges Canguilhem, *La formation du concept de réflexe aux 17e et 18e sciècles*, Paris 1955; Michel Foucault, *Wahnsinn und Gesellschaft*, Frankfurt a.M. 1968; ders., *Die Ordnung der Dinge*, Frankfurt a.M. 1971

7 Ludwik Fleck, *Entstehung und Entwicklung einer wissenschaftlichen Tatsache*, Basel 1935, Neuauflage Frankfurt a.M. 1980; vgl. auch Alistair C. Crombie, *Styles of Thinking in the European Tradition*, 3 Bde., London 1994

8 Yehuda Elkanah, »A Programmatic Attempt at an Anthropology of Knowledge«, in: Everett Mendelsoh / Y. Elkanah, *Sciences and Cultures*, Dordrecht 1981, S. 1–76; Brian Vickers, »Analogy v Identity«, in: ders. (Hrsg.), *Occult and Scientific Mentalities in the Renaissance*, Cambridge 1984, S. 95–163

9 Crombie (1994), Bd. 1, S. 7

10 Marcel Granet, *Das chinesische Denken*, München 1963; Georges Lefebvre, *La grande peur de 1789*, Paris 1932

11 Roger Chartier, *Cultural History between Practices and Representations*, Cambridge 1988; Bronislaw Baczko, *Les imaginaires sociaux*, Paris 1984

12 Peter Gay, *The Party of Humanity*, New York 1959, Vorwort; Robert Darnton, »The Social History of Ideas«, 1971, Nachdruck in: ders., *The Kiss of Lamourette*, London 1990, S. 219–252

13 Eva Österberg, *Mentalities and Other Realities*, Lund 1991

14 Christopher R. Hallpike, *Die Grundlagen primitiven Denkens*, Stuttgart 1984, S. 15ff.; Charles M. Radding, »The Evolution of Medieval Mentalities«, in: *American Historical Review* 83, 1978, S. 577–597

15 Peter Brown, »Society and the Supernatural«, in: *Daedalus*, Frühjahr 1975, S. 133–147; vgl. Colin Morris, »*Judicium Die*«, in: Derek Baker (Hrsg.), *Church, Society and Politics*, Oxford 1975, S. 95–111 und Charles M. Radding, »Superstition to Science«, in: *American Historical Review* 84, 1979, S. 945–969. Im Gegensatz dazu Robert Bartlett, *Trial by Fire and Water: the Medieval Judicial Ordeal*, Oxford 1986

16 Witold Kula, *Economic Theory of the Feudal System*, London 1976

17 Edward P. Thompson, »Die ›moralische Ökonomie‹ der englischen Unterschichten im 18. Jahrhundert«, 1971, in: ders., *Plebejische Kultur und moralische Ökonomie. Aufsätze zur englischen Sozialgeschichte des 18. und 19. Jahrhunderts*, Berlin 1980, S. 67–130; James C. Scott, *The Moral Economy of the Peasant: Rebellion and Subsistence in South East Asia*, New Haven 1976

18 Crombie (1994)

19 Eustace M. W. Tillyard, *The Elizabethan World Picture*, London 1943; vgl. Foucault (1971), Kap. 1

20 Edward E. Evans-Pritchard, *Nuer Religion*, Oxford 1956, S. 128f.; Jon C. Crocker, »My Brother the Parrot«, in: James D. Sapir / J. C. Crocker (Hrsg.), *The Social Use of Metaphor*, Philadelphia 1977

21 Arthur O. Lovejoy, *Die große Kette der Wesen*, Frankfurt a. M. 1985

22 Michael Walzer, *The Revolution of the Saints*, Cambridge, Mass. 1965, S. 156

23 Zitiert in: Georges Snyders, *La pédagogie en France aux 17e et 18e siècles*, Paris 1964, S. 194

24 Johan Huizinga, *Homo ludens*, Amsterdam 1939, S. 224ff.

25 Yvon Garlan / Claude Nières (Hrsg.), *Les révoltes bretonnes de 1675*, Paris 1975, S. 102

26 Anatole Le Braz, *La légende de la mort*, Paris ^{4}1922, S. 136ff.

27 Alain Croix, *La Bretagne aux 16e et 17e siècles*, 2 Bde., Den Haag 1981, S. 1067ff.

28 Geoffrey Lloyd, *Demystifying Mentalities*, Cambridge 1990

29 Lucien Lévy-Bruhl, *Die geistige Welt der Primitiven*, München 1927, Nachdruck Darmstadt 1959, S. 15

30 Lucien Febvre, »Geschichte und Psychologie«, in: ders., *Das Gewissen des Historikers*, Berlin 1988, S. 79–90, hier S. 88f.

31 Gismondi (1985)

32 Carlo Ginzburg, *Der Käse und die Würmer. Die Welt eines Müllers um 1600*, Frankfurt a. M. 1979

33 Jacques Le Goff, »Les mentalités: une histoire ambigue«, in: Le Goff/Pierre Nora (Hrsg.), *Faire de l'histoire*, 3 Bde., Paris 1974, Bd. 3, S. 76–90
34 Chartier (1988), S. 19–52
35 Karl Popper, *Logik der Forschung*, Wien 1934
36 Marc Bloch, *Les rois thaumaturges*, Paris 1924
37 Evans-Pritchard (1937), S. 194
38 Vovelle (1982), S. 214f.; vgl. Gismondi (1985), S. 211ff.
39 Jacob Burckhardt, *Die Kultur der Renaissance in Italien*, Basel 1860; Alexander Murray, *Reason and Society in the Middle Ages*, Oxford 1978, S. 180ff.
40 Eduard J. Dijksterhuis, *Die Mechanisierung des Weltbildes*, Berlin u.a. 1956; Hans Blumenberg, *Paradigmen zu einer Metaphorologie*, Bonn 1960
41 Peter Dear, »Totius in Verba: Rhetoric and Authority in the Early Royal Society«, in: *Isis* 76, 1985, S. 145–161
42 Ernest Gellner, *Legitimation of Belief*, Cambridge 1974, Kap. 8; Robin Horton, »African Traditional Thought and Western Science«, in: *Africa* 1967, S. 155–186; ders., »Tradition and Modernity Revisited«, in: Martin Hollis/Steven Lukes (Hrsg.), *Rationality and Relativism*, Oxford 1982, S. 201–260
43 Vovelle (1982)
44 Edward E. Evans-Pritchard, *Theorien über primitive Religion*, Frankfurt a.M. 1968, S. 121–137
45 Robert Ackerman, *J. G. Frazer*, Cambridge 1987, S. 267
46 Lucien Lévy-Bruhl, *Carnets*, Paris 1949
47 Stuart Clark, »French Historians and Early Modern Popular Culture«, in: *Past and Present* 100, 1983, S. 62–99, hier S. 75–76
48 Vovelle (1982)
49 Georges Duby, *Die drei Ordnungen*, *Das Weltbild des Feudalismus*, Frankfurt a.M. 1981; Vovelle (1982)
50 Aby Warburg, *Gesammelte Schriften*, 2 Bde., Leipzig/Berlin 1932; Ernst Gombrich, *Kunst und Illusion*, Köln 1967; Thomas S. Kuhn, *Die Struktur wissenschaftlicher Revolutionen*, Frankfurt a.M. 1967; Foucault (1971)
51 Imre Lakatos/A. Musgrave (Hrsg.), *Kritik und Erkenntnisfortschritt*, Braunschweig 1974; David A. Hollinger, »T. S. Kuhn's Theory of Science and its Implications for History«, in: Gary Gutting (Hrsg.), *Paradigms and Revolutions*, Notre Dame 1980, S. 195–222
52 Jerrold E. Seigel, *Rhetoric and Philosophy in Renaissance Humanism*, Princeton 1968; John G. A. Pocock, *Politics, Language and Time*, London 1972, S. 273–291
53 Ernst Robert Curtius, *Europäische Literatur und lateinisches Mittelalter*, Bern 1948
54 Rudolf Arnheim, »Review of Gombrich«, in: *Art Bulletin* 44, 1962, S. 75–79
55 Kenneth L. Pike, *Language in Relation to a Unified Theory of the Structure of Human Behaviour*, 1954, revidierte Neuauflage Den Haag/Paris 1967;

Foucault (1971); Mary Douglas, *Ritual, Tabu und Körpersymbolik*, Frankfurt a.M. 1974

56 Rudolf Wittkower, »Die Wunder des Ostens: Ein Beitrag zur Geschichte der Ungeheuer«, 1942, in: ders., *Allegorie und der Wandel der Symbole in Antike und Renaissance*, Köln 1984, S. 87–150, hier S. 146ff.; John B. Friedman, *The Monstrous Races in Medieval Art and Thought*, Cambridge, Mass. 1981, S. 197–207

57 Norman Cohn, *Europe's Inner Demons*, London 1975

58 Malcolm Crick, *Explorations in Language and Meaning*, London 1976

59 Jack Goody, *The Domestication of the Savage Mind*, Cambridge 1977; Michael T. Clanchy, *From Memory to Written Record*, London 1979; Elizabeth E. Eisenstein, *The Printing Press as an Agent of Change*, Cambridge 1979

60 Frederic Jameson, *The Prison-House of Language*, Princeton 1972; Benjamin L. Whorf, *Sprache, Denken, Wirklichkeit*, Reinbek 1963

61 Ernst H. Kantorowicz, *Die zwei Körper des Königs*, München 1990; vgl. Paul Archambault, »The Analogy of the Body in Renaissance Political Literature«, in: *Bibliothèque d'Humanisme et de Renaissance* 29, 1967, S. 21–53; David Starkey, »Representation through Intimacy«, in: Ioan M. Lewis (Hrsg.), *Symbols and Sentiments*, London/New York 1977, Kap. 10

62 Ronald Knox, *Enthusiasm*, Oxford 1950, S. 201

63 John Hollander, *The Untuning of the Sky*, Princeton 1961, Schlußkapitel; Victor Harris, »Allegory to Analogy in the Interpretation of Scriptures«, in: *Philological Quarterly* 45, 1966, S. 1–23; Vickers (1984); vgl. Peter Burke, »The Rise of Literal-Mindedness«, in: *Common Knowledge* 2, 1993, S. 108–121; ders., »The Demise of Royal Mythologies«, in: Allan Ellenius (Hrsg.), *Iconography, Propaganda and Legitimation*, Oxford 1997

64 Blumenberg (1960); George Lakoff/Mark Johnson, *Metaphors We Live By*, Chicago 1980

65 Hayden V. White, *Metahistory. Die historische Einbildungskraft im 19. Jahrhundert in Europa*, Frankfurt a.M. 1991; Alexander Demandt, *Metaphern für Geschichte*, München 1978

66 Douglas (1970); James D. Sapir/Jon C. Crocker (Hrsg.), *The Social Use of Metaphor*, Philadelphia 1977

67 Chartier (1988), besonders Kap. 1; vgl. Alain Boureau, »Propositions pour une histoire restreinte des mentalités«, in: *Annales ESC* 44, 1989, S. 1491–1504

KAPITEL XII

Einheit und Vielfalt der Kulturgeschichte

Unsere Gegenwart steht im Zeichen des Kulturwandels – so lautet eine Diagnose der Geistes- und Sozialwissenschaften. An vielen Universitäten und Schulen – vor allem der englischprachigen Welt – haben ›Cultural studies‹ (Kulturstudien) zur Zeit Hochkonjunktur.[1] Zahlreiche Akademiker, die sich noch vor etwa einem Jahrzehnt als Literaturwissenschaftler, Kunst- oder Wissenschaftshistoriker bezeichnet hätten, definieren sich heute lieber als Kulturhistoriker, die über Themen der ›visuellen Kultur‹, der ›Wissenschaftskultur‹ und so weiter arbeiten. Politik-›Wissenschaftler‹ und Politikgeschichtler erforschen die ›politische Kultur‹, während Wirtschaftswissenschaftler und -historiker ihr Interesse von der Produktions- zur Konsumtionssphäre – und damit zu kulturell bedingten Wünschen und Bedürfnissen – verlagert haben. Im heutigen Großbritannien und auch anderswo ist ›Kultur‹ zu einem Alltagsbegriff geworden, den ganz normale Menschen verwenden, wenn sie von ihrem sozialen Umfeld oder ihrem Lebensstil sprechen.[2]

Dabei ist die Kulturgeschichte – zumindest auf institutioneller Ebene – nicht einmal besonders fest etabliert. Hinzu kommt, daß sich die Frage, was denn Kultur überhaupt ist, nicht ohne weiteres beantworten läßt. Offenbar ist es sehr schwierig, den Begriff zu definieren, aber man kann auch nicht auf ihn verzichten. Wie wir in Kapitel 1 gesehen haben, gab es seit dem späten 18. Jahrhundert, als der Begriff erstmals in Deutschland geprägt wurde (siehe oben, S. 10), viele Spielarten von ›Kulturgeschichte‹ in den verschiedensten Teilen der Welt. Die letzten Jahre haben weitere Differenzierungen gebracht. Die Geschichtswissenschaft splittert sich in immer mehr Unterdisziplinen auf, und die meisten Historiker konzentrieren sich lieber auf bestimmte Gegenstandsbereiche wie Wissenschaft, Kunst, Literatur, Erziehung oder auch Geschichtsschreibung, als daß sie über ganze Kulturen schreiben würden. Wie auch immer, das Wesen oder zumindest die Definition von Kulturgeschichte gerät immer stärker in die Diskussion.

Unter diesen Voraussetzungen bietet es sich an, eine Bestandsaufnahme vorzunehmen und Bilanz zu ziehen. Ich beginne deshalb hier mit einem kurzen Überblick über die traditionelle Kulturgeschichte, leite dann über zur sogenannten ›neuen‹ Kulturgeschichte, die sich über ihren Gegensatz zur Tradition definiert, und ende mit der Fragestellung, was heute zu tun ist – ob wir für die neue optieren, zur alten zurückkehren oder versuchen sollen, eine Art Synthese von beiden herzustellen. Ich möchte nachdrücklich betonen, daß ich keineswegs den Anspruch erhebe, Experte für das gesamte immense ›Feld‹ der Kulturgeschichte zu sein. Ebenso wie andere Historiker arbeite auch ich im wesentlichen über eine bestimmte Epoche (das 16. und 17. Jahrhundert) und eine bestimmte Region (Westeuropa mit Schwerpunkt Italien), was sich ja auch in den Fallstudien der vorangegangenen Kapitel niederschlägt. In diesem Schlußkapitel jedoch werde ich die räumlichen, zeitlichen und disziplinären Grenzen überschreiten und versuchen, die Kulturgeschichte (ungeachtet ihrer Vielfältigkeit) als Einheit zu betrachten.

Um die Mitte des 19. Jahrhunderts, als Matthew Arnold seine Vorträge über ›Kultur und Anarchie‹ hielt und Jacob Burckhardt an seiner *Kultur der Renaissance in Italien* schrieb, war ›Kultur‹ ein Begriff, der sich praktisch selbst erklärte. Im wesentlichen traf das auch noch 1926 zu, als Johan Huizinga in seiner berühmten Utrechter Vorlesung ›Die Aufgabe der Kulturgeschichte‹ erläuterte.

›Kultur‹, das bedeutete für alle drei Gelehrte: Kunst, Literatur, Ideen, »Harmonie und Licht«, wie Arnold es beschrieb, oder in der prosaischeren, dafür aber um so präziseren Formulierung Huizingas »Figuren, Motive, Themen, Symbole, Begriffe, Ideale, Stile und Empfindungen«.[3] Die Literatur, Ideen, Symbole, Empfindungen und so weiter waren im wesentlichen diejenigen der Bildungseliten innerhalb der abendländischen Tradition seit den Griechen. Mit anderen Worten, Kultur war etwas, das manche Gesellschaften (genauer gesagt: bestimmte Gruppen in manchen Gesellschaften) besaßen, andere aber nicht.

Dies ist die ›Opernhaus‹-Konzeption von Kultur, wie ein amerikanischer Ethnologe sie einmal bezeichnet hat.[4] Ihr liegt die ›klassische‹ Spielart von Kulturgeschichte zugrunde. Klassisch in dem doppelten Sinne, daß sie zum einen das Klassische, den Kanon großer Werke hervorhebt und sich zum anderen an verschiedenen historischen Klassikern orientiert, vor allem an Burckhardts *Renaissance* (1860) und an Huizingas *Herbst des Mittelalters* (1919), wobei letzteres Werk in vieler Hinsicht einen Versuch darstellt, das erste zu imitieren und gleichzeitig zu übertreffen. Diese beiden Bücher unterscheiden sich von speziellen Arbeiten über die Geschichte der Kunst, Literatur, Philosophie, Musik und so weiter durch ihren universellen Ansatz: Sie behandeln nicht nur alle Künste und ihre Beziehung untereinander, sondern untersuchen auch ihren Zusammenhang mit dem jeweiligen ›Zeitgeist‹.

Die beiden Studien Burckhardts und Huizingas – ganz zu schweigen von anderen hervorragenden Arbeiten, die wir ihnen verdanken – sind Meisterwerke aus der Feder bedeutender Historiker. Beide hatten eine große Begabung, die Vergangenheit anschaulich zu schildern und historische Zusammenhänge aufzuzeigen. Dennoch behaupte ich, daß ihr Ansatz für die heutige Kulturgeschichtsschreibung kein Vorbild sein sollte, da gewisse Probleme damit nicht gelöst werden können. Anders als ihre Nachfolger waren sich Burckhardt und Huizinga – zumindest zeitweilig – dieser Schwierigkeiten bewußt. Trotzdem hielten sie am klassischen Modell der Kulturgeschichte fest. Fünf gravierende Einwände lassen sich gegen diese Tradition erheben:

1. Sie schwebt im luftleeren Raum, das heißt, sie ignoriert die Gesellschaft (oder mißt ihr jedenfalls einen zu geringen Stellenwert bei) – die ökonomische Infrastruktur, die politische und gesellschaftliche Struktur und so weiter. Burckhardt selbst räumte später ein, er hätte die wirtschaftlichen Grundlagen der Renaissance in seinem Buch zu wenig berücksichtigt, und Huizinga beschrieb die Auseinandersetzung des spätmittelalterlichen Menschen mit dem Tod, ohne irgendeinen Bezug zu den Pestepidemien herzustellen, die ab 1348 in Europa wüteten. Diese allgemeine Kritik kam vor allem von den ersten Historikern, die das klassische Modell in Frage stellten, nämlich den Marxisten oder, genauer gesagt, von derjenigen Fraktion der Marxisten, die die Kultur überhaupt ernst nahmen.

In den vierziger und fünfziger Jahren entwickelten drei europäische Wissenschaftler, die als Flüchtlinge nach England gekommen waren – Frederick Antal, Francis Klingender und Arnold Hauser – ein alternatives Modell von Kulturgeschichte, nämlich eine ›Sozialgeschichte‹ der Kunst und Literatur.[5] Diese Tradition setzten in den fünfziger und sechziger Jahren Raymond Williams, Edward Thompson und andere mit ihren kultur- und gesellschaftswissenschaftlichen Studien fort.[6] Thompson etwa lehnte es ab, die Volkskultur in der »dünnen Luft« von Bedeutungen, Haltungen und Werten anzusiedeln, und versuchte statt dessen, sie in »der ihr eigenen materiellen Bleibe« unterzubringen, nämlich jener »Sphäre, wo die Arbeiter ausgebeutet werden und Widerstand gegen ihre Ausbeutung leisten«.[7]

Die alternative Kulturgeschichte, die in dieser Tradition entstand, beschäftigte sich ausführlich mit dem von Marx beschriebenen Verhältnis zwischen dem kulturellen ›Überbau‹ und seiner ökonomischen ›Basis‹. Sowohl Thompson als auch Williams zweifelten jedoch bald an der Tauglichkeit dieser Metapher.[8] Denn genauso wichtig waren für sie die ›Träger‹ der Kultur, wie Max Weber und andere Soziologen sie nannten. Kultur betrachteten sie als ein System von Botschaften, in dem man genau wissen muß, ›wer was zu wem sagt‹ – eine Auffassung, die sich im übrigen keineswegs auf die Marxisten beschränkte oder beschränkt.

In der Ethnosoziologie etwa wurden die Anhänger der sogenannten ›pattern theory‹ der Kultur – ein morphologischer Ansatz, dem beispielsweise auch Huizinga nahestand – von den Verfechtern einer funktionalen Kulturtheorie kritisiert. Bronislaw Malinowski, einer der Hauptvertreter der funktionalen Schule, zitierte in diesem Zusammenhang das Beispiel eines Stocks, der sich verschieden verwenden läßt: zum Graben, Staken, Gehen oder Kämpfen. »Bei jeder dieser spezifischen Funktionen ist der Stock in einen anderen kulturellen Kontext eingebettet; das heißt, je nachdem, zu welchen Zwecken man ihn verwendet, ist er von unterschiedlichen Ideen umgeben, erhält einen unterschiedlichen kulturellen Stellenwert und wird in der Regel mit einem unterschiedlichen Namen bezeichnet.«[9]

2. Ein weiterer wichtiger Einwand gegen die klassische Kulturgeschichte ist der, daß sie vom Postulat der kulturellen Einheit oder des Konsenses ausgeht. Einige Autoren dieser Schule arbeiteten gerne mit dem Hegelschen Begriff des *Zeitgeists*, der – auch wenn er nicht ausdrücklich zitiert wurde – als Grundannahme bestehenblieb. So schrieb Burckhardt über »*die* Kultur der Renaissance«, während Huizinga den Kulturhistorikern einmal empfahl, sie sollten »nach der Eigenschaft forschen, die alle kulturellen Erzeugnisse eines Zeitalters miteinander vereint und sie homogen macht«.[10] In ähnlicher Weise betitelte Paul Hazard seine Untersuchung über die Intellektuellen des ausgehenden 17. Jahrhunderts *La Crise de la Conscience européenne* (1935), während Perry Miller seine Geschichte des akademischen Gedankenguts im Umkreis von Harvard *The New England Mind* (1939) nannte. Arnold Toynbee nahm die Idee der Einheit noch wörtlicher, als er in seiner komparativen *Study of History* (1934–61) insgesamt sechsundzwanzig verschiedene ›Zivilisationen‹ darstellte. Auch Oswald Spengler hatte diese prägende Vorstellung im Sinn, mehr noch, sie diente ihm sogar als Argument in seinem voluminösen zweibändigen Werk *Der Untergang des Abendlandes* (1918–1922).

Das Problem besteht darin, daß sich dieses Postulat der kulturellen Einheit nur sehr schwer rechtfertigen läßt. Auch hier waren es wieder die Marxisten, die sich zu den Wortführern der Kritik machten. So bemerkte Thompson beispielsweise, daß »allein der Begriff ›Kultur‹, der auf allzu gefällige Weise Konsens impliziert, lediglich von gesellschaftlichen und kulturellen Widersprüchen ablenkt«.[11] Dasselbe Argument wurde auch gegen die Durkheimianer unter den Ethnosoziologen ins Feld geführt. Ironischerweise hat Ernst Gombrich ähnliche Kritiken gegen den marxistischen Historiker Arnold Hauser wie auch gegen Burckhardt, Huizinga und den Kunsthistoriker Erwin Panofsky vorgebracht, als er ihre Hegelsche Annahme eines ›Zeitgeists‹ beanstandete (siehe oben, S. 32), wie Panofsky sie nachdrücklich in seinem eleganten Essay *Gothic Architecture and Scholasticism* (1951) vertrat.[12]

Das Problem besteht ferner darin, daß sich kultureller Konsens oder kulturelle Homogenität nur sehr schwer feststellen lassen. Beispielsweise war jene Bewegung, die wir die Renaissance nennen, eine Bewegung innerhalb der Elitekultur, die die bäuerliche Mehrheit der Bevölkerung kaum erreicht haben dürfte. Selbst innerhalb der Elite gab es damals kulturelle Unterschiede. Die traditionelle gotische Kunst war bei Auftraggebern nach wie vor ebenso gefragt wie der neue Renaissancestil. Daraus leitete Antal sogar die Behauptung ab, die detailfreudige, dekorative Kunst eines Gentile da Fabriano hätte die Weltsicht des Feudaladels zum Ausdruck gebracht, während die schlichtere, realistischere Kunst eines Masaccio diejenige der florentinischen Bourgeoisie widergespiegelt hätte. Dieser Kontrast zwischen zwei Stilen und zwei Klassen ist freilich allzu simpel; trotzdem muß man sich mit der Tatsache, daß es innerhalb der Kultur der oberen Klassen im Florenz des 15. Jahrhunderts Unterschiede gab, ernsthaft auseinandersetzen.

Auch die Volkskultur im Europa der Frühen Neuzeit beispielsweise variierte ja nicht nur von einer Region zur anderen, sondern nahm auch in Städten und Dörfern oder zwischen Männern und Frauen unterschiedliche Formen an. Selbst die Kultur eines Individuums kann unter Umständen alles andere als homogen sein. Die oberen Klassen des frühneuzeitlichen Europa könnte man als ›bikulturell‹ beschreiben in dem Sinne, daß sie einerseits aktiv an der Volkskultur partizipierten und andererseits eine eigene Kultur besaßen, von der normale Menschen ausgeschlossen blieben.[13] Im Japan des 19. Jahrhunderts wiederum gab es zumindest einige männliche Angehörige der Oberschicht, die eine Art ›Doppelleben‹ zu führen begannen, das heißt ein westliches und ein traditionelles: Sie konsumierten zweierlei Arten von Nahrung, trugen zweierlei Arten von Kleidung, lasen zweierlei Arten von Büchern und so weiter.[14]

3. Ein zentraler – von der Kirche übernommenener – Begriff der klassischen Kulturgeschichte ist derjenige der ›Tradition‹, dessen Grundvorstellung darin besteht, daß Objekte, Praktiken und Werte von Generation zu Generation weitergereicht werden. Das komplementäre Gegenteil der Tradition war die Idee der ›Rezeption‹, die Rezeption des römischen Rechts zum Beispiel oder die der Renaissance außerhalb Italiens. In all diesen Fällen bestand die weitverbreitete Annahme, das Rezipierte wäre dasselbe wie das Tradierte: ein kulturelles ›Erbe‹ oder ›Vermächtnis‹ (wie es sich etwa auch in den Titeln einer einst berühmten Wissenschaftsreihe – *The Legacy of Greece*, *The Legacy of Rome* und so weiter – niedergeschlagen hat).

Diese Annahme wurde von Aby Warburg und seinen Schülern (in den zwanziger Jahren die Vorreiter einer interdisziplinären Kulturwissenschaft) in mehreren bemerkenswerten Monographien über die klassische Tradition im Mittelalter und in der Renaissance ad absurdum geführt. Sie stellten beispielsweise fest, daß die heidnischen Götter im Mittelalter nur dank einiger entscheidender Transformationen ›überlebten‹: Merkur etwa wurde manchmal als Engel, noch häufiger aber als Bischof dargestellt.[15] Warburg interessierte sich für ganz bestimmte Elemente der Tradition – visuelle oder verbale ›Schemata‹ oder ›Formeln‹, wie er sie nannte –, die über Jahrhunderte hinweg fortbestanden, auch wenn ihre Funktionen und Anwendungen sich veränderten.[16] Die heutige Praxis der Kulturgeschichte besteht zu einem nicht unerheblichen Teil darin, Stereotypen, Formeln, Gemeinplätze und wiederkehrende Themen in Texten, in der bildenden und darstellenden Kunst zu identifizieren und ihre Transformation zu untersuchen, was auch durch neuere Arbeiten über das Gedächtnis und das Reisen belegt wird (siehe hierzu Kapitel III und VI).

Die Tradition hat einen ›inneren Konflikt‹ – so die Formulierung eines Indologen – zu bewältigen, nämlich denjenigen zwischen den Prinzipien, die von einer Generation zur nächsten weitergegeben werden, und den wechselnden Situationen, auf die sie angewendet werden sollen.[17] Um es anders auszudrücken: Dem Buchstaben der Tradition zu folgen, bedeutet tendenziell, von ihrem Geist abzuweichen. Kein Wunder also, daß die Anhänger sich so häufig von den Gründern entfernen – man denke etwa an die Schüler des Konfuzius oder Luthers. Die Fassade der Tradition kann das Neue unter Umständen verdecken.[18] Wie wir bereits gesehen haben, läßt sich dies auch für die Geschichtsschreibung selbst feststellen: Ranke war kein Rankeaner, Burckhardt kein Burckhardtianer, ebensowenig wie Marx bekanntlich Marxist war.

Eine noch vernichtendere Kritik an der Idee der Tradition formulierte Eric Hobsbawm, der die Behauptung aufstellte, daß zahlreiche Praktiken, die wir für sehr alt erachten, in Wirklichkeit erst vor relativ kurzer Zeit erfunden wurden, viele von ihnen (zumindest in Europa) zwischen 1870 und 1914 als Reaktion auf den sozialen Wandel und die Erfordernisse der zunehmend zentralisierten Nationalstaaten.[19] Hobsbawms Unterscheidung zwischen erfundenen und ›echten‹ Traditionen ist vielleicht – der Einwand sei erlaubt – zu radikal. Bei der Übermittlung von Traditionen kommt ja immer ein gewisser Grad von bewußter oder unbewußter Anpassung an die neuen Verhältnisse mit ins Spiel, wie das von Jack Goody zitierte Beispiel aus Westafrika (siehe oben, S. 80) auf besonders eindrucksvolle Weise demonstriert. Gleichwohl hat Hobsbawm mit seiner Kritik eine Herausforderung an die Kulturhistoriker gerichtet, die der Antwort bedarf.

Angesichts ihrer Zweideutigkeiten kann man sich natürlich fragen, ob die Historiker nicht besser beraten wären, wenn sie auf die Idee der Tradition gänzlich verzichteten. Meiner Meinung nach ist es einerseits nahezu unmöglich, Kulturgeschichte völlig ›traditionslos‹ zu betreiben, andererseits aber unabdingbar, sich vom ›traditionellen‹ Traditionsbegriff zu verabschieden, das heißt, ihn so zu modifizieren, daß er angepaßt und übernommen werden kann. Im übrigen sollte man mit den Ideen der ›Rezeptions-‹theorie arbeiten, die unten erläutert wird.

4. Ein vierter Einwand gegen die klassische Kulturgeschichte ist der, daß dieser Ansatz von einem zu eng gefaßten Kulturbegriff ausgeht, der Kultur mit Hochkultur gleichsetzt. Historiker der letzten Ge-

neration haben sehr viel dazu beigetragen, das Gleichgewicht wiederherzustellen und auch die Geschichte der Kultur einfacher Menschen abzudecken. Selbst Volkskultur-Studien allerdings behandeln Kultur als eine Reihe von ›Werken‹, als Beispiele für ›Volksliedgut‹, ›Volkskunst‹ und so weiter. Dagegen haben die Ethnologen den Begriff ›Kultur‹ traditionell in einem sehr viel weiteren Sinne verwendet: Sie meinen damit Haltungen und Werte einer bestimmten Gesellschaft und ihren Ausdruck beziehungsweise ihre Verkörperung in ›kollektiven Vorstellungen‹ (wie Durkheim zu sagen pflegte) oder ›Praktiken‹, ein Begriff, der bei jüngeren Gesellschaftstheoretikern wie Pierre Bourdieu und Michel de Certeau immer wieder auftaucht. Ehemalige Literaturwissenschaftler wie Raymond Williams und Richard Hoggart, die später die englische Kulturwissenschaft begründeten, haben sich in dieselbe Richtung bewegt: von literarischen Texten zu Texten der Volkskultur und von Texten der Volkskultur zu Lebensweisen.

5. Die klassische Tradition der Kulturgeschichte läßt sich auch dahingehend kritisieren, daß sie nicht mehr den Erfordernissen unserer Zeit entspricht. Auch wenn sich die Vergangenheit nicht ändert, muß die Geschichte doch in jeder Generation neu geschrieben werden, damit diese Vergangenheit auch für eine sich ändernde Gegenwart verständlich bleibt. Die klassische Kulturgeschichte wurde gleichermaßen *für* wie *über* europäische Eliten geschrieben. Heute aber hat Kulturgeschichte eine geographisch wie gesellschaftlich größere und differenziertere Wirkung. In manchen Ländern hat dieses wachsende Interesse inzwischen dazu geführt, daß unter dem Schirm der ›Kulturwissenschaft‹ multidisziplinäre Lehrveranstaltungen abgehalten werden.

Die klassische Kulturgeschichte beschäftigte sich vornehmlich mit einem Kanon großer Werke innerhalb der europäischen Tradition, aber die Kulturhistoriker des ausgehenden 20. Jahrhunderts arbeiten in einer Zeit der Entkanonisierung. Die vielbeachtete Kritik, die gegen den sogenannten ›Kanon‹ bedeutender Bücher in den USA vorgebracht wurde, und die sich anschließenden ›Kulturkriege‹ sind lediglich Teil einer sehr viel breiteren Bewegung, für die man die Bezeichnung ›Multikulturalismus‹ geprägt hat.[20] Intellektuelle aus dem Westen und aus der Dritten Welt empfinden gleichermaßen ein zunehmendes Unbehagen gegenüber der Idee einer einzigen ›großen Tradition‹, die ein Monopol für kulturelle Legitimität besitzen soll. Niemand von uns kann heute noch ›Kultur‹ mit unseren eigenen Traditionen gleichsetzen.

Wir leben in einer Zeit, in der der ›große Mythos‹ von der Entwicklung der westlichen Kultur – Griechen, Römer, Renaissance, Entdeckungen, wissenschaftliche Revolution, Aufklärung und so weiter – weitgehend in Frage gestellt, wenn nicht gar völlig abgelehnt wird, ein Mythos, der dazu dienen kann, die Überlegenheit der westlichen Eliten zu legitimieren.[21] Ebenso kritisch wird heute auch die Idee eines literarischen, intellektuellen oder künstlerischen Kanons gesehen oder die Auswahl von Texten oder Bildern, die als ›die‹ großen Werke, Klassiker oder alten Meister präsentiert zu werden pflegten. Inzwischen studieren die Kulturhistoriker den Prozeß der ›Kanonisierung‹ und die ihm zugrunde liegenden Konflikte, wobei sich ihr kritisches Erkenntnisinteresse eher auf die Ideen und Annahmen der Kanonisierer richtet als auf die der Kanonisierten.[22]

Was tun? Eine Antwort auf diese Fragen ist schwierig, denn einen Konsens über das Thema herzustellen, bedeutet bestenfalls auf Abwege zu geraten und schlimmstenfalls etwas Unmögliches zu wollen. Meine persönliche Meinung wäre die, daß wir auch in Zukunft nicht auf das Studium der Renaissance und anderer Bewegungen innerhalb der ›Hoch‹-Kultur des Westens verzichten sollten, denn diese haben selbst heute noch vielen Menschen eine Menge zu bieten, auch wenn die Kluft zwischen den Ideen und Annahmen des ausgehenden 20. Jahrhunderts und denen des ursprünglichen Publikums natürlich immer größer wird. Ich möchte sogar annehmen, daß kulturwissenschaftliche Kurse erheblich davon profitieren würden, wenn sie Bewegungen dieser Art parallel zur zeitgenössischen Volkskultur behandelten. Freilich, die Historiker sollten über diese Bewegungen in einer Weise schreiben, die den Eigenwert anderer Traditionen anerkennt, anstatt sie als barbarisch oder kulturlos zu betrachten.

Die Leser werden sich möglicherweise fragen, ob die oben aufgeführten Kritikpunkte im Grunde nicht eine Absage an die Kulturgeschichte insgesamt darstellen. Das mag damit zusammenhängen, daß die kulturwissenschaftliche Bewegung – ungeachtet des Beispiels von Raymond Williams, eines ihrer führenden Vertreter – der Geschichte so wenig Bedeutung beigemessen hat (ein anderer Grund könnte sein, daß die Kulturgeschichte in England ein Schattendasein führt). Genausogut könnte man allerdings behaupten, daß in unserer Zeit der Fragmentierung, Spezialisierung und des Relativismus die Kulturgeschichte nötiger ist denn je. Vielleicht ist ebendies auch der Grund, warum Forscher aus anderen Disziplinen – von der Literaturwissenschaft bis zur Soziologie – sich zunehmend in diese Richtung bewegen. Ganz offenbar hat man die Bedeutung von Symbolen in der Geschichte wiederentdeckt und auch das, was man früher als ›symbolische Ethnologie‹ zu bezeichnen pflegte.

Eine andere Reaktion auf die Kritiken könnte darin bestehen, daß man eine neue Art von Kulturgeschichte betreibt. Wie wir gesehen haben, gab es eine ganze Reihe marxistischer Historiker und Literaturwissenschaftler, die genau das versucht haben. Hauser, Antal, Thompson, Hobsbawm und Williams wurden in diesem Zusammenhang bereits erwähnt, und die Liste ließe sich ohne weiteres um Namen wie Georg Lukács, Lucien Goldmann und andere ergänzen. Ihre Arbeit ließe sich als eine Art alternativer Stil von Kulturgeschichte beschreiben. Dennoch mag man sich mit der Idee einer marxistischen Tradition von Kulturgeschichte nicht so recht anfreunden. Der marxistische Ansatz lief im allgemeinen darauf hinaus, daß man behauptete, Kultur sei nichts weiter als ein Phänomen des ›Überbaus‹, der Zuckerguß auf dem Kuchen der Geschichte. Diejenigen Marxisten, die sich überhaupt für die Geschichte der Kultur interessierten, befanden sich in einer marginalen Position, in der sie von zwei Seiten angegriffen wurden – aus dem Lager der Marxisten und dem der Kulturhistoriker. Die Reaktionen auf Edward Thompsons Buch *The Making of the English Working Class* sind ein erhellendes Beispiel dafür.

In der letzten Generation hat sich ein ›zweiter‹ oder ›dritter‹, auf jeden Fall aber ein neuer Stil von Kulturgeschichte entwickelt. Erheblichen Anteil daran hatten ehemalige Marxisten oder sagen wir Wissenschaftler, die manche Aspekte des Marxismus früher einmal attraktiv fanden. Dieser Ansatz wird bisweilen als die ›neue Kulturgeschichte‹ bezeichnet.[23] Nun ist Neuheit ein schnell vergänglicher Wert, weshalb es vielleicht klüger wäre, den neuen Stil auf andere Weise zu beschreiben. Eine Möglichkeit wäre die, von der ›ethnologischen‹ Spielart von Geschichte zu sprechen, denn viele derjenigen, die sie praktizieren (unter ihnen der Autor dieses Buches) würden ohne weiteres einräumen, daß sie den Ethnologen eine Menge zu verdanken haben. Viel gelernt haben sie auch von Literaturwissenschaftlern, wie den ›neuen Historikern‹ in den USA, die ihre Methoden des ›close reading‹ auf die Untersuchung von Sachtexten, etwa offizieller Dokumente, angewendet und auf diese Weise sogar ›Nicht-Texte‹ wie Rituale oder Bilder entschlüsselt haben.[24] Hinzu kommt, daß die Ethnologen von der Literaturwissenschaft gelernt haben und umgekehrt. Die Semiotik, also die systematische Erforschung von Zeichen aller Art – seien es Gedichte oder Gemälde, Nahrungsmittel oder Kleider –, wurde von Linguisten und Literaturwissenschaftlern wie Roman Jakobson und Roland Barthes und Ethnologen wie Claude Lévi-Strauss gemeinsam entwickelt. Durch ihr Interesse an ›tiefen‹, unwandelbaren Bedeutungsstrukturen war sie, vor allem in ihren Anfängen, für Historiker (gelinde gesagt) nicht gerade attraktiv, doch seit etwa einer Generation tritt der Beitrag, den die Semiotik zur Erneuerung der Kulturgeschichte geleistet hat (daß man sich einen Raum oder eine Mahlzeit etwa als ein System von Zeichen vorstellen kann oder die Anerkennung von Gegensätzen und Umkehrungen und so weiter), immer deutlicher zutage.

Trotz ihrer komplexen Ursprünge könnte ›ethnologische Geschichte‹ ein passendes Etikett für die neue Bewegung sein. Natürlich ist eine solche Geschichte – wie jeder Stil von Geschichte – immer ein Kind ihrer Zeit, in unserem Falle einer Zeit kultureller Auseinandersetzungen, von Multikulturalismus et cetera. Genau aus diesem Grunde kann sie einen Beitrag zur Erforschung der Gegenwart und der Vergangenheit leisten, indem sie neuere Trends aus der Perspektive der *longue durée* betrachtet.

Bereits Warburg und Huizinga interessierten sich für die Ethnologie, heute aber ist ihr Einfluß innerhalb der Geschichtswissenschaft sehr viel präsenter als zu Beginn unseres Jahrhunderts. Nicht wenige Historiker betrachten die Vergangenheit heute als ein fremdes Land, und ebenso wie die Ethnologen sehen sie ihre Aufgabe darin, die Sprache ›ihrer‹ Kulturen zu deuten, im wörtlichen wie metaphorischen Sinne. Für den englischen Ethnologen Edward Evans-Pritchard hatte sein Fach etwas damit zu tun, daß Begriffe aus der untersuchten Kultur in diejenige des Forschers übertragen werden.[25] Um die berühmte Unterscheidung des Ethnolinguisten Kenneth Pike zwischen ›emic‹ und ›etic‹ zu verwenden: Man muß sich zwischen dem Vokabular der Einheimischen einer Kultur, den ›Insidern‹, und dem Begriffsapparat der ›Outsider‹, die sie untersuchen, vor- und zurückbewegen.

Kulturgeschichte ist auch eine Art kultureller Transfer: Sie übersetzt aus der Sprache der Vergangenheit in die der Gegenwart, aus den Begriffen der Zeitgenossen in die der Historiker und ihrer Leser. Ihr Ziel ist es, die ›Andersartigkeit‹ der Vergangenheit sichtbar und zugleich verständlich zu machen.[26] Das heißt nicht, daß die Historiker die Vergangenheit als etwas völlig Fremdes behandeln sollten. Welche Gefahren es mit sich bringt, eine andere Kultur auf diese Weise zu behandeln, hat die ›Orientalismus‹-Debatte, in der es um den westlichen Blick auf den Osten ging, mehr als deutlich gezeigt.[27]

Wann immer in der Vergangenheit unterschiedliche Kulturen aufeinanderprallten, pflegten ihre jeweiligen Vertreter häufig in gegensätzlichen Begriffspaaren zu denken: ›Wir‹ und ›die Anderen‹. Erhellender wäre es aber wohl, wenn man statt dessen versuchte, solche Gegensätze als graduelle Verschiedenheit der anderen Kultur zu begreifen. Wir könnten versuchen, uns in bezug auf die Menschen der Vergangenheit eine doppelte Sichtweise anzueignen: Zum einen sind sie von uns verschieden (weshalb es ein Anachronismus wäre, ihnen unsere Werte zuschreiben zu wollen), in ihrer Eigenschaft als menschliche Wesen sind sie aber gleichzeitig auch identisch mit uns.

Die Unterschiede zwischen dem heutigen ethnologischen Modell von Kulturgeschichte und seinen klassischen beziehungsweise marxistischen Vorläufern lassen sich in vier Punkten zusammenfassen.

1. Anders als früher wird heute nicht mehr zwischen Gesellschaften mit Kultur und Gesellschaften ohne Kultur unterschieden. Der Untergang des Römischen Reiches etwa ist nicht als Niederlage der ›Kultur‹

gegenüber der ›Barbarei‹ anzusehen. Ostgoten, Westgoten, Vandalen und andere Gruppen hatten ihre eigenen Kulturen (Werte, Traditionen, Praktiken, Vorstellungen und so weiter). Es gab, so paradox die Formulierung auch klingen mag, eine ›Zivilisation der Barbaren‹. Dieses dritte Modell geht von einem kulturellen Relativismus aus, der den Marxisten genauso fremd ist, wie er es für Burckhardt und Huizinga gewesen wäre. Ebenso wie die Ethnologen sprechen auch die neuen Kulturhistoriker von ›Kulturen‹ im Plural. Sie behaupten nicht, daß alle Kulturen in jeder Hinsicht gleich seien, aber sie geben keine Werturteile ab hinsichtlich der Überlegenheit bestimmter Kulturen über andere, Urteile, die zwangsläufig aus der Sicht der Kultur des jeweiligen Historikers gefällt werden und damit lediglich den Erkenntnisprozeß behindern.

2. Kultur ist neu definiert worden als Gesamtheit aller »überlieferten Artefakte, Waren, technischen Prozesse, Ideen, Gewohnheiten und Werte« (Malinowski) beziehungsweise als »symbolische Dimensionen des sozialen Handelns« (Geertz).[28] Mit anderen Worten, der Begriff hat eine erhebliche Bedeutungserweiterung erfahren und umfaßt heute sehr viel mehr Aktivitäten als früher – nicht nur die Kunst, sondern auch die materielle Kultur, nicht nur das geschriebene, sondern auch das mündlich überlieferte Wort, nicht nur das Drama, sondern auch das Ritual, nicht nur die Philosophie, sondern auch die Mentalitäten einfacher Menschen. Eine entscheidende Rolle spielt in diesem Ansatz das Alltagsleben beziehungsweise die ›Alltagskultur‹, vor allem die ›Regeln‹ oder Konventionen, die dem zugrunde liegen, was Bourdieu die ›Theorie der Praxis‹ nennt und der Semiologe Jury Lotman die ›Poetik des Alltagsverhaltens‹.[29] Der Lernprozeß, den ein mittelalterlicher Mönch, eine Adelsdame der Renaissance oder ein Bauer des 19. Jahrhunderts durchmachen mußten, um ihre Identität zu erlangen, umfaßte natürlich sehr viel mehr als das Verinnerlichen bestimmter Regeln. Zu diesem Lernprozeß gehört, so Bourdieu, ein eher flexibles Reaktionsmuster auf bestimmte Situationen, das er – in Anlehnung an die Philosophen der Scholastik – ›Habitus‹ nennt.[30] Deshalb wäre es vielleicht korrekter, statt ›Regel‹ den Begriff ›Prinzip‹ zu verwenden.

In diesem umfassenderen Sinne dient Kultur heute auch dazu, ökonomische oder politische Veränderungen zu verstehen, die man früher auf engere, immanente Weise analysiert hatte. So erklärte etwa ein Historiker den Niedergang der wirtschaftlichen Leistung in England zwischen 1850 und 1980 mit der ›Verkümmerung der industriellen Dynamik‹, die wiederum zusammenhänge mit der Bildung eines Industriellenstandes und letztlich mit einer Revolution (beziehungsweise einer ›Konterrevolution‹, wie der Autor sie nennt) des Wertesystems.[31] Die Politologen ihrerseits arbeiten in Zusammenhang mit Einstellungen, Werten und Praktiken, die im Sozialisationsprozeß von Kindern übermittelt und dann als etwas Selbstverständliches betrachtet werden, immer häufiger mit dem Konzept der ›politischen Kultur‹.

Ein treffendes Beispiel für diese Verlagerung bietet der Historiker F. S. L. Lyons, der seinem letzten Buch den Titel *Culture and Anarchy in Ireland 1890–1939* gab. Mit der verdeckten Anspielung auf Matthew Arnold wollte Lyons seiner Überzeugung Ausdruck verleihen, die irische Politik in der fraglichen Zeit könne man nur verstehen, wenn man die Tatsache berücksichtige, »daß in den letzten drei Jahrhunderten mindestens vier Kulturen auf der Insel miteinander im Wettstreit lagen«: Die vorherrschende englische Kultur koexistierte und kollidierte mit der Kultur der Gälen, der Ulster-Protestanten und der Anglo-Iren.[32]

3. Neben der Idee der ›Tradition‹, die in der alten Kulturgeschichte eine so wichtige Rolle spielte, gibt es heute viele Alternativen. Dazu gehört etwa das Konzept der kulturellen ›Reproduktion‹, das die französischen Gesellschaftstheoretiker Louis Althusser und Pierre Bourdieu in den siebziger Jahren entwickelten.[33] Ein Vorteil dieses Konzepts besteht darin, daß es behauptet, Traditionen pflanzten sich nicht automatisch, gewissermaßen aus Trägheit, fort. Ganz im Gegenteil: Die Geschichte der Erziehung beweist, daß es großer Anstrengungen bedarf, sie von einer Generation zur nächsten weiterzugeben. Der Nachteil des Begriffs ist der, daß ›Reproduktion‹ eine exakte oder gar mechanische Kopie nahelegt – ein Gedanke, der sich durch die Geschichte der Erziehung keineswegs bestätigen läßt.[34] Die Idee der Reproduktion benötigt – ebenso wie die Idee der Tradition – ein Gegengewicht, etwa die Idee der Rezeption.

Die sogenannten ›Rezeptionstheoretiker‹, zu denen ich auch den Historiker und Ethnologen Michel de Certeau zähle, haben die traditionelle Annahme einer passiven Rezeption durch die neue Annahme einer kreativen Adaptation ersetzt. Das wesentliche Charakteristikum von Kulturvermittlung, so ihr Argument, »besteht darin, daß alles, was übermittelt wird, sich ändert«.[35] In Anlehnung an die Lehre einiger Kirchenväter, die den Christen empfahlen, sich die heidnische Kultur so ›zur Beute zu machen‹, wie die Israeliten sich die Schätze der Ägypter zur Beute gemacht hätten, betonen diese Theoretiker nicht mehr den Aspekt der Weitergabe, sondern den der ›Aneignung‹. Mit den Scholastikern des Mittelalters behaupten sie, »was empfangen wird, wird nach Art und Weise des Empfängers empfangen« *(Quidquid recipitur, ad modum recipientis recipitur)*.[36] Ihre Position impliziert eine Kritik der Semiotik oder genauer gesagt, eine Historisierung der Semiotik, insofern als sie die Möglichkeit verneint, es ließen sich fixierte Bedeutungen in kulturellen Artefakten finden.

Kurz, das Augenmerk hat sich vom Geber zum Empfänger verlagert, und zwar aufgrund der Tatsache, daß das, was empfangen wird, immer anders ist als das, was ursprünglich übermittelt wurde, da die Empfänger die Ideen, Bräuche, Bilder und so weiter, die ihnen angeboten wurden, bewußt oder unbewußt deuten und adaptieren. Die Kulturgeschichte Japans etwa kennt zahlreiche Beispiele sogenannter ›Nachahmung‹, zunächst chinesischer und in jüngerer Zeit westlicher Vorbilder. Diese Imitation ist oft so kreativ, daß es angemessener wäre, von ›kultureller Übertragung‹ zu sprechen. So verwandelte sich der Ch'an- in den Zen-Buddhismus, während Natsume Soseki den westlichen Roman domestizierte, indem er behauptete, er habe eine seiner Geschichten »in der Art eines Haiku« geschrieben.

Die Idee der Rezeption läßt sich mit der des Schemas in Zusammenhang bringen, wobei dieses eher als mentale Struktur zu definieren wäre und nicht so sehr im Warburgschen Sinne eines visuellen oder verbalen Topos. Ein Schema kann Haltungen gegenüber dem Neuen beeinflussen, wie das Beispiel der englischen Reisenden in Kapitel VI zeigt. Das Schema in diesem Sinne wird manchmal als ›Raster‹ oder Filter bezeichnet, das einige neue Elemente durchläßt, andere aber ausschließt; somit unterscheiden sich die Botschaften, die empfangen werden, in gewisser Weise von denen, die ursprünglich ausgesandt wurden.[37]

4. Der letzte Punkt ist die Umkehrung der Annahmen über den Zusammenhang von Kultur und Gesellschaft, die in der marxistischen Kritik der klassischen Kulturgeschichte angelegt sind. Kulturhistoriker wie Kulturtheoretiker haben immer wieder Vorbehalte gegen die Idee des ›Überbaus‹ artikuliert. Viele von ihnen glauben, daß die Kultur nicht nur imstande ist, sich gegen gesellschaftlichen Druck zu behaupten, sondern daß sie die gesellschaftliche Realität sogar beeinflußt. So erklärt sich auch das zunehmende Interesse an der Geschichte der ›Vorstellungen‹ und vor allem an der Geschichte der ›Konstruktion‹, ›Erfindung‹ oder ›Konstitution‹ gesellschaftlicher ›Fakten‹ wie Klasse, Nation oder Geschlecht. Verschiedene neuere Publikationen führen das Wort ›erfinden‹ im Titel, wobei sie sich mit den unterschiedlichsten Erfindungen beschäftigen – Argentiniens, Schottlands, der Menschen oder eben der Tradition.[38]

Das Interesse an der Erfindung ist eng verbunden mit der neuen Bedeutung, die die Geschichte der kollektiven Vorstellungswelt, des *imaginaire social*, gewonnen hat. Das Thema wurde in Frankreich aktuell, nachdem Foucault seine aufsehenerregende Kritik an den Historikern formuliert hatte, denen er vorwarf, sie hätten eine ›verarmte‹ Idee des Realen, die das Imaginierte ausschließt. Dieser Ansatz konkretisierte sich dann in zwei etwa zeitgleichen Untersuchungen über das Mittelalter, die sich mit der irdischen beziehungsweise der jenseitigen Welt beschäftigten: *Les trois ordres* (1979) von Georges Duby und *La naissance du purgatoire* (1981) von Jacques Le Goff. Die Geschichte der Imagination entwickelte sich aus der Geschichte der kollektiven Mentalitäten (siehe Kapitel XI). Ihre Praktiker widmen sich jedoch eher den visuellen Quellen wie auch dem Einfluß der traditionellen Schemata auf die Wahrnehmung.

Bereits in den fünfziger Jahren hatten verschiedene Historiker Untersuchungen über die Wahrnehmung vorgelegt: die Neue Welt als ›jungfräuliches Land‹, Brasilien als irdisches Paradies oder der Südpazifik als Heimat edler oder nicht ganz so edler Wilder.[39] Daß die Wahrnehmung ihre eigene Geschichte hat, war im übrigen auch schon Burckhardt und Huizinga bewußt gewesen. Burckhardt beschrieb die Herausbildung der Vorstellung vom Staat als ›Kunstwerk‹, das heißt als Ergebnis systematischer Planung, und Huizinga interessierte sich für den Einfluß der Ritterromane auf die Wahrnehmung der gesellschaftlichen und politischen Realität.[40] Derlei Studien wurden damals von den Historikern eher als Marginalien betrachtet.

Was einmal nebensächlich war, ist heute freilich ins Zentrum des Erkenntnisinteresses gerückt, und es gibt eine ganze Reihe traditioneller Themen, die inzwischen unter diesem Gesichtspunkt neu erforscht wurden. Benedict Anderson etwa hat die Geschichte des Nationalbewußtseins neu geschrieben; er spricht in diesem Zusammenhang von ›imaginierten Gemeinschaften‹ und zeigt am Beispiel des Filipinos José Rizal und seines Romans *Noli me tangere* (1887), welchen Einfluß die Belletristik in diesem Prozeß hatte.[41] Die anhaltende Debatte über die Bedeutung der Französischen Revolution konzentriert sich heute vor allem auf die Rolle, die sie in der ›politischen Imagination‹ der Franzosen spielt.[42] Die Geschichte der Zauberei und Dämonologie wurde auch aus der Perspektive der kollektiven Vorstellungswelt erforscht, vom ›Sabbat‹-Mythos bis zur Projizierung geheimer Ängste und Wünsche auf individuelle Sündenböcke.[43] Kurz, der Grenzverlauf zwischen ›Kultur‹ und ›Gesellschaft‹ ist revidiert worden mit dem Ergebnis, daß sich das Reich der Kultur und der individuellen Freiheit ausgeweitet hat.

Probleme

Wie erfolgreich ist die neue Kulturgeschichte? Meiner Meinung nach entsprachen die oben beschriebenen Ansätze einer zwingenden Notwendigkeit. Sie sind nicht einfach Modeerscheinungen, sondern Antworten auf offensichtliche Schwächen in früheren Paradigmen. Das heißt nicht, daß alle Kulturhistoriker nach diesen Ansätzen arbeiten sollten – es ist sicherlich besser, wenn unterschiedliche Stile von Geschichtsschreibung gleichberechtigt nebeneinander bestehen, als wenn einer davon eine Monopolstellung erlangt. Jedenfalls ging die Polemik gegen das Althergebrachte manchmal zu weit. Die Betonung des Konstruktions- und Erfindungscharakters der Kultur beispielsweise überschätzt die Freiheit des Menschen im selben Maße, wie die ältere Definition von Kultur als ›Spiegelung‹ der Gesellschaft die Freiheit unterschätzte. Erfindung ist nie frei von Zwängen. Die Erfindung oder der Traum einer Gruppe kann einer anderen Gruppe zum Gefängnis werden. Tatsächlich gibt es revolutionäre Momente, in denen die schöpferischen Kräfte ihre maximale Entfaltung erleben und alles möglich zu sein scheint, aber auf diese Momente folgt immer eine kulturelle ›Kristallisierung‹.

Wie so häufig in der Geschichte der Wissenschaften – ganz zu schweigen vom Dasein überhaupt –, bringt der Versuch, bestimmte Probleme zu lösen, neue hervor, die mindestens genauso schwierig zu handhaben sind. Um zu illustrieren, welche Probleme die neuen Ansätze in der Kulturgeschichte nach wie vor enthalten, mag es hilfreich sein, einige Schwachpunkte zweier bekannter Bücher jüngeren Datums näher zu betrachten. Sie gehören zu den brillantesten kulturgeschichtlichen Arbeiten, die in den letzten zwei, drei Jahrzehnten veröffentlicht wurden. Gerade deshalb lohnt es sich – wie im Fall von Burckhardt und Huizinga –, ihre Schwächen zu analysieren.

In seinem Buch *The Embarrassment of Riches* (1987), einer Studie über die Republik der Vereinigten Niederlande im 17. Jahrhundert, beruft sich Simon Schama auf Émile Durkheim, Maurice Halbwachs und Mary Douglas; dem Beispiel dieser Ethnologen folgend konzentriert er sich auf gesellschaftliche Werte und ihre Einbettung ins Alltagsleben. Die Generalstaaten waren eine neue Nation, und Schama geht es um die Herausbildung – wenn nicht gar Erfindung – einer neuen Identität, wie sie im Selbstverständnis der Holländer zum Ausdruck kam: Sie sahen sich als ein zweites Israel, als ein erwähltes Volk, das sich vom Joch des spanischen Pharao befreit hatte. Diese neue Identität war es, so Schama, die das Alltagsleben beeinflußte, ja sogar formte. Nach seiner Auffassung war sie der Grund für den in Holland ungewöhnlich stark ausgeprägten Sinn für Privatheit und Häuslichkeit wie auch für die Sauberkeit holländischer Häuser, die von ausländischen Reisenden immer wieder konstatiert wurde. Sie zeigten der Welt, vor allem den südlichen beziehungsweise spanischen Niederländern, daß sie anders waren. Erstmals wird hier die obsessive Reinlichkeit der holländischen Hausfrauen als Teil der Geschichte der Niederlande präsentiert und nicht, wie in der Vergangenheit, lediglich als eine Randerscheinung viel wichtigerer Dinge betrachtet.

Die Schwäche des Buches – eine Schwäche, die es mit der Arbeit Burckhardts und Huizingas, aber auch mit der ethnologischen Tradition à la Durkheim teilt – besteht darin, daß es von einer kulturellen Einheit ausgeht. Auffassungen, die Kultur als ›Hervorbringung einer gesellschaftlichen Klasse‹ betrachten, lehnt Schama rundweg ab. Anders als zahlreiche Vertreter der neuen Kulturgeschichte hat er nie mit dem Marxismus sympathisiert. Er konzentriert sich ganz darauf, was den Holländern gemeinsam war, und verbreitet sich kaum über kulturelle Unterschiede oder Konflikte zwischen Regionen oder zwischen religiösen und gesellschaftlichen Gruppierungen. Den Reinlichkeitswahn interpretiert er als etwas typisch Holländisches und nicht als einen Versuch mittelständischer Stadtbewohnerinnen, sich von Bauern oder von ärmeren Nachbarn ihres Viertels zu unterscheiden. Dabei geht aus einer Gemeinschaftsstudie holländischer Historiker sehr deutlich hervor, daß Gegensätze und Konflikte zwischen Reich und Arm, Stadt und Land und nicht zuletzt zwischen Katholiken und Protestanten für die Geschichte der sogenannten ›Vereinigten Provinzen‹ im 17. Jahrhundert von entscheidender Bedeutung waren.[44] Daß es in beiden Kulturen eine ›Oranien‹-Partei gab beziehungsweise gibt, ist nicht die einzige Ähnlichkeit zwischen den nördlichen Niederländern des 17. und den Nordiren des 20. Jahrhunderts.

Carl Schorske spürt in seiner gleichfalls hochgelobten Studie dem Wien der Jahrhundertwende nach, der Stadt von Arthur Schnitzler, Otto Wagner, Karl Lueger, Sigmund Freud, Gustav Klimt, Hugo von Hofmannsthal und Arnold Schönberg. Seine scharfsinnigen Erkenntnisse über das Werk all dieser Männer, über die verschiedenen Künste, die sie ausübten, und über ihr soziales Milieu sollen uns hier nicht weiter interessieren; statt dessen wollen wir uns auf ein Einzelproblem allgemeinerer Art konzentrieren, nämlich auf die Spannung zwischen Einheit und Vielfalt. Schorske ist sich sehr wohl bewußt, welche Bedeutung den Subkulturen in der vielsprachigen Hauptstadt der Habsburger Monarchie zukam, die er zum Gegenstand seiner Untersuchung machte. Er hebt sogar die Zersplitterung der unterschiedlichen Gruppen von Intellektuellen hervor und die Fragmentierung der Kultur, »wobei jedes Feld Unabhängigkeit vom Ganzen verkündete und selbst noch in Teile zerfiel«.[45] Entsprechend gliedert sich auch seine eigene Untersuchung in sieben Essays über die verschiedenen Aspekte der Kultur im Wien des *Fin de siècle:* Literatur, Architektur, Politik, Psychoanalyse, Malerei und Musik.

Die Fragmentierung ist zweifellos eine ganz bewußte Option des Autors. Für eine Studie über die Moderne ist sie – zumindest symbolisch – die angemessene Methode.[46] Auch entspricht sie der erklärten Absicht Schorskes, »die geschichtliche Entwicklung jedes Bestandteils der modernen Kultur (gesellschaftliches Denken, Literatur, Architektur usw.) zu berücksichtigen, anstatt die vielfältige Wirklichkeit hinter vereinheitlichenden Definitionen zu verbergen«.[47] Der Verzicht auf oberflächliche Vermutungen über den *Zeitgeist* und die Bereitschaft, innere Entwicklungen ernst zu nehmen, gehören zu den zahlreichen Vorzügen dieser Studie.

Schorske interessiert sich auch für den ›Zusammenhalt‹ der jeweiligen ›kulturellen Elemente‹, die er in den verschiedenen Kapiteln beschreibt, und für ihre Beziehung zu einer gemeinsamen politischen Erfahrung, der ›Krise eines liberalen Gemeinwesens‹. Nicht von ungefähr trägt sein Buch im Original den Untertitel ›politics and culture‹: Auf diese Weise sollen ›interne‹ und ›externe‹ Erklärungen des kulturellen Wandels einander die Waage halten. In der Praxis freilich ist der Politik ein eigenes Kapitel gewidmet, ebenso wie der Malerei und der Musik. Wechselseitige Verbindungen sind angedeutet, werden jedoch nicht immer ausdrücklich benannt, zumindest nicht ausführlich. Erst in den letzten Absätzen kommt die Beziehung zwischen Schönberg und Kokoschka zur Sprache. Auf ein abschließendes Kapitel, das ein Versuch hätte sein können, die Fäden miteinander zu verknüpfen, hat der Autor verzichtet. Eine solche Entscheidung ist natürlich zu respektieren, egal welche Motive ausschlaggebend für sie waren – Bescheidenheit, Ehrlichkeit oder der Wunsch, es den Lesern freizustellen, eigene Schlüsse zu ziehen. In gewisser Hinsicht ist dieser Verzicht freilich eine Flucht aus der Verantwortung. Die *raison d'être* des Kulturhistorikers besteht nun einmal darin, Verbindungen zwischen unterschiedlichen Aktivitäten aufzudecken. Wenn das nicht zu leisten ist, könnte man genausogut die Architektur den Architekturhistorikern überlassen, die Musik den Musikhistorikern und so weiter.

Das grundlegende Problem, das sich den Kulturhistorikern heute stellt, lautet – zumindest aus meiner Sicht – folgendermaßen: Wie können sie Fragmentierung vermeiden, ohne zu der irreführenden Annahme der Homogenität einer bestimmten Gesellschaft oder Epoche zurückzukehren? Mit anderen Worten, wie sollen sie eine vorhandene Einheit (oder zumindest vorhandene Verbindungen) herausarbeiten, ohne die Vielfalt der Vergangenheit zu leugnen? In diesem Zusammenhang mag es nützlich sein, eine Reihe bemerkenswerter Arbeiten neueren Datums über die Geschichte kultureller Begegnungen heranzuziehen.

Das Begegnungsmodell

In den letzten Jahren haben sich die Kulturhistoriker immer mehr für Begegnungen interessiert, aber auch für den ›Zusammenprall‹ oder ›Konflikt‹ zwischen Kulturen, für ›Kontroverse‹ und ›Invasion‹, ohne die destruktiven Aspekte solcher Kontakte zu übersehen oder zu verharmlosen.[48] Die Historiker der Entdeckungs- oder Kolonialgeschichte haben ihrerseits angefangen, sich nicht nur mit den ökonomischen, gesellschaftlichen und politischen, sondern auch mit den kulturellen Auswirkungen der europäischen Expansion zu beschäftigen.

Natürlich darf man diese Begegnungen nicht so behandeln, als hätten sie zwischen zwei Kulturen stattgefunden, denn das wäre ein Rückfall in die Sprache der kulturellen Homogenität und in die Vorstellung, Kulturen seien objektiv umgrenzte Einheiten (im Bewußtsein von Individuen mögen Begrenzungen eine wichtige Rolle spielen, aber in der Praxis werden Grenzen permanent überschritten). Hervorgehoben werden soll hier das relativ neue Interesse an der Art und Weise, wie die an einer Begegnung Beteiligten sich gegenseitig wahrnahmen und verstanden oder eben nicht verstanden. In mehreren Monographien der jüngeren Zeit wurde der Aspekt der Fehlübermittlung und der ›mißverstandenen Identität‹ zwischen den Konzepten zweier Kulturen herausgearbeitet – ein Mißverständnis, das den Prozeß der Koexistenz durchaus befördert haben mag. Auch ein Dialog zwischen Gehörlosen ist immer noch eine Art Dialog.[49] Beispielsweise gingen christliche Missionare in Afrika oder anderswo häufig davon aus, sie hätten die einheimische Bevölkerung ›bekehrt‹, da aus ihrer Sicht die Akzeptanz des eifernden Christengottes zwangsläufig die Ablehnung anderer Religionen implizierte. Dagegen haben einige Afrikanisten die Ansicht vertreten, daß manche der Bekehrten sich möglicherweise bestimmte spirituelle Techniken aneignen wollten, um sie in das einheimische Religionssystem zu integrieren (siehe oben, S. 208). Wer hier wen manipulierte, läßt sich nur schwer sagen, aber eines ist zumindest klar: Die Protagonisten einer solchen Begegnung operierten jeweils mit unterschiedlichen Definitionen der Situation.[50]

In einigen bemerkenswerten Publikationen haben historische Anthropologen die ›Sicht des Besiegten‹ zu rekonstruieren versucht, die Art und Weise, wie die Karaiben Kolumbus wahrnahmen, die Azteken Cortés oder die Inka Pizarro.[51] Die größte Kontroverse in diesem Zusammenhang dreht sich um die Begegnung der Hawaiianer mit Captain Cook und seinen Matrosen. Zunächst untersuchte der Kunsthistoriker Bernard Smith europäische Wahrnehmungen der Begegnung, wobei er sich an den Warburgschen Geschichten der Schemata orientierte. Später versuchte der Ethnologe Marshall Sahlins, die Perspektive der Hawaiianer zu rekonstruieren. Er fand heraus, daß Cook genau zu der Jahreszeit eintraf, als die Hawaiianer ihren Gott Lono erwarteten, woraus er schloß, daß sie die Ankunft Cooks als eine Manifestation des Gottes wahrnahmen und somit das außergewöhnliche Ereignis – die Ankunft von Fremden – kulturell assimilierten. Diese These hat ihrerseits Einwände hervorgerufen, und die Debatte geht weiter.[52] Auch westliche Sinologen, die sich immer wieder damit beschäftigt haben, auf welche Weise die Chinesen von europäischen Missionaren und Diplomaten wahrgenommen wurden, denken inzwischen ernsthaft darüber nach, wie sich die Abendländer den Chinesen darstellten.[53] So gibt es etwa die These, daß die Jungfrau Maria in China der einheimischen Gnadengöttin Kuan Yin anverwandelt wurde, während man sie in Mexiko mit der Göttin Tonantzin in Verbindung brachte, woraus das Zwitterwesen der Madonna von Guadalupe entstand.[54]

Wenn ich – obwohl europäischer Historiker, der über Europa forscht – diese Beispiele aus Asien, Afrika, Amerika und dem Pazifikraum zitiert habe, so aus zwei Gründen. Zum einen haben einige der zur Zeit spannendsten kulturgeschichtlichen Forschungsarbeiten an Grenzen stattgefunden – an den Grenzen des Gegenstandes, an den Grenzen Europas. Zum anderen kann diese Grenzarbeit uns allen nur zur Inspiration dienen. Es gibt keine Kultur, die eine Insel wäre, nicht einmal Hawaii oder Großbritannien. Da dies so ist, sollte es auch möglich sein, mit Hilfe des Begegnungsmodells die Geschichte unserer eigenen Kultur beziehungsweise Kulturen zu studieren: nicht als homogen, sondern als verschiedenartig, nicht als singulär, sondern als vielfältig sollten wir sie begreifen. Begegnungen und Wechselwirkungen sollten deshalb die Praktiken und Vorstellungen ergänzen, die Chartier als die wichtigsten Forschungsgegenstände der neuen Kulturgeschichte beschrieben hat. Schließlich ist, wie Edward Said kürzlich bemerkte, die Geschichte aller Kulturen eine Geschichte von Kulturanleihen.[55]

Die Geschichte großer Weltreiche liefert prägnante Beispiele für kulturelle Wechselwirkungen. In einem Buch über die Grenzen der Hellenisierung hat der Historiker Arnaldo Momigliano die wechselseitige Beeinflussung zwischen Griechen, Römern, Kelten, Juden und Persern innerhalb und außerhalb des Römischen Reiches untersucht.[56] Als die sogenannten ›Barbaren‹ in das Imperium eindrangen, setzte ein Prozeß kultureller Interaktion ein, der nicht nur zur Romanisierung der Invasoren führte, sondern auch zu seinem Gegenteil, der ›Gotisierung‹ der Römer. Unter diesem Aspekt ließe sich auch die Grenze zwischen dem Osmanischen Reich und der Christenheit im Spätmittelalter und in der Frühen Neuzeit untersuchen.

So gibt es etwa eine Studie über religiöse Wechselwirkung – der Autor spricht in diesem Zusammenhang von ›Transfer‹ – auf nichtoffizieller Ebene, zum Beispiel Pilgerreisen von Moslems zu Schreinen christlicher Heiliger und umgekehrt. Kunsthistoriker haben die gemeinsame materielle Kultur in Grenzgebieten untersucht, etwa die Verwendung des türkischen Krummsäbels durch polnische Truppen. Literaturhistoriker haben die Helden in der Epik auf beiden Seiten der Grenze verglichen, etwa den griechischen Digenes Akritas und den türkischen Dede Korkut. Kurz gesagt, das Grenzgebiet, ob moslemisch oder christlich, hatte viele Gemeinsamkeiten, ganz im Gegensatz zu den rivalisierenden Zentren Istanbul und Wien.[57]

Ähnliches ließe sich auch für das mittelalterliche Spanien feststellen. Seit Américo Castro, einem Forscher der vierziger Jahre, haben diverse Historiker immer wieder die Symbiose oder *convivencia* spanischer Juden, Christen und Moslems und ihren interkulturellen Austausch hervorgehoben. Jüdische Gelehrte etwa sprachen und schrieben fließend Arabisch, und die hebräische Poesie war von arabischer Lyrik beeinflußt. Ebenso wie an der östlichen Grenze Europas verwendeten auch hier die Krieger beider Seiten ähnliche Waffen und hatten offenbar auch ähnliche Wertvorstellungen. In der materiellen Kultur der ›Mozaraber‹ (Christen unter moslemischer Herrschaft) und ›Mudejaren‹ (Moslems unter christlicher Herrschaft) fusionierten Elemente aus beide Traditionen. Manche katholische Kirchen (wie auch manche Synagogen) wurden im moslemischen Stil gebaut, das heißt mit maurischen Bögen, Kacheln und geometrischen Ornamenten auf Türen und an Decken. Im allgemeinen läßt sich nicht feststellen, ob Keramiken und andere Artefakte im ›spanisch-maurischen‹ Stil von oder für Christen beziehungsweise Moslems hergestellt wurden, da das Themenrepertoire beiden Kulturen gemeinsam war.[58]

Auch Sprache und Literatur beeinflußten sich gegenseitig. Viele Menschen waren zweisprachig. Manche schrieben Spanisch in arabischen Schriftzeichen, andere Arabisch im lateinischen Alphabet. Es gab Leute, die zwei Namen benutzten, einen spanischen und einen arabischen, was auf eine doppelte Identität schließen läßt. Ritterromane ähnlichen Stils waren auf beiden Seiten der religiösen Grenze beliebt (siehe Kapitel IX). Manche Gedichte wechseln innerhalb einer Zeile vom Spanischen zum Arabischen über: *Que faray Mamma? Meu l'habib est' ad yana!* (»Was soll ich tun, Mutter? Mein Geliebter ist an der Tür!«) Die spektakulärsten Beispiele von Symbiose finden sich in den Praktiken der Volksreligion. Wie an der Grenze zwischen dem Osmanischen und dem Habsburger Reich gab es Schreine, etwa den von San Ginés, die von Moslems und Christen gleichermaßen verehrt wurden.[59]

Die Kulturgeschichte anderer Nationen ließe sich anhand von Begegnungen zwischen verschiedenen Regionen schreiben, etwa Nord und Süd in Italien, in Frankreich oder sogar England. Im Nordamerika der Kolonialzeit hat David Fischer vier regionale Kulturen oder ›traditionelle Lebensformen‹ ausgemacht, die von vier verschiedenen Einwanderergruppen getragen wurden: Engländer aus East Anglia in Massachusetts, aus Südengland in Virginia, aus den Midlands in Delaware und von der englisch-schottischen Grenze im ›Hinterland‹. Sprach- und Baustile wie auch politische und religiöse Einstellungen bewahrten sich jahrhundertelang ihre spezifischen Eigenheiten.[60]

Dieses Beispiel eröffnet der kulturgeschichtlichen Forschung eine völlig neue Perspektive: Kulturgeschichte verstanden als Prozeß der Wechselwirkung zwischen verschiedenen Subkulturen, zwischen männlich und weiblich, städtisch und ländlich, katholisch und protestantisch, moslemisch und hinduistisch und so weiter. Jede Gruppe definiert sich selbst in Abgrenzung zu anderen, entwickelt aber ihren eigenen kulturellen Stil – wie das Beispiel englischer Jugendgruppen in den siebziger Jahren zeigt –, indem sie sich bestimmte Elemente aus einem gemeinsamen Fundus aneignet und sie zu einem System mit neuer Bedeutung verdichtet.[61]

Es gibt zwei soziologische Konzepte, die von den Kulturhistorikern ernster genommen werden sollten, als dies zur Zeit noch der Fall ist: das Konzept der ›Subkultur‹, das mit Vielfalt innerhalb eines gemeinsamen Systems zu tun hat, und das Konzept der ›Gegenkultur‹, das versucht, die Werte der herrschenden Kultur auf den Kopf zu stellen.[62] Der Vorteil des Konzepts der Subkultur besteht darin, daß es manche Probleme deutlicher zutage treten läßt als zuvor. Schließt die Subkultur jeden Aspekt des Lebens ihrer Angehörigen ein oder nur bestimmte Bereiche? Ist es möglich, gleichzeitig mehreren Subkulturen anzugehören? Gab es mehr Gemeinsamkeiten zwischen zwei Juden, von denen einer Italiener, oder zwischen zwei Italienern, von denen einer Jude war?[63] Ist das Verhältnis zwischen Hauptkultur und Subkultur komplementär oder konfliktbeladen?

Gesellschaftsklassen wie auch Religionen lassen sich als Subkulturen analysieren. Edward Thompson war ein entschiedener Gegner jener Auffassung, die Kultur als eine Art Solidargemeinschaft begreift und den Gemeinsamkeiten von Bedeutungen Vorrang einräumt gegenüber Bedeutungskonflikten. Ironischerweise wurde er selbst wegen des kommunitaristischen Modells von Arbeiterkultur kritisiert, das seinem berühmten Werk *The Making of the English Working-Class* zugrunde liegt. Einen Ansatzpunkt, über dieses Modell hinauszugehen, liefert uns Pierre Bourdieu, aus dessen Ethnographie des zeitgenössischen Frankreich sehr deutlich wird, in welchem Maße die Bourgeoisie und die Arbeiterklasse sich jeweils in Abgrenzung zueinander definiert haben.[64] Ähnlich haben auch zwei schwedische Ethnologen auf geradezu exemplarische Weise vorgeführt, daß die Entstehung des schwedischen Mittelstandes erst in Zusammenhang mit dem Bemühen seiner Angehörigen zu begreifen ist, sich sowohl vom Adel als auch von der Arbeiterklasse in bestimmten kulturellen Bereichen – etwa in der Einstellung zu Zeit und Raum, zu Schmutz und Sauberkeit – zu unterscheiden.[65] Die Solidarität innerhalb einer Gruppe ist normalerweise dann am stärksten, wenn diese sich in einem besonders heftigen Konflikt mit Außenstehenden befindet. So gesehen könnten auch die Kulturhistoriker – in einer Zeit der Überspezialisierung und der Desintegration – einen Beitrag zur Erneuerung der Geschichtswissenschaft leisten, nachdem sie in nationale, regionale und fachliche Fragmente zerfallen ist.

Konsequenzen

Im Falle von Begegnungen zwischen verschiedenen Kulturen vermag sich die oben beschriebene Wahrnehmung des Neuen anhand des Alten normalerweise nicht dauerhaft zu behaupten. Die neuen Erfahrungen bedrohen die alten Kategorien zunächst, um sie dann zu unterminieren. Die traditionelle ›Kulturordnung‹, wie der amerikanische Ethnologe Marshall Sahlins sie nennt, bricht bisweilen unter dem Druck der Assimilationsversuche zusammen.[67] Die nächste Phase ist von Kultur zu Kultur verschieden, wobei das Spektrum von Assimilation über Adaptation und Widerstand bis zu Ablehnung reicht: Man denke etwa an den Widerstand gegen den Protestantismus in der mediterranen Welt, wie er von Fernand Braudel beschrieben wurde.[68] Die Frage, warum die Angehörigen mancher Kulturen ein besonderes Interesse an dem Neuen oder dem Exotischen haben, ist gleichermaßen faszinierend und schwer zu beantworten. Das Argument, integriertere Kulturen seien relativ geschlossen, während offene, rezeptive Kulturen einen geringeren Grad an Integration besäßen, läuft leicht Gefahr, sich im Kreise zu drehen, zumindest aber hat es den Vorteil, daß es das Problem aus dem Blickwinkel des Empfängers präsentiert.[69] Die folgenden Ausführungen werden sich mehr auf den Aspekt der Rezeptivität als auf den des Widerstands konzentrieren.

Nicht von ungefähr waren es Wissenschaftler aus Gesellschaften der Neuen Welt, die die Konsequenzen der Begegnungen zwischen verschiedenen Kulturen als erste systematisch untersuchten, hatten die Begegnungen hier doch besonders dramatische Formen angenommen. Zu Beginn des Jahrhunderts beschrieben nordamerikanische Ethnologen, unter ihnen der deutsche Einwanderer Franz Boas, die Veränderungen in den indianischen Kulturen, die sich aus dem Kontakt mit der Kultur der Weißen ergaben, als Phänomene der ›Akkulturation‹, das heißt der Übernahme von Elementen aus der herrschenden Kultur. Melville Herskovits, ein Schüler von Boas, definierte Akkulturation als ein Phänomen, das umfassender ist als Diffusion, und versuchte zu erklären, weshalb manche Merkmale in die rezipierende Kultur integriert wurden, andere aber nicht.[70] Diese Akzentuierung der Selektion beziehungsweise des Filterns von Merkmalen hat sich als sehr erhellend erwiesen. Am Beispiel der spanischen Eroberung Mexikos und Perus ist nachgewiesen worden, daß die Indianer bestimmte kulturelle Elemente aus der ›Spenderkultur‹ übernahmen, für die es keine einheimischen Äquivalente gab. Man hat außerdem die These vertreten, daß die Übernahme neuer Elemente nach einigen Jahren zurückgeht: Auf eine Phase der Aneignung folgt die kulturelle ›Kristallisierung‹.[71]

An diesem Punkt haben die Kulturwissenschaftler, angefangen bei den Religionshistorikern der antiken mediterranen Welt, häufig von ›Synkretismus‹ gesprochen. Besonders Herskovits interessierte sich für den religiösen Synkretismus, etwa die Gleichsetzung von traditionellen afrikanischen Göttern und katholischen Heiligen auf Haiti und Kuba, in Brasilien und anderswo. Gilberto Freyre, ebenfalls ein Schüler von Boas, interpretierte die Geschichte des kolonialen Brasilien als Entstehung einer, wie er sie nannte, ›hybriden Gesellschaft‹ beziehungsweise als ›Fusion‹ verschiedener kultureller Traditionen.[72] Der Renaissancehistoriker Edgar Wind verwendete den Begriff ›Kreuzungen‹, um die Wechselwirkung zwischen heidnischer und christlicher Kultur zu beschreiben. Damit wollte er seine Kritik einer Sicht zum Ausdruck bringen, die die Säkularisierung der Renaissancekultur nur einspurig analysiert, denn er argumentierte, daß bei Kreuzungen stets eine gegenseitige Beeinflussung stattfindet: Zwar konnte »eine Madonna oder Magdalena wie eine Venus dargestellt [werden]«, aber »ebenso gibt es in der bildenden Kunst der Renaissance viele Darstellungen der Venus, auf denen die Göttin einer Madonna oder Magdalena gleicht«.[73]

Mit einer vergleichbaren Begründung plädierte der kubanische Soziologe Fernando Ortiz dafür, den Begriff ›Akkulturation‹ durch ›Transkulturation‹ zu ersetzen, da sich ja beide Kulturen als Resultat ihrer Begegnung veränderten, nicht nur die sogenannte ›Spenderkultur‹. Ortiz war auch einer der ersten, der anregte, wir sollten von der Entdeckung des Kolumbus durch Amerika sprechen.[74] Ein gutes Beispiel für diese Art von umgekehrter Akkulturation – die Eroberer werden erobert – liefern die ›Kreolen‹: Diese Männer und Frauen waren zwar europäischer Abstammung, wurden aber in Amerika geboren und im Laufe der Zeit in ihrer Kultur und ihrem Bewußtsein immer mehr zu Amerikanern.[75]

Die Assimilierung christlicher Heiliger an nicht christliche Götter und Göttinnen wie die westafrikanische Shango, die chinesische Kuan Yin oder die aztekische Tonantzin hat ihre europäischen Entsprechungen. Bereits Erasmus wies darauf hin, daß ein ähnlicher Prozeß in der Zeit des Frühchristentums stattgefunden habe, als Heilige wie St. Georg an Götter und Helden wie Perseus assimiliert worden sind. ›Akkomodation‹ war der traditionell verwendete Ausdruck, mit dem dieser Prozeß im 16. Jahrhundert (wie auch in der Frühkirche) beschrieben wurde, als jesuitische Missionare etwa in China oder Indien das Christentum in das kulturelle Idiom der einheimischen Bevölkerung zu übertragen versuchten, indem sie es als mit vielen Werten der Mandarine oder Brahmanen kompatibel darstellten.

In einer Zeit wie der unseren, die zunehmend geprägt ist von intensiven kulturellen Begegnungen aller Art, ist es nur natürlich, wenn die Wissenschaft sich mit diesem Problem auseinandersetzt. Es gibt eine Vielzahl von Begriffen, die an verschiedenen Orten und in verschiedenen Disziplinen verwendet werden, um die Prozesse der wechselseitigen Beeinflussung zu beschreiben: Kulturanleihe, Aneignung, Austausch, Rezeption, Transfer, Verhandlung, Widerstand, Synkretismus, Akkulturation, Enkulturation, Inkulturation, Interkulturation, Transkulturation, Bastardierung *(mestizaje)*, Kreolisierung, Interaktion und Interpenetration von Kulturen. Angesichts des neuerwachten Interesses an der bereits erwähnten Kunst der Mudejaren (das seinerseits mit einer wachsenden Aufmerksamkeit gegenüber der moslemischen Welt zusammenhängt) sprechen manche Spanier heute von einem Prozeß des ›Mudejarismus‹, der in ihrer Kulturgeschichte stattfindet.[76] Einige dieser neuen Begriffe mögen exotisch, ja barbarisch klingen. Ihre Vielfalt dokumentiert nur allzu gut, wie sehr die akademische Welt heute zersplittert ist. Gleichzeitig offenbaren sie aber auch eine neue Konzeption von Kultur als *bricolage* [Bastelei], in der dem Prozeß der Aneignung und Assimilation keine marginale, sondern eine zentrale Bedeutung zukommt.

Es bleiben begriffliche wie empirische Probleme. So hat man beispielsweise die Idee des ›Synkretismus‹ verwendet, um die verschiedensten Situationen zu beschreiben, vom kulturellen ›Mixing‹ bis zur Synthese. Durch die beliebige Verwendung des Begriffs wird eine ganze Reihe von Problemen aufgeworfen oder genauer gesagt: kaschiert.[77]

Dazu gehört auch das Problem der Intentionen der Handelnden, ihrer Interpretation dessen, was sie tun, also der ›emic‹ Gesichtspunkt (siehe oben, S. 259). Beispielsweise müssen wir bei der Interaktion zwischen Christentum und afrikanischen Religionen verschiedene Szenarien berücksichtigen. Dem Selbstverständnis afrikanischer Herrscher mag es sich durchaus so dargestellt haben, daß sie es waren, die neue Elemente in ihre traditionelle Religion integrierten. Im Falle des ›Synkretismus‹ afrikanischer Sklaven in Amerika – etwa ihrer Gleichsetzung der heiligen Barbara mit Shango – ist es sehr gut möglich, daß sie eine defensive Taktik verfolgten und sich nach außen hin dem Christentum anpaßten, während sie in Wirklichkeit ihren traditionellen Glauben beibehielten. Andererseits wäre, was die Religion im heutigen Brasilien betrifft, der Begriff ›Pluralismus‹ eher angebracht als Synkretismus, denn dieselben Menschen praktizieren unter Umständen mehrere Kulte, so wie Patienten sich möglicherweise nach verschiedenen medizinischen Systemen behandeln lassen.

Um zur ›traditionellen‹ Sprache zurückzukehren: Individuen können Zugang zu verschiedenen Traditionen haben und sich je nach Situation für die eine oder die andere entscheiden, oder aber Elemente aus beiden übernehmen, um daraus etwas ganz Eigenes zu machen. Vom ›emic‹ Standpunkt aus müßte der Historiker die Logik erforschen, die diesen Aneignungen und Kombinationen zugrunde liegt, die jeweiligen Gründe für diese Entscheidungen. Genau deshalb haben manche Historiker die Reaktionen individueller Personen auf die Begegnungen zwischen verschiedenen Kulturen untersucht, vor allem derer, die ihr Verhalten änderten – ob wir sie nun, aus der Perspektive ihrer neuen Kultur, ›Konvertiten‹ nennen oder, aus der Sicht ihrer alten, ›Renegaten‹. Es geht darum, diese individuellen Fälle – Christen, die im Osmanischen Reich zu Moslems, oder Engländer, die in den nordamerikanischen Kolonien zu Indianern wurden – als extreme und besonders gut sichtbare Beispiele von Reaktionen auf die Situation der Begegnung zu untersuchen und sich dabei vor allem auf die Frage zu konzentrieren, was sie taten, um ihre Identität zu rekonstruieren.[78] Wie komplex die Situation ist, zeigt sich sehr gut an der Untersuchung über eine Gruppe brasilianischer Schwarzer, Nachfahren von Sklaven, die nach Westafrika zurückkehrten, weil sie es als ihre Heimat betrachteten, und die dann feststellen mußten, daß sie von den Einheimischen als Amerikaner wahrgenommen wurden.[79]

Von außen gesehen sind diese Menschen natürlich Beispiele für den allgemeinen Prozeß des ›Synkretismus‹. Es ist angeregt worden, diesen Begriff ausschließlich für die ›temporäre Koexistenz‹ von Elementen aus verschiedenen Kulturen zu verwenden und sie damit von einer echten ›Synthese‹ zu unterscheiden.[80] Aber wie lang ist ›temporär‹? Können wir davon ausgehen, daß die Synthese oder Integration auf Dauer zwangsläufig den Sieg davonträgt? Kein Wunder, daß wir heutzutage allenthalben erleben, wie dem Antisynkretismus oder der Desintegration das Wort geredet wird, daß Kampagnen zur Wiederherstellung ›authentischer‹ oder ›reiner‹ Traditionen um sich greifen.[81]

Das Konzept der kulturellen ›Hybridität‹ und der dazugehörige Begriffsapparat sind nicht minder problematisch.[82] Es passiert allzuleicht (und Freyre ist ein typisches Beispiel dafür), daß in Diskussionen nicht präzise getrennt wird zwischen praktizierter und metaphorischer Rassenmischung, sei es, daß man das Loblied der Fremdbefruchtung singt, sei es, daß man die ›Bastard‹- oder ›Mischlings‹-Formen von Kultur verdammt, die sich aus diesem Prozeß ergeben. Ist der Begriff ›Bastardierung‹ deskriptiv oder explanativ gemeint? Sollen neue Formen im Verlauf einer kulturellen Begegnung aus sich selbst heraus entstehen, oder sind sie das Werk kreativer Individuen?

Eine weitere Möglichkeit, sich mit den Konsequenzen kultureller Begegnungen auseinanderzusetzen, bietet die Linguistik.[83] Das Zusammentreffen von Kulturen wie auch von Sprachen ließe sich anhand des Aufkommens des Pidgin, einer stark reduzierten Form von Sprache zum Zweck der interkulturellen Kommunikation, und danach des Kreolischen beschreiben. ›Kreolisierung‹ findet statt, wenn eine Pidgin-Sprache eine komplexere Struktur entwickelt, da sie immer häufiger als erste Sprache und zu allgemeinen Zwecken verwendet wird. Nach Auffassung der Linguisten sollte das, was früher als Fehler, als ›gebrochenes‹ Englisch oder ›Küchen‹-Latein wahrgenommen wurde, als eine Spielart von Sprache mit ihren eigenen Regeln betrachtet werden. Ähnliches ließe sich etwa auch über die Sprache der Architektur an der Grenze zwischen verschiedenen Kulturen sagen.

In bestimmten Zusammenhängen ist die beste linguistische Analogie vielleicht eine ›gemischte Sprache‹, wie die *media lengua* in Ecuador, die spanischen Wortschatz mit Quechua-Syntax kombiniert, oder das ›makkaronische‹ Latein, das in Kapitel VIII erörtert wurde. In der Renaissance zum Beispiel überlagerten die Ornamente eines bestimmten Baustils (des klassischen) manchmal die Strukturen eines anderen (des gotischen). In anderen Zusammenhängen wäre eine bessere Analogie vielleicht diejenige der Zweisprachigen, die je nach Situation von einer Sprache zur anderen ›umschalten‹. Wie wir am Beispiel einiger Japaner des 19. Jahrhunderts gesehen haben, ist es durchaus möglich, bikulturell zu sein, ein Doppelleben zu führen, von einem kulturellen Code zum anderen umzuschalten.

Doch kehren wir zur heutigen Situation zurück. Manche Beobachter sind von der Homogenisierung der Weltkultur, vom ›Coca-Cola-Effekt‹, beeindruckt, aber oft übersehen sie dabei die Kreativität der Rezeption und die Neubestimmung von Bedeutungen, wie sie weiter oben erörtert wurden. Andere sehen überall ›Mixing‹ am Werk und hören nur noch Pidgin. Manche glauben sogar eine neue Ordnung zu erkennen, die ›Kreolisierung der Welt‹.[84] Einer der großen Kulturwissenschaftler unseres Jahrhunderts, der russische Gelehrte Michail Bachtin, verwendete immer wieder den Begriff der ›Heteroglossia‹, mit anderen Worten, die Vielfalt und der Konflikt von Sprachen und Standpunkten, aus denen sich nach seiner Auffassung neue

Formen von Sprachen und neue Formen von Literatur (namentlich der Roman) entwickelt haben.[85]

Damit wären wir wieder beim grundlegenden Problem der Einheit und Vielfalt, nicht nur in der Kulturgeschichte, sondern in der Kultur selbst. Es kommt darauf an, zwei gegensätzliche grobe Vereinfachungen zu vermeiden: die Auffassung von Kultur als etwas Einheitliches, blind für Unterschiede und Konflikte, und die Auffassung von Kultur als etwas grundsätzlich Zersplittertes, die übersieht, auf welche Weise wir uns alle unsere individuellen oder sozialen Mischungen, Synkretismen oder Synthesen schaffen. Aus der Interaktion von Subkulturen entsteht bisweilen eine Einheit scheinbarer Gegensätze. Hören Sie nur einmal mit geschlossenen Augen einen Südafrikaner sprechen: Sie werden nicht ohne weiteres sagen können, ob es ein Schwarzer oder ein Weißer ist, der da spricht. Ist es denkbar, daß die schwarze und die weiße Kultur in Südafrika – trotz ihrer Gegensätze und Konflikte – aufgrund jahrhundertelanger Interaktion noch andere Gemeinsamkeiten haben? Es lohnt sich immerhin, diese Frage zu stellen.

Ein Außenstehender, ob Historiker oder Ethnologe, wird diese Frage zweifellos mit ›Ja‹ beantworten, da die Ähnlichkeiten ganz offensichtlich die Unterschiede überwiegen. Für Insider jedoch werden die Unterschiede wahrscheinlich größer sein als die Ähnlichkeiten. Dieser Aspekt der perspektivischen Unterschiede gilt vermutlich für viele kulturelle Begegnungen. Deshalb sollte eine Kulturgeschichte, die um Begegnungen kreist, auch nicht aus einem einzigen Blickwinkel geschrieben werden. Eine solche Geschichte muß, um es mit Michail Bachtin auszudrücken, ›polyphon‹ sein. Anders gesagt, sie muß in sich selbst eine Vielfalt an Sprachen und Standpunkten bergen – die von Siegern und Besiegten, von Männern und Frauen, von Insidern und Außenstehenden, von Zeitgenossen und Historikern.

1 Stuart Hall, »Cultural Studies: Two Paradigms«, 1980, Nachdruck in: John Storey (Hrsg.), *What is Cultural Studies?*, London 1996; Graeme Turner, *British Cultural Studies*, 1990, London ²1996; Storey (1996)

2 Gerd Baumann, *Contesting Culture: Discourses of Identity in Multi-ethnic London*, London 1996, S. 4, 34

3 Johan Huizinga, »The Task of Cultural History«, 1929 in: ders., *Men and*

Ideas, New York 1960, S. 17–76; vgl. Felix Gilbert, *Geschichte: Politik oder Kultur? Rückblick auf einen klassischen Konflikt*, Frankfurt a.M. 1992, S. 49–80

4 Roy Wagner, *The Invention of Culture*, 1975, Chicago ²1981, S. 21

5 Frederick Antal, *Florentine Painting and its Social Background*, London 1947; Francis Klingender, *Kunst und industrielle Revolution*, Dresden 1974; Arnold Hauser, *Sozialgeschichte der Kunst und Literatur*, München 1953

6 Raymond Williams, *Gesellschaftstheorie als Begriffsgeschichte. Studien zur historischen Semantik von Kultur*, München 1972; ders., *The Long Revolution*, London 1961; Edward P. Thompson, *Die Entstehung der englischen Arbeiterklasse*, Hamburg 1981

7 Edward P. Thompson, *Customs in Common*, 1991, Harmondsworth ²1993, S. 7

8 Raymond Williams, *Marxism and Literature*, Oxford 1977

9 Bronislaw Malinowski, »Culture«, in: *Encyclopaedia of the Social Sciences*, Bd. 4, Nachdruck New York 1948, S. 621–645; vgl. Milton Singer, »The Concept of Culture«, in: D. L. Sills (Hrsg.), *International Encyclopaedia of the Social Sciences*, Bd. 3, New York 1968, S. 527–543

10 Huizinga (1929); S. 76

11 Thompson (1991), S. 6

12 Ernst H. Gombrich, »Die Krise der Kulturgeschichte«, 1969, in: ders., *Die Krise der Kulturgeschichte*, Stuttgart 1983, S. 27–64

13 Peter Burke, *Helden, Schurken und Narren,* Stuttgart 1981, S. 36–76

14 Johannes Witte, *Japan zwischen zwei Kulturen*, Leipzig 1928; Edward Seidensticker, *Low City, High City: Tokyo from Edo to the Earthquake, 1867–1923*, Harmondsworth 1983

15 Aby Warburg, *Gesammelte Schriften*, 2 Bde., Leipzig/Berlin 1932; Jean Seznec, *Das Fortleben der antiken Götter*, München 1990

16 Warburg (1932), Bd. 1, S. 3–58, 195–200

17 Johannes C. Heesterman, *The Inner Conflict of Traditions*, Chicago 1985, S. 10–25

18 Benjamin Schwartz, »Some Polarities in Confucian Thought«, in: David S. Nivison/Arthur F. Wright, *Confucianism in Action*, Stanford 1959, S. 50–62

19 Eric Hobsbawm/Terence O. Ranger (Hrsg.), *The Invention of Tradition*, Cambridge 1983, S. 263–307

20 Hans Bak (Hrsg.), *Multiculturalism and the Canon of American Culture*, Amsterdam 1993

21 Jean-François Lyotard, *Das postmoderne Wissen. Ein Bericht*, Graz 1986; William J. Bouwsma, *A Usable Past*, Berkeley 1990, S. 348–365

22 Jan Gorak, *The Making of the Modern Canon: Genesis and Crisis of a Literary Idea*, London 1991; Daniel Javitch, *Proclaiming a Classic: the Canonization of the Orlando Furioso*, Princeton 1991

23 Lynn Hunt (Hrsg.), *The New Cultural History*, Berkeley 1989; vgl. Roger

Chartier, *Cultural History between Practices and Representations*, Cambridge 1988

24 Stephen Greenblatt, *Verhandlungen mit Shakespeare. Innenansichten der englischen Renaissance*, Berlin 1990; ders. (Hrsg.), *Representing the English Renaissance*, Berkeley/Los Angeles 1988

25 Thomas O. Beidelman (Hrsg.), *The Translation of Culture*, London 1971; David Lowenthal, *The Past is a Foreign Country*, Cambridge 1985; Gísli Pálsson, *Beyond Boundaries: Understanding, Translation and Anthropological Discourse*, Oxford 1993

26 Robert Darnton, *Das große Katzenmassaker. Streifzüge durch die französische Kultur vor der Revolution*, München 1989, S. 12; Maria Lúcia Pallares-Burke, *Nísia Floresta, O Carapuceiro e Outras Ensaios de Tradução Cultural*, São Paulo 1996

27 Edward Said, *Orientalismus*, Frankfurt a.M. 1981

28 Malinowski (1931), S. 621; Clifford Geertz, »Dichte Beschreibung. Bemerkungen zu einer deutenden Theorie von Kultur«, in: ders., *Dichte Beschreibung*, Frankfurt a.M. 1983, S. 7–43, hier S. 43

29 Pierre Bourdieu, *Entwurf einer Theorie der Praxis. Auf der ethnologischen Grundlage der kabylischen Gesellschaft*, Frankfurt a.M. 1976; Jurij M. Lotman, »The Poetics of Everyday Behaviour in Eighteenth-Century Russia«, in: Ann Shukman (Hrsg.), *The Semiotics of Russian Culture*, Ann Arbor 1984, S. 231–256; Jonas Frykman/Orvar Löfgren (Hrsg.), *Force of Habit: Exploring Everyday Culture*, Lund 1996

30 Bourdieu (1976), S. 164 ff.

31 Martin J. Wiener, *English Culture and the Decline of the Industrial Spirit, 1850–1980*, Cambridge 1981

32 Francis S. L. Lyons, *Culture and Anarchy in Ireland, 1890–1939*, Oxford 1979

33 Louis Althusser, *Lenin und die Philosophie. Über die Beziehung von Marx zu Hegel / Lenins Hegel-Lektüre*, Reinbek 1974; Pierre Bourdieu/Jean-Claude Passeron, »Kulturelle Reproduktion und soziale Reproduktion«, in: Bourdieu/Passeron, *Grundlagen einer Theorie der symbolischen Gewalt*, Frankfurt a.M. 1973

34 Raymond Williams, *Culture*, London 1981, S. 181–205

35 Sem Dresden, »The Profile of the Reception of the Italian Renaissance in France«, in: Heiko Oberman/Thomas A. Brady (Hrsg.), *Itinerarium Italicum*, Leiden 1975, S. 119 ff.

36 Hans Robert Jauß, *Toward an Aesthetic of Reception*, Minneapolis 1982; Michel de Certeau, *Kunst des Handelns*, Berlin 1988; vgl. Paul Ricoeur, *Hermeneutics and the Human Sciences*, Cambridge 1981, S. 182–193

37 Michel Foucault, *Die Ordnung des Diskurses*, Frankfurt a.M. 1977, S. 7; Carlo Ginzburg, *Der Käse und die Würmer. Die Welt eines Müllers um 1600*, Frankfurt a.M. 1979

38 Eric Hobsbawm/Terence O. Ranger (1983); Edmund S. Morgan, *Inventing*

the People, New York 1988; Murray Pittock, *The Invention of Scotland*, London 1991; Nicolas Shumway, *The Invention of Argentina*, Berkeley 1991

39 Henry N. Smith, *Virgin Land*, Cambridge, Mass. 1950; Sergio Buarque de Holanda, *Visões de Paraíso*, Rio de Janeiro 1959; Bernard Smith, *European Vision and the South Pacific*, 1960, New Haven [2]1985

40 Jacob Burckhardt, *Die Kultur der Renaissance in Italien*, Basel 1860, Kap. 1; Johan Huizinga, *Herbst des Mittelalters*, München 1924

41 Benedict Anderson, *Die Erfindung der Nation. Zur Karriere eines folgenreichen Konzepts*, Frankfurt a.M. 1988, S. 34–36

42 François Furet, »La Révolution dans l'imaginaire politique français«, in: *Le Débat* 30, 1984, S. 173–181

43 Norman Cohn, *Europe's Inner Demons*, London 1975; Carlo Ginzburg, »Deciphering the Sabbath«, in: Bengt Ankarloo/Gustav Henningsen (Hrsg.), *Early Modern European Witchcraft*, Oxford 1990, S. 121–138; Robert Muchembled, »Satanic Myths and Cultural Reality«, in: Ankarloo/Henningsen (1990), S. 139–160; Stuart Clark, *Thinking with Demons*, Oxford 1997

44 Simon Schama, *Überfluß und schöner Schein. Zur Kultur der Niederlande im Goldenen Zeitalter*, München 1988; Pieter Boekhorst/Peter Burke/Willem Frijhoff (Hrsg.), *Cultuur en maatschappij in Nederland 1500–1850*, Meppel 1992

45 Carl E. Schorske, *Wien. Geist und Gesellschaft im Fin de Siècle*, Frankfurt a.M. 1982, 5. IX, XI

46 Vgl. Michael S. Roth (Hrsg.), »Performing History: Modernist Contextualism in Carl Schorske's Fin-de-Siècle Vienna«, in: *American Historical Review* 99, 1994, S. 729–745; ders. (Hrsg.), *Rediscovering History*, Stanford 1994, S. 3–4

47 Schorske (1982), S. 11

48 James Axtell, *The Invasion Within: the Contest of Cultures in Colonial North America*, New York 1985; Urs Bitterli, *Alte Welt – Neue Welt. Formen des europäisch-überseeischen Kulturkontakts vom 15. bis zum 18. Jahrhundert*, München 1986; Bernard Lewis, *Cultures in Conflict: Christians, Muslims and Jews in the Age of Discovery*, New York 1995

49 James Lockhart, »Sightings: Initial Nahua Reactions to Spanish Culture«, in: Stuart B. Schwartz (Hrsg.), *Implicit Understandings*, Cambridge 1994, S. 218–248, hier S. 219; Wyatt MacGaffey, »Dialogues of the Deaf: Europeans on the Atlantic Coast of Africa«, in: Stuart B. Schwartz (1994), S. 249–267, hier S. 259–260

50 Smith (1960); Gwyn Prins, *The Hidden Hippopotamus*, Cambridge 1980; Wyatt MacGaffey, *Religion and Society in Central Africa*, Chicago 1986, S. 191–216; vgl. Anne Hilton, *The Kingdom of Kongo*, Oxford 1985

51 Miguel León-Portilla, *Visión de los vencidos*, Mexico City 1959; Nathan Wachtel, *The Vision of the Vanquished*, Hassocks 1977; Peter Hulme, *Colonial Encounters*, London 1987; Inga Clendinnen, *Aztecs*, Cambridge 1992

52 Smith (1960); Marshall Sahlins, *Islands of History*, Chicago 1985; Gananath Obeyesekere, *The Apotheosis of Captain Cook*, Princeton 1992; Marshall Sahlins, *How ›Natives‹ Think*, Chicago 1995
53 Jacques Gernet, *China and the Christian Impact*, Cambridge 1985; Jonathan Spence, *Der kleine Herr Hu*, München 1990
54 Charles R. Boxer, *Mary and Misogyny*, London 1975, Kap. 4; Jacques Lafaye, *Quetzlcóatl and Guadalupe: the Formation of the Mexican National Consciousness, 1531–1813*, Chicago 1976
55 Edward Said, *Kultur und Imperialismus. Einbildungskraft und Politik im Zeitalter der Macht*, Frankfurt a.M. 1993, S. 30
56 Arnaldo D. Momigliano, *Hochkulturen im Hellenismus. Die Begegnung der Griechen mit den Kelten, Römern, Juden und Persern*, München 1979
57 Frederick W. Hasluck, *Christianity and Islam under the Sultans*, 2 Bde., Oxford 1929; Andreas Angyal, »Die Welt der Grenzfestungen: Ein Kapitel aus der südosteuropäischen Geistesgeschichte des 16. und 17. Jhds.«, in: *Südost-Forschungen* 16, 1957, S. 311–342; Tadeusz Mankowski, *Orient w Polskiej Kulturze Artystycznej*, Wroclaw 1959; Halil Inalcik, *The Ottoman Empire: the Classical Age, 1300–1600*, London 1973, S. 186–202
58 Henri Terrasse, *L'art hispano-mauresque des origines au 13ᵉ siècle*, Paris 1932; ders., *Islam d'Espagne: une rencontre de l'Orient et de l'Occident*, Paris 1958
59 Américo Castro, *The Structure of Spanish History*, Princeton 1954; Samuel M. Stern (Hrsg.), *Les chansons mozarabes*, Palermo 1953; Alvaro Galmés de Fuentes, *El libro de las batallas*, Oviedo 1967; Angus MacKay, »The Ballad and the Frontier in Late Medieval Spain«, in: *Bulletin of Hispanic Studies* 52, 1976, S. 15–33; Vivian Mann u.a. (Hrsg.), *Convivencia: Jews, Muslims and Christians in Medieval Spain*, New York 1992
60 David H. Fischer, *Albion's Seed: Four British Folkways in America*, New York 1989
61 Dick Hebdige, »Subkultur«, in: D. Diederichsen/D. Hebdige/O.-D. Marx, *Schocker*, Reinbek 1983
62 John M. Yinger, »Contraculture and Subculture«, in: *American Sociological Review* 25, 1960, S. 625–635; John Clarke u.a., »Subcultures, Culture and Class«, in: S. Hall/Tony Jefferson (Hrsg.), *Resistance Through Rituals*, 1975, Nachdruck London 1976, S. 9–74
63 Robert Bonfil, *Rabbis and Jewish Communities in Renaissance Italy*, New York 1990
64 Thompson (1981); Pierre Bourdieu, *Die feinen Unterschiede. Kritik der gesellschaftlichen Urteilskraft*, Frankfurt a.M. 1982
65 Jonas Frykman/Orvar Löfgren, *Culture Builders*, 1979, New Brunswick 1987
66 Vgl. Michael Kammen, »Extending the Reach of American Cultural History«, 1984, Nachdruck in: ders., *Selvages and Biases*, Ithaca 1987, S. 118–153; Thomas Bender, »Wholes and Parts: the Need for Synthesis in American History«, in: *Journal of American History* 73, 1986, S. 120–136

67 Marshall Sahlins, *Historical Metaphors and Mythical Realities*, Ann Arbor 1981, S. 136–156

68 Fernand Braudel, *Das Mittelmeer und die mediterrane Welt in der Epoche Philipps II.*, 3 Bde., Frankfurt a.M. 1990, Teil 2, Kap. 6, Abs. 1

69 Simon Ottenberg, »Ibo Receptivity to Change«, in: William Bascom / Melville J. Herskovits (Hrsg.), *Continuity and Change in African Cultures*, Chicago 1959, S. 130–143; Harold K. Schneider, »Pakot Resistance to Change«, in: Bascom / Herskovits (1959), S. 144–167

70 Melville J. Herskovits, *Acculturation: a Study of Culture Contact*, New York 1938; vgl. Alphonse Dupront, *L'acculturazione*, Turin 1966

71 George Foster, *Culture and Conquest: America's Spanish Heritage*, Chicago 1960, S. 227–234; Thomas F. Glick, *Islamic and Christian Spain in the Early Middle Ages*, Princeton 1979, S. 282–284

72 Gilberto Freyre, *Herrenhaus und Sklavenhütte*, Stuttgart 1982; Melville J. Herskovits, »African Gods and Catholic Saints in New World Negro Belief«, in: *American Anthropologist* 39, 1937, S. 635–643; ders. (1938)

73 Edgar Wind, *Heidnische Mysterien in der Renaissance*, Frankfurt a.M. [2]1984, S. 35–36

74 Fernando Ortiz, *Cuban Counterpoint: Tobacco and Sugar*, New York 1947, Einleitung [Diese Aussage muß zumindest für den deutschsprachigen Raum – siehe Lichtenberg – relativiert werden. Anm. d. Übers.]

75 David Brading, *The First America*, Cambridge 1991; Solange Alberro, *Les Espagnols dans le Mexique colonial: histoire d'une acculturation*, Paris 1992

76 Robert I. Burns, »Mudejar History Today«, in: *Viator* 8, 1977, S. 127–143; Juan Goytisolo, »Mudejarism Today«, 1986, in: ders., *Saracen Chronicles*, London 1992, Kap. 1

77 Andrew Apter, »Herskovits's Heritage: Rethinking Syncretism in the African Diaspora«, in: *Diaspora* 1, 1991, S. 235–260

78 Axtell (1985); Lucetta Scaraffia, *Rinnegati: per una storia dell'identità occidentale*, Rom / Bari 1993

79 Manuela Carneiro da Cunha, *Negros, estrangeiros: os escravos libertos e sua volta à Africa*, São Paulo 1985

80 Michael Pye, *Syncretism v. Synthesis*, Cardiff 1993

81 Charles Stewart (Hrsg.), *Syncretism/Anti-Syncretism*, London 1994

82 Robert J. C. Young, *Colonial Desire: Hybridity in Theory, Culture and Race*, London 1995

83 Glick (1979), S. 277–281; Ulf Hannerz, *Cultural Complexity*, New York 1992, S. 264–266

84 Ulf Hannerz, »The World in Creolization«, in: *Africa* 57, 1987, S. 546–559; vgl. Jonathan Friedman, *Cultural Identity and Global Process*, London 1994, S. 195–232

85 Michail Bachtin, »From the Prehistory of Novelistic Discourse«, in: ders., *The Dialogic Imagination*, Austin 1981, S. 41–83

Dank

Während der Arbeit an diesen Essays habe ich viel gelernt aus Gesprächen mit Jim Amelang, Anton Blok, Jan Bremmer, Maria Lúcia Pallares-Burke, Roger Chartier, Bob Darnton, Natalie Davis, Rudolf Dekker, Florike Egmond, Carlo Ginzburg, Eric Hobsbawm, Gábor Klaniczay, Reinhart Koselleck, Giovanni Levi, Eva Österberg, Krzysztof Pomian, Jacques Revel, Peter Rietbergen, Herman Roodenburg, Joan Pau Rubies i Mirabet, Bob Scribner und Keith Thomas. Bei der Untersuchung der Träume halfen mir Alan Macfarlane, Norman Mackenzie, Anthony Ryle und Riccardo Steiner. Gwyn Prins und Vincent Viaene erleichterten mir den Zugang zur afrikanischen Geschichte. Für den Titel von Kapitel 6 habe ich Aldo da Maddalena zu danken.

Kapitel I ist eine überarbeitete Fassung des Aufsatzes »Reflection on the Origins of Cultural History«, zuerst erschienen in: Joan Pittock/Andrew Wear (Hrsg.), *Interpretation in Cultural History* (1991), S. 5–24, mit freundlicher Genehmigung von Macmillan Press.

Kapitel II ist eine Überarbeitung des ursprünglich in Englisch geschriebenen Aufsatzes »L'histoire sociale des rêves«, erschienen in: *Annales: Économies, Sociétés, Civilisations* 28 (1973), S. 329–342. Der Text wird hier erstmals veröffentlicht.

Kapitel III ist eine überarbeitete Fassung des Aufsatzes »History as Social Memory«, zuerst erschienen in: Thomas Butler (Hrsg.), *Memory* (1989), S. 97–113, mit freundlicher Genehmigung von Blackwell Publishers.

Kapitel IV ist eine überarbeitete Fassung des Aufsatzes »The Language of Gesture in Early Modern Italy«, zuerst erschienen in: Jan Bremmer/Herman Roodenburg (Hrsg.), *A Cultural History of Gesture* (1991), S. 71–83. Copyright © Peter Burke 1991, mit freundlicher Genehmigung von Polity Press und Cornell University Press.

Kapitel V ist eine überarbeitete Fassung des Aufsatzes »Frontiers of the Comic in Early Modern Italy«, zuerst erschienen in: Jan Bremmer/Herman Roodenburg (Hrsg.), *A Cultural History of Humour* (1997), S. 61–75, mit freundlicher Genehmigung von Polity Press.

Kapitel IX ist eine überarbeitete Fassung des Aufsatzes »Chivalry in the New World«, zuerst erschienen in: Sydney Anglo (Hrsg.), *Chivalry in the Renaissance* (1990), S. 253–262, mit freundlicher Genehmigung von Boydell and Brewer Ltd.

Kapitel XI ist eine überarbeitete Fassung des Aufsatzes »Strengths and Weaknesses of the History of Mentalities«, zuerst erschienen in: *History of European Ideas* 7 (1986), S. 439–451, mit freundlicher Genehmigung von Elsevier Science Ltd.

PHOTO: MARIANNE FLEITMANN

PETER BURKE, geboren 1937 in London, lehrt Kulturgeschichte am Emmanuel College in Cambridge

VOM SELBEN AUTOR SIND BEREITS ERSCHIENEN:

Die Renaissance
Peter Burke hat einen jener übersichtlichen und verständlichen Essays geschrieben, wie sie das interessierte angelsächsische Publikum seinen Gelehrten glücklicherweise immer wieder abverlangt: Die Kultur der Renaissance in Europa, vom 14. bis ins 17. Jahrhundert.
Aus dem Englischen von Robin Cackett. Neue, durchgesehene und erweiterte 4. Auflage
SVLTO. Rotes Leinen. 128 Seiten mit vielen Abbildungen

Die Geschicke des ›Hofmann‹
Zur Wirkung eines Renaissance-Breviers über angemessenes Verhalten
Peter Burke untersucht den überwältigenden Erfolg von Baldassare Castigliones Dialogen über den ›Hofmann‹. Er beschreibt zunächst den praktischen Nutzwert für die Zeitgenossen, verfolgt dann den Wandel des ›Hofmann‹ zu einer bloßen Quellenschrift und bringt schließlich diese beiden Rezeptionsstränge durch neuere Ansätze der Leserforschung zusammen. Zugleich gibt er einen Überblick über Entstehung, Wirkung und Wandel bürgerlicher Tugenden.
Aus dem Englischen von Ebba D. Drolshagen
Gebunden. 220 Seiten mit 8 Bildtafeln

Sozialgeschichte einer Kultur zwischen Tradition und Erfindung
»Peter Burke hat das Bild der Renaissance noch einmal gemalt, korrigiert von Überzeichnungen und verfeinert in den Details; seine Untersuchung ist in ihrem methodischen Zugriff ebenso beeindruckend, wie sie in seinen Ergebnissen überzeugt.« Herfried Münkler, Die Zeit
Aus dem Englischen von Reinhard Kaiser
Leinen. 336 Seiten mit 57 Abbildungen

Reden und Schweigen
Zur Geschichte sprachlicher Identität
Drei Studien über die Geschichte des Gebrauchs und der sich wandelnden Bedeutung der Sprache sammelt dieser Band: Über *Sprache und Identität in Italien*, über *Die Kunst des Gesprächs* und über die *Sozialgeschichte des Schweigens*.
Aus dem Englischen von Bruni Röhm.
KKB 46. Englische Broschur. 96 Seiten

Die englische Originalausgabe erschien 1997 unter dem Titel
Varieties of Cultural History
bei Polity Press/Blackwell Publishers in Cambridge

 Einbandgestaltung von Groothuis+Malsy unter Verwendung des Bildes *Manon Balletti* von Jean-Marc Nattier (National Gallery, London). Gesetzt aus der Korpus Baskerville Buch (Berthold) von der Offizin Götz Gorissen, Berlin. Druck und Bindung durch Spiegel, Ulm. Gedruckt auf chlor- und säurefreiem Papier. Printed in Germany.
ISBN 3 8031 3597 4